U0142463

# 刑法概要
## ——刑法分則

增訂第五版

盧映潔、李鳳翔 著

CRIMINAL LAW

五南圖書出版公司 印行

PREFACE 刑分 五版序一

　　本書此次改版，乃因應去年（2023）12月27日立法院三讀通過修正刑法第185條之3以及今年（2024）7月16日增訂刑法第286條第5項加重虐童刑責之條文，且因有幾個憲法訴訟實質改變了一些罪名的要件，也涉及罪名的刪除。此外，此次改版也增添一些新的實務見解。至於今年5月28日立法院三讀通過新增的藐視國會罪及其他相關立法委員職權的修正，經過行政院提出覆議不成後，由立法委員、總統及監察院向憲法法庭聲請法規範憲法審查以及暫時停止適用之暫時處分，憲法法庭已受理，並在7月19日裁定准許暫時處分。故本書作者認為藐視國會罪因憲法法庭的裁准暫時處分而尚未實質生效，後續藐視國會罪是否會被宣告違憲，目前尚不可知。因而本書此次改版，並未將藐視國會罪納入本書內容。日後藐視國會罪若被宣告違憲，即不需納入本書；藐視國會罪若被宣告合憲，作者打算將增補藐視國會罪內容之電子檔由五南出版社置於網頁供讀者下載，特此說明。

盧映潔

2024 年 7 月

PREFACE 刑 分 五版序二

　　每次改版總會感到自己在刑事法領域進步及領悟，未來也期盼讀者不吝指正，同時也感謝五南出版社之排版、校對以及恩師盧教授指導我如何做學問、時常提醒我必須時刻關注實務及學說見解、遇有歧異意見時也耐心指導我。

　　書籍暢銷故而持續每年改版，在如此忙碌的一年，也是改版的第五年，我成立了「曦望法律事務所」，一如往昔地曦望未來實務、學術都能兼顧。回首本書初版序，一切都來之不易，未來也將本書部分收入捐贈公益團體。

李鳳翔

2024 年 7 月

Contents 目 錄

# 第一章　生命、身體法益

## 第一節　生命的認定標準

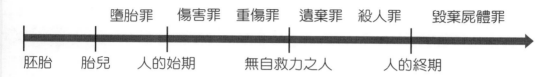

堕胎罪　傷害罪　重傷罪　遺棄罪　殺人罪　毀棄屍體罪

胚胎　　胎兒　　人的始期　　無自救力之人　　人的終期

　　本章第二節至第五節，依據為堕胎罪、傷害罪、遺棄罪、殺人罪，本書不採先介紹殺人罪、傷害罪的方式，本章嘗試以人類生命的始期到終期說明各罪。

### 一、胎兒的始期

　　客體必須是胎兒才能成為堕胎罪的客體，如為胚胎或人則非堕胎罪的客體。但何謂胎兒，有下列不同主張：

（一）學說[1]：受精卵著床於子宮的程序完成時。故服用藥物阻止受精為避孕而非堕胎。

（二）學說[2]：受胎後第 24 週而具有獨立生存能力時，為胎兒的始期。

（三）醫學觀點[3]：必須區分為胚胎與胎兒，自受精卵（即受胎時）開始減數分裂時起算 8 週始屬胎兒，因通常來說第 8 週起始有心跳。

### 二、人之始期

　　此為區分胎兒與人的區分時點，而人之始期從哪一個時點為判斷，文獻指

---

[1]　許澤天，刑法分則（下）人格與公共法益篇，新學林，2019 年 8 月，頁 73。
[2]　曾淑瑜，刑法分則實例研習—個人法益之保護，三民書局，2017 年 2 月，頁 71。
[3]　施宏明，國立中正大學法律系講座—醫療法專題研究（二），刑法第二十四章與優生保健法之比較及相關討論。最高法院 109 年度台上字第 461 號刑事判決。

出[4]有下列不同主張：

（一）陣痛說（分娩開始說）：此為多數學說[5]所採，即婦女子宮開始收縮而有規律震動，排出胎兒的過程。故從第 274 條生母殺嬰罪可知，生母於甫生產時殺子女，人之始期為分娩開始。

（二）一部露出說：以胎兒身體一部露出母體時始為出生。

（三）全部露出說：以胎兒身體全部露出母體時始為出生。

（四）獨立呼吸說[6]：能夠脫離母體獨立呼吸方屬自然人。

（五）獨立存活說[7]：以胎兒是否成熟到離開母體具有存活可能之程度，通常為受精起滿六個月即具有獨立存活的可能。

## 三、無自救力之人

此為殺人罪與遺棄罪客體之不同，殺人罪的客體為「人」，然而遺棄罪的客體必須是「無自救力之人」。

## 四、人之終期（死亡）

（一）呼吸停止說：即以肺部呼吸永久停止為標準。

（二）心臟停止說[8]：因心臟停止跳動後將導致血液循環且停止呼吸，中樞神經系統功能將停止，進而導致器官、細胞逐漸缺氧而壞死，而致生命全面消失。

---

[4] 甘添貴，人工流產與殺害胎兒，台灣法學雜誌，第 19 期，2001 年，頁 115-124。

[5] 林山田，刑法各罪論（上），2005 年 9 月，頁 23-24。

[6] 臺灣高等法院 98 年度醫上訴字第 2 號刑事判決。臺灣臺中地方法院 104 年度聲判字第 5 號刑事裁定：「按過失致人死罪，係以生存之人為被害客體，故未經產生之胎兒，固不在其列，即令一部產出尚不能獨立呼吸，仍屬母體之一部分，如有加害行為，亦祇對於懷胎婦女負相當罪責，最高法院 20 年上字第 1092 號著有判例可資參照。」臺灣高等法院 91 年度上更（二）字第 313 號刑事判決。

[7] 甘添貴，人工流產與殺害胎兒，台灣法學雜誌，第 19 期，2001 年，頁 117。

[8] 呂有文，刑法各論，1992 年 5 月，頁 292。

（三）綜合說 [9]（三徵候說）：以心臟、呼吸停止與瞳孔放大綜合判斷。

（四）腦死說 [10]：於器官移植時必須以人類的腦幹機能是否完全永久停止為認定標準。

# 第二節　墮胎罪

```
┌─ 基本構成要件：§ 289I（受婦女囑託墮胎罪）
│
│                      ┌─ § 290I（意圖營利）
├─ 加重構成要件：──┤
│                      └─ § 291I（未受懷胎婦女囑託或未得其承諾之墮胎罪）
│                           （本條有罰未遂犯）
│
├─ 減輕構成要件：§ 288（懷胎婦女墮胎罪）（本條為不純正身分犯 § 31II）
│
└─ 其他：§ 291（介紹墮胎罪）
```

### § 288、§ 289、§ 290、§ 291 架構圖

```
┌─ 懷胎婦女以服藥或他法墮胎（§ 288）
│                      意圖營利（§ 290）
│                  ────────────────────▶  使懷胎婦女墮胎
└─ 懷胎婦女以外之人                              ▼
                   未受懷胎婦女囑託、得其         加重結果死、重傷
                   承諾（§ 291）
```

---

[9]　甘添貴，刑法各論（上），修訂 4 版 2 刷，2006 年 1 月，頁 21。

[10]　王皇玉，刑法上死亡之認定—評最高法院 95 年台上字第 1692 號刑事判決，月旦法學雜誌，第 185 期，2010 年 9 月，頁 270。最高法院 95 年度台上字第 1692 號刑事判決：「自然人死亡之認定，通說係採腦波停止說，此觀乎人體器官移植條例相關規定及行政院衛生署九十三年八月九日衛署醫字第○九三○二一一二六五號令發布施行之『腦死判定準則』即可知，上訴意旨認死亡之認定係採心臟停止說，不無誤會。」

## 第一項　懷胎婦女自行或聽從墮胎

> **第 288 條　婦女自行或聽從墮胎罪**
> Ⅰ懷胎婦女服藥或以他法墮胎者，處六月以下有期徒刑、拘役或三千元以下罰金。
> Ⅱ懷胎婦女聽從他人墮胎者，亦同。
> Ⅲ因疾病或其他防止生命上危險之必要，而犯前二項之罪者，免除其刑。

## 一、客觀要件

### （一）行為主體

懷胎婦女，為不純正身分犯（罪責身分），只有懷胎婦女方可適用本罪。考量婦女在懷孕過程可能遭受身心折磨與壓力，始犧牲胎兒生命，故而有此規定[11]。

### （二）行為

**1. 懷胎婦女自行墮胎**

懷胎婦女「主動」以下列方式墮胎

(1) 服藥：例如服用 RU486。

(2) 以他法：服藥以外一切得發生墮胎的方法。如：用力毆打腹部。

**2. 懷胎婦女聽從他人而墮胎**

懷胎婦女「被動」聽從他人而墮胎，因懷胎婦女有保護胎兒義務，而有可罰性。然本條係因考量婦女特殊特個人情形，特設減刑規定。

---

[11] 王皇玉，刑法上的生命、死與醫療，2011 年 12 月，頁 27。

| 最高法院 99 年度台上字第 7588 號刑事判決 |
| --- |
|     刑法第 288 條第 1 項之自行墮胎罪，行為主體固為墮胎婦女，客體為腹內胎兒，所保護之法益主要係胎兒之健康發育、順產，尚兼及維持風俗、保全公益；同法第 290 條第 1 項之營利加工墮胎罪，行為主體則為意圖營利，受懷胎婦女之囑託或得其承諾，使之墮胎之人，乃孕婦以外之人員，不以婦產醫師或助產士等專業人員為限，客體除為胎兒之外，包含孕婦在內，所保護之法益除上揭自行墮胎罪法益外，另兼及孕婦本身之健康，二者尚非完全相同，不可不辨，自不生孕婦既係自行墮胎罪之行為人（加害人），即不得為營利加工墮胎罪之被害人之問題。 |

（三）客體

    主要為母體內成長的胎兒，次要為懷胎婦女的生命或身體健康。

二、主觀要件

    對自己懷孕有認識進而決意墮胎。包括直接或間接故意。本條不處罰過失犯。疏忽跌倒而使胎兒死亡，非故意，不構成本罪。

三、違法性

    刑法第 21 條第 1 項依法令的行為，即優生保健法第 9 條，尤其是第 9 條第 1 項「懷孕婦女經診斷或證明有下列情事之一，得依其自願，施行人工流產：……六、因懷孕或生產，將影響其心理健康或家庭生活者」。其要件非常寬鬆，使得現行實務運作下幾乎不構成本罪。

## 四、個人的阻卻刑罰事由

因為欠缺期待可能性而有第 288 條第 3 項之規定[12]。

## 五、「既未遂」之判斷

本條無處罰未遂。若懷孕婦女服藥或以他法使胎兒早產而未死亡，是否屬本條既遂？有下列不同看法：

### （一）人為早產說[13]

為維持善良風俗與公益，若胎兒早產或倖存必然因先天不足而體格孱弱，必危害種族健康，故如胎兒早產即本罪既遂。例如 A 為懷胎婦女，服藥墮胎而使胎兒早產，然胎兒並未死亡，A 成立第 288 條第 1 項（既遂犯）。又例如 B 未受懷胎婦女 A 囑託，而揍 A 的肚子，使胎兒早產，但胎兒未死亡，B 成立第 291 條第 1 項（既遂犯）。

### （二）胎兒死亡說[14]（殺胎說）

禁止墮胎是為了保護胎兒生命法益，包含胎兒直接死在母體、產出胎兒發育未全而欠缺存活能力，從母體產出後隨即死亡。例如 A 為懷胎婦女，服藥墮胎而使胎兒早產，然胎兒並未死亡，A 成立不罰的婦女自行墮胎罪之未遂犯（因第 288 條不處罰未遂犯）。又例如 B 未受懷胎婦女 A 囑託，而揍 A 的肚子，使胎兒早產，但胎兒未死亡，B 成立第 291 條第 2 項（未遂犯）。

---

[12] 林山田，刑法各罪論（上），2005 年 9 月，頁 114。李茂生，墮胎罪的法益與罪數，月旦法學教室，第 95 期，2010 年 10 月，頁 90。

[13] 韓忠謨，刑法各論，1982 年 2 月，頁 354。最高法院 100 年度台上字第 2892 號刑事判決。

[14] 蔡聖偉，一不做二不休—論墮胎罪既遂論的認定，月旦法學雜誌，第 97 期，頁 77-78。

（三）綜合說 [15]

　　殺死胎兒或使之早產，皆屬於墮胎罪的既遂。換言之，以服藥或他法，使子宮內成長中之胎兒死於其子宮之中，或排出母體外而死亡，即屬既遂 [16]。

# 第二項　懷胎婦女以外之人之墮胎

---

**第 289 條　加工墮胎罪（又稱同意墮胎罪）**

I 受懷胎婦女之囑託或得其承諾，而使之墮胎者，處二年以下有期徒刑。

II 因而致婦女於死者，處六月以上五年以下有期徒刑。致重傷者，處三年以下有期徒刑。

**第 290 條　意圖營利加工墮胎罪**

I 意圖營利而犯前條第一項之罪者，處六月以上五年以下有期徒刑，得併科一萬五千元以下罰金。

II 因而致婦女於死者，處三年以上十年以下有期徒刑，得併科一萬五千元以下罰金；致重傷者，處一年以上七年以下有期徒刑，得併科一萬五千元以下罰金。

**第 291 條　未受囑託或未得承諾之墮胎罪（又稱不同意墮胎罪）**

I 未受懷胎婦女之囑託或未得其承諾，而使之墮胎者，處一年以上七年以下有期徒刑。

II 因而致婦女於死者，處無期徒刑或七年以上有期徒刑。致重傷者，處三年以上十年以下有期徒刑。

III 第一項之未遂犯罰之。

---

[15] 蔡墩銘，刑法精義，2005 年 7 月，頁 579-580。臺灣高等法院 101 年度上易字第 1954 號刑事判決：「刑法墮胎罪之成立，以殺死胎兒或使之早產為要件（最高法院 25 年上字第 1223 號判例參照）。如對母體內已無心跳之死胎以藥物、手術或其他方式，使之離開母體，即與刑法墮胎罪之構成要件不符，無成立墮胎罪之餘地。」臺灣雲林地方法院 104 年度訴字第 298 號刑事判決。

[16] 盧映潔，刑法分則新論，修訂 16 版，新學林，2020 年 7 月，頁 554。

## 一、客觀要件

### （一）主體

懷胎婦女以外的他人，是否有醫師、助產士資格非所問。然而意圖營利加工墮胎罪在實務上的被告通常為診所的婦產科醫師[17]，然亦有密醫為被告[18]。

### （二）行為

受懷胎婦女之（真意）囑託或得其承諾而使之墮胎。

雖然與被害人處分「自己」法益（§275I後）不同，但解釋上可以援用，畢竟懷孕婦女對於胎兒生命的處置關係密切，所以要「明確且真摯的囑託或承諾」，才可減輕殺害胎兒的責任[19]。

### （三）加重結果犯（§289II）

同意墮胎即是概括同意他人普通傷害，故加重結果要逾越普通傷害程度才可成立，如墮胎造成子宮破裂或穿孔[20]。

### （四）加重構成要件

1. 意圖營利（§290），不必實際上得利，行為時有營利意圖已足。而意圖營利應解釋為明知不能墮胎而卻想獲得不法獲利目的或者超過一般行情的不正利益，否則診所的醫師開診所如果沒有營利，診所如何繼續經營？

另外實務上有判決似乎是認為如不符合法定墮胎的事由而替懷胎婦女墮胎即有營利意圖：「其依優生保健法自願人工流產手術，應得法定代理人之同意，

---

[17] 最高法院97年度台上字第5197號刑事判決。最高法院109年度台上字第461號刑事判決。

[18] 最高法院95年度台上字第3414號刑事判決。

[19] 許澤天，刑法分則（下）人格與公共法益篇，新學林，2019年8月，頁74。曾淑瑜，刑法分則實例研習—個人法益之保護，三民書局，2017年2月，頁62。

[20] 曾淑瑜，刑法分則實例研習—個人法益之保護，三民書局，2017年2月，頁63。

乃其明知許○○並非邱○○之父母，並不具法定代理人之資格，於許○○在手術及麻醉同意書上按捺指印後，竟仍同意予以邱○○人工流產手術，其有受懷胎婦女之囑託，而使之墮胎之故意甚明，被告應負刑法第二百九十條第一項意圖營利，受懷胎婦女之囑託而使之墮胎罪[21]」。

2. 未受懷胎婦女之囑託或未得其承諾（§291），即未得懷胎婦女同意而使之墮胎，例如故意揍懷胎婦女的肚子而使之墮胎[22]、謊稱為安胎藥要其吃下，於其服下後，即腹痛流血而流產[23]。

## 二、違法性[24]

（一）有執照的婦產科醫師，依其專業知識判斷婦女因疾病或為防止懷胎婦女生命危險，確實有墮胎必要，經懷胎婦女囑託或承諾為其墮胎，醫師可用第22條業務上正當行為阻卻違法。

（二）無執照的密醫為他人墮胎，即使受囑託或得承諾，仍不可主張刑法第22條阻卻違法。

# 第三項　介紹墮胎罪

> **第 292 條　介紹墮胎罪**
> 以文字、圖畫或他法，公然介紹墮胎之方法或物品，或公然介紹自己或他人為墮胎之行為者，處一年以下有期徒刑、拘役或科或併科三萬元以下罰金。

---

[21] 最高法院 95 年度台非字第 115 號刑事判決。最高法院 93 年度台上字第 1987 號刑事判決。

[22] 最高法院 100 年度台上字第 2892 號刑事判決：「旋即以身體重壓跨坐在伊懷有二十四周身孕之肚子上，以拳頭重擊伊之頭部三至四下；上訴人確實於案發當日之前即已知悉伊懷有身孕，並於毆打期間口出『反正妳生的小孩是白癡，不如把他打到流產』之惡言等經過。」

[23] 最高法院 100 年度台上字第 413 號刑事判決。

[24] 盧映潔，刑法分則新論，修訂 16 版，新學林，2020 年 7 月，頁 557-558。

## 一、客觀要件

　　本罪的客觀要件只有行為，其分為兩種行為態樣，一為公然介紹墮胎的方法或物品，另一為公然介紹自己或他人為孕婦墮胎。而這兩種情形的行為人必須以文字、圖畫或其他方式為介紹的方法，例如在報紙、雜誌、廣播、電視或網路上刊登廣告。而介紹的行為必須公然為之，也就是在特定多數人或在不特定人得以共見共聞的場合，介紹墮胎的方法、物品，或介紹自己或他人從事墮胎，始成立本罪。

## 二、主觀要件

　　本罪之故意係行為人主觀上對其行為係在介紹墮胎的方法或物品，或介紹自己或他人從事墮胎行為之事實有所認識，並決意為之的心態，包括直接故意與間接故意。

## 三、本條之批評

　　本條規定非常不妥當，例如在醫療雜誌介紹 RU486 的用途，依照本條的構成要件「以文字、圖畫或他法，公然介紹墮胎之方法或物品」，立即成立本罪，可見本條所規定的構成要件並不恰當。

# 第三節　傷害罪

## 第一項　傷害罪章架構圖

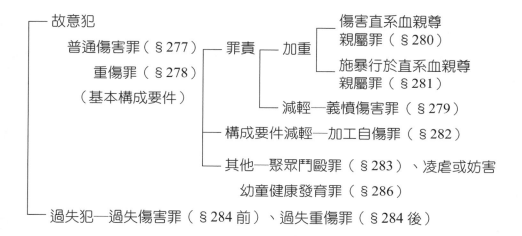

## 第二項　普通傷害罪、重傷罪

**第 277 條　普通傷害罪及加重結果犯**
Ⅰ傷害人之身體或健康者，處五年以下有期徒刑、拘役或五十萬元以下罰金。
Ⅱ犯前項之罪，因而致人於死者，處無期徒刑或七年以上有期徒刑；致重傷者，處三年以上十年以下有期徒刑。

**第 278 條　重傷罪**
Ⅰ使人受重傷者，處五年以上十二年以下有期徒刑。
Ⅱ犯前項之罪因而致人於死者，處無期徒刑或七年以上有期徒刑。
Ⅲ第一項之未遂犯罰之。

## 一、普通傷害罪、重傷罪

### （一）本罪章之保護法益為何

例如 A 將 B 的眉毛與頭髮剃光，是否為傷害罪？有下列不同的看法：

#### 1. 生理機能障礙說 [25]

人之生理機能發生障礙或使健康狀態有不良變更者，即為傷害，若只有外貌變更，例如 A 剃掉 B 的眉毛、剪光 B 的頭髮，對生理機能無影響，非傷害罪。

#### 2. 身體完整性說 [26]

凡有害於人身體之完整性即為傷害，不只有生機能發生障礙或使健康狀態有不良變更者，若改變身體外觀亦屬之。例如 A 剃掉 B 的眉毛、剪光 B 的頭髮的行為影響了 B 的身體完整性，故 A 成立傷害罪。

### （二）普通傷害罪（§277）

普通傷害罪的客體為人，不包含胎兒，故 A 對懷孕中的婦女下藥，使婦女產生傷害，同時也使胎兒產生殘疾下，A 僅對婦女成立傷害罪，但對於胎兒不會成立傷害罪。另外，本罪亦處罰加重結果犯（§277II 的「因而致」），加重結果犯的論述請參考總則篇的章節。

### （三）重傷罪（§278）

所謂重傷是指第 10 條第 4 項各款事由，請參考總則篇的說明。本罪必須是被害人的身體或健康受重傷，本罪始為既遂。然有疑義者為如何判斷重傷的結果時點？有認為以行為時認定，不用考量事後的診療、恢復情形。不過，實務

---

[25] 甘添貴，刑法各論（上），修訂 4 版 2 刷，2016 年 1 月，頁 50-51。
[26] 林山田，刑法各罪論（上），2005 年 9 月，頁 137-138。

認為如果經過相當診治之後仍可回復原狀，則非重傷[27]。本書認為重傷罪相較於普通傷害罪法定刑大幅升高，於罪刑相當原則下，應該解釋為重傷的結果應會「持續一生」時，有處罰的正當性與必要性，而該重傷結果的判斷應於法院裁判時預估未來被害人是否終生無法回復，亦即是否可透過手術或相關醫療方式回復原本的生理機能。

## 第三項　傷害罪的罪責加重與減輕

> **第 279 條　義憤傷害罪**
> 當場激於義憤犯前二條之罪者，處二年以下有期徒刑、拘役或二十萬元以下罰金。但致人於死者，處五年以下有期徒刑。
> **第 280 條　傷害直系血親尊親屬之加重規定**
> 對於直系血親尊親屬，犯第二百七十七條或第二百七十八條之罪者，加重其刑至二分之一。
> **第 281 條　加暴行於直系血親尊親屬罪**
> 施強暴於直系血親尊親屬，未成傷者，處一年以下有期徒刑、拘役或十萬元以下罰金。

第 281 條必須施暴於直系血親尊親屬而未成傷方可成立，例如 A 拿自己的排遺物砸向 A 母，A 母未成傷，A 成立本罪。其他論述請參照殺人罪的罪責加重與減輕，兩者僅差別在殺人與傷害行為。

---

[27] 最高法院 104 年度台上字第 447 號刑事判決。最高法院 105 年度台上字第 2257 號刑事判決。最高法院 106 年度台上字第 937 號刑事判決：「『嚴重減損』，則指一目或二目之視能雖未達完全喪失其效用程度，但已有嚴重減損之情形，是否嚴重減損並不以驗斷時之狀況如何為標準，如經過相當之診治，仍不能回復原狀而嚴重減損其視能，即不能謂非該款所定之重傷害。」

## 第四項　傷害罪的構成要件減輕

> **第 282 條　加工自傷罪**
> Ⅰ 受他人囑託或得其承諾而傷害之，因而致死者，處六月以上五年以下有期徒刑；致重傷者，處三年以下有期徒刑。
> Ⅱ 教唆或幫助他人使之自傷，因而致死者，處五年以下有期徒刑；致重傷者，處二年以下有期徒刑。

　　依條文文義解釋而言，因「得被害人囑託或承諾」而犯輕傷罪可阻卻違法，故不處罰加工輕傷罪。然而如果得被害人承諾傷害之，而產生重傷或死亡的加重結果，因屬於重大身體與生命法益，不可因得被害人囑託或承諾而阻卻違法，故處罰該行為。

　　另外，應與第 275 條相同理解，被害人的囑託或承諾必須有意思決定能力且理解身體或健康產生重傷害結果的意涵，並出於真摯的囑託或承諾。

　　本條舊法規定「教唆或幫助他人使之自傷，或受囑託獲得其承諾而傷害之，成重傷者，處三年以下有期徒刑。因而致死者，處六個月以上五年以下有期徒刑」。舊法規定為「成」重傷，屬於加工重傷，例如 A 經過 B 的同意後砍掉 B 的右手，新法規定為「致」重傷，單純在文義上可解為加工致重傷，也就是基本行為為輕傷，而產生致重傷的加重結果。在此學者[28]指出新法仿效「加重結果致死或致重傷之處罰體例」，先規定「致死」再規定「致重傷」，似乎是指基本行為為導致輕傷結果的囑託承諾傷害和加工自傷，而重傷與死亡均是加重結果，然而加重結果犯的加重結果僅有加重刑罰的作用，其基本行為方屬犯罪行為，不過在本罪中基本行為卻是阻卻不法的傷害行為，加重結果具有創設刑罰的作用。新法的疑點在於，既然不符合加重結果犯的定義，則不適用刑法第 17 條，如果行為人對於重傷和死亡結果不用具有預見可能性，則將牴觸罪責原則；另一個疑點在於，如行為人對重傷和死亡的結果都有預見可能性，則

---

[28] 薛智仁，展望未來的形式立法政策？（下）——評 2017 年法務部之刑法修正草案，月旦法學教室，第 178 期，2017 年 7 月，頁 75。

得同意的輕傷行為導致死亡或重傷結果時，也可直接適用過失致重傷罪或過失致死罪，所以沒有特別設立本罪名的必要性。

依據修法後的解釋，受囑託或得承諾、教唆或幫助直接使人受重傷的情形，將形成無法處罰的漏洞，學說[29]認為從規範目的角度下，如果得被害人承諾而傷害致重傷，是一種必須處罰而不能阻卻其違法性的行為，故而舉輕以明重下，得被害人承諾而重傷之行為，其傷害身體法益之情節更為重大，亦不應該阻卻其違法性而仍應加以處罰。而且不得依照第 278 條故意重傷罪處罰，理由在於第 275 條是針對受害者對於生命法益的放棄而使行為人減輕其刑的規定，而受害人對自己的身體法益的放棄，更應該要減輕其刑。

故而新法修正後，相關犯罪類型構成的犯罪如下表：

| 類型 | 舊法 | 新法 |
|---|---|---|
| 加工輕傷致重傷或致死 | 過失致重傷（§284）或過失致死罪（§276）[30] | 加工自傷致重傷或致死罪（§282） |
| 加工重傷致死 | 加工重傷致死罪（§282後） | 過失致死罪（§276） |
| 加工重傷 | 加工重傷罪（§282前） | 無明文處罰規定 |

# 第五項　其他

## 一、聚眾鬥毆罪

**第 283 條　聚眾鬥毆罪**
聚眾鬥毆致人於死或重傷者，在場助勢之人，處五年以下有期徒刑。

民國 108 年 5 月將本條原本的「下手實行傷害行為者」刪除，而處罰單純

---

[29] 王皇玉，2012 年至 2019 年刑法修正之回顧——以 2019 年修正為重心，月旦法學雜誌，第 300 期，2020 年 5 月，頁 149。

[30] 輕傷部分因可經由同意或承諾而阻卻犯罪的成立。致死或致重傷則是具備過失時須要負責。

在場助勢者。修法前「致人於死或重傷者」性質上為構成要件要素或客觀處罰條件有所爭議。然而修法後「致人於死或重傷者」只能定性為客觀處罰條件，亦即聚眾鬥毆的情形，只要客觀上有發生死亡或重傷的結果，單純在場助勢者要處罰。然而如果僅是輕傷者，則單純在場助勢者，不可處罰。

　　所謂聚眾鬥毆實務認為是指參與鬥毆之多數人有隨時可以增加的狀況，方可成立本罪[31]，反面來說現場人數不能隨時增加，則非本罪。以實務的觀點來說，一群人在外傘頂洲或阿里山的某個與世隔絕的地方打群架，因為人數不能隨時增加，此時即非聚眾鬥毆，本書認為應該只要多數人參與鬥毆即可成立本罪，不須以人數隨時增加為必要。

　　而單純在場助勢者，是指在旁助長聲勢的行為，修法理由中提及，因現今電子通訊、網際網路或其他媒體等傳播工具發達，可輕易聚集多數人在場助勢而容易擴大規模造成生命、身體更大的危害，亦危及社會治安至鉅。另外，依據修法意旨應指，單純在場助勢者與實行傷害之行為人間無犯意聯絡，也無出於幫助任何人為鬥毆的犯意。例如有人打群架，A 在一旁說：「加油～揍下去」，或有人開直播打群架，A 在底下留言：「打死他們，勇敢打下去」。

## 二、凌虐或妨害幼童健康發育罪

> **第 286 條　凌虐或妨害幼童健康發育罪**
> Ⅰ 對於未滿十八歲之人，施以凌虐或以他法足以妨害其身心之健全或發育者，處六月以上五年以下有期徒刑。
> Ⅱ 意圖營利，而犯前項之罪者，處五年以上有期徒刑，得併科三百萬元以下罰金。
> Ⅲ 犯第一項之罪，因而致人於死者，處無期徒刑或十年以上有期徒刑；致重傷者，處五年以上十二年以下有期徒刑。
> Ⅳ 犯第二項之罪，因而致人於死者，處無期徒刑或十二年以上有期徒刑；致重傷者，處十年以上有期徒刑。

---

[31] 最高法院 28 年上字第 621 號判例。

> V 對於未滿七歲之人，犯前四項之罪者，依各該項的規定加重其刑至二分之一。

所謂凌虐規定於第 10 條第 7 項「以強暴、脅迫或其他違反人道之方法，對他人施以凌辱虐待行為」，是指非人道的待遇，不論積極性的行為，例如施予毆打，或消極行為，例如病不使醫、傷不使療等行為。實務認為如偶然毆傷非凌虐[32]。至於「其他方法」，例如纏足、施打性荷爾蒙、注射毒品等。本罪的結果屬於危險結果，需於個案中審酌行為是否對於客體的身心健全或發育有危害的可能性。

由於凌虐行為具有出於同一目的的必然多次性的特徵，屬於集合犯性質，故雖有多次舉動，仍以一行為論[33]。

學說[34]認為立法理由中所指的「不論採肢體或語言等方式、次數、頻率，不計時間之長短或持續」，是否認為「一次性」的傷害也可以算是凌虐，不得而知，但如這樣理解，只會再度陷入「傷害」、「凌虐」無法區分的窘境。

本罪的客體是未滿 18 歲之人，並在第 2 項設有營利意圖，於第 3 項與第 4 項有加重結果犯的規定。於民國 113 年 7 月又增訂第 5 項，對於未滿 7 歲之人有本罪第 1 項至第 4 項的情形，設立特別加重的規定。

## 第六項　過失傷害、過失重傷罪

**第 284 條　過失傷害、重傷罪**
因過失傷害人者，處一年以下有期徒刑、拘役或十萬元以下罰金；致重傷者，處三年以下有期徒刑、拘役或三十萬元以下罰金。

民國 108 年 5 月修法後刪除了業務過失致死、業務過失傷害，而將本罪的

---

[32] 最高法院 30 年度台上字第 1787 號刑事判決。
[33] 最高法院 96 年度台上字第 3481 號刑事判決。
[34] 王皇玉，2012 年至 2019 年刑法修正之回顧——以 2019 年修正為重心，月旦法學雜誌，第 300 期，2020 年 5 月，頁 155。

法定刑提高，給予法官更大裁量權。原本的「業務」屬於構成要件身分，刪除的理由是因傷害行為所造成的法益侵害的結果，不會因為行為人為從事業務者而嚴重。事實上，應是起因間接故意與有認識過失於實務上的區分困難，且故意犯與過失犯的刑度差距過大，應立法調整兩者刑度的上下限，使兩者可相互銜接。

# 第四節　遺棄罪

## 第一項　遺棄罪章架構

┌── 無義務遺棄罪（§293）
│
│　　　　　　　　　　　　　　┌── 免責規定（不罰）（§294-1）
└── 有義務遺棄罪（§294）──┤
　　　　　　　　　　　　　　└── 加重規定（直系血親尊親屬）（§295）

> **第 293 條　普通遺棄罪**
> Ⅰ 遺棄無自救力之人者，處六月以下有期徒刑、拘役或三千元以下罰金。
> Ⅱ 因而致人於死者，處五年以下有期徒刑；致重傷者，處三年以下有期徒刑。

一、客觀要件

（一）行為方式 —— 積極遺棄行為

1. 限於作為犯

　　本條文僅規定遺棄行為，不若第 294 條併列「遺棄行為」與「不為扶助、養育、保護」，故本罪之行為「限於作為犯」，亦即積極遺棄的行為。倘若對於毫無相干之人而不救，僅道德譴責問題。

2. 遺棄行為

(1) 將無自救力之人自原來場所移置於其他場所，而使其生命、身體陷於危險或更高危險狀態。例如 A 見到有人昏迷，用車將其載到他處丟棄。

(2) 使無自救力之人無法接近保護者或將原來處所與外界溝通管道斷絕，但沒有做場所的移動。例如 A 將又冷又餓的流浪漢 B 用鐵桶覆蓋，使他人沒辦法發現 B。

(3) 小結：遺棄行為須考量危險升高的狀態，即積極隔絕無自救力人獲救機會，且須有場所的移置或隔離。

（二）行為客體：無自救力之人

　　無自救力之人是指，於生存有危險時無法自行維持生存所必要之能力之人，無他人扶養照顧則不能維持生存，亦即欠缺有效排除危險的自我保護能力。是否屬無自救力之人的考量因素有：

1. 被害人本身原因：年齡、疾病、生理狀況等因素。

2. 被害人本身以外原因：環境。例如將威猛的都市壯年男人 A，丟到亞馬遜叢林，A 無野外求生能力，此時 A 為無自救力之人。

（三）結果

　　無義務遺棄罪是否須具備「致使生命陷於危險」的結果？例如 A 將倒臥在其店門口的老人 B 移放在警局門口，或 A 將 B 移放在醫院門口，放置完後即溜走，A 是否觸犯本罪？

1. 採具體危險說

　　雖然法條無「致生生命危險」之文字，然而應有「使（客體）生命陷於危險狀態」之「不成文要素」，故要個案判斷有沒有危險。若採抽象危險犯的看法將會使本條的適用過廣。例如 A 把 B 放在警局門口，B 雖為無自救力之人，

但無危險狀態，若處罰 A 會打擊過廣[35]，實務亦同此見解[36]。

### 2. 採抽象危險說[37]

如果是具體危險犯，通常構成要件會有「致生生命危險」，然第 293 條之條文並無該文字。又具體危險犯相當接近實害犯，故處罰上較抽象危險犯重，但第 293 條第 1 項的刑度是六個月以下，以抽象危險來判斷較符合法律感情，故立法者從輕論之。在上例中 A 成立遺棄罪。

## 二、主觀要件

遺棄故意，亦即認識到遺棄行為可能提高被害人死亡危險的認識，且意欲為之。但無意使其死亡，因為如有意使人死亡，即為殺人故意。

---

**第 294 條　違背法令契約義務之遺棄罪**

Ⅰ對於無自救力之人，依法令或契約應扶助、養育或保護而遺棄之，或不為其生存所必要之扶助、養育或保護者，處六月以上、五年以下有期徒刑。

Ⅱ因而致人於死者，處無期徒刑或七年以上有期徒刑；致重傷者，處三年以上十年以下有期徒刑。

---

## 一、客觀要件

### （一）行為主體

依法令或契約應扶助、養育或保護者。

---

[35] 林山田，刑法各罪論（上），2005 年 9 月，頁 101。

[36] 最高法院 95 年度台上第 7250 號刑事判決：「刑法第 293 條無義務遺棄罪之行為主體，對無自救力之人，雖無扶助、養育或保護之積極義務，但仍負有不遺棄之消極義務，故本罪之成立，自須以其有積極之遺棄行為為要件，亦即有故意使無法以自己力量維持、保護自己生存之被害人，由安全場所移置於危險場所，或由危險場所移置於更高危險場所，或妨礙他人將之移置於尋求保護之安全場所等積極之棄置行為，致被害人之身體、生命處於更高危險之狀態，始足當之，僅消極不作為，不能成立本罪。」

[37] 甘添貴，刑法各論（上），修訂 4 版 2 刷，2016 年 1 月，頁 93。林東茂，危險與經濟刑法，2002 年 10 月，頁 29-30。林東茂，刑法分則，一品文化，2018 年 8 月，頁 31。

## 1. 依法令

只要為法令即包含在內。例如民法第 1114 條及第 1115 條（民法上的扶養義務）、道路交通管理處罰條第 62 條（車禍後的救助義務）、兒童及少年福利與權益保障法、警察職權行使法等等。

有義務遺棄罪（§294）的「不為其生存所必要之扶助、養育或保護」是純正不作為犯，即必須以不作為的方式完成構成要件，而危險前行為（§15II）以「不純正不作為」（即有作為義務下而不作為，會將不作為視為作為）為適用前提，所以危險前行為（§15II）不會構成本條的義務來源。例如 A 將物品往樓下丟而不小心砸到 B 成重傷昏迷而成為無自救力之人，A 除了成立過失重傷罪，但不會依危險前行為來討論 A 不救助 B 的行為是否成立有義務遺棄罪。

## 2. 依契約

契約生效與否非重點，應以「事實上開始承擔保護他人生命安全的義務為斷」，例如褓姆 A 臨時有事無法去指定地點保護嬰兒 B，B 的父母即將 B 放置家中而離開，A 僅違反契約的民事責任，因 A 尚未事實上開始承擔保護嬰兒 B 的生命安全義務[38]，然而 B 的父母觸犯有義務遺棄罪。

## 3. 不含無因管理

如警察與醫師或育幼院，只有暫時事實上無因管理，無法長期承擔、替代本來依法令或契約有義務之行為人的扶助、保護義務[39]。

## 4. 若遺棄同居人是否成立本罪

學說上有認為遺棄同居人等親密共同體於法感情上，應有救助義務，但事實上僅是良心問題，如擴大處罰將會違反罪刑法定原則。但如被害人無自救力狀態是行為人之危險前行為所致時，行為人必須依據第 15 條第 2 項，行為人應

---

[38] 曾淑瑜，刑法分則實例研習─個人法益之保護，三民書局，2017 年 2 月，頁 87。盧映潔，刑法分則新論，修訂 15 版，新學林，2020 年 2 月，頁 569。

[39] 最高法院 104 年度台上字第 2837 號刑事判決：「行為人將無自救力的人轉手給警所、育幼院或醫院，無論是趨使無自救力之人自行進入，或將之送入，或遺置後不告而別，對於警所等而言，上揭轉手（交付、收受），乃暫時性，充其量為無因管理，自不能因行為人單方的意思表示，課以上揭各該機關（構）等公益團體長期接手扶養、保護的義務……。」

負有防止結果發生義務[40]，是不純正不作為犯，並非成立本條。而實務上認為如果是永久同居為目的的同居人方有救助義務[41]。

## （二）行為

### 1. 遺棄

應與有義務遺棄罪的遺棄相同理解，必須是積極的作為，也就是使被害人生命法益受新風險威脅，始屬本罪之遺棄行為[42]。

### 2. 不為其生存所必要之扶助、養育或保護

具有保護義務者未提供扶助、養育或保護，不維持無自救力足夠的生活所需，屬於純正不作為犯。

## （三）結果

### 1. 學說

#### (1) 具體危險說（多數學說）

有義務遺棄罪是在於防止危及生命之具體危險，當遺棄行為會導致無自救力之人的生命陷於危險狀態才有應罰性，故必須個案觀察、判斷[43]。積極移置無自救力人的位置或對無自救力之人不加以照顧的消極遺棄，難以從該行為本身說明，依據一般生活經驗下通常會產生生命的危險，故而必須個案觀察是否有引發危及生命之具體危險結果。例如 A 把醉漢移置人行道上，使其繼續熟睡，該移置行為無引發生命的危險，A 應不會成立本罪；然如 A 將其移置到昏

---

[40] 王皇玉，遺棄同居人，月旦法學教室，第 111 期，2012 年 1 月，頁 43。

[41] 最高法院 106 年度台上字第 1740 號判決：「民法上所謂『家』，係指以永久共同生活為目的而同居之親屬團體，而其成員則包括家長與家屬。至其他非親屬之人，若以永久共同生活為目的而同居一家者，則視為家屬（即法律所擬制之家屬）。準此以觀，民法上家長與家屬關係之發生，係『以永久共同生活為目的而同居一家』為其基礎；亦即在主觀上須具有永久共同生活之目的，而在客觀上有同居一家之事實者，始足當之。」

[42] 最高法院 102 年度台上字第 2740 號刑事判決。

[43] 王皇玉，論危險犯，月旦法學雜誌，第 159 期，2008 年 8 月，頁 238。

暗的地下停車場車道，可能會因車輛經過可能與之碰撞而產生生命危險，A 始成立本罪。

(2) 抽象危險說（又稱擬制說[44]）

　　為使本罪更能周詳保護生命法益，只要實現遺棄罪構成要件，就會對生命身體法益造成侵害之危險，無須法官在個案事實中進行危險結果之審查，且條文中無「致生生命危險」之文字。

2. 實務

(1) 過去實務：無法知道是否為具體危險犯，但對於本罪成立受限於民法扶養義務的順序。換言之，過去實務有判例認為，事實上若有他人為養育或保護，對無自救力之人生命不發生危險時，行為人不履行扶養義務，無法成立第 294 條第 1 項後段[45]。但判例所稱「不發生危險」的語意不清，無法知道是否為具體危險犯，但該判例至少肯認了本罪保護生命[46]。後有實務將 29 年上字第 3777 號判例之「他人」限縮為「其他義務人」，也就是該義務人不履行其義務之際，以已經有其他義務人為扶助養育或保護為限，否則義務人一旦不履行義務，對無自救力之人之生存自有危險[47]。例如阿公是無自救力之人，但有孫子在家，照顧阿公的第一順位是阿嬤，此時阿嬤離家出走，但因還有孫子在照顧，阿嬤對阿公不為扶助照顧，不成立有義務遺棄罪。

(2) 近期實務：抽象危險犯

　　近期實務有判決認為，依其法律文字結構（無具體危險犯所表明的「致生損害」、「致生公共危險」、「足以生損害於公眾或他人」等用詞）以觀，可知屬於學理上所稱的抽象危險犯，行為人一旦不履行其義務，對於無自救力人之生存，已產生抽象危險現象，罪即成立，不以發生具體危險情形為必要[48]。

---

[44] 曾淑瑜，刑法分則實例研習─個人法益之保護，三民書局，2017 年 2 月，頁 77。

[45] 最高法院 29 年上字第 3777 號判例：「刑法第二百九十四條第一項後段之遺棄罪，必以對於無自救力之人，不盡扶養或保護義務，而致其有不能生存之虞者，使克成立。若負有此項義務之人，不盡其義務，而事實上尚有他人為之養育或保護，對於該無自救力人之生命，並不發生危險者，即難成立該條之罪。」最高法院 104 年度台上字第 2837 號刑事判決。

[46] 許澤天，刑法分則（下）人格與公共法益篇，新學林，2019 年 8 月，頁 95。

[47] 最高法院 87 年台上字第 2395 號判例。

[48] 最高法院 104 年度台上字第 2837 號刑事判決。

> **最高法院 107 年度台上字第 1362 號刑事判決**
>
> 　　刑法第 294 條第 1 項之違背義務遺棄罪，以負有扶助、養育或保護義務者，對於無自救力之人，不為其生存所必要之扶助、養育或保護為其要件。此所謂生存所必要之扶助、養育或保護，係指義務人不履行其義務，對於無自救力人之生存有發生危險之虞者而言，係抽象危險犯，故不以果已發生危險為必要。

## 二、主觀要件

　　遺棄故意，亦即認識到遺棄或不為扶助、養育或保護的行為可能提高被害人死亡危險的認識，且意欲為之。但無意使其死亡，因為如有意使人死亡，即為殺人故意。

### 案例

　　未婚媽媽甲與使其受孕之男子乙，兩人謀議在甲產出小孩後，即將該小孩棄置後巷暗處，死活由天。某日甲在住處剛生下小孩 A，乙隨即按照先前兩人的規劃將 A 放置偏僻後巷後離去。甲在乙帶走 A 後，心生不忍，尾隨乙並看著乙將 A 棄置離去後，甲隨即以手機報警謊稱發現棄嬰，並躲在一旁，看著警察把 A 抱走後才放心回家。試問甲、乙的行為成立何罪？

### 擬答

　　乙與甲對小孩皆有照顧、扶助關係，兩人共同謀議將小孩棄置的行為屬於有義務遺棄罪的共同正犯；另外甲的報警的行為而使小孩無生命的危險下甲、乙是否仍成立有義務遺棄罪？實務認為該罪屬於抽象危險犯，且警察的照顧扶助只是無因管理，故甲、乙仍成立本罪。

**第 294-1 條　有義務遺棄罪的免責規定**

對於無自救力之人，依民法親屬編應扶助、養育或保護，因有下列情形之一，而不為無自救力之人生存所必要之扶助、養育或保護者，不罰：

一、無自救力之人前為最輕本刑六月以上有期徒刑之罪之行為，而侵害其生命、身體或自由者。

二、無自救力之人前對其為第二百二十七條第三項、第二百二十八條第項、第二百三十一條第一項、第二百八十六條之行為或人口販運防制法第三十二條、第三十三條之行為者。

三、無自救力之人前侵害其生命、身體、自由，而故意犯前二款以外之罪，經判處逾六月有期徒刑確定者。

四、無自救力之人前對其無正當理由未盡扶養義務持續逾二年，且情節重大者。

**第 295 條　加重處罰規定**

對於直系血親尊親屬犯第二百九十四條之罪者，加重其刑至二分之一。

# 第五節　殺人罪

## 第一項　殺人罪章架構

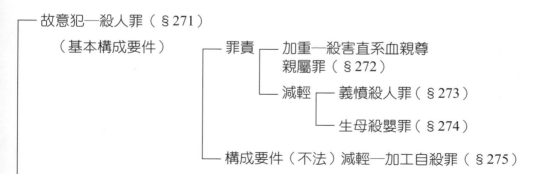

　　本罪章第 272 條、第 274 條是罪責加重或減輕（不純正身分、罪責身分、加減身分）的不純正身分犯，與構成要件加重或減輕（純正身分、不法身分、構成身分）之區別實益在於於多數人參與犯罪時，不具備罪責加重或減輕要素者，僅以第 31 條第 2 項科以通常之刑，僅論以基本構成要件第 271 條第 1 項普通殺人罪，例如 A 與 B 共謀殺死 A 父，A 成立殺害直系血親尊親屬罪，B 與 A 並無直系血親之關係，以第 31 條第 2 項科以通常之刑，即第 271 條第 1 項普通殺人罪。

　　加工自殺罪則較特殊，因我國刑法不處罰自殺行為，如 A 自殺並不成立自殺罪的正犯，然 B 幫助或教唆 A 自殺，基於生命法益無價與不可侵犯性，而特別規定加工自殺罪，該罪之成立必須於 A 有意思決定自由時，經過 A 同意或承諾而幫助或教唆自殺，因而行為人的罪責較為輕微，故屬於構成要件減輕要素。

## 第二項　殺人罪

> **第 271 條　普通殺人罪**
> Ⅰ 殺人者，處死刑、無期徒刑或十年以上有期徒刑。
> Ⅱ 前項之未遂犯罰之。
> Ⅲ 預備犯第一項之罪者，處二年以下有期徒刑。

### 一、客觀要件

#### （一）行為客體

　　人，若生命終止後則屬於屍體，非本條之客體。

#### （二）行為

　　殺。「殺」的方式並無限制，故殺人罪為一個非定式犯罪。例如 A 有砍 B 的行為，造成被砍縱使未死亡的結果，具有條件因果關係與客觀可歸責性，主觀上具備殺人故意，A「砍」B 的行為可評價為「殺」。

## （三）結果

　　於殺人既遂罪（§271I）為死亡的結果（實害結果）；於預備殺人罪（§271III）、殺人未遂罪（§271II）為沒有死亡的結果。故本罪為結果犯。

## 二、主觀要件

　　殺人故意。即行為人主觀上具有欲透過自己的行為造成客體死亡的心態。

## 三、預備、既未遂

　　請參照總則的犯罪階段的說明。

## 四、殺人罪與他罪之關係

　　殺人罪與傷害罪、私行拘禁罪、遺棄屍體罪，實務[49] 多以殺人罪吸收之。

## 【傷害與殺人的區別】

| 最高法院 108 年度台上字第 1203 號刑事判決 |
| --- |
| 　　刑法上殺人未遂與傷害之區別，應視加害人有無殺意為斷，不能因加害人與被害人素不相識，原無宿怨，即推斷認為無殺人之故意。而被害人所受之傷害程度，亦不能據為認定有無殺意之唯一標準，但加害人下手之輕重、加害之部位等，於審究犯意方面，仍不失為重要參考資料；細言之，殺人決 |

---

[49] 最高法院 28 年上字第 1026 號判例：「上訴人先將被害人口項用繩帕勒住，旋又拖往他處將被害人頭顱砍落，棄屍水中。其砍落頭顱時，在上訴人雖以之為殺人後之殘毀屍體藉以洩忿，而實際上被害人因被砍而死，其砍落頭顱，仍係殺人行為之一部，原審認其不另構成損壞屍體罪，固屬無誤，惟其將被害人拖往他處，既係誤認被害人業已身死，則其主觀上並無妨害他人行動自由之故意，而其用繩帕細勒，又係殺人之一種手段，則於所犯殺人遺棄屍體兩罪外，自無更成立刑法第三百零二條第一項罪責之理。」

意，乃行為人的主觀意念，此主觀決意，透過客觀行為外顯；外顯行為則包含準備行為、實施行為及事後善後行為等。故而，審理事實的法院，自應就調查所得的各項客觀事實，予以綜合判斷，以探究、認定行為人的主觀犯意，亦即應審酌當時所存在的一切客觀情況，例如行為人與被害人的關係；行為人與被害人事前之仇隙，是否足以引起殺人的動機；行為當時的手段，是否猝然致被害人難以防備；攻擊力勁，是否猛烈足致使人斃命；攻擊所用器具、部位、次數；及犯後處理情況等全盤併予審酌，判斷行為人於實施攻擊行為之際，是否具備殺人之犯意；倘足認定行為人已可預見其攻擊行為，可能發生使被害人死亡之結果，而仍予攻擊，自堪認屬於具有殺人之不確定故意。

## 第三項　殺人罪的罪責加重與減輕

### 第 272 條　殺害直系血親尊親屬罪
對於直系血親尊親屬，犯前條之罪者，加重其刑至二分之一。

　　本罪較普通殺人罪（§271）增加了直系血親尊親屬的要素，然而「直系血親尊親屬」要素的性質為何？有認為屬於構成要件要素，主觀的故意必須認識到殺害的對象是「直系血親尊親屬」始可論本罪。多數學者認為屬於罪責要素，亦即不法構成要素部分與普通殺人罪相同，但罪責部分不同，罪責要素僅與行為人個人有關[50]，而該要素仍屬於客觀要件中不可分割的要素，故主觀上仍要認識「直系血親尊親屬」。本書採罪責要素說，通常構成要件的加重事由在於對於法益的侵害造成更大的危害，然而殺一個路人與殺自己的直系血親尊親屬比較之下，殺害直系血親尊親屬的生命法益的重要性不會比路人重要，因為同是侵害生命法益，故本條應屬於罪責加重，加重之理由是違反倫常的可非難性較高。

---

[50] 甘添貴，刑法各論（上），修訂 4 版 2 刷，2016 年 1 月，頁 24-25。

　　另外第 272 條與第 271 條處於法條競合之特別關係，應論殺直系血親尊親屬。

　　學說[51]有認為本條加重處罰在現在社會中已經不適用，理由在於因身分關係而使同樣侵害人生命的行為賦予不同的評價，有違平等原則，而且倫常與孝道只是個人內在的道德良知的問題，並應該以此為由而予以處罰。

---

**第 273 條　義憤殺人罪**

Ⅰ 當場激於義憤而殺人者，處七年以下有期徒刑。

Ⅱ 前項之未遂犯罰之。

---

　　所謂「當場」，是指被害人實施不義之行為與引起行為人義憤殺人之時間及場所，必須具有時空密切關聯始可稱為當場，且必須突然目睹他人實施不義行為[52]。若係基於過去之事實，因而引發憤怒，或因不滿被害人之回應，始萌生殺人之犯意者，均難認係此所謂之「當場激於義憤」[53]。

　　實務認為所謂「義憤」乃謂基於道義之理由而生憤慨，必先有被害人之不義行為，而在客觀上足以引起公憤，依一般人之通常觀念，確無可容忍者，始可謂為「義憤」[54]，而學說認為重點並不是被害人行為是否不公不義、是否客觀上引起公眾的憤慨，而是視行為人是否因情緒刺激而失控[55]。實務有見解認為，目睹女友被前男友凌虐非義憤[56]、父親被別人嘲笑非屬義憤[57]、誤會訂婚對象與他人曖昧非義憤[58]、未目睹配偶與他人性交非屬義憤[59]。本書

---

[51] 王皇玉，2012 年至 2019 年刑法修正之回顧 —— 以 2019 年修正為重心，月旦法學雜誌，第 300 期，2020 年 5 月，頁 144。

[52] 最高法院 91 年度訴字第 527 號刑事判決。

[53] 最高法院 107 年度台上字第 4890 號刑事判決。

[54] 最高法院 102 年度台上字第 4821 號刑事判決。最高法院 108 年度台上字第 1075 號刑事判決。

[55] 徐育安，當場激於義憤，月旦法學教室，第 122 期，2012 年 12 月，頁 31。

[56] 最高法院 108 年度台上字第 1923 號刑事判決。

[57] 最高法院 107 年度台上字第 4013 號刑事判決。

[58] 最高法院 107 年度台上字第 520 號刑事判決。

[59] 最高法院 108 年度台上字第 418 號刑事判決：「未受目睹被害人與○○○為性交行為，而激生公憤，其是因被害人一再與其口角、互罵三字經、肢體衝突，激動而持尖刀傷害被害人，然被害人仍一再挑釁，盛怒之下始生殺人犯意，持刀刺入被害人構成要件相符，核無不合。」

認為義憤的定義不可過度擴張，如 A 突然目睹自無過錯、無辜的女性 C 被 B 性侵或殺死，所生憤慨下殺 B，應有義憤殺人罪的適用。

---

**第 274 條　生母殺嬰罪**

Ⅰ 母因不得已之事由，於生產時或甫生產後，殺其子女者，處六月以上五年以下有期徒刑。

Ⅱ 前項之未遂犯罰之。

---

## 一、行為主體

「母」是指生母，如為生父、養父母均不符合。多數學說[60]認為「母」屬於罪責要素，而無該「生母」之身分之人與母共同殺嬰兒，無「生母」的身分之人應依第 31 條第 2 項論普通殺人罪。

## 二、行為情狀：甫生產時或甫生產後

本條限於「甫生產時或甫生產後」，是因生母於該時間內通常會面臨身心的極度壓力。而甫生產時是指分娩過程中，甫生產後是指嬰兒剛出生時，而該期間不宜過度長久（如一個月、兩個月）。實務上認為生產當日必為甫生產後[61]，然嬰兒出生後第五天，即非甫生產後[62]。

## 三、行為考量事由

民國 108 年 6 月修正通過於條文增加「因不得已之事由」，立法理由表示本罪為殺人罪的特別寬減規定，為了避免對於甫生產的嬰兒的生命保護過於輕率，故必須限於「因不得已之事由」，屬於罪責要素。

---

[60] 蔡聖偉，「大意」減親（上）──對於減輕事由前提事實的錯誤，月旦法學教室，第 83 期，2009 年 9 月，頁 78。盧映潔，刑法分則新論，修訂 16 版，新學林，2020 年 7 月，頁 517。

[61] 最高法院 99 年度台上字第 5215 號刑事判決。

[62] 最高法院 28 年上字第 2240 號判例：「上訴人扼死其所生女孩，已在出生後之第五日，自與刑法所定母於甫生產後，殺其子女之情形不合。」

而「因不得已之事由」在修法理由中表明要具體判斷，並舉例如性侵所生子女、身心缺陷障礙或難以治療疾病之子女。本書以為應以生母個人的身心狀態或個人特殊狀況考量，例如行為人在甫生產後發生急性短暫的精神障礙狀態或正好面臨重大家庭變故（如丈夫或親屬意外身亡）而生極大的壓力，因而有較低的期待可能性，然而修法理由的舉例中卻偏向於子女的狀況，似乎對於身心障礙者有明顯歧視。

## 第四項　殺人罪的構成要件減輕

> **第 275 條　加工自殺罪**
> Ⅰ 受他人囑託或得其承諾而殺之者，處一年以上七年以下有期徒刑。
> Ⅱ 教唆或幫助他人使之自殺者，處五年以下有期徒刑。
> Ⅲ 前二項之未遂犯罰之。
> Ⅳ 謀為同死而犯前三項之罪者，得免除其刑。

### 一、客觀要件

#### （一）行為

**1. 受他人囑託或得其承諾而殺之**

受囑託是被害者主動要行為人將之殺害；得承諾是被害人對於行為人的殺害行為被動表示同意。兩者相同的是必須「有意思決定能力並了解生命結束的意涵，並且出於真摯，始能稱為有效的囑託或承諾」。倘若是精神病患、酒醉者、未具有理解能力的小孩的囑託或承諾皆非有效，此與刑法總則中的超法規阻卻違法事由中的「被害人承諾」的理解相同。

例如 A 母對 5 歲的小孩 B 說：跟媽媽一起去天堂好嗎？ B 說：好。A 餵毒藥給 B 服下，此時 B 並不了解生命結束的意義，A 應成立殺人罪，而非加工自殺罪。

## 2. 教唆或幫助他人使之自殺

　　教唆或幫助與刑法總則的教唆或幫助的概念相同。但因為我國刑法不處罰自殺，依據限制從屬性說，如無正犯的故意不法主行為存在，則無共犯的從屬。故立法者基於生命無價與不可侵犯性之下特別規定本罪。

　　然應注意，教唆必須是行為人喚起他人自殺意思，他人仍可自我決定是否自殺下而自殺，如他人無法自我決定時則是殺人罪，非本罪之適用。

## （二）行為客體

　　被害人必須具有一般認知與判斷能力而得以自我負責之人 [63]。

## 二、特殊免刑事由

　　本條第 4 項規定謀為同死，是指行為人與他人共同自殺的謀議而實施自殺行為，可免刑。於民國 108 年修法後規定為「謀為同死而犯前三項之罪者，得免除其刑」，顯示謀為同死而未遂時也有得免除其刑的適用。

# 第五項　過失致死罪

> **第 276 條　過失致死罪**
> 因過失致人於死者，處五年以下有期徒刑、拘役或五十萬元以下罰金。

　　民國 108 年 5 月修訂後，刪除原條文第 2 項的業務過失致死罪，同時將普通過失致死罪的法定刑提高上限範圍，以供法官裁量。

　　關於新舊法的適用問題，實務上是將舊法第 276 條第 2 項與新法第 276 條為比較，兩者均為主刑五年以下，最高刑度都相同，舊法第 276 條第 2 項無選

---

[63] 周漾頤，論被害人生命法益處分權之限制 —— 以刑法父權主義批判為中心，臺北大學法學論叢，第 88 期，2013 年 12 月，頁 251-252。

科罰金刑，係得併科罰金刑；新法第 276 條，有選擇罰金刑，無併科罰金刑，刑法第 35 條第 3 項第 1 款下，最重主刑相同者，次重主刑同為選科刑或併科刑者，以次重主刑為準，有選科主刑者與無選科主刑者，以無選科主刑者為重。新法第 276 條較輕，對被告較有利，第 2 條第 1 項但書之從輕原則，應適用新法第 276 條[64]。

　　但本書認為第 2 條第 1 項但書的從輕原則是在法律變更時採取對行為人適用較輕刑度條文以達刑罰寬仁結果之原理，且業務過失致死罪相較於過失致死罪，業務僅是加重要件，行為的本質就是過失致死。現在業務加重條件既然刪除，新舊法應該是比較舊的過失致死罪與新的過失致死罪的條文，應以舊法過失致死二年以下的刑度為較輕條文為判斷。即使採實務見解，也應用兩年為封鎖法官量刑的上限[65]。

## 選擇題應注意事項

### 一、墮胎罪

（一）懷孕婦女為身分犯，故懷孕婦女應成立第 288 條。

### 二、傷害罪

（一）傷害罪與殺人罪的區別在於主觀要件是出於傷害故意或殺人故意，然而實務上須從客觀上觀察主觀上的犯意，故須從使用的凶器、下手的情形、傷處是否為致命部位等等綜合判斷。

（二）如要成立傷害罪的加重結果犯，行為人必須於傷害行為時對於加重的結果具有預見可能性方須負本罪之責。

---

[64] 臺灣高等法院 108 年度交上訴字第 18 號刑事判決。
[65] 盧映潔，刑法分則新論，修訂 16 版，新學林，2020 年 7 月，頁 528-529。

### 三、遺棄罪

（一）遺棄罪的客體必須是無自救力（無自行維持生存的必要能力）之人。遺棄直系血親尊親屬須加重其刑二分之一，如遺棄自己的小孩，不用加重其刑二分之一。

（二）對於無自救力之人，依民法親屬編應扶助、養育或保護，因有第294條之1各款（如無正當理由而未盡扶養義務而持續兩年且情節重大），而不為無自救力之人生存所必要之扶助、養育或保護者，不罰。

（三）第293條的遺棄行為，限於積極移動或阻絕救助機會。

### 四、殺人罪

（一）殺人罪必須是出於殺人故意，如未出於殺人故意則非本罪，如果客體沒有死亡，則是殺人未遂。

（二）殺害直系血親尊親屬罪中，行為人主觀上必須認識到客體為直系血親尊親屬方可構成本罪，而加重其刑二分之一，例如A要殺B，殺死B之後才知道B是A的父親，此時A對於B是自己的父親無認識，A僅成立殺人罪。而A要殺自己的小孩C，也知道C是自己的小孩，A殺的是自己直系血親「卑」親屬僅成立殺人罪。

（三）義憤殺人罪的義憤必須達到社會一般人皆不能忍受的狀態方屬之，例如配偶與第三人性交，然而配偶與第三人牽手、親吻不屬之。另外，必須是當場突然目睹他人不義行為方屬之，如果事先就知道自己配偶與第三人有性行為而事先計畫好要殺了第三人，則非當場激於義憤而殺人。

（四）生母殺嬰罪，行為最晚的時在於必須是「甫生產後」，實務認為嬰兒出生五日後就非甫生產後。另外生母必須是出於不得已而殺嬰。本罪是因為考量生母生產後身心上須承受極大壓力，故為不純正身分犯，即罪責身分犯，故主體僅限於「生母」，不含父親或養父母。如無該生母身分之人與生母一同犯之，須引用第31條第2項而論殺人罪。

（五）加工自殺罪，是指行為人得承諾或受囑託、幫助或教唆被害人自殺，而被害人的承諾必須出於真摯且有自由意識下的行為，如被害人為 5 歲小孩，應為殺人罪的正犯。另外我國刑法不處罰自殺的行為，故無自殺罪。

# 第二章　自由法益

> **第 296 條　使人為奴隸罪**
> I 使人為奴隸或使人居於類似奴隸之不自由地位者，處一年以上七年以下有期徒刑。
> II 前項之未遂犯罰之。

民國 108 年 1 月制定人口販運防制法，其目的為禁止以積極製造強制情境（強暴、脅迫、恐嚇、拘禁、監控、藥劑、詐術、催眠術或其他違反本人意願之方法）或利用他人身處弱勢情境（利用不當債務約束或他人不能、不知或難以求助之處境）方式作為手段，以達到「性剝削」、「勞力剝削」或「器官摘除」之目的。爾後，刑法中使人為奴隸罪、買賣質押人口罪已鮮少適用[1]。

## 一、保護法益

本罪保護的個人法益是人身自由與人性尊嚴。所謂人性尊嚴，可參考德國聯邦憲法法院常引用所謂「客體公式」（Objektformel）作為認定人性尊嚴是否受到侵害的標準，然必須進一步觀察，是否對人民採行一種可能動搖其人格主體性的處置，或者在具體個案的處置上發生故意不尊重其人格尊嚴的情形而定[2]。

## 二、客觀要件

### （一）行為

使人為奴隸或使人居於類似奴隸之不自由地位。

---

[1] 王皇玉，人口販運與使人為奴隸罪，月旦刑事法評論，第 5 期，2017 年 6 月，頁 6、14。
[2] 黃源盛，晚清民國禁革奴婢買賣的理念與實踐，政大法學評論，第 134 期，2013 年 9 月，頁 96。大法官解釋釋字第 588 號—彭鳳至大法官一部協同暨一部不同意見書。

1. 使人為奴隸

　　基於供自己或第三人使役之目的，將被害人置於自己或第三人實力支配下，聽從自己或第三人使喚，使其失去一般人應享有之人性尊嚴。例如 A 把 B 關在狗籠裡，每天要 B 學狗叫與學狗握手，如廁時也要如狗般且不給穿衣服。

2. 使人居於類似奴隸之不自由地位

　　非使人為奴隸，而不以人道相待，使之不能自由，而類似奴隸者。例如老鴇畜養的娼妓。又如韓國的「N 號房事件」，朴博士於博士房中使被害少女吃糞便、剪掉少女乳頭、於少女性器中塞入蟲子，又逼少女聽命行事的行為，可屬本罪之行為。

（二）客體

　　人，不論男女、年齡。

## 三、既未遂之判斷

　　以被害人是否處於行為人之實力支配範圍而淪為奴隸或處於類似奴隸之地位為判斷。

## 四、違法性

　　本罪保護人身自由與人性尊嚴，縱有被害人承諾，也不可阻卻違法。

---

**第 296-1 條　買賣質押人口罪**

I 買賣、質押人口者，處五年以上有期徒刑，得併科五十萬元以下罰金。

II 意圖使人為性交或猥褻之行為而犯前項之罪者，處七年以上有期徒刑，得併科五十萬元以下罰金。

III 以強暴、脅迫、恐嚇、監控、藥劑、催眠術或其他違反本人意願之方法犯前二項之罪者，加重其刑至二分之一。

> IV媒介、收受、藏匿前三項被買賣、質押之人或使之隱避者，處一年以上七年以下有期徒刑，得併科三十萬元以下罰金。
> V公務員包庇他人犯前四項之罪者，依各該項之規定加重其刑至二分之一。
> VI第一項至第三項之未遂犯罰之。

## 一、客觀要件

### （一）行為

1. 買賣人口（§296-1I）：以人為金錢交易之商品，將金錢當成對價後，將被害人置於實力支配下。重點在於有對價性之合意，於販賣嬰兒案件中，不論是生育費、坐月子金、營養金、感謝金皆屬之[3]。

2. 質押人口（§296-1II）：以人為質以換取其他事項，而將被害人置於他人實力支配下。由「買賣」、「質押」可知本罪之二行為人有互相對立之意思經合致且目的各別（即一個要買或出質、一個要賣或受質），屬於對向犯，不適用共同正犯。

3. 強暴、脅迫、恐嚇、監控、藥劑、催眠術或其他違反本人意願之方法（§296-1III）：與強制性交罪的行為手段相同，而監控是指裝置電子設備或僱用專人監視控制被害人。

4. 媒介、收受、藏匿

(1) 媒介：單純居間引介，使買賣或質押人口之雙方得以進行其買賣或質押人口的行為。

(2) 收受：從他人處接受遭買賣質押之人而使其在行為人管領下。

(3) 藏匿：將買賣質押之人隱藏於處所使其不易被發現。要在買賣或質押人口既遂後為之，才成立。

---

[3] 張天一，販嬰行為之相關刑事責任，月旦法學教室，第 211 期，2020 年 5 月，頁 21-23。

(4) 使之隱蔽：藏匿以外與隱匿行為類似，使他人不易發覺的行為。要在買賣或質押人口既遂後為之，方可成立本行為。

5. 公務員包庇：行為人只要具有公務員資格，且有實力足以包庇本條犯罪即可，所謂包庇即包容庇護之意，也就是採取對犯罪之事不加舉發或使該犯罪得以不受發現或訴追等措施。

## 二、主觀要件

除了買賣或質押人口之故意，本條尚有使人為性交或猥褻之意圖，只要行為人在買賣或質押人口有此主觀心態即可，之後客體有無與他人性交或猥褻，非所問。

---

**第 297 條　圖利以詐術使人出國罪**

I 意圖營利，以詐術使人出中華民國領域外者，處三年以上十年以下有期徒刑，得併科三十萬元以下罰金。

II 前項之未遂犯罰之。

---

詐術是指以欺罔方法，使他人陷於錯誤之行為，例如詐稱介紹可出國工作獲利。意圖營利，不以營業為必要，也不限於繼續或反覆獲得金錢或利益，即使僅一次利益亦屬之，亦不以不法者為限。本罪必須有發生使人出於中華民國領域外的結果，以有無出中華民國領域為既未遂之標準。

本書認為被害人自願的出國行為並無處罰必要，本罪也未說明何種自由法益被侵害，如果以法條的解釋方式，很多廣告不實之代辦出國打工換宿的業者可能都犯這條罪，故本罪應該刪除。

---

**第 298 條　略誘婦女罪**

I 意圖使婦女與自己或他人結婚而略誘之者，處五年以下有期徒刑。

II 意圖營利、或意圖使婦女為猥褻之行為或性交而略誘之者，處一年以上七年以下有期徒刑，得併科三萬元以下罰金。

III 前二項之未遂犯罰之。

---

## 一、客觀要件

### （一）行為客體：婦女

本條保護法益為個人之人身自由，婦女應指未有家庭監督權存在的「女性」，包含：滿 20 歲的婦女、未滿 20 歲但已經結婚之婦女、未滿 20 歲也未結婚但無家庭或其他監督權人保護的女子（例如被猩猩養大而未滿 20 歲的少女），而與和誘罪與略誘罪的行為客體為有家庭監督權之人不同。

### （二）行為：略誘

強暴、脅迫、詐騙或其他不正方法違背被害婦女本意，使其離開原來處所，置於自己實力支配下。而實力支配之有無，須考量有無場所移動、被誘人受拘束的狀態等，依社會通念綜合判斷。

### （三）既未遂

本罪以被誘人是否已置於行為人實力支配之下為既未遂的判斷。

## 二、主觀要件

除略誘故意外，本條有兩種意圖，一為使被害婦女與自己或他人結婚之意圖，另一為營利意圖。

| 第 299 條　移送被略誘婦女出國罪 |
| --- |
| I 移送前條被略誘人出中華民國領域外者，處五年以上有期徒刑。<br>II 前項之未遂犯罰之。 |

移送是指被誘人於行為人實力支配下而將其移送中華民國領域外，不管是有合法簽證皆為移送，例如偷渡亦屬之。本罪之既未遂是以被誘人是否被移送出中華民國領域外為判斷。

> **第 300 條　收受藏匿被略誘人或使之隱避罪**
> I 意圖營利，或意圖使被略誘人為猥褻之行為或性交，而收受、藏匿被略誘人或使之隱避者，處六月以上五年以下有期徒刑，得併科一萬五千元以下罰金。
> III 前項之未遂犯罰之。

收受、藏匿或使之隱避請參考第 296 條之 1。

> **第 301 條　減刑之特例**
> 犯第二百九十八條至第三百條之罪，於裁判宣告前，送回被誘人或指明所在地因而尋獲者，得減輕其刑。

本條是有關略誘婦女罪、移送被略誘婦女出國罪、收受藏匿被略誘人或使之隱避罪的個人特別減刑規定。

> **第 302 條　剝奪行動自由罪（又稱妨礙行動自由罪、私行拘禁罪）**
> I 私行拘禁或以其他非法方法，剝奪人之行動自由者，處五年以下有期徒刑、拘役或九千元以下罰金。
> II 因而致人於死者，處無期徒刑或七年以上有期徒刑，致重傷者，處三年以上十年以下有期徒刑。
> III 第一項之未遂犯罰之。

## 一、客觀要件

### （一）行為客體

本罪之客體為具有行動意思與行動能力之人，然而是否有限制，討論如下：

1. 暫時欠缺行動意思或行動能力之人，例如 A 熟睡或昏迷中，B 將 A 鎖在房內，可否論以本罪？

## (1) 現實自由說 [4]

僅在有意識時對之拘禁始成立本罪。被害人於行為人行為時，移動或改變空間位置的自由受到剝奪，故上例之 B 僅成立本罪之未遂犯，因為 B 沒有對 A 產生妨害行動自由之結果。但潛在自由說將既遂時點過度提前到僅有單純危險的情形，在本罪有處罰未遂下不必如此擴張處罰。

## (2) 潛在（可能）自由說

此為多數學說與實務 [5] 所採。只要有活動「可能性」的人，即要保護其身體活動自由。故基於保護個人選擇特定場所改變行動位置之潛在可能下，上例之 B 成立本罪之既遂犯。

## 2. 非暫時欠缺行動意思或行動能力之人（例如未滿周歲嬰兒、癱瘓或臥病在床者）

不論採現實自由說、潛在自由說，該客體皆欠缺決策與意思控制能力，故非本罪之客體。然有學說認為，具簡單表達改變地點意願的能力，即具有簡單的決策與控制能力，仍有實現此心願該改變地點意願的可能 [6]，所以縱使是欠缺自由行動能力之人，仍是本罪欲保護的對象。

## （二）行為

本罪之行為為私行拘禁或其他非法之方法剝奪他人行動自由，屬於繼續犯。而該行為必須剝奪他人行動自由達一定時間。

## 1. 私行拘禁

### (1) 私行

為本罪之構成要件要素，倘若「私行」是違法性要素，因本來就可以用阻卻違法的法理阻卻違法，將會成為贅文。

---

[4] 林山田，刑法各罪論（上），2005 年 9 月，頁 189。許澤天，刑法分則（下）人格與公共法益篇，新學林，2019 年 8 月，頁 202。

[5] 甘添貴，刑法各論（上），修訂 4 版 2 刷，2016 年 1 月，頁 127。最高法院 101 年度台上字第 4816 號刑事判決。

[6] 曾淑瑜，刑法分則實例研習—個人法益之保護，三民書局，2017 年 2 月，頁 98。

## (2) 拘禁

拘禁是指違反他人之意思而拘禁他人。然是否要被拘束在特定狹小空間？

① 否定說：拘禁是指將被害人關閉在封閉空間，客觀上無法脫離該空間。不以完全剝奪被害人行動可能性為必要（如被壓在五指山的孫悟空），仍保留侷限空間給被害者也是拘禁（如拿破崙被流放到某個島嶼），而在此空間受拘禁之人，仍可因為空間的再度限縮又再度受害[7]。

② 肯定說：違反他人意思而將他人拘束在一個相對狹小的範圍空間，使其無法或難以行動[8]。

## 2. 其他非法方法

(1) 定義：私行拘禁以外，一切足造成他人無法或難以行動的方法。實務上認為「非法方法」，當然包括強暴脅迫等情事在內[9]。

(2) 例如 A 讓 B 從頭爬到街尾，A 如不服從就用腳踢，使 B 繼續爬，A 是否成立本罪？

① 否定說：被害人未拘束於特定空間，只受部分限制，仍有脫逃到其他物理場所的可能性，不成立本罪[10]。

② 肯定說：本罪「不以拘束於特定空間為必要」，重點在於「被害人是否得依其意願離去」。被害人只能依行為人所逼迫指定路線，以被害人不時蒙受腳踢的身體攻擊情形來說，無從選擇脫離路線的期待可能性，可成立本罪[11]。

## 二、主觀要件

本條的故意係行為人對其行為足以剝奪他人行動自由有所認識，並且進而決意以其行為剝奪他人之行動自由的心態。

---

[7]　許澤天，刑法分則（下）人格與公共法益篇，新學林，2019 年 8 月，頁 200。
[8]　盧映潔，刑法分則新論，修訂 16 版，新學林，2020 年 7 月，頁 588。
[9]　最高法院 92 年度台上字第 1840 號刑事判決。
[10]　許恒達，妨害行動自由罪的成立界限，月旦法學教室，第 135 期，2014 年 1 月，頁 27-29。
[11]　許澤天，刑法分則（下）人格與公共法益篇，新學林，2019 年 8 月，頁 202。

## 三、加重結果犯

　　從立法形式，加重結果犯的規定在第 302 條第 1 項既遂之後，而第 302 條第 3 項才是未遂犯，所以剝奪行動自由既遂下才可論加重結果犯，否則會生罪刑不相當之問題。若行為人剝奪行動自由未遂，但已經產生死亡或重傷的結果，應論以剝奪行動自由未遂罪與過失致死罪或過失致重傷罪的想像競合。

## 四、本罪與他罪之關係

### （一）妨礙行動自由罪與普通傷害罪

　　實務上認為，以強暴脅迫手段來妨礙行動自由，傷害為強暴脅迫之當然結果[12]，故論第 302 條即可。

### （二）妨礙行動自由罪與強制罪

**1. 學說[13]**

(1) 強制罪是意思決定與意思活動自由之「妨礙」。亦即第 304 條保護意志自由。

(2) 剝奪行動自由罪是意思決定與意思活動自由之「剝奪」。剝奪是指「完全喪失」決定物理活動的一切自主性且有相當時間的延續。亦即第 302 條保護行動自由與意志自由。

**2. 學說[14]**

　　重點在於「被害人是否得依其意願離去」。本罪雖然是繼續犯，但不代表要長時間剝奪行動自由才是本罪既遂，只要剝奪行動自由就是既遂。於立法上可以考慮：長期剝奪自由作為本罪的加重構成要件。

---

[12] 最高法院 107 年度台上字第 323 號刑事判決。
[13] 許恒達，妨害行動自由罪的成立界限，月旦法學教室，第 135 期，2014 年 1 月，頁 28。
[14] 許澤天，刑法分則（下）人格與公共法益篇，新學林，2019 年 8 月，頁 207。

## 3. 實務 [15]

第 302 條與第 304 條均是妨礙被害人之自由，而剝奪人之行動自由，不外乎以強暴、脅迫為手段，故兩者罪質相同，但被害人之意思決定或身體活動之自由受限制之程度則不同。而第 302 條法定刑比第 304 條重，故以私行拘禁之方法妨害人身自由，即使其目的在使人行無義務之事或妨害人行使權利，仍應以第 302 條之高度行為吸收第 304 條之低度行為，而論第 302 條。

【第 302 條與第 304 條之關係】

| 多數學者 | 有學者 | 有實務 |
|---|---|---|
| 妨礙（意志自由）§ 304　§ 302　剝奪：（意志自由與行動自由）完全喪失決定物理活動的一切自主性且有相當時間的延續 | § 304　§ 302　不以持續相當期間為必要。是否依其意願離去為標準 | § 304　§ 302　§ 302 之高度行為吸收 § 304 之低度行為 |

### （三）妨礙行動自由罪與恐嚇危安罪

妨礙行動自由中對被害人為恐嚇行為，自屬包含於妨礙行動自由中，不須另論恐嚇危安罪 [16]。

---

**第 302-1 條　加重妨害行動自由罪**

I 犯前條第一項之罪而有下列情形之一者，處一年以上七年以下有期徒刑，得併科一百萬元以下罰金：

---

[15] 最高法院 103 年度台上字第 1799 號刑事判決。最高法院 107 年度台上字第 323 號刑事判決。

[16] 最高法院 85 年度台上字第 5736 號刑事判決。最高法院 87 年度台非字第 140 號刑事判決：「所謂非法方法，當包括強暴、脅迫等情事在內。故於私行拘禁或以其他非法方法剝奪人之行動過程中，有對被害人施加恐嚇行為，自屬包含於妨害行動自由之同一意念之中，縱其所為，合於刑法第三百零五條恐嚇危害安全罪之要件，仍應視為剝奪行動自由之部分行為。」

> 一、三人以上共同犯之。
> 二、攜帶兇器犯之。
> 三、對精神、身體障礙或其他心智缺陷之人犯之。
> 四、對被害人施以凌虐。
> 五、剝奪被害人行動自由七日以上。
> Ⅱ 因而致人於死者，處無期徒刑或十年以上有期徒刑；致重傷者，處五年以上十二年以下有期徒刑。
> Ⅲ 第一項第一款至第四款之未遂犯罰之。

## 一、各款加重事由

### （一）三人以上共同犯之

　　立法理由稱，三人以上共同對於被害人犯剝奪行動自由罪，犯罪行為過程可能對被害人法益危害風險更高，因而有加重處罰必要。本款用語為「三人以上共同犯之」，而非如同加重竊盜罪中的「結夥三人以上而犯之」，故本款所指三人以上在性質上應無爭議是屬於共同正犯，而且應該不以在場共同實施或者在場參與分擔實施之人為限，亦可包括同謀共同正犯。此外，依過去實務見解對於人數的計算向來以具有責任能力之行為人為限，無責任能力人即不能算入人數之內。由於本款甫新增，尚待實務見解累積。

### （二）攜帶兇器犯之

　　立法理由稱，對於被害人剝奪行動自由過程，若行為人攜帶兇器犯之，對於被害人身體或生命法益構成不確定危險，有加重處罰必要。所謂兇器，依其他罪章同樣有攜帶兇器規定之實務見解認為，兇器種類並無限制，依一般社會觀念足以對人之生命、身體、安全構成威脅，而具有危險性之器械即屬之，而且於妨害行動自由行為時是否有取出或使用兇器，並非所問。

## （三）對精神、身體障礙或其他心智缺陷之人犯之

　　立法理由稱，精神、身體障礙或其他心智缺陷之人本為弱勢被害人，對於此類被害人剝奪行動自由，應加重處罰。依其他罪章同樣有對精神、身體障礙或其他心智缺陷之人的規定，一般認為被害人是否屬於精神障礙之人，與刑法第 19 條認定行為人因精神障礙而為無責任能力人或限制責任能力人，並無必要採相同的認定標準。稱身體障礙之人係指個人因生理因素致其參與社會及從事生產活動功能受到限制或無法發揮之人，無論為身體障礙之人，或其他心智缺陷之人。

## （四）對被害人施以凌虐

　　立法理由稱，對於被害人剝奪行動自由過程，若同時對被害人施以凌虐，對於被害人精神或身體構成侵害，因而有加重處罰必要。稱凌虐，依刑法第 10 條第 7 項對凌虐的立法解釋規定，凌虐係謂以強暴、脅迫或其他違反人道之方法，對他人施以凌辱虐待的行為。

## （五）剝奪被害人行動自由七日以上

　　立法理由稱，行為人剝奪被害人行動自由達一定期間以上，對被害人身心危害程度更加嚴重，與短時間內限制他人自由之處罰應有所區隔，因而有加重處罰必要。又所稱「七日以上」，參考第 10 條第 1 項規定，應俱連本數計算，亦即須滿 7 日。另日數之計算，每滿 24 小時以 1 日計。

## 二、加重結果犯

　　本條設有加重結果犯之處罰規定。各款所列情形，僅屬基本犯罪之加重條件，也就是本罪仍是妨害行動自由罪。如前條已述，剝奪行動自由既遂下才可論加重結果犯，否則會生罪刑不相當之問題。若行為人有本條加重事由，但剝奪行動自由未遂，卻已經產生死亡或重傷的結果，應論以本條加重剝奪行動自由未遂罪與過失致死罪或過失致重傷罪的想像競合。

## 三、未遂犯

本條第 3 項設有第 1 項第 1 款至第 4 款之未遂犯處罰。第 1 款至第 4 款所列情形,僅屬基本犯罪之加重條件,也就是本罪仍是妨害行動自由罪。因此認為本罪應以私行拘禁行為或是剝奪行動自由的行為是否已使被害人產生喪失行動自由的結果為既、未遂之判斷。

> **第 303 條　剝奪直系血親尊親屬行動自由之加重規定**
> 對於直系血親尊親屬犯前二條第一項或第二項之罪者,加重其刑至二分之一。

> **第 304 條　強制罪**
> I 以強暴、脅迫使人行無義務之事或妨害人行使權利者,處三年以下有期徒刑、拘役或九千元以下罰金。
> II 前項之未遂犯罰之。

## 一、保護法益

「意志(思)決定自由」與「意志(思)實現(形成)自由」,本罪保護該自由不受不當的干擾,也就是造成被害人無法自由決定進行某事。

## 二、客觀要件

### (一)行為

1. 強暴:有形強制力的實施,但不以直接對被害人身體實施為必要。

2. 脅迫:使人心生畏懼之惡害通知。然是否包含告知欲行使合法權利?無論合法或違法,都可作為脅迫手段,關鍵在於被害人意志決定自由,例如 A 威脅警察 B 要舉發其嫖妓,迫使 B 洩漏他人的住家地址,舉發為合法行為,但影響了B 的意志決定自由,為脅迫手段。

3. 強暴、脅迫的程度：不必如強盜罪的手段般達到無法抗拒，只要達到被害人無法自由決定某事項的進行，從而接受行為人的意思來進行事項已足。

4. 強暴、脅迫的對象：實務上認為不論對人或對物實施強暴行為，如強制力達到妨礙他人意志自由即可[17]。例如 A 將鍋子丟出去的行為，如達妨礙 B 的意志自由程度亦屬本罪之強暴行為。

## （二）結果：達到使人行無義務之事或妨害他人行使權利之結果

文義上，如果讓別人行「有義務」之事，即使使用強暴脅迫手段，也不會構成強制罪，例如 A 持槍逼 B（有服役義務的役男）去服役，A 不會成立強制罪。由此可以知本條敘述用語不當，所以應該修改成「使人為一定行為或不為一定行為」[18]。

## 三、既未遂

以他人是否已經行無義務之事或行使權利是否已經受妨礙為判斷，例如 A 受 B 強暴脅迫，但尚未行無義務之事，即屬未遂。

## 四、違法性

第 304 條性質上是開放性構成要件，構成要件該當後也不會推定違法，其範圍很廣且欠缺表彰違法性功能，故強制罪還要審查實質違法性（即正面審查違法性），將不具違法性之構成要件該當行為排除。

---

[17] 臺灣高等法院高雄分院 102 年度上易字第 5 號刑事判決。臺灣臺北地方法院 105 年度易字第 635 號刑事判決。臺灣新北地方法院 107 年度聲判字第 106 號刑事裁定：「刑法第 304 條所謂之強暴，係指直接或間接對人行使之有形強制力而言，不限於直接對人為身體上之攻擊為限。且該條文係為保障個人意思形成或決定自由，不受他人不當之干擾，故法條文義並未限於對『人』為之，或對『物』為之，亦未明定被害人是否在當場遭受強脅，是行為人對物所為不法有形力之行使，雖非對他人身體直接為之，且行為時被害人亦未在現場，但其客觀上對被害人所有物之強脅行為，已可發生延展效力，藉由被害人與物品之緊密關係，同樣可達到對他人意思形成或決定自由妨礙之結果，即應構成本條犯罪。」

[18] 盧映潔，刑法分則新論，修訂 16 版，新學林，2020 年 7 月，頁 598。

　　而違法性的審查以強制手段與目的之關聯為判斷，如果手段達成目的之整體事實，是社會倫理之價值判斷上可責難者，則有違法性關於「手段與目的之間關聯的判斷」，以下介紹重要的原則：

（一）利益衡量原則：強制他人不為法所禁止的行為或強制他人不為重大違反風俗之行為，則無可非難性。例如 A 大聲對 B 叫罵說以後不準在路邊尿尿。

（二）輕微原則：強制他人所造成的是輕微影響，即無可非難性。例如大雄亂塗鴉在牆壁，隔壁雷公阿伯叫他在公園撿垃圾一小時，雷公的行為此時無可非難性。

（三）關聯性欠缺原則：如手段與目的欠缺內在關聯，即有可非難。例如 A 脅迫 B 不還錢就告發 B 之前竊盜。

# 案 例

　　甲與乙素昧平生，某夜凌晨時分甲藉故至乙家門口，以連續、長按壓電鈴達 20 分鐘之方式，要求乙開門，欲找乙談事情。過程中乙向甲表示此舉已影響乙及其家人休憩入睡，並已報警處理，請甲停止離開，但甲仍不罷手，直到員警來後才停止。試問：甲之行為應如何處斷？

# 擬 答

　　強制罪是保護個人意志決定自由。強暴的定義與程度及對象，不以直接對人實施為必要，即使對物為強暴而間接對人產生影響亦屬之。甲連續按電鈴達 20 分鐘以上的舉動妨礙了乙的居住安寧權。甲的行為與其欲達成之目的（要求與乙談事情）之間欠缺內在關聯，甲的行為具有違法性。

| 第 305 條　　恐嚇危害安全罪 |
| --- |
| 以加害生命、身體、自由、名譽、財產之事，恐嚇他人致生危害於安全者，處二年以下有期徒刑、拘役或九千元以下罰金。 |

## 一、保護法益

　　本罪保護的法益是個人內在意思形成與意思活動之自由，亦即「個人免於恐懼之自由」，以維護個人的法安全感不受外力侵擾。

## 二、客觀要件

### （一）行為：恐嚇（惡害通知）

1. 恐嚇定義

　　將使人心生畏懼之事實通知被害人，且恐嚇內容必須以危害生命、身體、自由、名譽、財產為內容。有學說認為其他與本罪有同等保護之價值者也可包含在內，如貞操、信用、營業[19]。

2. 恐嚇的內容之實踐可能

　　恐嚇內容客觀上必須是人類能力上有直接或間接實現或支配可能性，且須特定於個人法益，例如以鬼神將會懲罰、月亮將會懲罰的言論，則非人類可支配，非屬恐嚇。而多數實務與學說認為恐嚇的內容限於不合法的內容，因為合法的惡害通知，雖然給他人不安，但根本沒有達到刑事不法程度，甚至是法律所許可的行為[20]。

3. 恐嚇的方式

　　在外揚言是否為恐嚇？例如 A 到公司對著公司同事們說，我要殺了 B 老闆，且有意無意把玩著手裡的槍，該事情口耳相傳至 B 的耳中，A 的揚言行為是否為恐嚇？

(1) 過去實務[21]上認為，恐嚇的方式至少要能確定間接對人而為之，即使不直接將內容告知被害人，但將加害內容告知特定人並明示轉告被害人，亦屬之。然

---

[19] 甘添貴，刑法各論（上），修訂 4 版 2 刷，2016 年 1 月，頁 140。
[20] 許澤天，刑法分則（下）人格與公共法益篇，新學林，2019 年 8 月，頁 215。
[21] 最高法院 52 年台上字第 751 號判例：「刑法第三百零五條之恐嚇罪，所稱以加害生命、身體、自由、名譽、財產之事，恐嚇他人者，係指以使人生畏怖心為目的，而通知將加惡害之旨於被害人而言。若僅在外揚言加害，並未對於被害人為惡害之通知，尚難構成本罪。」

而若僅在外揚言加害並未對於被害人為惡害之通知。

(2) 學說認為，恐嚇罪的具體保護法益在於個人內在意思形成與意思活動自由，即個人免於恐懼之自由。重點在於被害人「有無意思決定或意思活動之安心領域的干擾」，故應以經驗法則探討該行為會不會使被害人心理恐懼與被害人的知悉可能[22]。近期實務[23]亦認為只要足使他人心生畏懼即可構成恐嚇。本案中 A 的行為依照經驗法則會傳到 B 耳裡且會造成 B 的安心領域的干擾，A 可成立恐嚇罪。

> ## 最高法院 107 年度台上字第 1864 號刑事判決
>
> 　　按刑法於妨害自由罪章，以該法第 305 條規範對於以加害生命、身體、自由、名譽、財產之事，恐嚇他人致生危害於安全者之刑責，目的在於保護個人免受不當外力施加恐懼的意思自由法益；倘以使人畏怖為目的，為惡害之通知，受通知人因心生畏懼而有不安全感，即該當於本罪，不以客觀上發生實際的危害為必要；又惡害之通知方式並無限制，凡一切之言語、舉動，不論直接或間接，足以使他人生畏懼心者，均包含在內；至是否有使被害人心生畏懼，應以各被害人主觀上之感受，綜合社會通念判斷之。

### 4. 恐嚇的對象

　　行為人宣稱的加害對象是受恐嚇人外的第三人生命、身體等時，是否為本罪之恐嚇？如該第三人為路人，受恐嚇人應不會產生安心領域的侵擾；如該第三人為自己的親屬，受恐嚇人應會產生安心領域的侵擾，故成立恐嚇罪。

### （二）結果：致生危害於安全

　　惡害告知足使他人心生畏怖之惡害時，已有侵害意思自由之危險，即成立本罪，不以客觀上實際的危害為必要。是否使他人心生畏怖，以被害人主觀的

---

[22] 李聖傑，嗆聲──惡害通知之思考，月旦法學教室，第 65 期，2008 年 3 月，頁 14-15。

[23] 最高法院 107 年度台上字第 1864 號刑事判決。

立場判斷[24]。然有學說認為「致生危害於安全」是指使被害人之個人安全在客觀上已經產生危險[25]。

## 三、強制罪與他罪之關係

### （一）第304條的脅迫與第305條的恐嚇

1. 過去實務、學說：兩者同樣的是均為惡害通知，不同的是脅迫為現在惡害通知，而恐嚇為將來惡害通知。

2. 近期實務見解[26]：不用如上述區分，因為第305條把行為特定為加害生命、身體、自由、名譽、財產之事，所以不符合第305條時，才會討論第304條。

3. 學說[27]：恐嚇危安與強制罪皆保護自由法益，但侵害利益的性質不同，亦即遭受強制時，所感受的是喪失自由的痛苦，但是在遭受恐嚇時，所感受的是心理的不安全感，兩罪可成立想像競合。

4. 近期學說[28]：

依恐嚇、脅迫的行為與內容作為兩罪之區分，如下表：

|  | 脅迫、恐嚇行為 | 脅迫、恐嚇內容 |
|---|---|---|
| 強制罪 | 使被害人受強制而作為或不作為 | 僅需可感受到惡害 |
| 恐嚇個人罪 | 使被害人心生畏懼 | 以加害生命、身體、自由、名譽、財產之事為內容 |

### （二）恐嚇危安罪與後續犯罪之競合

例如恐嚇之後進而實現恐嚇內容（如殺人、放火）。

---

[24] 最高法院107年度台上字第1864號刑事判決。

[25] 甘添貴，刑法各論（上），修訂4版2刷，2016年1月，頁143。

[26] 最高法院80年度第4次刑事庭會議決議。

[27] 黃榮堅，卡車王國（下），月旦法學雜誌，第33期，1998年1月，頁15。

[28] 許澤天，刑法分則（下）人格與公共法益篇，新學林，2019年8月，頁218。

1. 學說[29]：第 305 條為危險犯，行為人著手實行實害行為（殺人、放火）而發生實害結果者，則除了成立本罪外，另外構成他罪，但恐嚇危害安全罪（§305）為與罰前行為，僅論殺人罪、放火罪即可。

2. 學說[30]：恐嚇危安罪的保護法益是個人免於恐懼自由與個人生命、身體、自由、名譽、財產之安全，且性質是實害犯，而放火罪的法益為公共安全，因為法益不同，成立數罪併罰。

---

**第 306 條　侵入住居罪**

I 無故侵入他人住宅、建築物或附連圍繞之土地或船艦者，處一年以下有期徒刑、拘役或九千元以下罰金。

II 無故隱匿其內，或受退去之要求而仍留滯者，亦同。

---

## 一、保護法益

　　多數學說[31]與實務認為本罪保護法益包含對於家宅、建築物之「隱私權」（居住安寧與私生活秘密之保持）與「自由決定權」〔又稱屋主權〕，有權同意或反對他人進入的權利。

## 二、客觀要件

### （一）行為

1. 積極作為

(1) 侵入：以人的身軀進入其內[32]。

---

[29] 林山田，刑法各罪論（上），2005 年 9 月，頁 210。

[30] 甘添貴，刑法各論（上），修訂 4 版 2 刷，2016 年 1 月，頁 145。

[31] 許恒達，侵入建築物罪的攻擊客體與保護法益／簡評台灣高等法院 105 年度上易字第 1405 號刑事判決，台灣法學雜誌，第 335 期，2018 年 1 月，頁 193。

[32] 臺灣高等法院 109 年度上易字第 1593 號刑事判決：主觀上既無侵入他人住宅之犯意，其等客觀上短暫性之單腳跨入、蹲立於 5 號房屋頂樓範圍內之行為，尚難遽以刑法第 306 條第 1 項侵入住宅罪相繩。

(2) 隱匿其內：侵入之後而隱伏藏匿其內使人難以發現

　　隱匿其內只能在先前進入行為不構成侵入時，才有獨立適用空間，也可以是侵入住居的不作為犯[33]。

### 2. 消極不作為：受退去之要求仍留滯

　　原先有權進入他人住宅或建物的行為人，事後在停留期間遭屋主權人明示或默示的退去要求，而失去停留權限，導致繼續留滯而不退去的不作為。該舉動乃純正不作為。例如學校圖書館閉館了，要讀者們離開，A 躲在廁所打算今晚睡在圖書館。

### 3. 無故

　　無故是指無正當理由，如取得法益所有人同意則非無故。又無正當理由不以法律明文為限，習慣上或道義上所許可，而無悖於公序良俗者亦屬之[34]。本書認為無故在構成要件層次為「未得本人同意」，但其實「侵入」的意思中已經包含「無故」了。而在違法性層次，已有其他阻卻違法事由與超法規阻卻違法事由，所以「無故」二字的存在無意義，應要刪除。

## 【若居住數人，數人都有同意權時，是其中一人同意即可或者須全體同意？】

（一）潛在衝突：在場者同意，不在場者不同意，應以在場者為優位，得在場者同意進入，即非本罪。例如 A 夫趁 B 妻南下出差而將 C 女帶回家。

（二）顯在衝突：皆在場，然在場者有些同意有些不同意，此時以有無監督關係的優位存在而決定是否已經得同意：

1. 有監督關係，監督人優位，應得監督權人同意，例如父母與未成年子女，如僅得未成年人同意，則為侵入。

---

[33] 許澤天，刑法分則（下）人格與公共法益篇，新學林，2019 年 8 月，頁 227。
[34] 臺灣高等法院 108 年度上易字第 1172 號刑事判決。

2. 無監督關係，得一部分人同意，也非有效同意，例如父母與成年子女、共同租屋者、配偶間。

## 【以詐術取得同意是否成立侵入住宅罪】

例如很閒的學長 A 想進入學妹 B 的宿舍（B 根本不認識 A），A 便把宿舍的電力設備弄壞後，帶著工具向 B 說：「我是房東派來的水電工，我叫阿閒，我需要進去修理電力設備」，B 不疑有他，就讓 A 進入，A 進入後持續鼓動著胸腔而大力吸氣，心想著真香真香阿～

對此，有認為同意必須完全清楚理解到同意的內容，該同意始為有效，本案 B 受 A 欺騙，而使 A 進入，A 成立侵入住宅罪。

實則，「同意」只要同意人認識或了解事實上意義即可，亦即 B 了解 A 要進入 B 宿舍的事實即可，然同意是否有效須視詐術的內容而定：

（一）如施用詐術使相對人誤以為自己法益未受侵害，但事實上行為人因被害人處分法益之客觀行為而實現侵害，此時同意有嚴重瑕疵，該同意無效。

（二）如施用詐術僅止於被害人處分自己法益作成的動機，即被害人有認識將放棄自己得處分的法益下而做出同意的決定，此時同意有效，有學者亦同此見解[35]。

（三）本案例中 A 表明進入意思，B 也知道同意 A 進入將會喪失自己的「隱私權」與「自由決定權」，故 B 的同意有效，A 不構成侵入住居罪。

---

[35] 許恒達，變質的友情：侵入住居與妨害性自主之個案檢討，月旦法學教室，第 166 期，2016 年 8 月，頁 24-26。

## 【公共場所的侵入問題】

　　先前的討論是私人住宅未經同意而侵入的問題，然而例如公共場合中，有些商店設有營業時間，營業時間過後即打烊，如果打烊了則必須經過同意，然如未打烊時，A 於商店營業時間進入竊取物品是否構成本罪？

　　行為人進入建物時外在表現形式清楚的偏離了受概括許可的類型時，才是侵入，例如手持機關槍並戴面具進入銀行，已經偏離了受概括許可的類型[36]。

### （二）客體

1. 他人住宅：他人是指事實上居住於住宅內之人，不以其對該住宅有所有權為必要，而住宅是指供人起居飲食作息的場所（例如一般住家）或日常生活使用的場所（例如研究室）。如有充足設施可供他人日常生活之處，仍是住宅，例如露營車等。

2. 建築物：指住宅以外，具有經濟效用而可供人居住的建築物。

3. 附連圍繞之土地：該土地要有物理性質的帷幕，亦即要有籬笆、壕溝、鐵絲網等隔離保護措施[37]。

---

### 第 307 條　違法搜索罪

不依法令搜索他人身體、住宅、建築物、舟、車或航空機者，處二年以下有期徒刑、拘役或九千元以下罰金。

---

## 一、保護法益

　　本罪的保護法益為個人的人身自由、居住自由、個人隱私自由。

---

[36] 蔡聖偉，開門揖盜（上）論公共建物開放入內同意的射程，台灣法學雜誌，第 93 期，2007 年 4 月，頁 290-296。許澤天，刑法分則（下）人格與公共法益篇，新學林，2019 年 8 月，頁 223-224。

[37] 林山田，刑法各罪論（上），2005 年 9 月，頁 213。

## 二、客觀要件

### （一）行為主體：不依法令搜索者

不限於依法有搜索權者，亦即不限於偵查機關，即使是一般人民也可以是本罪的行為主體[38]。

### （二）行為：不依法令而搜索

1. 搜索：一切對人之身體、物品或處所以視覺及觸覺結合而進行之接觸行為。

2. 不依法令（與行為主體有關）

(1) 有搜索權限之人：行為人雖有法令上權限，但不依法定要件與程序搜索。例如行為人違反刑訴第 146 條的夜間搜索之禁止。

(2) 一般人：行為人沒有法令上權限卻實行搜索行為，如為了獲取犯罪證據而私自闖入他人住宅翻箱倒櫃[39]。

### （三）客體：他人之身體、住宅、建築物、舟、車或航空機。

## 三、本罪與他罪之關係競合

對他人住宅搜索，通常同時構成第 306 條第 1 項。對他人身體搜索，通常同時構成第 304 條第 1 項或第 277 條第 1 項，只要仍屬於第 307 條的典型伴隨情形，由第 307 條吸收[40]。

---

[38] 最高法院 105 年度第 15 次刑事庭會議決議。

[39] 甘添貴，刑法各論（上），修訂 4 版 2 刷，2016 年 1 月，頁 156。

[40] 許澤天，刑法分則（下）人格與公共法益篇，新學林，2019 年 8 月，頁 231。

## 選擇題應注意事項

（一） A 在國道上持續不間斷故意擋住 B 的路線且又常常緊急剎車而使 B 停車，A 應是觸犯強制罪。而 A 如於夜晚連續按 B 家的門鈴 30 分鐘，亦觸犯強制罪。

（二） 恐嚇危安罪的恐嚇內容必須是人力可支配，如果 A 對 B 說你如果不╳╳，我就會叫玉皇大帝讓你沒錢賺（恐嚇生命、身體、自由、名譽、財產），此時因神不可支配則不構成恐嚇罪。如是可支配之物，還要他人心生畏懼方可成立恐嚇罪。

# 第三章　性自由法益

　　本單元介紹刑法分則的妨害性自主罪章。本章節為民國 88 年修正時所新增設，將原來的妨害風化罪章中有關性犯罪的條文移出而成立一個新罪章。

　　過去認為屬於侵害社會法益的犯罪，無異將被害人冠上「貞節牌坊」的標籤，屬於父權主義下的思想。目前通說認為本罪章保護的法益為個人性行為的自由決定或性自主權，屬於侵害個人法益的犯罪。本罪章可以區分為「當然侵害」，是指行為人在個案中直接違反被害人的性自主意識，此規定於刑法第 221 條至第 224 條之強制性交猥褻罪、第 228 條之利用權勢性交猥褻罪。「擬制侵害」，是指透過立法者以規範「擬制」被害人性自主意識遭到侵害，而「擬制」是指假設在外觀上欠缺一個可被辨識並被法律所承認的被害人同意時，立法者便認定被害人對於該性接觸是不同意的，故行為人仍舊是違反該「擬制出來的拒絕意思」，而與被害人進行性接觸，最終造成被害人性自主決定權被侵害，此規定於刑法第 225 條之乘機性交猥褻罪與第 227 條之與幼年人性交猥褻罪[1]。

> **第 221 條　強制性交罪**
> I 對於男女以強暴、脅迫、恐嚇、催眠術或其他違反其意願之方法而為性交者，處三年以上十年以下有期徒刑。
> II 前項之未遂犯罰之。

## 一、強制手段

　　強制手段的必須比強制罪的強制手段更加嚴格要求，始合乎罪刑相當。

## （一）強暴

　　限於「對人」之不法腕力[2]，達到排除他人抵抗、壓制被害人的意願而使之

---

[1]　李聖傑，從性自主權思考刑法的性行為，中原財經法學，第 10 期，2003 年，頁 13-33。
[2]　許澤天，刑法分則（下）人格與公共法益篇，新學林，2019 年 8 月，頁 239。

就範的程度。有學者認為：有別於強制罪的強暴的解釋，如果本罪的強暴對象可以對物為之，而間接對人為之，並無實益，因為構成要件包括性交，而性交又限於被害人與行為人身體接觸[3]。

## （二）恐嚇

恐嚇是指惡害通知，使被害人心生畏懼下而違反其本來意願。

## （三）催眠術

使被害人進入人工睡眠方式，而得以操控其意願。實務認為催眠術，係未經科學驗證之方術，尚不為精神醫學、臨床或諮商心理學界所認同[4]，以此與藥劑區別。

## （四）脅迫

脅迫是指使被害人心生畏懼而得以壓制被害人意願。有學者認為脅迫的內容應限制在「他人生命或身體」，本罪比強制罪法定刑重，需要從嚴解釋，無法僅因涉及性行為，即可涵蓋所有不利惡害的告知，所以要跟強盜罪同樣解釋，才符合罪刑均衡[5]。本書認為脅迫的內容應以是否達到違反他人意願的程度為判斷標準，如以法律擬制何種法益為脅迫內容始有成立本罪的可能性，無異於忽略了本罪保護被害人的性自主決定權。

至於脅迫的範圍，多數學說認為將脅迫解釋為「可推理的脅迫」，即行為人使用強暴後，可能還會「再次使用」暴力的一種脅迫，也就是行為人認識被害人被毆打後，被害人認為行為人可能「再次使用」暴力，而「處於驚嚇而沒有膽量反抗」的狀態下，行為人知道這個狀況而加以利用[6]。當行為人塑造一個讓被害人畏懼的氣氛（如告知被害人抵抗喊叫無用，因周遭人無人聽到），或

---

[3] 蔡聖偉，論強制性交違反意願之方法，中研院法學期刊，2016 年 3 月，頁 45。
[4] 最高法院 109 年度台抗字第 1635 號刑事裁定。
[5] 許澤天，刑法分則（下）人格與公共法益篇，新學林，2019 年 8 月，頁 241。
[6] 黃惠婷，可推理脅迫，台灣法學雜誌，第 283 期，2015 年 11 月，頁 163-167。

已經彰顯嚴重的強暴準備（如已經將強力反抗的被害人壓倒在地，使其受輕微皮肉傷），可從整體情境認為行為人對被害人的加害身體威脅達到脅迫程度了[7]。

### （五）其他違反意願之方法

性交的過程中被害人是否遭到加害人的強制手段壓制其意願，為本罪核心。被害人客觀上是否有反抗行為並不重要，重點是「主觀的抵抗意願」。本條文過去曾具有「至使不能抗拒」的構成要件要素，但因過於嚴格，也就是理解成被害人需要拚命抵抗而造成生命、身體更大的傷害下，加害人才會構成本罪，故新法將之刪除後，從而應將「違反意願的方法」解釋為至少不用達到至使不能抗拒的程度。然違反意願的方法是否以強暴、脅迫、恐嚇之強制手段「相當」為必要？以下為文獻中指出的三種看法[8]：

1. 高度強制手段說[9]（肯定說）

足以造成被害人性決定自主意願受妨害，而與之程度「相當」之任何手段。亦即手段具有使被害人不得不屈從的明顯功效，而使被害人在這樣的不願意的狀態下受到行為人的侵犯[10]。修正後的強制性交或猥褻罪條文中增加了違反意願之方法，但文義解釋上仍必須有與強暴、脅迫或催眠術等類似強制方法方可構成本罪。

2. 低度強制手段說[11]（否定說）

不用如強暴為高度強制行為，但仍需要妨害被害人意思自由為手段。

---

[7] 許澤天，刑法分則（下）人格與公共法益篇，新學林，2019 年 8 月，頁 241-242。

[8] 王皇玉，強制手段與被害人受欺瞞的同意：以強制性交猥褻罪為中心（Force Methods and Agreement under Deception：Based on the Sexual Assault Crime），國立臺灣大學法學論叢，第 42 卷第 2 期，頁 395-398。

[9] 林山田，刑法各罪論（上），增訂 5 版，2005 年 9 月，頁 225-226。

[10] 許玉秀，妨害性自主之強制、乘機與利用權勢—何謂性自主？，台灣法學雜誌，第 42 期，2003 年 1 月，頁 16-18。盧映潔，猥褻二部曲：論公然猥褻罪，月旦法學雜誌，第 102 期，2003 年 11 月，頁 244。高金桂，論強制性交罪的強制力行使—高雄地方法院 99 年度訴字第 422 號判決評析，月旦法學雜誌，第 189 期，頁 256。

[11] 王皇玉，引狼入室，月旦法學教室，第 87 期，2009 年 12 月，頁 26。蔡聖偉，臺灣刑法保護性自主決定的制裁規範—以現行法制的介紹以及未來修法的展望，月旦刑事法評論，第 3 期，頁 5-23。許澤天，刑法分則（下）人格與公共法益篇，新學林，2019 年 8 月，頁 243。

(1) 第一層次：低度強制「手段」，是指行為人利用無助情境的手法，亦即製造一個被害人處於無助而難以反抗或難逃脫狀態。

(2) 第二層次：低度強制「程度」，施加強制手段後之強制作用力，不用等同不能抗拒程度，只要行為人先製造使被害人無助或難以逃脫的「外在不自由環境」，就有「優越支配地位」，被害人意志受到壓制或抵消，而被害人事實上有無反抗，非所問。例如 A 將被害人 B 載到汽車旅館、自己家中、荒郊野外。

3. 強制手段不必要說 [12]（否定說）

　　不用類似如例示的強暴、脅迫、恐嚇、催眠術等手段為必要，即便沒有行使任何強制手段也可成立，只要違反被害人意願，比被害人的意思受到壓抑的涵蓋更廣，相當於「非心甘情願」涵義。一般平常人皆可能基於各種因素而心不甘情不願做成任何決定，凡符合此處所謂違反意願的情形，或只要壓制對方意志，不願對方依其意志選擇，均屬之。

　　而實務上受到最高法院 97 年度第 5 次刑事庭會議決議的影響（該決議主要針對強制猥褻罪解釋），認為一切違反個人意願之方法，妨害被害人之意思自由，不以類似於所列舉之強暴、脅迫、恐嚇、催眠術等相當之其他強制方法，足以壓抑被害人之自主決定權為必要，只要達於妨害被害人之意思自由，即侵犯被害人之性自主權 [13]。

【以超自然力量理由為脅迫行為（宗教騙色案）】

> 　　對於涉及宗教、神怪或法力，或者宗教團體領袖對信徒之性交事件，要如何處理？用被害人的迷信，以怪力亂神等自然科學無法檢驗之事加以欺瞞，並進而與被害人性交，是否該當「其他違反意願之方法」？例如 A 跟少女 B 說只有透過陰陽調和的雙修方式，才能讓你的父母逃過死劫。

---

[12] 許玉秀，重新學習性自主──勇敢面對問題，月旦法學雜誌，第 200 期，2012 年 1 月，頁 313。
[13] 最高法院 107 年度台上字第 3348 號刑事判決。

## 一、前提討論

原則上此類案件如被害人有先為明示或默示同意或承諾處分性自主法益，須區分行為人是否有為「法益關聯性的欺瞞」。

### （一）不具法益關聯性的欺瞞

1. 動機欺瞞：如果被害人是受到行為人單純欺騙而對同意性交，對於性自主法益侵害的種類、方式、範圍或危險性沒有認知錯誤，且被害人可以處分該權利下，該同意原則上有效，例如 X 女想要去白嫖，於是去找嘉義當地的男招待 Ducker Wang（中文名：鴨王）性交尋歡，性交完後，X 不付錢，Ducker 對於將與 X 性交有認知（意即認知道自己已經放棄了性自主的法益），Ducker 該同意有效。

2. 重大動機欺瞞：如被害人非出於單純欺騙，而涉及脅迫內容而使人心生畏懼，不論是涉及法益關聯性抑或侵害法益的目的，均應認為受欺騙者之承諾具有重大瑕疵而無效。例如本案中的 B 女受 A 的脅迫下而心生「如不性交父母將面臨死劫」的畏懼，此時已達到與具法益關聯之欺瞞程度，故而該同意即為無效。

然應注意，原則上脅迫必須是人類可以支配的內容，而如向被害人製造一個自己可以主宰一切的假象亦屬之。

### （二）具備法益關聯性的欺瞞

如欺騙內容與法益侵害種類或手段有關，會影響被害人同意的效力，該同意無效[14]。例如醫師 Y 想要性侵婦女 Z，於是告訴 Z 須要以對陰道指診的方式方可確認病情，Z 認識了 Y 的手指將深入 Z 的陰道的事實，也同意 Y 的行為，然此為對於構成要件事實的欺騙，Z 的同意無效。

### （三）實務上皆直接討論是否為違反意願的方法，而未先確認是否為與法益相關聯的欺瞞，再審查是否為違反意願的方法。

---

[14] 王皇玉，強制手段與被害人受欺瞞的同意：以強制性交猥褻罪為中心，國立臺灣大學法學論叢，第 42 卷第 2 期，2013 年 6 月，頁 381-432。

二、實務上認為屬於違反意願的方法

（一）實務【宗教騙色案】

1.實務：刑法第221條第1項所稱「其他違反其意願之方法」，並不以類似同條項所列舉之強暴、脅迫、恐嚇或催眠術等方法為必要，只要行為人主觀上具備侵害被害人性自主之行使、維護，以足使被害人性自主決定意願受妨害之任何手段，均屬之，不以使用強制力為限。而人之智能本有差異，於遭逢感情、健康、事業等挫折，處於徬徨無助之際，其意思決定之自主能力顯屬薄弱而易受影響，若又以科學上無法即為印證之手段為誘使（例如假藉命理、神通、法力、宗教或迷信等），由該行為之外觀，依通常智識能力判斷其方法、目的，欠缺社會相當性，且係趁人急迫無助之心理狀態，以能解除其困境而壓制人之理性思考空間，使之作成通常一般人所不為而損己之性交決定，自非屬出於自由意志之一般你情我願、男女歡愛之性行為，而屬一種以違反意願之方法，妨害他人之性自主權[15]。

2.實務：刑法第221條第1項之強制性交罪，以對於男女以強暴、脅迫、恐嚇、催眠術或其他違反其意願之方法而為性交，為成立要件。所稱「其他違反其意願之方法」，指所列舉之強暴、脅迫、恐嚇、催眠術以外，其他一切違反被害人意願之方法，妨害被害人之意思自由者而言。是行為人假借神靈之說及陰陽調和之術，使被害人相信而同意發生性交行為，是否成立強制性交罪，端視行為人是否利用被害人之錯誤或無知，致令被害人心生畏懼，或因而對被害人形成心理強制狀態，足以影響甚至壓抑或妨害被害人之性自主決定權而定；如行為人所告知之事項或其行為，並未令被害人畏懼恐怖或因而形成心理強制狀態，被害人之性自由決定權未受侵害者，即難謂為違反其意願[16]。

（二）實務【醫師好色案】

　　所稱「其他違反其意願之方法」，並不以類似同條項所列舉之強暴、脅迫、恐嚇或催眠術等方法為必要，只要行為人主觀上具備侵害被害人性自主之

---

[15] 最高法院107年度台上字第3875號刑事判決。

[16] 最高法院105年度台上字第1549號刑事判決。

行使、維護,以足使被害人性自主決定意願受妨害之任何手段,均屬之。而人之智能本有差異,於遭逢身體、健康等問題,處於徬徨求助之際,其意思決定之自主能力顯屬薄弱而易受影響,若又以聽診、治療為手段(例如醫療必要等),由該行為之外觀,依通常智識能力判斷其方法、目的,未必欠缺合理性,且係趁人求醫治療之心理狀態,以卸除其原本理性防禦之思考空間,使之無法如通常一般人立即拒絕而離去之性自主決定,自屬一種違反意願之方法[17]。

## 二、本罪既未遂認定

(一)性交行為:請參考刑法第 10 條第 5 項。

(二)本罪著手認定:基於強制性交故意,著手行強制行為。

(三)本罪之既遂:多數學說、實務[18]採取接合說,始屬既遂。但不以有侵入性器、肛門或口腔為必要。

---

### 最高法院 110 年度台上字第 5703 號刑事判決

刑法第 10 條第 5 項所稱性交,係指以性器進入他人之性器、肛門或口腔,或使之接合之行為;或以性器以外之其他身體部位或器物進入他人之性器、肛門,或使之接合之行為而言,而性交既遂與未遂之區分,向採接合說,雖不以侵入女性陰道為必要,但客觀上仍須達接合之程度,始稱既遂。又性器包括女性之大小陰唇、陰蒂、前庭、陰道口、處女膜外側、陰道、子宮等處,倘僅接(踫)觸女性外陰部陰阜,在客觀上即未與性器相接合,則屬未遂。

---

## 三、主觀要件

本罪主觀要件,除故意外,是否仍要有性慾滿足之傾向?例如 A 被 B 用玉

---

[17] 最高法院 107 年度台上字第 1075 號刑事判決。

[18] 最高法院 109 年度台上字第 4577 號刑事判決。

米塞肛門教訓，是否為強制性交罪？通說、實務皆認為只要具有構成要件故意即可構成本罪，不需滿足性傾向。

## 四、強制性交罪與傷害罪或毀損罪之關係

（一）實務[19]：強制性交過程中致被害人受傷或毀損衣物，為強暴手段當然結果，不另論後者。

（二）學說[20]：為典型的伴隨現象，為法條競合的吸收關係，僅論強制性交罪。

---

**第 222 條　加重強制性交罪**

I 犯前條之罪而有下列情形之一者，處七年以上有期徒刑：

一、二人以上共同犯之者。

二、對未滿十四歲之男女犯之者。

三、對精神、身體障礙或其他心智缺陷之人犯之者。

四、以藥劑犯之者。

五、對被害人施以凌虐者。

六、利用駕駛供公眾或不特定人運輸之交通工具之機會犯之者。

七、侵入住宅或有人居住之建築物、船艦或隱匿其內犯之者。

八、攜帶兇器犯之者。

九、對被害人為照相、錄音、錄影或散布、播送該影像、聲音、電磁紀錄之行為。

II 前項之未遂犯罰之。

---

## 一、二人以上共同犯之者

行為人兩人以上，若僅其中一人為性交行為，亦可成立第 222 條第 1 項第

---

[19] 最高法院 85 年度台上字第 5090 號刑事判決。臺灣高等法院 107 年度侵上訴字第 93 號刑事判決。

[20] 黃常仁，刑法總論──邏輯分析與體系論證，2001 年 8 月，頁 253。

1 款，因本款性質上為共同正犯，依共同正犯法理「一人既遂、全體負責」[21]，例如一人為強制壓制被害人行為，另一人為性交行為的情形。

然而如果其中一人未參與強制行為，僅有犯意聯絡而在場觀看時，有學者認為因為社會對性交私密性價值認識與顧及被害人曝露於強制性交之環境供人觀看，對被害人可能產生身心創傷的特殊性下，亦構成二人以上共同犯之[22]。本書認為因本款性質上為共同正犯，以犯罪支配理論討論是否具有關鍵影響力，而認定是否為共同正犯。

## 二、對未滿 14 歲之男女犯之者

本款與第 227 條容易產生適用的疑義，以下舉例說明，A 見到 6 歲的 B 在玩耍，A 將 B 抱到大腿上用右手伸入 B 的陰道內，然 B 未哭喊或哭泣，A 觸犯何罪？

（一）最高法院 99 年度第 7 次刑事庭會議決議：B 若是 7 歲以上未滿 14 歲者，A 與 B 合意而為性交，甲應論以刑法第 227 條第 1 項之對於未滿 14 歲之男女為性交罪。如 B 是 7 歲以上未滿 14 歲，A 與 B 是非合意而為性交，或 B 係未滿 7 歲者，A 均應論以刑法第 222 條第 1 項第 2 款之加重違反意願性交罪。

最高法院 99 年度第 7 次刑事庭會議決議，以被害人與行為人是否有合意為判斷標準，本書以圖示方式呈現該決議的內容：

| 7 歲 | 14 歲 | 16 歲 | |
|---|---|---|---|
| 因為不易證明是否為無意思能力，故應認為無意思能力，因無法表達意願，而擬制為非合意性交，一律論以 §222I ② 加重強制性交 | 7 歲以上之人具有意思能力<br><br>── 合意：§ 227I<br><br>── 非合意：§ 222I ① | 合意：§ 227<br>非合意：§ 221 | 合意：無罪<br>非合意：§ 221 |

---

[21] 林山田，刑法各罪論（上），2005 年 9 月，頁 236。

[22] 李聖傑，刑法第 222 條第 1 項第 1 款之「二人以上共同犯之」之適用思考，政大法學評論，第 115 期，頁 37-38。

近期最高法院對於 7 歲以下之人性交之見解仍未改變。

---

### 最高法院 108 年度台上字第 1794 號刑事判決

　　未滿 7 歲之幼童，雖不得謂為全無意思能力，然此情實際上頗不易證明，故民法第 13 條第 1 項規定「未滿七歲之未成年人，無行為能力」，以防無益之爭論，觀諸該條立法理由即明。從而，本於相同法理，於刑事法上，亦應認未滿 7 歲之男女，並無與他人為性交合意之意思能力……自應從保護該未滿 14 歲之被害人角度，解釋「違反被害人意願之方法」之意涵，不必拘泥於行為人必須有實行具體之違反被害人意願之方法行為，否則，於被害人未滿 7 歲之情形，該未滿 7 歲之被害人既不可能有與行為人為性交之合意，行為人往往亦不必實行任何具體之「違反被害人意願之方法行為」，即得對該被害人為性交，亦即若認被害人未滿 7 歲者，因其無從表達「不同意」之意思，竟令行為人僅須負刑法第 227 條第 1 項之對於未滿 14 歲之男女為性交罪責，法律之適用顯然失衡，是以，倘被害人係未滿 7 歲者，則基於對未滿 14 歲男女之保護，應認行為人對於被害人為性交，所為已妨害被害人「性自主決定」之意思自由，屬「以違反被害人意願之方法」而為，應論以刑法第 222 條第 1 項第 2 款之加重違反意願性交罪。

---

（二）本書認為[23]

　　本款的前提是強制性交罪，也就是行為人須以強制手段壓制被害人意願，若無使用強制手段則為第 227 條。詳言之，欲成立加重強制性交罪，以違反被

---

[23] 盧映潔，「意不意願」很重要嗎？評高雄地方法院 99 年訴字第 422 號判決暨最高法院 99 年第 7 次刑庭決議，月旦法學雜誌，第 186 期，2010 年 11 月，頁 164-173。蔡聖偉，利用權勢性交猥褻罪的區辨—評最高法院 103 年度台上字第 2228 號判決，月旦裁判時報，第 56 期，2017 年 2 月，頁 55-61。蔡聖偉，論「對幼童性交罪」與「強制性交罪」的關係—評最高法院 99 年第 7 次刑事庭決議，收錄於刑法判決評析，新學林，2019 年 9 月，頁 139-150。許恒達，妨害未成年人性自主刑責之比較法研究，刑事政策與犯罪研究論文集，第 19 期，2016 年 12 月，頁 231。

害人意願為前提，若無法表達意願者，例如不知性意涵、處於無法表達意願，皆非本款的客體，均無法成立本款的加重強制性交罪。

　　最高法院 99 年度第 7 次刑事庭會議決議純粹用客體之年齡為本款適用的唯一要件，法院未正確理解本款與第 227 條之保護法益。第 227 條要保護的是幼年人的自我身心健全成長之權利（即幼童的整體發展），而非性自主權的保護，亦即防止孩童的整體發展受到過早的性經歷影響，因幼童身心未成熟，對於任何事物都是單向地接受，經常無法做出保護自己的正確判斷，所以國家有義務排除這類的可能干擾，立法者便禁止他人與幼童從事性關聯的行為以保護幼童，故第 227 條適用上不以雙方合意為要件。且上開決議說明未滿 7 歲之人無意思能力，故一律認為非合意，然反面來說，對於事實上與規範上均不具意思形成能力的人來說，根本不會有意思形成的侵害。

## 三、對精神、身體障礙或其他心智缺陷之人犯之者

（一）本款須要加重的理由在於被害人抵抗能力、身心狀況，較一般人差。是否符合本款之客體，不以被害人是否有身心障礙手冊為依據，而是被害人身心客觀狀態認定[24]。

（二）本款與第 225 條乘機性交罪會容易混淆之原因在於，本款與第 225 條都用「精神、身體障礙、心智缺陷」作為客體描述。

　　例如【撿屍案】A 見到 B 女從夜店出來後，因酒醉而倒在路邊昏睡，A 即「撿屍」到汽車旅館性侵，期間 B 女毫不知情，A 觸犯何罪？又例如【被綁仍清醒案】C 把 B 女綁著，不能動彈但意識清醒，C 外出，A 去 C 家見到 B 無法抗拒，未得同意而性交，A 觸犯何罪？

1. 實務

　　第 222 條第 1 項第 3 款與第 225 條乘機性交罪之主要區別在於犯罪行為人「是否施用強制力」，以及「被害人不能抗拒之原因如何造成」，為其判別之

---

[24] 最高法院 104 年度台上字第 1656 號刑事判決。

標準。倘若被害人不能抗拒之原因，是犯罪行為人以強暴、脅迫、恐嚇、催眠術或其他違反其意願之方法所故意造成者，固應成立強制性交罪；如被害人不知或不能抗拒之原因，非出於犯罪行為人所為，僅於被害人精神、身體障礙、心智缺陷或其他相類之情形，犯罪行為人利用被害人囿於本身因素所造成不知或難以表達意願之狀態下而為性交者，則依乘機性交罪論處[25]。所謂相類之情形，係指被害人雖非精神、身體障礙、心智缺陷，但受性交時，因昏暈、酣眠、泥醉等相類似之情形，致無同意性交之理解或無抗拒性交之能力者而言[26]。

以【撿屍案】而言，非 A 故意造成 B 倒在路邊昏睡，B 已經無法表達意願，A 成立乘機性交罪。【被綁仍清醒案】，B 不能抗拒（被綁）的原因非 A 故意造成，A 僅利用既成事實而對 B 性交，故 A 成立乘機性交罪。

## 2. 學說

第 222 條第 1 項第 3 款與第 225 條乘機性交罪之主要區別在於，(1) 強制性交（或猥褻）罪或加重強制性交（或猥褻）罪之客體仍可以表達意願，而第 222 條第 1 項第 3 款客體必須是可表達意願，只是在意願表達上較一般人弱。(2) 第 225 條乘機性交（或猥褻）罪之客體是處於「無法或難以表達意願的狀態」，行為人利用該狀態進行性交。有學者亦同此見解[27]。以【撿屍案】而言，B 已經無法表達意願，A 成立乘機性交罪。【被綁仍清醒案】而言，B 仍可以表達意願，故 A 成立加重強制性交罪。

---

[25] 最高法院 104 年度台上字第 1970 號刑事判決。最高法院 106 年度台上字第 84 號刑事判決。最高法院 105 年度台上字第 1641 號刑事判決。最高法院 106 年度台上字第 84 號刑事判決。最高法院 106 年度台上字第 2028 號刑事判決。最高法院 107 年度台上字第 3912 號刑事判決。

[26] 最高法院 107 年度台上字第 2859 號刑事判決。最高法院 107 年度台上字第 4237 號刑事判決。

[27] 黃惠婷，從性自主檢示刑法保護兒童及少年之規定與修法建議，司法新聲，第 97 期，頁 62-77。盧映潔，刑法分則新論，修訂 16 版，新學林，2020 年 7 月，頁 407。

## 四、以藥劑犯之者

（一）本款須要加重的理由在於以藥劑犯之，對被害人性自主與身體健康的侵害更加嚴重。

（二）所稱藥劑，不以傳統上具有催情作用之藥劑為限，兼含迷幻、興奮劑及安眠、鎮靜劑等，只要「足以致人無法或難以自主決定、自由表達性意願，或超越正常表現性慾念者」，均已該當[28]。

（三）以藥劑犯之的時機，於性行為終了前皆可。以藥劑犯之的方式，無論是暗中投藥、明白給藥、誘惑給藥，皆可相同評價，僅量刑有別。然如為了助長性事而獲得他方同意，非本罪。

## 五、對被害人施以凌虐者

（一）加重理由在於對被害人之身體加以凌虐而使被害人身心受創更鉅。

（二）凌虐是指刑法第 10 條第 7 項，凌辱虐待等違背人道、損害人格之待遇，會造成被害人之精神或肉體感受相當痛苦，無論是有形、無形、積極、消極的方式，如鞭打、用火燒、命下跪、不給飲食、不給睡眠[29]。

---

[28] 最高法院 103 年度台上字第 3066 號刑事判決。

[29] 盧映潔，刑法分則新論，修訂 16 版，新學林，2020 年 7 月，頁 396。最高法院 105 年度台上字第 2160 號刑事判決：「『施以凌虐』，意指通常社會觀念上之凌辱虐待等違背人道、損害人格之待遇，加諸被害人，使人有慘酷之感覺而言。是認該款所稱『凌虐』，係指性侵害過程之強暴行為以外之惡質性變態行為之謂。（最高法院 105 年度台上字第 2160 號判決要旨參照），查本件被告於犯罪事實（二）係以打耳光、勒脖子、抓頭髮撞牆及口出一起死等語之方式對 A 女強制性交，尚非以損害人格之方式（例如燒灼身體毛髮、以外物侵入性器官、長時間囚禁、不給飲食等）為之，應僅屬一般強暴及脅迫之範疇。」臺灣高等法院臺南分院 106 年度侵上訴字第 1230 號刑事判決：「甲○○基於攜帶兇器犯強制性交而凌虐之犯意聯絡，由乙○○先以鋼管毆打甲女頭部及身體，續命甲女站立在房間一格地磚內，並持打火機做勢燃燒，再命甲女於『裸奔』、『吃 BB 彈』、『繼續被打』三項擇一懲罰，待甲女不得已吞下 BB 彈後，復強迫甲女自慰供渠等觀賞，甲○○與乙○○並先後以塑膠袋套手指、短鋼管侵入甲女陰道內等事實，因認其等係以強暴方法為性交，且施加之殘暴行為，使甲女飽受折辱及痛苦，達於凌虐強制性交之程度等情。」

## 六、利用駕駛供公眾或不特定人運輸之交通工具之機會犯之者

（一）加重處罰原因在於，除了被害人之性自主的侵害，且使社會大眾對於公眾交通工具產生不信賴感與恐懼感。

（二）公眾運輸的交通工具是指公共汽車、渡船、捷運、客運、客機。

（三）供不特定人之少數人的運輸交通工具，例如計程車，則僅限司機為犯罪人始適用本款，不包含乘客利用司機開車對其他乘客強制性交。

（四）強制性交的場所範圍限於交通工具內嗎？學說認為不必在交通工具內犯之，應包含透過駕駛交通工具所延伸之使被害人孤立無援之場所也包含在內[30]。

（五）被害人跟駕駛者要有因搭乘的對價關係？學說採肯定說，如是基於友誼，則不是本款的適用[31]。

## 七、侵入住宅或有人居住之建築物、船艦或隱匿其內犯之者

侵入的定義與相關討論請參考侵入住居罪（§306）之論述。

## 八、攜帶兇器犯之者

實務上認為只要行為人於實行強制性交犯罪時，身上攜有或持執兇器已足，不以該兇器為行為人自他處攜帶至犯罪現場為必要，也不問取得兇器的原因為何，也不以是否有「使用」該兇器為必要[32]。攜帶兇器之相關討論請參考加重竊盜罪（§321）之論述。

---

[30] 王皇玉，計程車之狼，月旦法學雜誌，第 48 期，2009 年 10 月，頁 26-27。
[31] 許玉秀，重新學習性自主─勇敢面對問題，月旦法學雜誌，第 200 期，2012 年 1 月，頁 118。
[32] 最高法院 102 年度台上字第 4602 號刑事判決。

## 九、對被害人為照相、錄音、錄影或散布、播送該影像、聲音、電磁紀錄之行為

本款為民國 110 年 5 月新增。立法理由稱：有鑑於行為人犯本法第 221 條之罪，已屬對被害人性自主決定權之侵害，復於強制性交過程中，而對被害人為照相、錄音、錄影，因行為人握有被害人或強制性交過程之照片、錄音、影像、電磁紀錄，造成被害人創傷加劇及恐懼。且目前社會網路盛行及科技發展傳播產品日趨多元，除傳統照相、錄音、錄影外，行為人將被害人或強制性交過程之影像、聲音、電磁紀錄散布、播送者（例如直播方式），恐使該被害過程為他人所得知，造成被害人二度傷害，實有加重處罰之必要，故明定對被害人為照相、錄音、錄影或散布、播送該影像、聲音、電磁紀錄之加重處罰要件，以遏止是類行為，爰增列本條第 1 項第 9 款。

---

**第 224 條　強制猥褻罪**

對於男女以強暴、脅迫、恐嚇、催眠術或其他違反其意願之方法，而為猥褻之行為者，處六月以上五年以下有期徒刑。

---

## 一、客觀要件

### （一）行為

1. 施用強制手段、違反其意願之方法：與強制性交罪相同理解。

2. 猥褻行為

(1) 實務上一般認為刑法上之猥褻，係指性交以外，足以興奮或滿足性慾之一切色情行為而言，凡在客觀上足以誘起他人性慾，在主觀上足以滿足自己性慾者，均屬之 [33]。

---

[33] 最高法院 108 年度台上字第 1576 號刑事判決。最高法院 108 年度台上字第 3046 號刑事判決。

(2) 然而本書認為，強制猥褻罪的功能在於保護個人不受他人不當色慾行為侵犯性自主與身體控制權。行為人是否能夠藉由他這個舉動引起獲滿足自己的性慾，以及這樣的舉動以一般人的感覺是否能夠引起性慾，根本不重要[34]。將猥褻解釋為足以興奮或滿足性慾之一切色情行為，會忽略了性自主罪章屬於個人法益。實則，個人是否免於不當色慾的侵犯方為重點，本書認為可用「人帥真好，人醜性騷擾」來理解，應較注重被害人的主觀感受，而非加害人主觀感受。另亦有實務見解認為，無論係興奮或滿足性慾之行為，強制猥褻罪既列在妨害性自主罪章，猥褻行為必同時給被害人帶來厭惡之心理狀態，倘被害人亦同有興奮或滿足之感受，或對該行為無感，則該行為不應評價為刑法之猥褻行為[35]。

3. 猥褻行為是否要以身體接觸為必要？

(1) 過去實務見解延續以往的看法，認為「猥褻行為 = 足以引起性慾的行為 = 性器或敏感部位的肢體（肉體）接觸的舉止」，而採肯定說。

(2) 本書採否定說，過去實務單純以是否有接觸作為強制猥褻與公然猥褻的區分標準，實在太過於簡化，應從侵害性自主罪章為保障個人的性自主權與身體控制權為出發點來思考，而與妨害風化罪章所欲保護的著重點有所不同。強制猥褻罪保護的是個人不受到他人不當色慾行為的侵犯作為，那麼行為人該舉動是否引起他人性慾或滿足自己的性慾，根本不值得關注，亦即以一般人角度有性意味、性意涵或有性關聯之行為，皆不應加諸在他人身上[36]。近期實務見解亦同[37]。

---

[34] 盧映潔，強吻案之評釋，月旦法學雜誌，第 90 期，2002 年 11 月，頁 236-240。

[35] 最高法院 107 年度台上字第 4864 號刑事判決。

[36] 盧映潔，強吻案之評釋，月旦法學雜誌，第 90 期，2002 年 11 月，頁 236-240。

[37] 最高法院 100 年度台上字第 4745 號刑事判決。最高法院 101 年度台上字第 6683 號刑事判決。最高法院 103 年度台上字第 4527 號刑事判決：「乘機猥褻罪乃利用被害人原已身陷無性意思能力而不能或不知抗拒之狀態，違反意願猥褻罪與性騷擾罪雖均出於違反被害人意願之方法，但前者非僅短暫之干擾，而須已影響被害人性意思形成與決定之自由，且不以身體接觸為必要，例如強拍被害人裸照等足以誘起、滿足、發洩性慾之行為亦屬之。」最高法院 109 年度台上字第 1802 號刑事判決：「猥褻行為，並不以有身體接觸為必要，更不以撫摸被害人身體隱私處為限，苟對被害人強拍裸照或強迫被害人褪去衣物，使其裸露身體隱私部位，以供其觀賞；或以自己之雙手、雙腿（含腳部）、唇部或身體其他部位，撫摸、親吻或接觸被害人之臉、肩、頸、胸、背、腹部、下體或手足等部位之動作，依個案情節、整體觀察祇要在客觀上足以引起或滿足一般人之性（色）慾者，均屬之。」

## （二）客體

男、女，即自然人。

## 二、強制猥褻與性騷擾防治法第 25 條的突襲式觸摸罪（又稱強制觸摸罪）之區別

【偷襲雞雞案】A 於小學時期喜歡偷偷戳同學的生殖器，想不到 18 歲念大學時仍有這個習慣而且越來越純熟，因此某次 A 在上刑法總則課程時，以 0.1 秒的神速戳了隔壁同學 B 的生殖器 3 次，並一臉正經地心想：「B 應該不知道是我戳他的吧？！」。【10 秒襲胸案】A 趁百貨公司周年慶而舉辦限時搶購活動時，對其中一個婦女 C 揉胸 10 秒後收手離開，此時 C 方發現自己被揉胸，請問 A 觸犯何罪？

性騷擾防治法第 25 條第 1 項「意圖性騷擾，乘人不及抗拒而為親吻、擁抱或觸摸其臀部、胸部或其他身體隱私處之行為者，處二年以下有期徒刑、拘役或科或併科新臺幣十萬元以下罰金。」適用上必須針對乘人不及抗拒做解釋，亦即被害人於行為人行為時，仍具備抗拒能力或有抗拒的可能性，但來不及抗拒而無法為抗拒行為。詳言之，性騷擾防治法第 25 條第 1 項是行為人利用被害人無法為抗拒行為的短暫時間差，對被害人身體隱私處為短暫的偷襲式之不當觸摸行為[38]。而強制猥褻中違反其意願之方法，必須行為人以其行動影響被害人性自主意思，而造成抗拒能力的降低或被壓制。

上揭案例 A 偷襲同學 B 生殖器，屬於乘人不及抗拒的突襲式觸摸罪，又戳 3 次的行為僅是出於一個主觀犯意，客觀上動作接續，應論以一行為。而 A 去摸婦女 C 的胸部，C 搶購同時渾然不知被襲胸，A 未侵害 C 的性自主意思，故非強制猥褻罪，應論以突襲式觸摸罪。

---

[38] 許恒達，乘機襲胸案刑責再考—評臺灣高等法院臺中分院 102 年度侵上訴字第 47 號判決，台灣法學雜誌，第 233 期，2013 年 10 月，頁 150-162。

　　近期實務觀點下，本案的 A 於摸胸 10 秒可能會被認定為強制猥褻罪。有判決[39]表示：「A 男年近 54 歲，已有相當社會閱歷，並有配偶、育有 1 子，與甲女僅純為同事關係，縱因甲女初始未拒絕牽手、擁抱，上訴人順勢舔耳，已然踰矩，存有性騷擾之意，嗣更於甲女排拒後，猶強行拉手，以碰觸上訴人（已勃起）的生殖器，終於再遭甲女縮手拒絕，此時才停止，但已堪認其為滿足自身之性慾，違反甲女意願，提升為強制猥褻之犯意。（甲女之手接觸到上訴人性器的時間，雖然不長，但此乃其抵抗、排拒之結果，非上訴人行為之本然，要與性騷擾之『不及防備』、『短暫接觸』之行為要件不同，何況上訴人並不否認當時陰莖已經勃起，自仍應該當於強制猥褻罪名）。」

### 最高法院 108 年度台上字第 1800 號刑事判決（強制猥褻罪與強制觸摸罪之區分）

　　刑法第 224 條之強制猥褻罪和性騷擾防治法第 25 條第 1 項之強制觸摸罪，雖然都與性事有關，隱含違反被害人之意願，而侵害、剝奪或不尊重他人性意思自主權法益。但兩者既規範於不同法律，構成要件、罪名及刑度並不相同，尤其前者逕將「違反其（按指被害人）意願之方法」，作為犯罪構成要件，依其立法理由，更可看出係指強暴、脅迫、恐嚇、催眠術等傳統方式以外之手段，凡是悖離被害人的意願情形，皆可該當，態樣很廣，包含製造使人無知、無助、難逃、不能或難抗情境，學理上乃以「低度強制手段」稱之。從大體上觀察，兩罪有其程度上的差別，前者較重，後者輕，而實際上又可能發生犯情提升，由後者演變成前者情形。從而，其間界限，不免產生模糊現象，自當依行為時、地的社會倫理規範，及一般健全常識概念，就對立雙方的主、客觀因素，予以理解、區辨。具體以言：

1. 從行為人主觀目的分析：強制猥褻罪，係以被害人作為行為人自己洩慾的工具，藉以滿足行為人自己的性慾，屬標準的性侵害犯罪方式之一種；強制觸摸罪，則係以騷擾、調戲被害人為目的，卻不一定藉此就能完全滿足行為人之性慾，俗稱「吃豆腐」、「占便宜」、「毛手毛腳」、「鹹濕手」即是。

---

[39] 最高法院 108 年度台上字第 1800 號刑事判決。

2. 自行為手法觀察：雖然通常都會有肢體接觸，但於強制猥褻罪，縱然無碰觸，例如強拍被害人裸照、強令被害人自慰供賞，亦可成立；強制觸摸罪，則必須雙方身體接觸，例如對於被害人為親吻、擁抱、撫摸臀部、胸部或其他身體隱私處，但不包含將被害人之手，拉來碰觸行為人自己的性器官。

3. 自行為所需時間判斷：強制猥褻罪之行為人，在加害行為實施中，通常必需耗費一定的時間，具有延時性特徵，無非壓制對方、滿足己方性慾行動進展所必然；強制觸摸罪則因構成要件中，有「不及抗拒」乙語，故特重短暫性、偷襲性，事情必在短短數秒（甚至僅有 1、2 秒）發生並結束，被害人根本來不及或無餘暇予以抗拒或反對。

4. 自行為結果評價：強制猥褻罪之行為人所造成的結果，必須在使被害人行無義務之事過程中，達至剝奪被害人性意思自主權程度，否則只能視實際情狀論擬他罪；強制觸摸罪之行為所造成的結果，則尚未達至被害人性意思自由之行使，遭受壓制之程度，但其所應享有關於性、性別等，與性有關之寧靜、和平狀態，仍已受干擾、破壞。

5. 自被害人主觀感受考量：強制猥褻罪之被害人，因受逼被性侵害，通常事中知情，事後憤恨，受害嚴重者，甚至出現創傷後壓力症候群現象；強制觸摸罪之被害人，通常是在事後，才感受到被屈辱，而有不舒服感，但縱然如此，仍不若前者嚴重，時有自認倒楣、懊惱而已。

6. 自行為之客觀影響區別：強制猥褻罪，因本質上具有猥褻屬性，客觀上亦能引起他人之性慾；強制觸摸罪則因行為瞬間即逝，情節相對輕微，通常不會牽動外人的性慾。

　　誠然，無論強制猥褻或強制觸摸，就被害人而言，皆是涉個人隱私，不願聲張，不違常情（後者係屬告訴乃罪），犯罪黑數，其實不少，卻不容因此輕縱不追究或任其避重就輕。尤其，對於被害人有明示反對、口頭推辭、言語制止或肢體排拒等情形，或「閃躲、撥開、推拒」的動作，行為人猶然進行，即非「合意」，而已該當於強制猥褻，絕非強制觸摸而已。

> **第 224-1 條　加重強制猥褻罪**
> 犯前條之罪而有第二百二十二條第一項各款情形之一者，處三年以上十年以下有期徒刑。

　　本條之加重事由與第 222 條相同。

> **第 225 條　乘機性交猥褻罪**
> I 對於男女利用其精神、身體障礙、心智缺陷或其他相類之情形，不能或不知抗拒而為性交者，處三年以上十年以下有期徒刑。
> II 對於男女利用其精神、身體障礙、心智缺陷或其他相類之情形，不能或不知抗拒而為猥褻之行為者，處六月以上五年以下有期徒刑。
> III 第一項之未遂犯罰之。

　　本條所謂「相類之情形」，係指被害人雖非精神、身體障礙、心智缺陷，但因昏暈、酗眠、泥醉等相類似之情形，致無同意性交之理解或無抗拒性交之能力者而言。而所謂「不能或不知抗拒」，係指被害人因上述精神障礙等情形，處於無法或難以表達其意願之程度，而處於無可抗拒之狀態而言。例如安非他命對人體產生的影響，是造成思考反應變慢及衝動行為，A 女同時飲酒及服用安非他命，於是造成興奮、衝動，並非陷入極度泥醉之相類似精神障礙狀態[40]。然如因酒精作用產生醉意而意識不清，則是處於相類似精神障礙而不知抗拒之狀態[41]。

　　應再次注意乘機性交罪與加重強制性交罪（§222I ③）的區別。

> **第 226 條　妨害性自主之加重結果犯**
> I 犯第二百二十一條、第二百二十二條、第二百二十四條、第二百二十四條之一或第二百二十五條之罪，因而致被害人於死者，處無期徒刑或十年以上有期徒刑；致重傷者，處十年以上有期徒刑。
> II 因而致被害人羞忿自殺或意圖自殺而致重傷者，處十年以上有期徒刑。

---

[40] 最高法院 107 年度台上字第 2859 號刑事判決。
[41] 最高法院 108 年度台上字第 1415 號刑事判決。

## 一、加重結果犯

　　加重結果必須與強制手段或性交行為有相當因果關係或特殊危險關聯，且行為人能預見。

## 二、強制、乘機性交或猥褻之基礎行為是否必須既遂，方可成立加重結果犯

　　有認為文義觀之，即使未遂也有加重結果犯問題[42]，本書認為，在乘機性交與猥褻罪，因無處罰未遂，如未遂而產生了加重結果，僅論過失致死罪或過失致重傷罪。

## 三、如果有其他原因（例如：失業、期中考被當、亂刷卡被父母逐出家門）與第 221 條至第 225 條之原因結合之下而自殺

　　有實務判決認為仍成立本罪，因性侵害案件係特殊之犯罪類型，對遭受性侵害犯罪之女性而言，遭受性侵害是第一度無法抹滅的傷害，而回憶遭侵害之過程對被害人而言是更殘忍的二度傷害，本條乃立法者有意嚇阻性侵害之行為人，並極力保護女性被害人所設。而刑法第 226 條第 2 項之性質，係純粹就結果責任所為之規定，蓋以通常所謂因而致云者，皆係就自然之結果而言，惟本罪被害人之自殺或意圖自殺而致重傷，乃由於被害人因羞忿之故而自行為之，並非因犯強制性交等行為之自然結果，故理論上應排除刑法第 17 條之適用，然被害人之自殺或意圖自殺而致重傷，既係由於羞忿，則羞忿之生出與行為人所犯強制性交等性犯罪之間，自仍須具有因果聯絡關係存在，始克當之。且被害人之自殺，必係由於羞忿，如無此項事實，或雖有此事實，但其自殺並非由於羞忿，而係另有原因者，均不能論以本罪。至因羞忿而決意自殺後，其中有無其他原因條件與之相結合或介入以助成之，則與本罪之成立不生影響[43]。

---

[42] 林山田，刑法各罪論（上），2005 年 9 月，頁 230。

[43] 最高法院 106 年度台上字第 2933 號刑事判決。

## 四、立法的評論

### （一）立法原因

　　婦女因為被性侵而羞忿自殺時，加害人之惡性會因此更嚴重，要受更重的懲罰。

### （二）評論

　　羞忿這個用語，隱含了過去社會不合時宜的封建思想，被害人羞忿自殺是源自於社會大眾施加的道德壓力，為什麼被害人要感到羞恥？就是因為名節遭受破壞或貞潔被玷汙了，此來自於以前社會中把女性的貞潔放在特殊的地位，長久以來的價值觀下，讓貞潔比生命還要重要。

　　妨害性自主罪章修正後，現今社會不應該再隱含任何貞操、貞潔或名節之觀念。故本條第 2 項應刪除。

---

**第 226-1 條　妨害性自主之結合犯**

犯第二百二十一條、第二百二十二條、第二百二十四條、第二百二十四條之一或第二百二十五條之罪，而故意殺害被害人者，處死刑或無期徒刑；使被害人受重傷者，處無期徒刑或十年以上有期徒刑。

---

　　本條結合犯，行為人的基礎行為是強制性交、強制猥褻、乘機性交、乘機猥褻等行為，相結合犯罪是故意殺人或重傷行為。

　　本罪相結合犯罪之被害人必須與基礎犯罪的被害人為同一人，因法條已經明訂「故意殺害被害人」，此與強盜罪的結合犯不同。其餘結合犯的問題及論述與強盜罪的結合犯相同，請參照強盜罪的結合犯之論述。

---

**第 227 條　準強制性交與準強制猥褻罪**

I 對於未滿十四歲之男女為性交者，處三年以上十年以下有期徒刑。
II 對於未滿十四歲之男女為猥褻之行為者，處六月以上五年以下有期徒刑。
III 對於十四歲以上未滿十六歲之男女為性交者，處七年以下有期徒刑。

> Ⅳ對於十四歲以上未滿十六歲之男女為猥褻之行為者，處三年以下有期徒刑。
> Ⅴ第一項、第三項之未遂犯罰之。

## 一、本罪保護法益

本罪是保護幼年人的自我身心健全成長之權利（即幼童的整體發展），而非性自主權的保護。因 14、16 歲以下之幼年人心智發展尚未健全，對於性交或猥褻的內涵欠缺完全的自主判斷能力，即便行為人於不違反意願下與幼年人發生性交或猥褻行為，仍應處罰。近期實務認為是保護國民健康公共利益 [44]。

## 二、主觀要件

主觀要件的故意是否要認識行為客體的年齡。通說、實務對於客體的年齡採取構成要件要素說 [45]，行為人有認識客體的年齡為必要，因行為客體的年齡為犯罪不法內涵核心。

### 第 227-1 條 未成年人犯罪之減免
十八歲以下之人犯前條之罪者，減輕或免除其刑。

立法者考量兩人身心尚未成熟而於情竇初開下發生性行為，俗稱本條為兩小無猜條款。基於法不外乎人情的考量，因社會變遷，青少年發育早熟，目前社會上兩個未滿 16 歲之人發生性行為，時有所聞，故減輕或免除其刑。但本條這樣規定，會使兩個未滿 16 歲之人發生性行為時變成互相加害又互為被害的奇

---

[44] 最高法院 105 年度台上字第 557 號刑事判決：「又刑法第 227 條第 1 項之對於未滿 14 歲之男女為性交罪，係以被害人之年齡為構成要件之一，立法意旨係衡酌未滿 14 歲之男女，身心發育未臻健全，智識尚未充足，不解性行為之真義，客觀上否定其具有同意為性行為之能力，所保護之法益，雖非無私人之性自主權，然毋寧多係基於國民健康之公共利益，然此乃指被害人不具同意能力而竟同意之情形；倘根本違反其自由意思，而係遭行為人以強暴、脅迫、恐嚇、催眠術或其他違反其意願之方法而為性侵害者，應逕行論以同法第 222 條之加重強制性交罪。」

[45] 最高法院 95 年度台上字第 5731 號刑事判決。最高法院 109 年度台上字第 21 號刑事判決。

怪法律，且又有第 229 條之 1 告訴乃論，會變成雙方法定代理人的報復工具，實務上徒增困擾。故宜將幼年人間之性交猥褻行為除罪化，並以保護或管教措施取代之 [46]。

---

**第 228 條　利用權勢機會性交猥褻罪**

I 對於因親屬、監護、教養、教育、訓練、救濟、醫療、公務、業務或其他相類關係受自己監督、扶助、照護之人，利用權勢或機會為性交者，處六個月以上五年以下有期徒刑。

II 因前項情形而為猥褻之行為者，處三年以下有期徒刑。

III 第一項之未遂犯罰之。

---

## 一、客觀要件

（一）行為主體：主體與客體間須有服從監督關係。

（二）行為：利用權勢或機會為性交

1. 利用權勢：他人的地位、職務、工作、事業、資格、受教育或訓練的機會、接受救濟或醫療的可能性等，因而受到威脅影響或與此相當之情形。利用這樣的權勢關係對被害人造成壓力，使其「改變意願而容忍」行為人性交或猥褻。

2. 利用機會：被害人對於行為人有制度上的依賴性或權力關係而形成行為人的權威與信賴地位，行為人利用該機會促成與被害人性交或猥褻 [47]。

3. 此外本罪需要行為人濫用其特殊優勢地位，亦即透過特殊的權力關係而促成性接觸，始構成本罪。

## 二、本罪與強制性交、猥褻罪之區別

強制性交罪或強制猥褻罪之被害人處於「不敢反抗或不得不屈從」的狀態，

---

[46] 盧映潔，刑法分則新論，修訂 16 版，新學林，2020 年 7 月，頁 417。

[47] 蔡聖偉，濫用診療信賴關係促成性交的刑法評價—評臺灣高等法院臺南分院 105 年度侵上訴字第 232 號判決，月旦刑事法評論，第 7 期，2017 年 12 月，頁 142-146。

而權勢性交罪的被害人是處於「一定利害關係而形成精神壓力」的情形，但被害人尚有「衡量利害」的空間。然如行為人與被害人間有監督服從關係，但行為人未利用監督服從的權勢影響或干擾被害人意願而為性交或猥褻，而對方是「心甘情願」，則非本罪。例如 A 為中年老闆，B 為妙齡女員工，A 說：「跟我性交，不然要加班 3 個月」，B 此時產生了一定的精神壓力，B 猶豫不決下，B 內心開始權衡「3 秒鐘換 3 個月好像很划算，但加班跟性交不一樣，這樣的犧牲可以嗎？」隨後委屈地說：「恩～老闆～好壞」，後倒在 A 懷裡且跟 A 性交，A 構成權勢性交罪。但如果今天 B 心想：「老闆好帥好有男人味，我最愛啤酒肚大叔，老娘老早就想吃你了」，這樣變成心甘情願，就沒有本罪問題。

> **最高法院 106 年度台上字第 149 號刑事判決、最高法院 108 年度台上字第 688 號刑事判決、最高法院 108 年度台上字第 2780 號刑事判決**
>
> 　　刑法第 224 條之強制猥褻罪與刑法第 228 條第 2 項之利用權勢或機會猥褻罪，均係以描述違反被害人意願之情境為要件之妨害性自主類型，有別者，僅止於程度上之差異而已。亦即，前者之被害人被定位為遭以強制力或其他違反意願之方法壓制，因此不敢反抗或不得不屈從；後者之被害人則被界定在陷入一定的利害關係所形成之精神壓力之下，因而隱忍並曲意順從。具有刑法第 228 條身分關係之行為人，因與被害人之間存有上下從屬支配或優勢弱勢之關係而產生對於被害人之監督、扶助或照顧之權限或機會，往往使被害人意願之自主程度陷入猶豫難抉，不得不在特殊關係所帶來的壓力下而配合行為人之要求。

> **第 229 條　詐術性交罪**
> I 以詐術使男女誤信為自己配偶，而聽從其為性交者，處三年以上十年以下有期徒刑。
> II 前項之未遂犯罰之。

詐術應該與詐欺罪的詐術相同理解，指傳述與客觀不符合的訊息。本罪於現代實務上很少發生，本罪於 1935 年公布施行時，該時代男女少有自由戀愛，多為媒妁之言，男女於婚前沒有見過面，即較有可能發生本罪情形。或者於現代社會中，例如同卵雙胞胎哥哥 A 與 C 女交往 3 天結婚，C 女不知 A 有同卵雙胞胎弟弟 B，B 趁 A 外出而敲 A 家門對 C 說：「老婆我想你」，隨後進門與 C 性交。本書認為，本條應修法，建議不要拘泥於誤信為「配偶」，而是朝宗教騙色的案例為修法方向。

---

**第 229-1 條　告訴乃論之特別規定**

對配偶犯第二百二十一條、第二百二十四條之罪者，或未滿十八歲之人犯第二百二十七條之罪者，須告訴乃論。

---

## 選擇題應注意事項

一、強制性交罪必須是以違反他人意願的方法為之。而性交是指第 10 條第 5 項「以性器進入他人之性器、肛門或口腔，或使之接合之行為、以性器以外之其他身體部位或器物進入他人之性器、肛門，或使之接合之行為。」另外，猥褻於實務上的定義為性交以外足以滿足性慾的行為。

二、對於 7 歲以下之人即便是無違反意願，依照實務見解一律論以加重強制性交罪，而非與幼年人性交罪。

三、另外須將加重強制性交的各款事由熟記。即二人以上共同犯之者、對未滿14 歲之男女犯之者、對精神、身體障礙或其他心智缺陷之人犯之者、以藥劑犯之者、對被害人施以凌虐者、利用駕駛供公眾或不特定人運輸之交通工具之機會犯之者、侵入住宅或有人居住之建築物、船艦或隱匿其內犯之者、攜帶兇器犯之者。

四、乘人熟睡、酒醉不醒時對被害人性交或猥褻，實務上認為構成乘機性交或猥褻罪。

# 第四章　名譽法益

> **第 309 條　公然侮辱罪**
> I 公然侮辱人者，處拘役或九千元以下罰金。（普通公然侮辱）
> II 以強暴犯前項之罪者，處一年以下有期徒刑、拘役或一萬五千元以下罰金。
> （加重公然侮辱）

## 一、客觀要件

### （一）行為情狀：公然

　　不特定人（處於流動場所時）或特定多數人（非流動場所時）。要看情況而定，如得以共見共聞，就成立公然情狀，且公然不以「實際共見共聞為必要」[1]。實務上發生以電子郵件辱罵他人，如電子郵件僅是寄給少數特定人，則非公然[2]。

### （二）行為

#### 1. 侮辱

　　本項之罪的行為係侮辱。但是何謂值得以刑罰加以處罰的侮辱行為，依 113 年憲判字第 3 號判決的見解認為，應視所涉及的名譽權保障範圍而定。申言之，人的名譽包括社會名譽、名譽感情及名譽人格。社會名譽又稱外部名譽，係指第三人對於一人之客觀評價。在自然人之情形，則另有其名譽感情及名譽人格，名譽感情指一人內心對於自我名譽之主觀期待及感受，名譽人格則指一人在其社會生存中，應受他人平等對待及尊重，不受恣意歧視或貶抑之主體地位。倘若侮辱性言論已足以對他人之真實社會名譽造成損害，立法者為保障人

---

[1]　參照司法院 29 年院字第 2033 號解釋、司法院 30 年院字第 2179 號解釋、大法官釋字第 145 號解釋。

[2]　法務部（87）法檢（二）字第 003958 號法律問題。

民之社會名譽，以本條規定處罰此等公然侮辱言論，於此範圍內之立法目的自屬正當。至於對於他人之公然侮辱言論是否足以損害其真實之社會名譽，仍須依其表意脈絡個案認定之。如果侮辱性言論僅影響他人社會名譽中之虛名，或對真實社會名譽之可能損害尚非明顯、重大，而可能透過言論市場消除或對抗此等侮辱性言論，即不須動用本條予以處罰。

　　名譽感情係以個人主觀感受為準，乃無從探究，又無從驗證，如果認為個人主觀感受之名譽感情得為本罪保障之法益，則將難以預見或確認侮辱之可能文義範圍。是故本條規定之立法目的所保障的名譽權內涵應不包括名譽感情。

　　名譽人格是個人受他人平等對待及尊重之主體地位，此不僅關係個人之人格發展，也有助於社會共同生活之和平、協調、順暢，而有其公益性。對於他人平等主體地位之侮辱，如果同時涉及結構性強勢對弱勢群體（例如種族、性別、性傾向、身心障礙等）身分或資格之貶抑，除顯示表意人對該群體及其成員之敵意或偏見外，更會影響各該弱勢群體及其成員在社會結構地位及相互權力關係之實質平等，而有其負面的社會漣漪效應。是以若故意貶損他人人格之公然侮辱言論，確有可能貶抑他人之平等主體地位，而對他人之人格權造成重大損害，則可依本條加以處罰。

## 【虛擬人格的保護】

> 　　如該虛擬化身，一般人對於可自然連結到現實世界之人明知或可得而知，直接以現實世界之人的名譽而保護（例如某知名實況主 XX，大家都知道他的遊戲帳號名稱為 YY）。
>
> 　　然而如無法連結到現實世界之人時呢？有學者認為[3]，身分獨立性是指現實世界之人於網路世界創造出來的虛擬化身，必須足以與其他虛擬化身相區

---

[3]　蔡蕙芳，網際空間之名譽保護 ── 對「天堂 II」公然侮辱案之延伸思考，月旦法學雜誌，第158 期，2008 年 7 月，頁 171 以下。王正嘉，網際網路上之刑法妨害名譽罪適用與界限—以實體與虛擬的二分社會論之，政大法學評論，2012 年 8 月，頁 52-53。

別。身分持續性是指利用虛擬化身於網路世界中進行社會活動，該虛擬化身被其他化身所認識與獲得眾多評價，而於網路中的具有持續的身分，如符合身分獨立性與持續性，可受公然侮辱罪保護。虛擬化身只有在其可視為現實世界的完全人格延伸時，才有可與現實世界中的人格相同保障。

## 2. 強暴侮辱（§309II）

　　對被害人身體施以不法腕力或體力而使人在精神上、心理上感受到難堪或不快，例如當眾打耳光、用汙水潑人、強脫別人褲子。有學者認為對「物」施以有形力，以至於使人心理上產生難堪或不快，如向他人住宅潑灑豬糞、噴漆或丟雞蛋，也屬於強暴侮辱罪。

## 二、公然侮辱罪與侮辱公務員罪

　　侮辱公務員罪（§140）保護的是國家公務之執行，而非公務員個人法益，如同時侮辱了公務員本身（§309），兩罪屬想像競合，論以侮辱公務員罪（§140）[4]。

---

**第 310 條　誹謗罪**

I 意圖散布於眾，而指摘或傳述足以毀損他人名譽之事者，為誹謗罪，處一年以下有期徒刑、拘役或一萬五千元以下罰金。

II 散布文字、圖畫犯前項之罪者，處二年以下有期徒刑、拘役或三萬一千元以下罰金。

III 對於所誹謗之事，能證明其為真實者，不罰。但涉於私德而與公共利益無關者，不在此限。

---

[4]　臺灣臺南地方法院 88 年度易字第 3113 號刑事判決。

## 一、客觀要件

### （一）行為

#### 1. 指摘或傳述足以毀損他人名譽之事（普通誹謗罪）

　　指摘是指對於某種事實的揭發，而傳述是指對於某種事實傳播的行為。行為方式無限制且不以具備「公然」情狀為必要。該行為必須足以毀損他人名譽，因誹謗罪保護的是外在名譽，即社會對於一個人的人格價值，故本罪行為必須限於具體事實的描述，始能侵害個人目前所享有的社會名聲或形象而產生負面的評價，此與公然侮辱是抽象事實的表示有所不同。

#### 2. 散布文字、圖畫（加重誹謗罪）

　　本罪僅限於散布文字、圖畫，例如刊登於雜誌罵人。然有學者認為傳播事業日益發達下，廣電、無線電、網路等，侵害程度遠甚於文字或圖畫，有修正必要[5]，實務上[6]亦認為以網路上拍影片而侮辱人的方式也包括文字、圖畫的範圍內。例如 youtuber 拍影片罵其他高學歷的 youtuber：你論文真的沒抄別人的嗎？假高學歷，偽君子。

### （二）客體

1. 自然人，有學者認為包含法人與非法人團體[7]。
2. 特定或可得特定之人，不以指明姓名為必要，綜合觀察下可知道為何人即可。例如常常坐在教授面前的那個男生。

## 二、阻卻違法事由（§310III）

　　第 3 項的性質，依釋字第 509 號解釋的意見，於言論自由與個人名譽的權

---

[5]　甘添貴，刑法各論（上），修訂 4 版 2 刷，2016 年 1 月，頁 168。
[6]　臺灣高等法院 108 年度上易字第 2171 號刑事判決。臺灣高等法院 109 年度上易字第 788 號刑事判決。
[7]　甘添貴，刑法各論（上），修訂 4 版 2 刷，2016 年 1 月，頁 167。

利衝突下，誹謗罪的規定是對於言論自由予以限制，但為了避免過度限制並限縮刑罰權適用，在符合事實之真實性原則且有公共利益關聯性下，行為人的言論雖仍侵害他人名譽，但卻屬於保障言論自由下准許的行為，屬於阻卻違法事由。但卻有諸多法院判決於判決中舉出釋字第 509 號，又表示如能證明有相當理由確信發表言論為真實，應無誹謗故意，似乎認為屬於阻卻構成要件事由[8]。

　　對於第 3 項的適用，憲法法庭在 112 年憲判字第 8 號判決表示：刑法第 310 條第 3 項規定：「對於所誹謗之事，能證明其為真實者，不罰。但涉於私德而與公共利益無關者，不在此限。」表意人雖無法證明其言論為真實，惟如其於言論發表前確經合理查證程序，依所取得之證據資料，客觀上可合理相信其言論內容為真實者，即屬合於上開規定所定不罰之要件。即使表意人於合理查證程序所取得之證據資料實非真正，如表意人就該不實證據資料之引用，並未有明知或重大輕率之惡意情事者，仍應屬不罰之情形。至表意人是否符合合理查證之要求，應充分考量憲法保障名譽權與言論自由之意旨，並依個案情節為適當之利益衡量。

---

**第 311 條　特別阻卻違法事由**

以善意發表言論，而有左列情形之一者，不罰：

一、因自衛、自辯或保護合法之利益者。

二、公務員因職務而報告者。

三、對於可受公評之事，而為適當之評論者。

四、對於中央及地方之會議或法院或公眾集會之記事，而為適當之載述者。

---

## 一、共通問題

　　本條屬於特別阻卻違法事由。而本條除了可適用於誹謗罪外，是否可適用於公然侮辱及妨害信用罪？有學者認為均有適用[9]，然實務認為不能適用於公然

---

[8] 最高法院 93 年度台非字第 108 號刑事判決。臺灣臺北地方法院 108 年度自字第 38 號刑事判決。

[9] 甘添貴，刑法各論（上），修訂 4 版 2 刷，2016 年 1 月，頁 164。

侮辱[10]。

　　而善意原則，是指非專以毀損他人名譽、信用或以侵害他人感情名譽為目的，只要對於公益有關事項提出主觀意見或評論，如非以損害他人名譽為唯一目的，可推定表意人為善意。

## 二、各款事由

　　各款之關鍵在於評論是否適當，須視侵害的內容、手段、當時客觀情狀等綜合判斷。

### （一）因自衛、自辯或保護合法之利益者

　　例如 A 走私被抓到，A 抗辯之前主管也都這樣做，只是蕭規曹隨，A 的聲明內容足以毀損主管名譽，但是基於自辯，得阻卻違法。

### （二）公務員因職務而報告者

　　例如 A 警察基於職務調查陳報另一個警員有開賭場的狀況。

### （三）對於可受公評之事，而為適當之評論者

　　例如 A 對國家與地方政事、法院判決書、媒體報導、公眾人物言論所為的適當評論。

---

[10] 最高法院 107 年度台上字第 3116 號刑事判決：「刑法第 311 條係關於事實之『意見表達』或『評論』，就誹謗罪特設之阻卻違法事由。而刑法第 309 條所稱『侮辱』者，係以言語、舉動或其他方式，對人為抽象的、籠統性侮弄辱罵而言，至同法第 310 條稱『誹謗』者，則係以具體指摘或傳述足以毀壞他人名譽之事而言，二者應有所分別。是以刑法第 311 條針對誹謗行為，雖定有不罰事由，然於公然侮辱行為，並無適用餘地。」

（四）對於中央及地方之會議或法院或公眾集會之記事，而為適當之載述者

　　中央及地方議會或法院或公眾集會，均是攸關於大眾權益，記事本應公開，以滿足人民知的權利。但若是有正當理由而明示不宜公開，行為人加以載述、或對於雖可公開之記事，故意加以渲染，而後載述，則非本款範圍[11]。

## 【第 310 條與第 311 條之區分】

　　實務的區分標準[12]：

（一）第 310 條的事實是指對於事件客觀忠實地描述，有真假之分。例如 A 在路邊亂丟菸蒂、A 與某中年女子進摩鐵。

（二）第 311 條的評論是指主觀意見的表達，沒有事實也沒有真偽，不論好壞都是意見。例如 A 在路邊亂丟菸蒂，真是個不愛地球的垃圾、A 有老婆了，還帶著中年女子滑進摩鐵，我覺得他真是個老不休且對婚姻不忠的畜牲。

## 第 312 條　侮辱、誹謗死者罪

I 對於已死之人公然侮辱者，處拘役或九千元以下罰金。
II 對於已死之人犯誹謗罪者，處一年以下有期徒刑、拘役或三萬元以下罰金。

　　死者非名譽持有人，本罪是為了保護遺族或社會對死者的孝敬和虔誠情感而設之規定，例如 A 公然說 B 的阿公是得到性病死掉的[13]。然而本罪應考慮以血緣關係的密切程度與死亡時間的久暫而判斷，而非一律只要侵害死者名譽即成罪，例如前 60 代的祖先則時間太過長久，欠缺處罰的合理依據，亦有學者採此見解[14]。

---

[11] 林山田，刑法各罪論（上），修訂 5 版，2005 年 9 月，頁 267。
[12] 臺灣高等法院臺南分院 104 年度上易字第 189 號刑事判決。
[13] 盧映潔，刑法分則新論，修訂 16 版，新學林，2020 年 7 月，頁 632。
[14] 林東茂，刑法分則，一品文化，2018 年 8 月，頁 101。

> **第 313 條　妨礙信用罪**
> I 散布流言或以詐術損害他人之信用者，處二年以下有期徒刑、拘役或科或併科二十萬元以下罰金。
> II 以廣播電視、電子通訊、網際網路或其他傳播工具犯前項之罪者，得加重其刑至二分之一。

## 一、客觀要件

### （一）行為

1. 散布流言：散播、傳布使不特定人或多數人得以知悉。方式不限，留言內容全部或一部不實皆屬之，例如某小吃用腳尾飯當食材。

2. 詐術：不正確之事實傳達於相對人使他人信以為真。例如 A 說某公司要倒了。

### （二）客體

　　自然人與法人、非法人團體，如為社會經濟生活上有獨立性的團體也屬之，例如個人獨資的商號，A 開的飲料店即屬之。

### （三）結果：造成他人信用損害

1. 信用

　　經濟生活之社會價值為內容之事項。不以對他人支付能力或支付意思之評價為限，有關產品之品質、售後服務與經營方針等一切履行經濟上義務之評價均是。

2. 損害他人信用

　　有學者認為使他人經濟生活招致不利益之社會評價，屬於實害犯[15]。但有

---

[15] 許澤天，刑法分則（下）人格與公共法益篇，新學林，2019 年 8 月，頁 284。

文獻主張本罪是抽象危險犯，不以發生實害或危險為必要。因為雖有本罪行為，他人信用可能完全未受影響，如因未受損害即不成罪，不公平[16]。

## 二、加重妨害信用罪（§313II）

增加此項之理由在於以廣播電視、電子通訊、網際網路或其他傳播工具等傳播方式，對社會多數之公眾發送訊息傳送損害他人信用之不實資訊，對該他人信用之損害更為嚴重，故有加重處罰之必要。

### 選擇題應注意事項

一、公然侮辱罪必須是以抽象的、非具體的事實為之；誹謗罪必須以具體指摘的方式為之，例如以電子郵件或其他方式傳他人裸照給他人的朋友時，實務認為成立加重誹謗罪與散布猥褻物品罪。

二、公然侮辱罪必須符合公然的狀態方可成立該罪，如果用 Line 訊息一對一的罵，則非公然侮辱。

---

[16] 甘添貴，刑法各論（上），修訂 4 版 2 刷，2016 年 1 月，頁 177。

# 第五章 隱私自由法益

> **第315條 妨害文書秘密罪**
> 無故開拆或隱匿他人之封緘信函、文書或圖畫者，處拘役或九千元以下罰金。
> 無故以開拆以外之方法，窺視其內容者，亦同。

## 一、保護法益

　　本罪是保護個人隱私權，使個人在自主資訊事務不受他人干擾，即私生活秘密之安全。但有學者強調，本罪保護法益雖然是隱私（私人的秘密），但與洩密罪相較，其重點應是放在通信的秘密方面，而不是個人資訊的秘密[1]。

　　實務[2]指出妨害秘密罪所稱之「秘密」，至少包括下列三要件：（一）資訊之非公開性：即非一般人所知悉之事或僅有特定、限定少數人知悉之資訊；（二）秘密意思：本人不欲他人知悉該資訊；（三）秘密利益性：即從一般人之客觀觀察，本人對該秘密有財產上或非財產上保密之價值或擁有值得刑法保護之利益。換言之，妨害秘密罪章所謂之「秘密」係指依本人之主觀認知，不希望自己或特定、限定少數人以外之人能夠知悉之資訊，若此資訊受侵害時必對本人產生一定之影響力，即具有保密之價值或利益，始為刑法所保護之秘密。故除本人對於該資訊明示為秘密外，如在客觀上已利用相當環境、設備，或採取適當之方式、態度，足資確保其活動之隱密性，一般人均能藉以確認本人主觀上具有隱密性期待，而無誤認之虞者，譬如將欲保密之資訊放置於非他人得輕易查覺之處所，或將欲保密之資訊對知悉者簽訂保密條款均屬之。

## 二、客觀要件

### （一）行為

---

[1] 李茂生，刑法分則講義，修訂版，2012年，頁341。
[2] 最高法院109年度台上字第2709號刑事判決。

1. 開拆：開啟拆閱而使封緘無效。

2. 隱匿：隱蔽藏匿而使之不能或難以被發現。然而本書認為「隱匿」至多為一種財產權的侵害，與本罪所要保護的個人隱私無相關，充其量只能評價為開拆或開拆以外之方法的前階段行為，故隱匿行為是否應規定於第 315 條，立法上有討論空間。例如 A 把 B 的日記或家庭聯絡簿藏起來，A 並無去刺探日記內容，如成立第 315 條，將使法益的保護產生矛盾的狀態。

3. 開拆以外之方法：未損壞封緘或不變更封緘的原狀，僅使封緘失效，而觀看信函內容。例如用紅外線或電子科學儀器窺視。

　　開啟他人加密的電子郵件，是否構成本罪？多數學者[3]認為封緘文義的範圍如包含加密的電子郵件，有違罪刑法定原則中的類推適用禁止原則，故破解加密措施而窺視他人電腦資料應論以妨害電腦使用罪章中的第 358 條。

（二）行為客體：他人之封緘信函或文書

　　本罪主要保護「非公開性及秘密利益」，故信函及文書必須具備該內涵，而「他人」包含自然人、法人、非法人團體，但須為特定人或可得特定人[4]。

　　又行為客體必須是加以封緘，封緘是指封閉開口使他人無法自外部知悉內容之措施，除了受到本人授權或特定人外，本人不想被人悉知的內容，須透過封緘之方式方足以表徵信及文書內容秘密性。

　　有學者[5]認為第 315 條的「文書」，要理解成「文件」，文件是承載具有「人格關聯性的思想表示內容的形體」，如人與人通信的函件、日記、記事簿、計畫書及屬於圖畫的相片。但是鈔票、廣告、使用說明書，非本條所稱之文件。例如 A 在書店趁人不注意，拆開小說包膜閱讀內容，因為小說內容無「人格關聯性」，不能成立本罪，然 A 可成立毀損罪。

---

3　林山田，刑法各罪論（上），修訂 5 版，2005 年 9 月，頁 251-252。
4　甘添貴，刑法各論（上），修訂 4 版 2 刷，2016 年 1 月，頁 182。
5　許澤天，刑法分則（下）人格與公共法益篇，新學林，2019 年 8 月，頁 291。

## 【本罪之文書與偽造文書之文書的區別】

只要可將人的思想實體化成書面文件，即為第 315 條之文書（應理解為「文件」），而偽造文書罪主要保護「法律交往的安全與可靠性」（即交易安全）。故文書的內容要涉及法律交往上的重要證明事項。

**第 315-1 條　窺視竊聽竊錄罪**
有下列行為之一者，處三年以下有期徒刑、拘役或三十萬元以下罰金：
一、無故利用工具或設備窺視、竊聽他人非公開之活動、言論、談話或身體隱私部位者。
二、無故以錄音、照相、錄影或電磁紀錄竊錄他人非公開之活動、言論、談話或身體隱私部位者。

## 一、客觀要件

### （一）行為

#### 1. 無故

有實務見解[6]認為，無故就是無正當理由，而理由是否正當，應依吾人日常生活經驗法則由客觀事實判斷，並應符合立法旨趣及社會演進之實際狀況。更有實務[7]認為錄音目的在蒐集他人犯罪行為證據，非出於不法目的，所以非「無故」。

「私自」裝針孔攝影或追蹤器等方式而查到配偶通姦，是否成立第 315 條之 1 的無故？近期實務[8]採肯定說認為「無故，即欠缺法律上正當理由，縱一般人有伸張或保護自己或他人法律上權利之主觀上原因，亦應考量法律規範之

---

[6]　最高法院 102 年度台上字第 4750 號刑事判決。
[7]　最高法院 101 年度台上字第 3561 號刑事判決。
[8]　最高法院 103 年度台上字第 3898 號刑事判決。

目的，兼衡侵害手段與法益保障間之適當性、必要性及比例原則，避免流於恣意。夫妻兼顧互負忠貞以保障婚姻純潔之道德上或法律上義務，維持夫妻間幸福圓滿生活，然非配偶任一方因而須被迫接受他方全盤控制日常生活及社交活動之義務，故不得藉口懷疑或有調查配偶外遇之必要即認為可恣意窺視、竊聽他方，甚至周遭相關人士非公開活動、言論、談話或身體隱私部位，此舉不得謂其具有法律上之正當理由。」

2. 無故利用工具或設備窺視、竊聽

　　「工具」是指可「擴張」（延長或強化）人體之功能程度與隱藏視線之功能之工具。例如：望遠鏡、無線電竊聽設備、夜視鏡。

　　例如 A 戴近視眼鏡且爬樹看 B 洗澡？A 不成立本罪，近視眼鏡僅是回復人類視力原本功能，沒有擴張視力的功能，且樹木也只是幫助 A 利用視野的高低落差而偷窺，並沒有擴張 A 視力的功能。

　　例如 A 住 10 樓，常利用陽台掩護觀看一牆之隔的另棟大樓 9 樓 A 女生活情況或更衣，長達一年。A 不成立本罪，因 A 僅利用視野的高低落差偷窺，與擴張視覺與聽覺無關。

3. 無故以錄音、照相或電磁紀錄竊錄

　　將他人非公開活動、言談或身體隱私部位記錄在唱片、錄音帶、錄影帶、磁碟片上。

4. 窺視、竊聽或竊錄，不以被害人未發現為必要

　　例如 A 見 B 要去公廁大便，B 忘記將已關門的門上鎖，A 拿出相機後打開門錄影，B 見狀表示不同意，然為時已晚，此時 A 成立本罪。

（二）客體：他人（自然人）非公開之活動、言論、談話或身體隱私部位

1. 活動：人的各種動作，包括身體的動靜。例如性行為、挖鼻孔、睡覺。

2. 言論：人發表意見方式，有系統、有組織的發話[9]（例如演講或產品推銷說

---

[9]　李茂生，刑法分則講義，修訂版，2012 年，頁 343。

明），不限於言語，如以圖畫、符號、肢體動作表達意見也屬於言論。不論內容在實際上是否有秘密之意義，不考慮是某有特定思想（如說夢話）、也不用考慮是否具有人格顯露意義（如在廚房工作的閒聊），更遑論是否極度私密（如夫妻在性事過程中的談話），都是本條所要避免旁人窺探、竊錄的非公開活動。

3. 談話：談話指的是聊天，談話本包含於言論中，本規定是多餘的 [10]。

4. 身體隱私部位：一般人不願暴露在外的身體私密處，解釋上應「限於與性生活或性慾滿足有密切關聯性的身體部位」，如生殖器官、女性胸部、大腿內側、直接覆蓋該部位的內衣褲。但旁人透過眼光平視，即可輕易察覺的身體隱私部位，則非本罪保護的非公開，否則將使不慎拍到他人身體隱私部位的人蒙受刑事追訴困擾，過度妨害行為自由。例如穿迷你裙之他人大腿外側，實務認為未拍攝到告訴人裙內之內褲等部位，非身體隱私部位 [11]。

5. 非公開

　　我國實務認為隱私權保護不以場所為限。其範圍應以「合理隱私期待」來判斷是否為「非公開」，其判斷方式須符合主觀面與客觀面：

(1) 主觀面：有隱密進行其活動而不欲公開之期待或意願（實務稱之主觀的隱密性期待）。

(2) 客觀面：已利用相當環境或採取適當設備，足資確保其活動之隱密性（實務稱之客觀的隱密性環境）[12]。

　　A 為水果日報的記者，去偷拍明星 B 停在大街上的車子的車內活動，此時該活動是否為非公開活動？本罪保護個人隱私權，保護被害人具有合理隱

---

[10] 林山田，評 1999 年的刑法修正，月旦法學雜誌，第 51 期，1999 年 7 月，頁 33。
[11] 臺灣臺中地方法院 99 年度易字第 2926 號刑事判決。
[12] 最高法院 100 年度台上字第 4780 號刑事判決。最高法院 104 年度台上字第 1227 號刑事判決。最高法院 108 年度台上字第 1750 號刑事判決：「稱『非公開之活動』，係指活動者主觀上具有隱密進行其活動而不欲公開之期待或意願（即主觀之隱密性期待），且在客觀上已利用相當環境或採取適當設備，足資確保其活動之隱密性者（即客觀之隱密性環境）而言（例如在私人住宅、公共廁所、租用之『KTV』包廂、旅館房間或露營之帳篷內，進行不欲公開之更衣、如廁、歌唱、談判或睡眠等活動均屬之）。亦即活動者主觀上具有隱密性之期待，且在客觀上已利用相當環境或採取適當設備，足資確保其活動之隱密性，使一般人均能藉以確認活動者主觀上具有隱密性期待，而無誤認之虞者，始足當之。」

私期待的非公開活動，如逸脫本人之自主控制而揭露，足使本人感到困窘與痛苦，屬侵害隱私權與自主權。判斷個人是否受憲法保護之隱私合理期待，須具備合理隱私的主觀期待且客觀上一個社會普遍承認認為合理（即客觀上符合社會相當性）[13]。必須主觀上展現該資訊不欲他人知悉的隱私期待且客觀上也必須存在確保活動隱密性的條件，車子的窗戶一般來說常人皆可透過窗戶看見車內內容，不符隱私期待的客觀條件。

## 二、本罪是否為結果犯

A 到女廁裝監視器，要偷拍女性如廁畫面，但因為角度不佳而拍不到。或者 A 要偷拍女性裙底，而將相機延伸到 B 女裙底的過程中，相機當機而沒拍到。或 A 要偷拍上樓梯的 B 女的裙底，不料太過緊張而只拍到 C 大叔的毛毛腿，A 是否成立本罪？

（一）多數學說、實務[14]認為本罪性質為結果犯，故 A 沒錄到 B 的裙底（沒有錄到人身體隱私部位的結果），A 的犯罪行為處於未遂階段，然本罪不處罰未遂犯。詳言之，本罪必須以隱私秘密已發生侵害結果，也就是必須已竊聽或竊錄到他人非公開之言論談話活動之程度時，始有既遂犯成立之可能；若僅著手於監察行為，例如行為人裝妥竊聽竊錄他人電話之竊聽器材後，隨即為被害人發覺，或欲竊拍他人裙下風光而手機拿反沒有拍到等，均應認為僅達著手於竊錄行為之未遂狀態，應屬不罰之行為。

（二）有學者認為本罪應屬於行為犯，如同第 315 條對文件保護方式，即一經開拆就成罪，並未考慮結果，同為侵害隱私的第 315 條之 1 也要相同處理[15]。故 A 成立本罪。

---

[13] 王皇玉，非公開之判斷—論車內活動為非公開活動嗎，月旦法學教室，第 76 期，2009 年 9 月，頁 14。

[14] 王皇玉，刑法第 315 條之 1 既未遂之認定—臺灣高等法院高雄分院 99 年度上易字第 743 號判決，月旦法學雜誌，第 188 期，2010 年 12 月，頁 234-244。臺灣高等法院 108 年度上易字第 2201 號刑事判決：「不能證明被告業已錄得告訴人之隱私部位或非公開活動而竊錄既遂，刑法第三百十五條之一復無處罰未遂犯之規定。」

[15] 臺灣臺南地方法院 102 年度自字第 16 號刑事判決。蕭宏宜，看的到聽不到—不法竊錄罪與違法監聽罪，台灣法學雜誌，第 266 期，2015 年 2 月，頁 94-104。

（三）本書認為即使認為本罪屬於行為犯，因行為人一著手即成立犯罪，法院對於竊錄的行為，更應加以謹慎認定，而與單純之預備行為區別。

（四）最後應注意於第三個案例中，必須考量到打擊錯誤的問題，如採結果犯的見解，A 對 B 成立本罪不罰的未遂犯，A 對 C 成立本罪不罰的過失犯；如採行為犯的見解，A 對 B 成立本罪，A 對 C 成立本罪不罰的過失犯。

【第 315 條與第 315 條之 1 的區別】

| §315 | 「過去」已經存在的文書、信函、將身體隱私部位拍成的照片 |
| §315-1 | 「現在」正在進行的活動、言論，人的身體隱私部位若未被拍成照片，即為即時存在的人格法益 |

　　如果第 315 條之 1 不限於即時存在的人格法益，而只要是別人的隱私已足夠成為客體，則第 315 條之 1 第 1 款就比較難想像了，也就是說如果是過去的活動談話，應該是別人用照相或錄音的方式記錄於載體，然後行為人再去利用工具或設備去窺視的情形，但如此一來會有一個問題，亦即第 315 條要開拆或以類似他開拆的方法刺探他人封緘的文書為要件，只處罰 9,000 元以下罰金，然而第 315 條之 1 第 1 款是利用工具或設備要窺視即要處以三年以下有期徒刑，因開拆這個行為，也可以使用高科技設備或工具，且兩者同樣都是在刺探他人的隱私，如果將第 315 條之 1 第 1 款解為只要是因涉及隱私的活動、言論等符合本罪客體，與第 315 條相較之下會有罪刑不相當的問題。又身體隱私部位僅規定於第 315 條之 1，而第 315 條並未規定，故可將其合併解釋，若將第 315 條之 1 的客體解釋為限於即時存在的人格法益，方可與第 315 條的客體相區別。

【偷窺即時訊息】

　　A 使用望遠鏡偷窺教室前方的 B 與 C 於社交軟體 Instagram 中的文字對話；或者 A 偷了 B 的手機，偷看 B 與 C 於通訊軟體 Line 的文字對話。A 是

否成立第 315 條之 1「無故利用工具或設備窺視、竊聽他人非公開之活動、言論、談話或身體隱私部位者」?

　　有學者表示[16]第 315 條之 1 所保護的法益限於即時存在的人格法益，若將人格屬性之隱私透過社會機制或科技方法留存於紀錄媒體，因已經脫離實存個人，該項物化的隱私利益不應受到本罪保護，否則將使本罪的處罰過度擴張。例如 X 把自己的私密活動拍成照片，Y 未經 X 同意而觀看，因該私密活動已經用科技方法留存，故不成立本罪。然而若是 A 將照片加上封緘，B 若開拆封緘而觀看則觸犯第 315 條。若對話兩方可以維持「即時性」文字對話形式，意思表達完成後，除非另外有裝置轉譯，否則不會留下任何檔案化紀錄，此時對話內容仍為隱私；若雙方透過通訊軟體，對話已經紀錄化或檔案化，欠缺本罪所要求之屬人性，故應排除本罪之「言論」與「談話」範疇，故本案中的 A 不成立本罪。

　　上開見解是為了要與通訊監察保護法接軌，應肯認之。然本書認為於即時監看且同時轉為以科技方法記錄於媒體或轉譯裝置，仍不失即時性，也就是說訊息與該訊息轉譯成檔案若為「同時進行時」仍具有即時性，此時可將電話的即時對話模式視為相同型態，故 A 仍成立本罪。

## 【GPS 定位追蹤】

### 最高法院 106 年度台上字第 3788 號刑事判決

　　有無隱私權合理保護之期待，不應以個人所處之空間有無公共性，作為決定其是否應受憲法隱私權保障之絕對標準。即使個人身處公共場域中，仍享有私領域不被使用科技設備非法掌握行蹤或活動之合理隱私期待。再者，解釋法律條文時，除須斟酌法文之文義外，通常須斟酌規範意旨，始能掌握

---

[16] 許恒達，網路文字交談的隱私利益及其刑法保護，月旦法學雜誌，第 144 期，2014 年 10 月，頁 30-32。

法文構成要件之意涵，符合規範之目的及社會演進之實狀，而期正確適用無誤。按刑法第 315 條之 1 第 2 款妨害秘密罪之立法目的，係對於無故竊錄他人非公開活動、言論、談話或身體隱私部位之行為，予以限制，以保障人民秘密通訊自由及隱私權。所謂「非公開之活動」，固指該活動並非處於不特定或多數人得以共見共聞之狀態而言，倘處於不特定或多數人得以共見共聞之狀態，即為公開之活動。惟在認定是否為「非公開」之前，須先行確定究係針對行為人之何種活動而定。以行為人駕駛小貨車行駛於公共道路上為例，就該行駛於道路上之車輛本體外觀言，因車體本身無任何隔絕，固為公開之活動；然由小貨車須由駕駛人操作，該車始得移動，且經由車輛移動之信息，即得掌握車輛使用人之所在及其活動狀況，足見車輛移動及其位置之信息，應評價為等同車輛使用人之行動信息，故如就「車內之人物及其言行舉止」而言，因車輛使用人經由車體之隔絕，得以確保不欲人知之隱私，即難謂不屬於「非公開之活動」。又偵查機關為偵查犯罪而非法在他人車輛下方底盤裝設 GPS 追蹤器，由於使用 GPS 追蹤器，偵查機關可以連續多日、全天候持續而精確地掌握該車輛及其使用人之位置、移動方向、速度及停留時間等活動行蹤，且追蹤範圍不受時空限制，亦不侷限於公共道路上，即使車輛進入私人場域，仍能取得車輛及其使用人之位置資訊，且經由所蒐集長期而大量之位置資訊進行分析比對，自可窺知車輛使用人之日常作息及行為模式，難謂非屬對於車輛使用者隱私權之重大侵害。而使用 GPS 追蹤器較之現實跟監追蹤，除取得之資訊量較多以外，就其取得資料可以長期記錄、保留，且可全面而任意地監控，並無跟丟可能等情觀之，二者仍有本質上之差異，難謂上述資訊亦可經由跟監方式收集，即謂無隱密性可言。

---

**第 315-2 條　便利窺視竊聽竊錄罪**

Ⅰ 意圖營利供給場所、工具或設備，便利他人為前條第一項之行為者，處五年以下有期徒刑、拘役或科或併科五十萬元以下罰金。（便利窺視竊聽竊錄罪）

Ⅱ 意圖散布、播送、販賣而有前條第二款之行為者，亦同。（意圖散布、播送、販賣而竊錄他人生活隱私罪）

Ⅲ製造、散布、播送或販賣前二項或前條第二款竊錄之內容者，依第一項之規定處斷。（製造散布播送販賣竊錄物品罪）

Ⅳ前三項之未遂犯罰之。

　　本罪第 1 項主要處罰提供場所、工具或設備之行為，例如旅館老闆提供旅館套房且裝有針孔攝影機，供人竊聽、竊錄。然必須具有營利意圖，是否真果有獲利在所不問。又例如 A 旅館老闆提供場所及在門上挖小孔供 B 偷窺房客的舉動，一次收 666 元，由於僅僅在門上挖小孔，因該門上小孔非擴張 B 視覺的工具，B 不成立第 315 條之 1 第 1 款，然而此時是否成立第 315 條之 2 第 1 項？有學說認為第 315 條之 2 第 1 項屬於獨立處罰的條文，且第 315 條之 2 第 1 項必須出於營利意圖，具有較高的不法內涵，故將共犯正犯化（將幫助犯當成正犯看待），即便 B 成立不處罰的未遂犯，仍可依照第 315 條之 2 第 1 項處罰 A，且 A 行為既未遂以是否提供場所、工具或設備的便利行為是否完成為準[17]。但有學說[18]認為基於限制從屬性說，B 正犯根本不會該當第 315 條之 1 第 1 款的故意不法主行為而不處罰，如處罰幫助犯 A，會有罪刑不相當的問題。實務亦同此旨[19]。

　　另外，本條的行為人必須為第 315 條之 1 的行為人（B）以外之人（A 老闆）。

## 臺灣高雄地方法院 101 年度訴緝字第 93 號刑事判決

　　被告乙○○購買由徐○○改裝具現場監聽、監視功能之雙峰牌自動照明燈，惟其於收受該雙峰牌自動照明燈後迄未裝設等情，業據廖○○陳述在卷（參偵一卷第 285 頁至第 288 頁、偵三卷第 244 頁至第 249 頁），且與被告乙○○前揭所辯互核相符，是被告乙○○所辯並非無據，而廖○○既係本於

---

[17] 甘添貴，刑法各論（上），修訂 4 版 2 刷，2016 年 1 月，頁 184。

[18] 王皇玉，邪惡的針孔攝影機，月旦法學教室，第 123 期，2013 年 1 月，頁 32。

[19] 臺灣高雄地方法院 101 年度訴緝字第 93 號刑事判決。

探知配偶之外遇與通姦之動機，則其是否屬刑法第 315 條之 1 所稱之「無故」妨害他人秘密，本非無疑，且其尚未著手於該條之行為，自未構成刑法第 315 條之 1 之犯行。再觀刑法第 315 條之 2 第 1 項係以「他人為前條第一項之行為」為構成要件，若該他人未構成刑法第 315 條之 1 第 1 項之犯行，則行為人自無從以刑法第 315 條之 2 第 1 項之罪名相繩（參臺灣高等法院 100 年度上訴字第 1014 號判決意旨），而同案被告林○○、廖○○既均不成立刑法第 315 條之 1 之罪，業如前述，則被告乙○○即不構成刑法第 315 條之 2 第 1 項「意圖營利，供給工具或設備，便利他人為前條第一項之行為」之罪。

　　本罪第 2 項僅處罰「竊錄」的行為，並限於第 315 條之 1 第 2 款竊錄他人非公開的活動、言論、身體隱私部位，只要具有散布、播送、販賣意圖已足，不以此等行為有被實踐為必要。

　　本罪第 3 項處罰竊錄後的製造、播送、販賣的行為，包含對於第 315 條之 1 第 2 款竊錄他人非公開活動、言論、身體隱私部位的內容及第 315 條之 2 第 1 項、第 2 項便利窺視竊聽、竊錄後的內容。

　　又例如【蘋果動新聞案】，A 記者先去偷拍 B 的非公開活動，僅以製作動畫的方式呈現給大眾，而不以原始照片或影片呈現，不涉及非公開的部分貼在畫面旁邊而隱射此人有該行為，例如 A 隱射 B 有外遇，在影片旁貼了 A 開車進汽車旅館的照片或影片，但之後製作動畫，動畫人物 B 全身脫光，生殖器打上馬賽克，而與外遇對象站在床邊，隨後以黑幕呈現，又在黑幕中增加一個香蕉與一個桃子的跳舞的畫面，此時 A 記者是否觸犯第 315 條之 2 第 2 項？一般來說如果以原始檔案呈現會成立第 315 條之 2 第 2 項，然本案中的散布的內容非原始檔案，而是重製後的檔案，是否成立本罪？有學說[20] 指出如認為 A 重製後的檔案內容即屬於第 315 條之 2 第 2 項的散布內容，而使 A 成立本罪，將有範圍過大的疑慮，故而主張本罪散布內容應限定為「原始檔案」或「不變更原始檔既有屬性的重製」，後者指的是截取部分原始檔後，另外製作的新檔案，閱

---

[20] 許恒達，高樓間與動畫中的隱私法益，月旦法學教室，第 121 期，2012 年 11 月，頁 31-32。

覽者仍可以從重製內容看到部分原始檔部分。本書亦肯認之，A 重製後的檔案內容已經變更了原本的檔案內容的屬性（從真人變成假人、從真實情境變成假的情境），非屬於本罪客體，A 不成立本罪。

四、第 4 項，本罪有處罰未遂犯。

---

**第 315-3 條　竊錄犯罪物之沒收**
前二條竊錄內容之附著物及物品，不問屬於犯人與否，沒收之。

---

　　本條屬於義務沒收之規定，即法官必須要沒收，而沒收內容例如針孔攝影機、性愛光碟。如是裝設攝影機的工具，則非竊錄內容之附著物及物品，回歸總則沒收的規定論處。

---

**第 316 條　洩漏業務秘密罪**
醫師、藥師、藥商、助產士、心理師、宗教師、律師、辯護人、公證人、會計師或其業務上佐理人，或曾任此等職務之人，無故洩漏因業務知悉或持有之他人秘密者，處一年以下有期徒刑、拘役或五萬元以下罰金。

---

　　本罪的保護法益主要是個人的秘密維持利益，其次是公眾對特定業務者的保密信賴。行為人對他人秘密的知悉與其「業務」具有「內在關聯性」，他人才有信賴其保密的問題。例如 A 為清潔人員，A 為 B 診所打掃時偶然聽見鄰居 C 被診斷出得了菜花，A 回家後就告知街頭巷尾的鄰居，A 不符合本罪主體，不成立本罪。此外，本罪的主體亦不包含記者。

　　而佐理人是指協助業務主要從事者關於業務上事項之人，例如護理師幫助醫師的業務、助理幫助公證人的業務。

---

**第 317 條　洩漏工商秘密罪**
依法令或契約有守因業務知悉或持有工商秘密之義務，而無故洩漏之者，處一年以下有期徒刑、拘役或三萬元以下罰金。

　　依法令，如證券交易法第 120 條「會員制證券交易所之董事、監事及職員，對於所知有關有價證券交易之秘密，不得洩漏。」依契約，如工業製造秘密、專利品製造方法、商業營運計畫、企業資產負債、客戶名錄。此外，應注意者，本罪行為時，也常常一同構成背信罪，而與其成立想像競合。

---

**第 318 條　公務員洩漏工商秘密罪**

公務員或曾任公務員之人，無故洩漏因職務知悉或持有他人之工商秘密者，處二年以下有期徒刑、拘役或六萬元以下罰金。

---

　　本罪除行為主體為公務員或曾任公務員，其餘要件均與前條相同。

---

**第 318-1 條　洩漏電腦秘密罪**

無故洩漏因利用電腦或其他相關設備知悉或持有他人之秘密者，處二年以下有期徒刑、拘役或一萬五千元以下罰金。

---

　　洩漏是指從電腦或其他相關設備取得的資訊內容，使無關的第三人知悉，不用交付原始檔案，只要使第三人知悉資訊內容即可[21]。

---

**第 318-2 條　加重刑罰事由**

利用電腦或其相關設備犯第三百十六條至第三百十八條之罪者，加重其刑至二分之一。

---

## 選擇題應注意事項

　　一、隱匿他人封緘的文書，雖然本書認為該行為只是妨害他人秘密的預備行為，故應刪除該規定，然而於選擇題上仍要尊重現行法的規定，故 A 如果把他人的日記藏起來，A 仍然構成第 315 條。

---

[21] 許恒達，洩漏使用電腦知悉秘密罪的保護射程──評臺中高分院 98 年度上訴字第 1319 號刑事判決，月旦法學雜誌，第 190 期，2011 年 3 月，頁 212。

　　二、A 想要偷拍少女的裙底，卻拍到大叔的毛毛腿，屬於不罰的未遂犯！因多數學說、實務上只限於有拍到身體隱私部位或非公開活動的情形方有處罰。

　　三、第 315 條之 1 無故利用工具或設備窺視他人非公開活動該工具或設備必須是可以擴張人體機能的工具，若只是利用大樓高低差、近視或老花眼鏡，則非本罪之工具，不會構成本罪。

---

**第 319 條　告訴乃論**

第三百十五條、第三百十五條之一及第三百十六條至第三百十八條之二之罪，須告訴乃論。

---

**第 319-1 條　妨害性影像罪**

I 未經他人同意，無故以照相、錄影、電磁紀錄或其他科技方法攝錄其性影像者，處三年以下有期徒刑。

II 意圖營利供給場所、工具或設備，便利他人為前項之行為者，處五年以下有期徒刑，得併科五十萬元以下罰金。

III 意圖營利、散布、播送、公然陳列或以他法供人觀覽，而犯第一項之罪者，依前項規定處斷。

IV 前三項之未遂犯罰之。

---

## 一、第 1 項未經同意攝錄性影像罪

### （一）行為與客體

　　本條第 1 項的行為是攝錄他人性影像，而錄下他人影像是在未經他人同意又無故的情形。第 1 項的客體是他人的性影像。依刑法第 10 條第 8 項對於性影像的立法定義，有四款內容的影像或電磁紀錄稱之為性影像。第 1 款係指含有「以性器進入他人之性器、肛門或口腔，或使之接合之行為」以及「以性器以外之其他身體部位或器物進入他人之性器、肛門，或使之接合之行為」之內容者，也就是含有性交行為之內容。第 2 款是含有「性器或客觀上足以引起性慾或羞恥

之身體隱私部位」之內容者，除了性器外，身體隱私部位必須是依一般通常社會觀念足以引起性慾或羞恥而言，例如臀部、肛門等。第 3 款是含有「以身體或器物接觸性器或身體隱私部位，而客觀上足以引起性慾或羞恥」之內容者，例如以親吻、撫摸等方式或以器物接觸前開部位之內容，不論自己或他人所為者均屬之。第 4 款是含有「其他與性相關而客觀上足以引起性慾或羞恥之行為」之內容者，例如其影像內容未如第 1 款至第 3 款的內容清楚呈現「性器」或「足以引起性慾或羞恥之身體隱私部位」，而係對該等部位以打馬賽克等方式遮掩、迴避，或因攝錄角度未能呈現，而客觀上足以引起性慾或羞恥之行為。對於性影像的定義，有文獻批評 [22]，本罪章在立法上如果是以個人性隱私為保護法益，何以在性器或身體隱私部位之影像之外，還要求「客觀上足以引起性慾或羞恥」，此乃欠缺合理說明，雖然看似立法者係有意限縮客體範圍，但是關於性之隱私的認定上，卻以「客觀種上足以引起性慾或羞恥」之猥褻定義，其理由令人費解。該文獻認為 [23]，在第 2、3、4 款的情形，於條文上要求如特定身體隱私部位必須「客觀上足以引起性慾或羞恥」或接觸等行為「客觀上足以引起性慾或羞恥」，應可推知或許是立法者意識到這三款規定之影像內容本身，本即有可能欠缺「性的關聯」，因而需要附加「客觀上足以引起性慾或羞恥」來使影像與性產生關聯，因而如第 2 款即要求認定上除了需要有身體隱私部位的拍攝外，還需要具有「性的關聯」，來彰顯有性的隱私被侵害，亦即，透過「客觀上足以引起性慾或羞恥」來輔助「性的關聯」的判斷。

## （二）與刑法第 315 條之 1 第 2 款的適用

刑法第 315 條之 1 第 2 款的規定是無故以錄音、照相、錄影或電磁紀錄竊錄他人身體隱私部位。本項之罪是未經同意又無故攝錄他人性影像，而性影像內容包含性器與身體隱私部位。因此，無故竊錄他人身體隱私部位，即可能同時符合本項之罪，則兩罪如何競合。本書以為，刑法第 315 條之 1 的妨害秘密

---

[22] 參照林琬珊，「性影像」與隱私之刑法保護──新修刑法「性影像」規定之評析，月旦法學雜誌，第 333 期，2023 年 2 月，頁 40-58。

[23] 參照林琬珊，「性影像」與隱私之刑法保護──新修刑法「性影像」規定之評析，月旦法學雜誌，第 333 期，2023 年 2 月，頁 55。

罪章的保護法益是個人之隱私，而本項之罪為妨害性隱私罪，其保護法益是個人之性隱私，性隱私為個人隱私的特殊型態，故本項之罪是刑法第 315 條之 1 的特別規定，應優先適用本項之罪。

## 二、第 2 項便利未經同意攝錄性影像罪

第 2 項的行為人，應該是前項攝錄他人性影像的行為人以外之人。第 2 項的行為係供給場所、工具或設備。所提供的場所、工具或設備必須是使前項的行為人得以進行攝錄行為，始足該當。第 2 項的行為人提供場所、工具或設備必須達到前項行為人有攝錄他人性影像行為之結果始為既遂。第 2 項的行為人主觀上除了故意外尚須具備營利之意圖，亦即行為人提供場所、工具或設備之行為其目的係要營利。

## 三、第 3 項意圖營利、散布、播送、公然陳列或供人觀覽而未經同意攝錄性影像罪

第 3 項的行為人是第 1 項之攝錄者。行為是第 1 項之未得同意無故攝錄他人性影像。行為人除了故意之外，在主觀上尚須有營利、散布、播送、公然陳列或供人觀覽之意圖。亦即行為人攝錄他人性影像，其目的在於要營利或要將性影像加以散布、播送、公然陳列或供人觀覽。

## 四、未遂犯

本條設有第 1 項至第 3 項之未遂犯處罰規定。在第 1 項情形，行為人有開始攝錄他人性影像但攝錄未完成，應屬未遂。在第 2 項情形，若行為人有營利意圖而欲提供場所或工具、設備，以便利第 1 項行為人攝錄他人性影像，但是著手要提供卻尚未提供完成，或是有完成提供但是第 1 項行為人沒有著手實行攝錄行為，或已著手於攝錄行為，但未攝錄完成者，即屬未遂犯。第 3 項情形，行為人若有營利、散布、播送、公然陳列或供人觀覽意圖而著手實行攝錄行為，惟未攝錄完成者，即屬未遂犯。

> **第319-2條　加重妨害性影像罪**
>
> I 以強暴、脅迫、恐嚇或其他違反本人意願之方法，以照相、錄影、電磁紀錄或其他科技方法攝錄其性影像，或使其本人攝錄者，處五年以下有期徒刑，得併科五十萬元以下罰金。
>
> II 意圖營利供給場所、工具或設備，便利他人為前項之行為者，處六月以上五年以下有期徒刑，得併科五十萬元以下罰金。
>
> III 意圖營利、散布、播送、公然陳列或以他法供人觀覽，而犯第一項之罪者，依前項規定處斷。
>
> IV 前三項之未遂犯罰之。

## 一、第 1 項強暴、脅迫攝錄性影像罪

### （一）行為手段與行為客體

　　第 1 項乃對於他人施用強制手段，即以強暴、脅迫、恐嚇或其他違反被害人意願的方法，在違反被害人意願的情形下，對其攝錄性影像或使其自行攝錄性影像。第 1 項之罪的客體是他人的性影像，性影像的定義已於第 319 條之 1 所述。

### （二）與刑法第 222 條加重強制性交罪第 9 款的適用

　　刑法第 222 條加重強制性交罪，第 9 款加重事由規定「對被害人為照相、錄音、錄影或散布、播送該影像、聲音、電磁紀錄」。由於第 1 項的客體，即性影像的內容其中含有「以性器進入他人之性器、肛門或口腔，或使之接合之行為」以及「以性器以外之其他身體部位或器物進入他人之性器、肛門，或使之接合之行為」，也就是性影像的內容包含性交行為。倘若行為人對被害人為強制性交，而對強制性交過程進行錄影，應該會同時符合刑法第 222 條第 9 款以及本項之罪，兩罪應如何競合？本書認為，（加重）強制性交罪的保護法益是個人性自主決定權，而本罪章的保護法益是個人性隱私，兩者保護法益不同，應以想像競合從一重處斷。

## 二、第 2 項便利強暴、脅迫攝錄性影像罪

第 2 項的行為人應該是前項以強暴、脅迫等手段攝錄他人性影像或使其自行攝錄的行為人以外之人。第 2 項的行為係供給場所、工具或設備。第 2 項的行為人提供場所、工具或設備必須達到前項行為人有攝錄他人性影像行為之結果始為既遂。第 2 項的行為人除故意之外，主觀上尚須具備營利之意圖，亦即行為人提供場所、工具或設備之行為其目的係要營利。

## 三、第 3 項意圖營利、散布、播送、公然陳列或供人觀覽而以強暴、脅迫攝錄性影像罪

第 3 項的行為人係第 1 項之施強制手段為攝錄或使被害人自行攝錄者。第 3 項的行為即第 1 項以強暴、脅迫等手段攝錄他人性影像或使人自行攝錄。第 3 項的行為人除故意外，在主觀上尚須有營利、散布、播送、公然陳列或供人觀覽，亦即行為人以強制手段攝錄他人性影像或使其自行攝錄，其目的在於要營利或要將性影像加以散布、播送、公然陳列或供人觀覽。

## 四、未遂犯

本條設有第 1 項至第 3 項之未遂犯處罰規定。在第 1 項情形，行為人開始了強制手段，但尚未為攝錄或尚未使他人自行攝錄，或者已開始攝錄行為或已使他人自行攝錄，但攝錄未完成，皆應屬未遂。在第 2 項情形，若行為人有營利意圖而欲提供場所或工具、設備，便利第 1 項行為人以強制手段攝錄他人性影像或使其自行攝錄，但是著手要提供卻尚未提供完成，或是有完成提供但第 1 項行為人沒有著手實行強制手段，或者有實行強制手段但是沒有攝錄行為或者沒有使他人自行攝錄，或者已著手於攝錄行為或已使他人自行攝錄，但未攝錄完成者，皆應屬未遂。第 3 項情形，行為人若有營利、散布、播送、公然陳列或供人觀覽意圖，而開始了強制手段，但尚未為攝錄或尚未使他人自行攝錄，或者已開始攝錄行為或已使他人自行攝錄，但攝錄未完成，皆應屬未遂。

> **第 319-3 條　散布性影像罪**
> I 未經他人同意,無故重製、散布、播送、交付、公然陳列,或以他法供人觀覽其性影像者,處五年以下有期徒刑,得併科五十萬元以下罰金。
> II 犯前項之罪,其性影像係第三百十九條之一第一項至第三項攝錄之內容者,處六月以上五年以下有期徒刑,得併科五十萬元以下罰金。
> III 犯第一項之罪,其性影像係前條第一項至第三項攝錄之內容者,處一年以上七年以下有期徒刑,得併科七十萬元以下罰金。
> IV 意圖營利而犯前三項之罪者,依各該項之規定,加重其刑至二分之一。販賣前三項性影像者,亦同。
> V 前四項之未遂犯罰之。

## 一、第 1 項未經同意散布性影像罪

　　第 1 項之罪的行為前提為未經同意。而行為有六個類型,即重製、散布、播送、交付、公然陳列或供人觀覽。重製係指再製作。散布係指散發分布於眾,包括一次擴散傳布於不特定人、多數人以及一次傳布於一人但有反覆多次,使其擴散於眾。交付係指給予他人。播送係指透過機器設備,使其原像重現。供人觀覽則是使人得以見聞到性影像的內容。第 1 項之罪的客體是他人的性影像,性影像的定義已於第 319 條之 1 所述。不過,需說明的是,本項之罪的性影像的來源應該是行為人與相對人合意下由行為人拍攝的,或是相對人意願下自行拍攝而由行為人取得的。也就是行為人獲得相對人的性影像是合法來源,若未經同意將此合法取得的他人性影像加以重製、重製、散布、播送、交付、公然陳列或以他法供人觀覽,即屬本項之罪。

## 二、第 2 項未經同意散布未得同意攝錄之性影像罪

　　第 2 項與第 1 項不同的是客體的來源,亦即第 2 項的客體來源是未得他人同意所攝錄的他人性影像,也就是以觸犯第 319 條之 1 而取得的他人性影像。

### 三、第 3 項未經同意散布以強暴、脅迫攝錄之性影像罪

　　第 3 項與第 2 項不同的是客體的來源，亦即第 3 項的客體來源是以強暴、脅迫等手段所攝錄或使其自行攝錄的他人性影像，也就是以觸犯第 319 條之 2 而取得的他人性影像。

### 四、第 4 項意圖營利散布或販賣性影像罪

　　第 4 項前段是觸犯前三項罪名，不同的是本項之罪行為人主觀上除了前三項罪名之故意外，尚需具備營利意圖。第 4 項後段則是販賣他人性影像。而本項後段的他人性影像應該包括：1. 合法取得的他人性影像，但是該他人未同意販賣其性影像；2. 未經同意所攝錄的他人性影像；3. 以強暴、脅迫等手段所攝錄或使其自行攝錄的他人性影像。

### 五、未遂犯

　　本條設有第 1 項至第 4 項之未遂犯處罰規定。在此四項的情形，行為人開始著手重製但只尚未製作完成；著手散布但是尚未達到散發分布於眾；著手交付但卻尚未進入他人持有；著手播送但尚未透過機器設備達到原像重現；著手供人觀覽但卻尚未使人見聞到性影像內容；著手販賣，但尚未交付給他人持有或者交付給他人持有但尚未取得價金，皆應屬未遂。

---

**第 319-4 條　不實性影像罪**

I 意圖散布、播送、交付、公然陳列，或以他法供人觀覽，以電腦合成或其他科技方法製作關於他人不實之性影像，足以生損害於他人者，處五年以下有期徒刑、拘役或科或併科五十萬元以下罰金。

II 散布、播送、交付、公然陳列，或以他法供人觀覽前項性影像，足以生損害於他人者，亦同。

III 意圖營利而犯前二項之罪者，處七年以下有期徒刑，得併科七十萬元以下罰金。販賣前二項性影像者，亦同。

## 一、第 1 項製作不實性影像罪

　　第 1 項的行為係製作他人不實性影像。製作的手段包括以電腦合成、加工、編輯或其他科技方法，例如以深度偽造技術，將被害人之臉部移接於他人之性影像皆屬之。第 1 項的客體是他人之不實性影像。所謂不實之性影像，多半是將被害人的臉部移接在含有性交、身體隱私部位等等合乎性影像內容的影片上，會使人誤以為該性影像是被害人的性影像而真假難辨。第 1 項的行為人製作他人之不實性影像需有足以生損害於他人之結果。所謂足生損害是指有產生損害之虞，行為人如有散布、播送、交付、公然陳列或以他法供人觀覽之意圖而製作他人不實性影像，對被害人有造成難堪、心理恐懼等身心創傷之可能性，亦有侵害他人對個人性隱私完整的自主性。本條沒有未遂處罰的規定，以本項之罪而言，如果未完成他人不實性影像的製作，應該不會發生損害他人的可能性，亦即無本項之罪的結果，也就沒有處罰的必要。第 1 項的行為人除了故意外，主觀上尚需具備散布、播送、交付、公然陳列或供人觀覽之意圖，也就是行為人製作他不實性影像之目的是為了要散布、播送、交付、公然陳列或供人觀覽之用。

## 二、第 2 項散布他人不實性影像罪

### （一）客觀要件

　　第 2 項的行為有五個類型，即散布、播送、交付、公然陳列或以他法供人觀覽。第 2 項的客體是他人之不實性影像。第 2 項的行為人散布、播送、交付、公然陳列或以他法供人觀覽他人之不實性影像，需有足以生損害於他人之結果。所謂足生損害是指有產生損害之虞，是指行為人散布、播送、交付、公然陳列或以他法供人觀覽他人不實性影像者，雖然不是製作不實性影像，然而卻使他人不實性影像加以流傳出去，有可能造成被害人名譽受到損害，亦有可能造成被害人心理恐懼等身心創傷，同時可能侵害他人對個人性隱私完整的自主性。本條沒有未遂處罰的規定，以本項之罪而言，倘若行為人的散布、播

送、交付、公然陳列或供人觀覽的行為尚未完成，應該沒有損害他人的可能性，亦即無本項之罪的結果，也就沒有處罰的必要。

## （二）與第 1 項的適用

倘若行為人有第 1 項之製作他人不實性影像的行為，繼而將他人不實性影像加以散布、播送、交付、公然陳列或供人觀覽，會該當第 1 項與第 2 項，應如何適用？本書以為，本條第 1 項在性質上應是第 2 項的實質預備階段的規定。換言之，行為之出於散布、播送、交付、公然陳列或供人觀覽之意圖而製作他人不實性影像，接下來再將他人不實性影像加以散布、播送、交付、公然陳列或供人觀覽，由於前、後行為皆屬侵害他人對個人性隱私完整的自主性，屬同一法益的侵害，本條第 1 項之罪應依不罰前行為處理，僅論以第 2 項即可。

## 三、第 3 項意圖營利而製作、散布或販賣他人不實性影像罪

### （一）主、客觀要件

第 3 項前段行為人是觸犯第 1 項或第 2 項，而行為人若是為第 1 項的行為，主觀上除了散布、播送、交付、公然陳列或供人觀覽的意圖之外，還需要有營利意圖。行為人若是為第 2 項的行為，主觀上需要有營利意圖。第 3 項後段的行為人則是販賣他人不實性影像。

### （二）製作他人不實性影像後加以販賣

實務上可能發生製作他人不實性影像而後加以販賣的情形，也就是先有第 1 項的行為，再有第 3 項後段的行為，應如何適用？本書以為，本條第 1 項的製作他人不實性影像，應是第 3 項後段販賣他人不實性影像的前階段行為，由於前、後行為皆屬侵害他人對個人性隱私完整的自主性，屬同一法益的侵害，本條第 1 項之罪應依不罰前行為處理，僅論以第 3 項後段即可。

**第 319-5 條　沒收**

第三百十九條之一至前條性影像之附著物及物品，不問屬於犯罪行為人與否，沒收之。

**第 319-6 條　告訴乃論**

第三百十九條之一第一項及其未遂犯、第三百十九條之三第一項及其未遂犯之罪，須告訴乃論。

# 第六章　財產法益

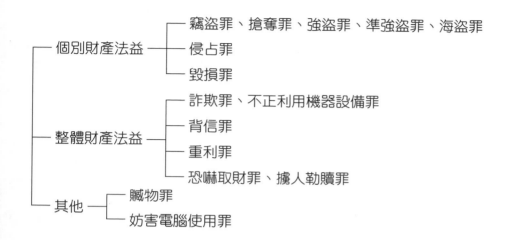

個別財產法益的犯罪，重點在於對特定財物的「支配權利與能力」，故不容許他人任意破壞。所有權人對於該財物有自由處分權，是侵害被害人針對特定物本身的持有利益，而非交換價值，其所要保護的是所有權人的「利用可能性」，主要著重於「主觀價值」，包含感情利益，例如阿嬤六十年前的情書，對他人無價值，但是自己對該情書可自由處分，故偷走情書，也屬於個別財產法益的犯罪，故個別財產法益的犯罪客體為「具體的財物」。

整體財產法益的犯罪，著重於對整體財產價值產生減損，故有所謂的「結算式原則」（即財產所得與財產支出的差額，看是否有整體財產價值的減損），而不論犯罪中價值如何浮動，如果最後總結來看價值有減少，即財產受損，即成立既遂罪，而整體財產法益保護的客體是針對「抽象利益」。

# 第一節　個別財產法益

## 第一項　竊盜（竊佔）罪、搶奪罪、強盜罪、準強盜罪、海盜罪

### 第一款　竊盜罪、竊佔罪

> **第 320 條　竊盜罪、竊佔罪**
> Ⅰ 意圖為自己或第三人不法之所有，而竊取他人之動產者，為竊盜罪，處五年以下有期徒刑、拘役或五十萬元以下罰金。（竊盜罪）
> Ⅱ 意圖為自己或第三人不法之利益，而竊佔他人之不動產者，依前項之規定處斷。（竊佔罪）
> Ⅲ 前二項之未遂犯罰之。

### 一、竊盜罪保護法益

　　竊盜罪的保護法益為何，至今仍爭論不休，以下介紹主要的三種說法：

（一）本權說（所有權保護說）[1]：以民法所承認的財產權為基礎，保護所有權、租賃權、質權等本權，而在事實上可以享受到的利益。

（二）持有說[2]：純粹在財物之持有利益本身。資本主義下，財產關係日趨複雜。基於充分物盡其用，對於財物的「利用關係」才是保護的對象。

（三）折衷說[3]：竊盜罪所要保護者包含持有與所有權。

---

[1]　王榮堅，財產犯罪與持有關係，台灣法學雜誌，第 5 期，1999 年 12 月，頁 143。許澤天，刑法分則（上）財產法益篇，新學林，2019 年 8 月，頁 21。

[2]　甘添貴，刑法各論（上），修訂 4 版 2 刷，2016 年 1 月，頁 208。林東茂，刑法分則，一品文化，2018 年 9 月，頁 123。最高法院 109 年度台上字第 1283 號刑事判決（最高法院具參考價值裁判）：「竊盜罪所保護之法益，在於物之持有權人穩固之持有權。」

[3]　最高法院 97 年度台上字第 3867 號刑事判決。

## 二、行為：竊取

竊取是指未經同意，破壞原持有人對動產之「持有」關係，建立自己之新「持有」關係，若只有破壞原有之持有支配，為毀損。

### （一）未經同意

未經他人同意，於持有人與所有人不同一人時，例如 A 將筆借給 B 長期使用，C 可否經 A 的同意就把筆從 B 處拿走？此問題涉及竊盜罪的保護法益，如認為保護所有權，得 A 同意就好。如認為保護持有權，除 A 同意外，還要 B 的同意。

### （二）破壞持有

1. 基本概念

破壞持有是指破壞本人（或他人）對客體的持有支配關係。行為人必須以其行為，而使動產脫離原持有人支配範圍。現行通說與實務認為竊取與他人是否知悉無關，然而是否需以和平方式違反持有人意思？

實務認為需以和平方法，違反持有人意思[4]。本書認為手段是否和平，行為情狀方面是否為公然，都與財產法益的保護無關，只要未經同意取走他人財物即可。

2. 持有分成兩個要素

(1) 客觀之持有（對財物具有事實或現實上的支配管領能力）─生理要素

以持有人是否認識放置地點而定，只有認識放置地點有繼續支配意思，才有事實影響可能性。例如車主對於停放在路旁的車子，仍有客觀上的持有支配。

(2) 主觀之持有（對物自然的支配意願）─心理要素

---

[4] 最高法院 92 年度台上字第 5514 號刑事判決。

　　主觀意志與行為能力無關，即使是精神障礙者也可對物有持有意志。心理上具支配意思，要以日常生活觀點觀之，亦即潛在之支配意思已足，不用始終一直表明，例如睡覺的人、昏迷的人或不在家的人對於庭院內的寵物天竺鼠，都具有支配意思。

　　另外，心理要素只要具備概括的支配意願即可，例如對於自己房子內一定空間範圍的支配，不需鉅細靡遺地認知到房子內有青椒、鞋子、貓飼料、電視等哪些物品存在。

## （三）建立新持有

### 1. 基本概念

　　建立新持有必須與破壞持有分別以觀，兩者為前後階段性之行為。建立新持有是指建立新的事實支配關係而能自由使用收益該財物，即達既遂。而建立新持有，通說[5]採取掌握理論，亦即足以導致支配權移轉之掌握程度才算是建立持有，應個案審酌物的體積、重量等判斷。實務[6]上亦指出將物品移置於自己實力支配之下即屬既遂。

　　例如 A 到 B 家尋找到鑽石，並馬上放入自己口袋，但被 B 發現，而 A 毫無反擊地馬上交還鑽石，A 的行為是否既遂？依據掌握理論，鑽石體積小、重量輕，放入 A 口袋已經足以支配，故 A 成立加重竊盜既遂（§321I①）。

### 2. 共同持有的支配關係

### (1) 支配管領力對等

　　例如公司合夥人對公司財產皆有支配管領力，然其中一個合夥人 A 將公司財物取走，如 A 本未持有該財物，應成立竊盜罪；如 A 已經持有該財物，應成立侵占罪。

---

5　蔡聖偉，偷「機」不著──準強盜罪的既遂認定問題，月旦法學教室，第 181 期，2010 年 6 月，頁 279 以下。

6　臺灣高等法院臺中分院 108 年度上易字第 1163 號刑事判決。臺灣高等法院 108 年度軍上易字第 3 號刑事判決。臺灣高等法院 104 年度上易字第 683 號刑事判決。

(2) 上下持有關係

例如小型或中型店家與店員，因中小型店家對持有物具有處分可能性，亦即可居於所有權人地位而得自行使用、收益、處分，故應認為屬於店家單獨持有，如店員未經同意，破壞持有建立持有，為竊盜罪。

(3) 一方優勢支配

例如託運案件中運送人偷包裹裡的物，或者公司中的會計主管擅自取走公司的財物。實務認為「整個包裹」為「運送人」（如貨運司機）可支配持有，但「內容物」為「託運人」（如請貨運公司運送貨物之人）持有，運送人成立竊盜[7]。然而本書認為前者仍應成立業務侵占罪，因整體包裹將其分為整體與內容物的區分方法，難以想像，如 A 請 B 幫忙買飲料，A 直接把飲料拿走或喝掉飲料皆屬於破壞他人財產的行為，並無區別，重點在於竊盜罪與侵占罪的區分為，侵占罪該物品已經處於行為人的持有中，故包裹與包裹內容物均非託運人持有，為運送人持有。

## 臺灣桃園地方法院 104 年度審訴緝字第 25 號刑事判決

按竊盜罪與侵占罪不同。侵占以行為人先持有被害人之物，即具持有關係存在，而易為自己之所有而擅自處分自己持有之他人所有物為其構成要件；且須以行為人就被侵占之物先有法律或契約上之原因，在其持有中者為限（最高法院 52 年台上字第 1418 號判例法律見解足資參照）。例如行為人受甲地郵局之委託，將其鉛子封固之郵袋運往乙地院，在運送途中，對於該整個郵袋，固因業務而持有，但其封鎖郵袋內之各個包裹，仍為託運人所持有，並非行為人所得自由支配，乃將鉛子封印拆開一部，抽竊袋內所裝包裹，實與侵沒整個郵袋之情形不同，應成立竊盜罪名（最高法院 29 年上字第 171 號判例法律見解亦足參照）；又例如因法律或契約上原因持有信封，抽取內部所附獎券、鈔票等物，因對其該內部之物並非當然有保管之責，亦不能以侵占罪論處（最高法院 26 年滬上字第 15 號、28 年上字第 2535 號判例、87 年

---

[7] 最高法院 29 年台上字第 171 號判例。臺灣桃園地方法院 104 年度審訴緝字第 25 號刑事判決。

度台上字第 2313 號判決要旨法律見解可資參照）。從而，行為人雖對「容器」有事實上之整體持有關係，但對於容器「其內之物」，並不當然可認已經具備契約或法律上之持有關係；倘若相關空間、包裝、承載可得區隔內部物品與外部空間，且內部物品於社會生活上之客觀標準亦非行為人所能移置取得者，對是類內部物品，應認仍在原來之支配關係。倘若行為人就該內部物品未有法律或契約上之權源，破壞此一支配關係而建立自己持有，亦應論以竊盜罪。

## 案 例

便利商店店員甲趁店長乙不注意時，將限量贈品小熊放進自己的背包中，下班前甲對乙佯稱該贈品小熊似乎遭客人偷走，乙信以為真只好自認倒楣。甲將贈品小熊帶走後，將此小熊以 1,000 元賣給不知情的丙。試問：甲有何刑責？

## 擬 答

本題中便利商店屬於小型商店，店內物品屬於店長乙支配，故店員甲對店內的物品不具有支配關係，非屬甲持有中，故甲將小熊放入背包中的行為屬於竊盜罪。而另外把小熊賣給丙，實務上認為不用再討論，因贓物罪的行為主體限於違犯財產犯罪以外之人，因為處分自己得來的財物（小熊）處於財產犯罪的當然結果，如果再處罰可能過度評價。然學說認為必須討論贓物罪，只是不罰後行為（不罰贓物罪）。

3. 竊盜與其他罪的區分

(1) 竊盜罪與侵占脫離物罪（§337）

竊盜罪的被害人對於物品有支配關係，而侵占脫離物罪的被害人則無支配關係。例如 A 掉在地上的物品被 B 撿走，要視 A 對該物品是否有支配關係，如

果 A 知道該物掉落在哪，取回該物沒有重大阻礙，仍認為有支配關係，B 的行為屬於竊盜，反之則為侵占。

(2) 竊盜罪與詐欺罪

例如 A 到大賣場將 5,000 元的酒裝到餅乾盒子裡，而去結帳，但收銀員 B 卻沒發現。實務認為[8] A 屬於施用詐術使 B 陷於錯誤而「交付」財物（酒），為詐欺取財，而學說上[9]認為詐欺罪必須對於物品（酒）具「有處分意識」，本案 B 對酒並無處分意識，非屬詐欺，應屬於未經同意破壞持有而建立持有的竊盜罪。

## 三、行為客體：他人動產

### （一）他人

不以自然人為限，包含法人。

### （二）動產

民法第 67 條「土地與其定著物以外之物。」包括尚未被埋葬的屍體。另外尚包含事實上能被移動之「可移動性」，例如與不動產可分離之物（例如定著於房屋的鐵窗）。另外，還必須是有體物（有形體的物）。

### （三）不動產（竊佔罪）

不動產是指民法第 66 條第 1 項規定的土地與其定著物。必須是在他人支配下。

---

8　最高法院 86 年度台上字第 487 號刑事判決：「刑法上之詐欺罪與竊盜罪，雖同係意圖為自己或第三人不法之所有而取得他人之財物，但詐欺罪以施行詐術使人將物交付為其成立要件，而竊盜罪則無使人交付財物之必要，所謂交付，係指對於財物之處分而言，故詐欺之行為人，其取得財物，必須由於被詐欺人對於該財物之處分而來，否則被詐欺人提交財物，雖係由於行為人施用詐術之所致，但其提交既非處分之行為，則行為人因其對於該財物之支配力一時弛緩，乘機取得，即與詐欺罪應具之條件不符，自應論以竊盜罪。」

9　吳耀宗，詐欺罪與竊盜罪之區別，月旦法學教室，第 149 期，2015 年 3 月，頁 24-26。

## 四、竊盜罪的不法所有意圖

### （一）不法意圖

　　行為人無請求或無保有該物的法律依據。如果行為人取得該物是法秩序所容許或未違反法秩序對於財產利益的分配，此一取得他人之物不得認為具有不法性[10]，反面來說，若欠缺適法權源（如違反強制規定、公共秩序及逾越一般人可容忍的程度），仍圖將財產移入自己實力支配管領下得為使用收益或處分之情形，即有不法意圖[11]。

### （二）所有意圖

　　通說[12]認為由兩個要素構成：

1. 消極要素─剝奪所有之意思（排他意思）：行為人主觀認識到持續性的破壞他人對於物的本體或物的價值之支配關係。

(1) 時間面向：限於終局性、持續性的意思，也就是具有持續長久排斥所有與持有的意圖。但倘若只是使用意圖，而維持所有與持有只是短時間利用，並且主觀認識上有交還意思，就不符合所有。例如期中考前一天，第二名把第一名的筆記拿走，考完後才放回去第一名的書包。

(2) 程度面向：須具有可能性的認知，亦即有可能會剝奪所有的認知，例如 A 偷 B 車威脅 B 拿錢贖車，如 B 不給錢，A 就會把車賣掉。

2. 積極要素─據為己有意思（積極取得所有）：行為人主觀上要使自己或他人對於物之本體或物的價值處於相似於所有人地位。

(1) 時間面向：終局性、持續性、暫時性的意思皆可。

(2) 程度面向：具備據為己有的意思。

---

[10] 黃榮堅，財產犯罪與不法所有意圖，台灣法學雜誌，第 25 期，2001 年 8 月，頁 114。
[11] 最高法院 106 年度台上字第 2535 號刑事判決。
[12] 林山田，刑法各罪論（上），2005 年 9 月，頁 328-331。

## 【使用竊盜（又稱一時使用他人之物）】

一、基本概念

　　學說、實務認為使用竊盜是指客觀上有竊取行為，但主觀上基於暫時使用他人之物的目的，且有返還物給他人的意思，也未使該物產生質變或減輕經濟價值[13]。亦即「使用竊盜」就是欠缺「據為己有」的意思[14]。例如 A 為了去辦事，看到路上一台沒上鎖的腳踏車，就騎走了，五分鐘後馬上放回原位。

　　有學說認為「使用竊盜」在返還上須有真摯性，行為人不可以任意放回該物，而必須讓被害人處於容易回復持有的狀態（「回復持有狀態的物理上的容易性」），始能排除「剝奪所有」之意思[15]。

　　前者以欠缺「據為己有」意思為使用竊盜的判斷標準；後者以欠缺「剝奪所有」意思為判斷標準。

二、「據為己有」的判斷標準

　　「使用竊盜」與犯竊盜罪後事後物歸原主之行為有別，主要在前者係自始即無不法所有意圖，因一時未能取得他人同意，暫時使用他人管領支配之物，事後即時歸還，後者則係意圖為自己或第三人不法之所有，破壞原持有人對於財物之持有支配關係，而建立新的持有支配關係，事後因某種原因，而歸還所竊取之物。兩者雖事後均有物歸原主之客觀行為，然就其自始是否有不法所有意圖，則迥然有別，再者，行為人是否自始即有不法所有意圖，雖屬內心狀態，然仍得由其表現在外的客觀狀態或物本身之性質加以綜合判斷，諸如有無就物為「收關權義或處分之行為」、「使用時間之久暫」、「該物是否因使用

---

[13] 張天一，「不」完璧歸趙？使用竊盜之判斷標準，月旦法學教室，第 180 期，2017 年 10 月，頁 24-27。

[14] 許恒達，盜用存摺提款與不法所有意圖——評最高法院一○○年度台上字第三二三二號判決，論刑法詐欺罪，2016 年 7 月，頁 107-108。最高法院 100 年度台上字第 3232 號刑事判決：「刑法之竊盜罪，以行為人具有為自己或第三人不法所有之意圖，而竊取他人之動產，作為構成要件，若行為人欠缺此不法所有意圖要件，例如祇單純擅取使用，無據為己有之犯意，學理上稱為『使用竊盜』，尚非刑法非難之對象。」

[15] 黃士軒，一時使用他人之物與竊盜罪的所有意圖，國立臺灣大學法學論叢，第 45 卷第 4 期，2016 年 12 月，頁 1982。

而產生耗損」、「是否事後為隱含某種不法目的而將所竊之物放回原處，非任意歸還原物」，甚而「在一般相同客觀情狀下，所有人或權利人有無可能同意行為人之使用行為」等綜合判斷[16]。

3. 所有意圖之對象

　　例如 A 偷拿室友 B 的提款卡去提款 1,000 元，提完款後馬上放回來，A 對於該「提款卡」（而非討論所提的款項）是否成立竊盜罪？

　　實務認為拿走存摺、印章領款完後歸還，對存摺、印章為欠缺所有意圖[17]，然而若拿走的客體為提款卡（非悠遊卡、儲值卡）時如何處理？

(1) 實體理論[18]（又稱物體理論、物質理論）

　　不法所有意圖的對象就是有形客體本身，即提款卡有如開啟保險櫃的鑰匙，本身並非具體表彰經濟價值之物，故竊取 B 提款卡領款，就竊取提款卡部分，無所有意圖，非竊盜罪。

(2) 價值理論[19]

　　不法所有意圖的對象是針對客體表彰之經濟價值，A 竊取 B 提款卡領款後，已經減損提款卡所表彰的經濟價值，所以竊取提款卡部分，有所有意圖，成立竊盜罪。

(3) 綜合理論[20]

　　所有意圖的對象也可以是物的實體本身，也可以是該物在經濟上的利用價值；但基於竊盜罪的所有權犯罪屬性，經濟價值只是補充性地位。A 有不法所有意圖，A 成立竊盜罪。

---

[16] 臺灣高等法院 104 年度上易字第 839 號刑事判決。
[17] 最高法院 100 年度台上字第 3232 號刑事判決。
[18] 黃榮堅，財產犯罪與不法所有意圖，台灣法學雜誌，第 25 期，2001 年 8 月，頁 112-117。
[19] 法務部（90）法檢字第 003787 號法律問題。
[20] 黃惠婷，冒領存摺行為之刑責—評最高法院 100 年度台上字第 3232 號判決，月旦法學雜誌，第 207 期，頁 231-241。

## (4) 結論

學者指出[21] 在盜用存摺提款後再返還存摺的情形，除了實體理論認為欠缺剝奪所有之故意外，無論是採價值理論或綜合理論者，大多認為存摺所內含之價值遭到剝奪，故而該當剝奪所有之故意，行為人因此具備取得所有之意圖。

又例如 A 只有一張 1,000 元，但投幣設備最多只能投 50 元，於是 A 就去附近商店要換零錢，但老闆不在，A 就自己打開收銀機，放入 1,000 元，拿了 50 個 20 元印有莫那魯道的硬幣出來（等於 1,000 元），A 是否成立竊盜罪？

有文獻認為貨幣的重點在於交換價值，重點非在貨幣本身，A 不具不法所有意圖。又客觀方面，只要整體價值沒有減損，就不會構成不法，此稱為價值總額理論[22]。

本書認為竊盜罪屬於個別的財產犯罪，主要著重於物的利用可能性，然而 A 侵害了老闆對 50 個 20 元硬幣的處分權能，故仍符合竊盜罪的客觀要件，且主觀上也對於該硬幣有不法所有意圖，A 成立竊盜罪，頂多於量刑上有所考量。

## 五、竊盜的著手、既未遂

### （一）著手

請參考總則的犯罪階段論述，實務[23] 通常以行竊意思接近財務、物色財物之際為著手。

---

[21] 王效文，盜用存摺提款的刑事責任，月旦法學教室，第 206 期，2019 年 12 月，頁 34。

[22] 林東茂，刑法分則，一品文化，2018 年 9 月，頁 133。黃榮堅，六合彩開獎那一天，月旦法學雜誌，第 30 期，1997 年 11 月，頁 15。

[23] 最高法院 82 年度第 2 次刑事庭會議決議。臺灣高等法院 106 年度上易字第 2162 號刑事判決。臺灣高等法院 109 年度上易字第 583 號刑事判決：「刑法竊盜罪所保護之法益乃係被害人對其所管領動產之支配力，在同法第 321 條之加重竊盜罪亦然，故依前揭著手判斷標準，關於加重竊盜罪之情形，當依行為人之主觀上犯罪計畫觀之，若行為人之行為與加重竊盜罪構成要件之實現已有密切關係，且客觀上已開始有搜尋、物色財物、或為物色財物而接近財物之行為，而可認定該等行為對於持有人之動產支配力已有加以排除、移轉持有之直接或現實危險發生時，自應認該竊盜行為業已著手實行（最高法院 82 年度第 2 次刑事庭會議決議研究意見、最高法院 84 年台上字第 4341 號判決意旨參照）。」

## （二）既未遂

依據掌握理論將客體移入自己的實力支配，為既遂，反之則為未遂。惟有學者認為竊盜地既遂之所以有爭議，主要是學說將停留於「事實性層次」的「控制力建立」的觀點，試著切割一個連續發展的勢態為各個階段，選擇其中之一當成控制力有無變換的時點，但如此一來控制力僅為作用可能性的同義詞，在事件進展層升中不能提供規範性判準。例如 A 去大賣場偷拿道明寺梅子挑戰糖放到自己口袋，依據多數看法，因道明寺梅子挑戰糖體積較小，一般人皆會認為道明寺梅子挑戰糖「看起來」不像歸屬於大賣場的支配，也讓道明寺梅子挑戰糖「看起來」像歸屬於 A 的支配，為竊盜既遂。或許亦有認為物品要到達一般人可以依照物品性實際使用時（吃掉道明寺梅子挑戰糖）方屬既遂，若僅是毀損包裝並非既遂，但此說法過度執著於事實上觀點，可能推論出 A 去偷拿 B 的補習班函授光碟，但還沒有拿來觀看，仍非屬竊盜既遂之荒謬結論。故實應以「社會交往的觀點」，在 A 被賣場察覺而註定無法偷竊道明寺梅子挑戰糖成功時，就難說道明寺梅子挑戰糖難脫離賣場的持有而歸 A 持有，即使道明寺梅子挑戰糖為在 A 口袋裡也無不同 [24]。

## 六、罪數與競合

## （一）竊盜罪之罪數計算

A 假日去某大學，發現一大群民眾在草地上野餐，認為大學儼然成了公園，認為民眾玷汙了學術殿堂，A 很氣憤的在該大學的草地上偷走了 B 的嬰兒用奶嘴、C 的風箏、D 的三明治，A 犯了幾個竊盜罪？

---

[24] 周漾沂，財產犯罪中的持有概念：社會性歸屬的證立與運用，國立臺灣大學法學論叢，第46卷第1期，2017年3月，頁324-330。

[25] 最高法院62年度台上字第407號刑事判決。最高法院96年度台上字第4931號刑事判決。臺灣高等法院108年度上易字第1773號刑事判決。臺灣高等法院108年度上易字第2548號刑事判決。臺灣臺中地方法院109年度易字第1081號刑事判決。

　　實務上以侵害「財產監督權」的個數認定罪數，於特定空間內竊取數人的財物，僅侵害一個監督權，僅成立一罪，而且無競合的問題[25]。反之，若於非特定空間（該大學的草地上），具有數個法益持有人（B、C、D），侵害了數個財產監督權，A 成立數個竊盜罪。

## （二）A 將竊得之物毀損，除了構成竊盜罪外是否構成毀損罪

　　實務上認為行為人完成犯罪行為後，為了確保或利用行為之結果，而另外為犯罪行為時，如果另為犯罪之行為是前一個行為（A 竊盜）的延續，而且沒有加上前一行為造成的損害或引發新的法益侵害，則為不罰後行為，亦即僅成立竊盜罪[26]。

## 【竊盜罪示意圖】

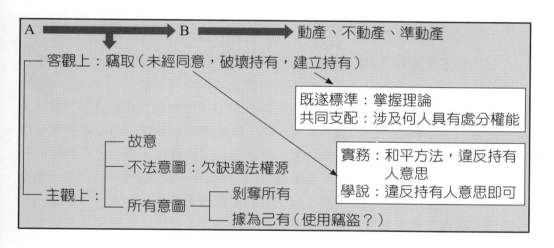

---

[26] 最高法院 100 年度台上字第 6621 號刑事判決。臺灣高等法院 102 年度上易字第 1074 號刑事判決。臺灣高等法院 103 年度上易字第 1008 號刑事判決。

> ## 第 321 條　加重竊盜罪
>
> I 犯前條第一項、第二項之罪而有下列情形之一者，處六月以上五年以下有期徒刑，得併科五十萬元以下罰金：
> 一、侵入住宅或有人居住之建築物、船艦或隱匿其內而犯之。
> 二、毀越門窗、牆垣或其他安全設備而犯之。
> 三、攜帶兇器而犯之。
> 四、結夥三人以上而犯之。
> 五、乘火災、水災或其他災害之際而犯之。
> 六、在車站、港埠、航空站或其他供水、陸、空公眾運輸之舟、車、航空機內而犯之。
> II 前項之未遂犯罰之。

## 一、加重竊盜罪的六款事由的性質與加重竊盜著手的關聯性

　　加重竊盜罪具有六款加重事由，有認為單純屬於加重條件，即加重事由只是刑度的問題，具備該條件即加重，與主觀上有無認識無關[27]。亦有認為屬於加重構成要件，也就是行為人必須認識該六款的構成要件方可構成該六款[28]，兩說主要的區別實益在於討論「著手」時，採加重構成要件說時，需要考量該六款的行為納入著手的標準，例如第 1 款的侵入住宅竊盜，著手時點應屬於侵入住宅時，而非竊盜行為。而採加重條件說，應以竊盜行為為判斷標準。然而本書認為無論採何種說法，只要依據主客觀混合理論，依行為人主觀計畫，以客觀角度觀察被害人是否發生法益侵害的直接危險即屬著手，有學者亦同此見解[29]。

---

[27] 最高法院 82 年度第 2 次刑事庭會議。
[28] 最高法院 101 年度台上字第 140 號刑事判決。
[29] 徐育安，眉目傳情？—加重構成要件要素與著手，月旦法學教室，第 182 期，2017 年 12 月，頁 23-26。

## 二、以下依序介紹加重竊盜罪的各款事由

### （一）侵入住宅或有人居住之建築物、船艦或隱匿其內而犯之

1. 加重理由：嚴重威脅隱私與人身安全。

2. 侵入住宅

　　未經同意而進入，且要行為人身體全部進入。如果用手伸入鄰居住宅前方的窗戶竊取衣服或用竹竿伸入房間內勾取他人皮包，都非侵入，但有可能成立第 2 款事由[30]。

3. 客體

(1) 住宅：人類日常起居用的場所，如旅館房間（因為供旅客起居）、公寓大樓陽台、健身房或空中花園、公寓的樓梯間（因為是該公寓一部與公寓密不可分）[31]。然大樓地下室停車場是否為獨立建築物。如果有人看管，論加重竊盜；如無人看管，論普通竊盜[32]。

(2) 建築物：住宅以外，有牆壁足避風雨，供人出入且定著於土地之工作物，但不包含其附連圍繞的土地[33]，例如去農舍竊盜，侵入的時點應該以侵入農舍為準，而非以侵入農舍旁邊的土地為準。

4. 既未遂

　　近期實務[34]認為，侵入住宅後，但未著手實行竊盜行為，仍不構成加重竊盜罪的未遂犯，僅成立侵入住宅罪。實務見解是將侵入住宅當成單純加重條件。

---

[30] 最高法院 41 年台非字第 38 號判例。臺灣高等法院 108 年度上易字第 51 號刑事判決。臺灣高等法院 108 年度上易字第 603 號刑事判決。

[31] 最高法院 82 年度台上字第 1809 號刑事判決。最高法院 82 年度台上字第 5704 號刑事判決。臺灣高等法院 108 年度上易字第 2409 號刑事判決。臺灣高等法院 109 年度上易字第 425 號刑事判決。

[32] 司法院（82）廳刑一字第 05283 號法律問題之結果。林東茂，刑法分則，一品文化，2018 年 9 月，頁 135。

[33] 最高法院 50 年台上字第 532 號判例。最高法院 101 年度台非字第 140 號刑事判決。臺灣高等法院 107 年度上易字第 987 號刑事判決。

[34] 最高法院 108 年度台非字第 30 號刑事判決。

# 案 例

　　不務正業之成年人甲、乙、丙三人，得知現因病住於某醫院病房之張三隨身攜帶大量現款，三人共同意圖為自己不法所有，商定於某日白晝由甲在病房外把風，乙、丙入病房內竊取熟睡中張三皮包內財物。乙、丙甫得手將現款及金飾置入自身口袋，即為剛好醒來之張三發覺，張三呼叫後醫院駐衛警趕至而逮捕甲、乙、丙三人，問三人刑責如何論處？

# 擬 答

　　本案構成加重竊盜罪（§ 321I①），理由蓋於醫院病房屬於住宅，實務認為醫院病房為受醫療與休養生息，住院期間為生活起居場所，故被害人有監督權。除負責診治之醫師與護理人員在醫療必要範圍內，得進出病房外，非他人可隨意進入，並非公共場所[35]。乙、丙進入病房將張三的財物置入自身口袋，竊取行為已既遂。甲的把風行為必須以犯罪支配理論，而認為具有關鍵的影響力，因而甲、乙、丙三人可論以加重竊盜罪的共同正犯（§ 321I①、§ 28）。

## （二）毀越門窗、牆垣或其他安全設備而犯之

1. 加重理由：行為人使用較高的犯罪能量，有較高的可非難性。

2. 毀越：實務[36]認為「毀或越」，只要「使安全設備失去防閑效用」即可。

3. 其他安全設備：附著於建築物或土地且社會通念下足以防盜、保護居住安全的設備[37]。例如籬笆、鐵皮圍牆、門鎖、警鈴、電網。有學者[38]甚至認為包含守門的狗。

---

[35] 最高法院 101 年度台非字第 140 號刑事判決。臺灣高等法院 109 年度上易字第 527 號刑事判決。

[36] 最高法院 42 年台上字第 359 號判例。臺灣高等法院 104 年度上易字第 965 號刑事判決。臺灣嘉義地方法院 109 年度易字第 255 號刑事判決。

[37] 臺灣臺中地方法院 109 年度易字第 74 號刑事判決。

[38] 林東茂，刑法分則，一品文化，2018 年 9 月，頁 141。

4. 門窗：門戶、窗扇，用來分隔住宅或建築物內外出入之用。

　　用萬能鑰匙開啟門而入室是否屬於毀、越門窗？實務[39]認為非加重竊盜罪，因為未損壞也未逾越，然而本書認為只要使該設備失去妨閑的效用都屬於毀、越的型態。

5. 牆垣：實務認為是土磚做成的，故籬笆不是牆垣，但屬於其他安全設備[40]。

### （三）攜帶兇器而犯之

1. 加重理由：被害人面臨可能的生命、身體危險（潛在危險性較高）。

2. 兇器

(1) 客觀危險性說

　　實務認為一般社會觀念或客觀上足對人生命、身體、安全構成威脅，具有「危險性」（不討論主觀面）之器物。兇器與槍砲彈藥刀械管制條例的槍砲之殺傷力的判斷標準，屬於兩回事[41]。例如：螺絲起子、萬能鑰匙即為兇器。

(2) 學說

① 對於實務見解的疑慮

　　實務見解認為只要有客觀的危險性即屬兇器，例如 A 今天上完課，下課去超商買茶葉蛋，沒帶錢又很餓，想說 10 元而已即偷走該茶葉蛋！ A 已構成加重竊盜，因為 A 上完課有帶筆跟尺，如果攻擊別人頸動脈或眼睛會產生很嚴重的傷害，故為客觀上足造成生命危險為兇器。然這樣會使兇器的範圍無邊無際。

② 判斷標準

　　兇器本身是否具有的危險性質或只是用來當一般的用途，必須「兼顧行為人主觀意思」[42]。如一般的行竊工具，如萬能鑰匙、螺絲起子，必須考量行為

---

[39] 臺灣高等法院 101 年度上易字第 2109 號刑事判決。臺灣高等法院 104 年度上易字第 279 號刑事判決。臺灣臺北地方法院 108 年度易字第 338 號刑事判決。

[40] 最高法院 55 年度台上字第 210 號刑事判決。最高法院 85 年度台上字第 5288 號刑事判決。臺灣高等法院 109 年度易字第 1214 號刑事判決。

[41] 最高法院 105 年度台上字第 623 號刑事判決。最高法院 102 年度台上字第 2437 號刑事判決。最高法院 74 年度第 3 次刑事庭會議決議。

[42] 李聖傑，攜帶兇器竊盜的兇器概念，月旦法學教室，第 59 期，2007 年 9 月，頁 13。

人主觀意思，如非作為兇器用，即非本款之兇器。但如是具有高度殺傷力的武器，即可不討論主觀行兇意圖，直接認定為兇器，如槍械[43]。

　　此外，近期高等法院判決[44]中有法官認為至少應改採主、客觀混合理論為判斷標準。請見下述判決。

---

### 臺灣高等法院 107 年度上易字第 1513 號刑事判決

　　綜上所述，是否構成本條款所稱之兇器，應參以個案情節，除以客觀上之判斷外，尚須視被告行為時之主觀意圖，予以綜合判斷，始符罪刑法定原則及刑法謙抑性之思想。即使行為人持剪刀或鉗子行竊，如其係為剪斷鐵窗所用，而非自始或事發時持以傷害人之意圖，自不應遽論以「兇器」；持摘取檳榔所必備之檳榔刀以竊取檳榔，也應審酌行為人之主觀意圖是否有以為「兇器」之用；至於入室行竊或竊取固定物所幾乎必備之萬能鑰匙或螺絲起子等物，即更不能遽論以為「兇器」，而更應輔以行為人主觀之意圖為判斷標準。總之，對於本條款所稱「兇器」之解釋，不宜因為行為人主觀意圖的調查或判斷困難，就以擴張解釋或持目的性擴張之態度，而僅以客觀上之判斷為準，忽略主觀上之判斷，無可諱言的，前述最高法院判例、決議及歷來實務之見解，即落入此種因判斷上困難，而僅採客觀上判斷之迷思。甚或前述最高法院 79 年台上字第 5253 號判例之個案事實中的螺絲起子確實可能以主觀說來判斷足為兇器，但是「判例要旨化、抽象化」之後，為下級法院一概不論個案情節同等適用之結果，反產生「非兇器被論以兇器」之不合理現象，顯然不符憲法平等原則之要求，而一律適用於所有不同情節之個案，亦有違比例原則。

---

### 3. 攜帶

　　學說指出本款目的在於絕對地禁止竊盜行為人攜帶殺傷性武器[45]，故而實

---

[43] 徐育安，攜帶兇器竊盜—79 年台上字第 5253 號判例，月旦裁判時報，第 22 期，2013 年 8 月，頁 119-123。

[44] 臺灣高等法院 107 年度上易字第 1513 號刑事判決。

[45] 徐育安，攜帶兇器竊盜—79 年台上字第 5253 號判例，月旦裁判時報，2013 年 8 月，頁 123。

務 [46] 上認為只要行兇時有攜帶兇器即為攜帶兇器，即便是在犯罪現場撿到的兇器，也屬於攜帶兇器竊盜。

# 案 例

　　甲輾轉得知友人丙之友人乙欲購買照相機，遂利用經營照相機之鄰居出外旅遊之際，邀請乙一同進入鄰居家中（以萬能鑰匙打開門），並對乙宣稱相機為其經營販賣所有，因缺錢用，如欲購買相機將以市價七折出售，乙即向甲購買高級相機一台，並交付價金及取得該相機後回家。請詳附理由說明甲成立刑法何罪？

# 擬 答

　　甲以萬能鑰匙開門是否構成第 321 條第 1 項第 2 款、第 3 款的毀、越門窗或攜帶兇器。實務認為所謂兇器是指一般社會觀念或客觀上足對人生命、身體、安全構成威脅，具有「危險性」之器物。依實務見解萬能鑰匙屬於兇器，則甲成立攜帶兇器之加重竊盜罪。然而學說認為，必須「兼顧行為人主觀意思」來判斷器物本身是否具有的危險性質或只是用來當一般的用途。本案例甲在主觀上並無將萬能鑰匙作為有危險性之器物之用，故甲不應成立攜帶兇器之加重竊盜罪，但甲可成立毀越門窗之加重竊盜罪。另外須討論甲的行為是否構成詐欺取財，重點在於乙是否有陷於錯誤，錯誤於文義上來說是與客觀事實不一致，但如以法益觀點來說，乙如果知悉該相機非甲所有時，會影響乙的交易決定，乙因此而不會買，即甲欺騙的內容對於乙來說屬於重要，故乙有陷於錯誤而支付財物，甲可成立詐欺取財罪。加重竊盜罪與詐欺取財罪為數罪併罰。　◾️

---

[46] 最高法院 79 年台上字第 5253 號判例。臺灣高等法院花蓮分院 102 年度上訴字第 50 號刑事判決。臺灣高等法院 103 年度上易字第 368 號刑事判決：「第三百二十一條第一項第三款攜帶兇器竊盜罪所謂之兇器，其種類並無限制，凡客觀上足對人之生命、身體、安全構成威脅，具有危險性之器械均屬之，且只需行竊時攜帶此種具有危險性之兇器為已足，並不以攜帶之初有行兇之意圖為必要。」

## （四）結夥三人以上而犯之

1. 加重理由：因為在場之多數人而使財產法益面臨更大威脅，多數人容易提高被害人的危險。

2. 結夥三人，三人是否皆要在場？

　　學說、實務認為，限於「在場」實施或在場參與行為分擔者，因在場人數產生時空密切連結下，更容易導致犯罪實現，提升法益被侵害的危險[47]，例如在場把風可算入。但應排除教唆與幫助犯[48]、共謀共同正犯[49]、事後分贓或掩護者[50]。惟實務[51]上亦有將共謀共同正犯納入結夥三人者。

3. 結夥三人是否包含無責任能力人？例如 A、B、C 共同去竊盜，然而 C 只有10 歲，本案是否成立加重竊盜罪？

---

[47] 蕭宏宜，竊盜行為的犯罪參與問題，月旦法學雜誌，第 230 期，2014 年 7 月，頁 265。最高法院 77 年度台上字第 2936 號刑事判決。

[48] 最高法院 73 年度台上字第 4981 號刑事判決。臺灣臺中地方法院 107 年度易字第 1315 號刑事判決：「縱使承認『僅參與事前同謀』之共謀共同正犯，對於其認定亦應有相當事證，並有嚴謹推理過程，足認該等僅參與事前同謀之人，對於後續犯罪之實現，具備不可或缺之重要性及支配力，始足當之。」

[49] 士林地方法院 104 年度易字第 626 號刑事判決。

[50] 臺灣高等法院臺中分院 107 年度上易字第 799 號刑事判決。臺灣高等法院 109 年度上易字第 2270 號刑事判決。

[51] 臺灣高等法院 108 年度上易字第 1483 號刑事判決。臺灣高等法院高雄分院 109 年度上訴字第 1282 號刑事判決：「再刑法之共同正犯，包括共謀共同正犯及實行共同正犯二者在內，祇須行為人有以共同犯罪之意思，參與共同犯罪計畫之擬定，互為利用他人實行犯罪構成要件之行為，完成其等犯罪計畫，即克當之，不以每一行為人均實際參與部分構成要件行為或分取犯罪利得為必要。又刑法分則加重條件之『結夥三人』，其人數之計算，固以實際下手實行犯罪構成要件之人為準，但仍無礙於未下手實行者與之成立共謀共同正犯（最高法院 96 年度台上字第 1882 號判決要旨可資參照）。本件被告劉政德謀劃加重強盜，指示被告丁○○、黃○○及孫○和前往實行犯罪，並提供犯罪所用之槍枝，於告訴人不願配合時，用以壓制告訴人之意思決定自由，而被告丁○○、黃○○及孫○和亦依照指示實行犯罪行為，未逾越被告劉政德原計劃範圍，均屬被告劉政德事先規劃並得以預見，被告劉○○雖未實際下手實行加重強盜之構成要件行為，然其利用他人之行為而共同完成自己犯罪之計畫，係加重強盜罪之共謀共同正犯，自應與正犯負相同之罪責。」

(1) 實務 [52]（否定說）

限於有責任能力人始可成立本款。

(2) 學說 [53]（肯定說）

實務上僅表示完全責任能力與限制責任能力者（14 歲以上 18 歲未滿、未滿 80 歲），始符合本款的人數計算，本書認為以三階層理論的觀點下，構成要件層次上無責任能力人也是「人」，故確實構成「結夥三『人』以上」，而僅於其他層次再討論是否要為其行為負責。再從「罪責」角度，結夥犯為共同正犯，依共同正犯理論，結果犯之個別行為人是否具有責任能力應屬個別行為人應否負擔刑事責任之罪責問題，而與結夥犯成立要件無關。又從「危險升高」的角度，無責任能力的精神病患、年少者，可能因理性不足，更容易被不當操控，對被害人的威脅不亞於有責任能力人。

故上例即使 A、B、C 都是未滿 14 歲或都是無責任能力的精神病患，都會成立加重竊盜構成要件，只是要在罪責層次免除。實務應該是覺得精神疾病者、年少者參與，是成事不足敗事有餘，所以是不合格的結夥犯，故不納入無責任能力者。

## （五）乘火災、水災或其他災害之際而犯之

1. 加重理由：利用他人陷於災害時無力保護財物的狀態而行竊。然有學者認為，是因為反社會倫理的程度高 [54]。

2. 災害：包含天然、人為災害，必須是危及不特定人或多數人的災害。

3. 災害之際：客觀上確實有災害（風災、戰爭）發生後、終了前之機會。

---

[52] 最高法院 30 年上字第 1240 號判例。最高法院 37 年上字第 2454 號判例。最高法院 100 年度台上字第 4614 號刑事判決：「刑法第三百二十一條第一項第四款所稱結夥三人，係以結夥犯全體俱有責任能力為構成要件，若其中一人缺乏責任能力，則雖有加入實行行為，仍不能算入結夥三人之內。原審竟將無或限制責任能力者，俱算入結夥三人之人數，有適用法則不當之違背法令。」臺灣高等法院 108 年度上易字第 1634 號刑事判決。

[53] 林山田，刑法各罪論（下），2005 年 9 月，頁 353。林東茂，刑法分則，一品文化，2018 年 9 月，頁 137-138。

[54] 林東茂，刑法分則，一品文化，2018 年 9 月，頁 139。

（六）在車站、港埠、航空站或其他供水、陸、空公眾運輸之舟、車、航空機內而犯之

1. 加重理由：乘坐公眾交通工具多半人潮壅擠，因而在公眾交通工具中為竊盜，屬於乘人之危。

2. 實務認為不包括非多數不特定人使用的交通工具，如小眾運輸工具（計程車）[55]。

## 三、同時具備以上數款各款

只要論一個加重竊盜（因為竊盜行為只有一個），判決「主文」將各加重順序揭明，而於判決「理由」中引用各款[56]。

> **第 323 條　準動產**
> 準動產電能、熱能及其他能量，關於本章之罪，以動產論。

鑿壁偷光、鑿壁偷冷氣、偷接有線電視，實務皆認為因沒有「能量的減損」而非本罪客體[57]。

> **第 324 條　親屬相盜免刑與告訴乃論**
> Ⅰ 於直系血親、配偶或同財共居親屬之間，犯本章之罪者，得免除其刑。
> Ⅱ 前項親屬或其他五親等內血親或三親等內姻親之間，犯本章之罪者，須告訴乃論。

如竊盜的客體為條文中的親屬，則行為人屬於不純正身分犯。

---

[55] 最高法院 101 年度台上字第 5954 號刑事判決。
[56] 最高法院 69 年度台上字第 3945 號刑事判決。
[57] 法務部（77）法檢字（二）第 0390 號法律問題結論。

## 第二款　搶奪罪

> **第 325 條　搶奪罪**
> Ⅰ 意圖為自己或第三人不法之所有，而搶奪他人之動產者，處六月以上五年以下有期徒刑。
> Ⅱ 因而致人於死者，處無期徒刑或七年以上有期徒刑，致重傷者，處三年以上十年以下有期徒刑。
> Ⅲ 第一項之未遂犯罰之。

## 一、客觀要件

### （一）行為：搶奪

1. 定義：行為人對於他人身體或其緊密持有之物件施加一定程度的腕力以奪取他人之物，而破壞他人對物原來的緊密持有關係，建立行為人對物的持有關係。

2. 搶奪與竊盜之區分

　　例如 A 公主從樓上丟下玻璃鞋要給 B 王子，丟歪了丟到兩公尺外的池塘，未沉下去前被 C 漁夫撈起，C 撈起後馬上划船逃走，C 成立竊盜罪或搶奪罪？

(1) 實務認為，搶奪是乘人不備或不及抗拒而公然攫取他人財物，不須施加一定程度的腕力[58]。但如此一來將造成搶奪與竊盜難以區分。

(2) 近期實務認為，搶奪行為需要施加不法腕力[59]。然而沒有他人「緊密持有」或「寬鬆持有」的情狀要求。

---

[58] 最高法院 99 年度台上字第 1941 號刑事判決。最高法院 103 年度台上字第 1995 號刑事判決。最高法院 107 年度台上字第 1647 號刑事判決。最高法院 107 年度台上字第 2320 號刑事判決：「搶奪罪之乘人不備或不及抗拒而掠取財物者，不以直接自被害人手中奪取為限。即以和平方法取得財物後，若該財物尚在被害人實力支配之下而公然持物逃跑，以排除其實力支配時，仍不失為乘人不備或不及抗拒而掠取財物，應成立搶奪罪。」

[59] 最高法院 105 年度台上字第 910 號刑事判決。臺灣高等法院 107 年度上訴字第 3215 號刑事判決。

(3) 學說：搶奪為對他人「緊密持有」動產奪取，施不法腕力而猝然獲取，使被害人不及抗拒，因為立法者預設搶奪對被害人生命或身體具有風險[60]。本書以保護法益的觀點出發，竊盜罪屬於單純的財產犯罪，而搶奪罪除了財產犯罪外，尚有對於他人生命、身體法益的危險，故須施加不法腕力且對於他人緊密持有動產奪取，始具備該危險。

## 案 例

甲於便利商店購物結帳時，見店員背後之置物架上販售一小巧可愛的玩偶，竟一時心起貪念，佯稱有意購買並請店員將玩偶取下而假意賞玩。此時甲見左右無人，竟當著店員的面，帶著玩偶飛快離開便利商店，臨走前並回頭向店內監控之攝影機招手說再見，等店員回過神時，甲已經逃逸無蹤。問甲的行為依刑法應如何論處？

## 擬 答

本題主要討論甲是觸犯搶奪罪或竊盜罪。學說見解下，店員交付給甲賞玩，無拋棄持有意思，店員亦無「直接或緊密」持有，但玩偶仍在店家可掌控範圍，客觀上店家仍有持有關係，但僅為「寬鬆之持有」。故甲之行為非搶奪罪。而甲未經店家同意取走玩偶，破壞他人持有且建立自己持有，主觀具備故意且明知自己欠缺法律上權源而對該玩偶以所有人地位自居，有不法所有意圖，故甲成立竊盜罪。

## （二）客體：動產（不含不動產）

客體是否包含準動產？文義解釋應採肯定見解（§343 準用 §323）。然而學說[61]認為，搶奪的定義是緊密持有之物破壞持有，如果客體是電能、熱能，無法緊密持有，自非本條之客體。

---

[60] 張麗卿，竊盜與搶奪的界線，刑事法雜誌，第 41 卷第 4 期，1997 年，頁 62。曾淑瑜，刑法分則實例研習，三民書局，2017 年 2 月，頁 213。

[61] 盧映潔，刑法分則新論，修訂 16 版，新學林，2020 年 7 月，頁 690。

## 二、主觀要件

故意、不法所有意圖（參考 §320I）。

## 三、未遂犯

以是否建立自己的支配持有關係為判斷，與竊盜罪相同解釋。

## 四、加重結果犯

因而「致死、致重傷」，請參考刑法總則有關加重結果犯之論述。

---

**第 326 條　加重搶奪罪**
I 犯前條第一項之罪，而有第三百二十一條第一項各款情形之一者，處一年以上七年以下有期徒刑。
II 前項之未遂犯罰之。

---

本條加重事由與第 321 條相同。

## 第三款　強盜罪、準強盜罪

---

**第 328 條　強盜罪**
I 意圖為自己或第三人不法之所有，以強暴、脅迫、藥劑、催眠術或他法，至使不能抗拒，而取他人之物或使其交付者，為強盜罪，處五年以上有期徒刑。
II 以前項方法得財產上不法之利益或使第三人得之者，亦同。
III 犯強盜罪因而致人於死者，處死刑、無期徒刑或十年以上有期徒刑；致重傷者，處無期徒刑或七年以上有期徒刑。
IV 第一項及第二項之未遂犯罰之。
V 預備犯強盜罪者，處一年以下有期徒刑、拘役或九千元以下罰金。

---

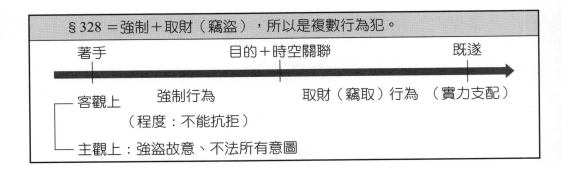

## 一、保護法益

保護法益為個人的財產法益，附帶保護自由法益，以及保護生命、身體。

## 二、客觀要件

### （一）行為：強盜

1. 強制手段：強暴、脅迫、藥劑、催眠術或他法，然不包含恐嚇。

(1) 強暴：用物理或生理方式，使被害人身體無法（不能）抗拒，不管是對第三人或對物施暴、不管有無對身體接觸，皆屬之。而客觀上是否真的會反抗或反制，並不重要。

倘若僅對於物施加強暴，未直接對人為強暴，可否該當本罪的強暴？亦即強盜罪的強暴行為是否需要在人面前「當場」為之？例如 A 趁 B 不在家，踹破 B 家的木門，取走 B 的動產。

①文義解釋下：不以當場為強暴行為為必要，故 A 成立強盜罪。

②目的性解釋下：以強盜罪保護財產與自由法益，A 未當場對 B 施以強暴，亦不足對 B 產生生命、身體的危險，故 A 僅該當加重竊盜罪（§321I ①）。

(2) 脅迫：向被害人傳達一個惡害訊息通知，使被害人心生恐懼。亦即讓被害人陷於幾乎無從選擇的地位，如果不按通知內容行事會有不利的後果，亦即陷入二擇一之境地。不過也要到達不能抗拒的地步。

(3) 藥劑、催眠術或他法：該手段必須達到至使不能抗拒。

(4) 小結：學說實務認為以上手段皆須「當場」直接或間接侵害動產之持有人或輔助持有人的自由意思，而使用之手段於客觀上足完全抑制動產之持有人，達不能抗拒的程度 [62]。

## （二）至使不能抗拒

1. 學說、實務認為壓制被害人的抗拒，足以喪失其意思自由已足，被害人有無實際抗拒並非重點 [63]。

2. 被害人至使不能抗拒的標準，實務認為以客觀（一般人）標準 [64]，而有學說採主觀（被害人）標準 [65]，該爭議只在於被害人非常膽小或膽子非常大時（異於常人），有區別實益。

## （三）強制手段與取財（竊取）間要有目的關聯且要有時空關聯性

　　所謂目的關聯即是強制手段是「為了」取財，而如果強制手段是「為了」性交，則是強制性交罪。

## （四）取他人之物或使其交付或得財產上利益

　　強盜罪屬於先強制行為，後為取財（竊取），與準強盜罪的順序相反。

---

[62] 最高法院 109 年度台上字第 10 號刑事判決。

[63] 許澤天，刑法分則（上）財產法益篇，新學林，2019 年 8 月，頁 228。最高法院 107 年度台上字第 586 號刑事判決。盧映潔，刑法分則新論，修訂 15 版，新學林，2020 年 2 月，頁 697-698。

[64] 最高法院 105 年度台上字第 2714 號刑事判決。最高法院 106 年度台上字第 2251 號刑事判決。

[65] 甘添貴，刑法各論（上），修訂 4 版 2 刷，2016 年 11 月，頁 258。

## 【竊盜罪、搶奪罪與強盜罪的區分】

| 學說與有些實務之區分[66]：不法內涵之層升關係 | | |
|---|---|---|
| 竊盜 | 搶奪 | 強盜 |
| 財產 | 財產＋生命、身體的侵害可能性（因一定程度的力量施用） | 財產＋生命、身體的侵害可能性（使人無法抵抗） |
| 條文沒有「致死、致重傷」 | 條文有「致死、致重傷」（六月～五年） | 條文有「致死、致重傷」（五～十二年） |
| 共通點：未得他人有效同意的竊取行為 | | |

### 最高法院 103 年度台上字第 2816 號刑事判決

　　搶奪行為人使用之「不法腕力」，客觀上尚「未達完全抑制動產之持有人或輔助持有人自由意思之程度者」，與竊盜罪的行為人取得動產之行為，未當場直接侵害動產之持有人或輔助持有人之自由意思，有所不同。

　　強盜行為人所使用之不法腕力，客觀上已經達到「足以完全壓制動產持有人或輔助持有人自由意思」，及客觀上足使該被害人喪失自由意思，而達於不能抗拒的程度者，也不相同。

## 【強盜罪的脅迫與恐嚇取財罪的恐嚇之區分】

（一）早期實務、學說：從惡害告知角度區分

1. 脅迫：現在惡害。

2. 恐嚇：將來惡害。

3. 評析：以現在與將來的時點區分，不夠明確，故已經幾乎無實務採納。

---

[66] 林東茂，刑法分則，一品文化，2018 年 9 月，頁 146。曾淑瑜，刑法分則實例研習，三民書局，2017 年 2 月，頁 212。最高法院 103 年度台上字第 2816 號刑事判決。臺灣高等法院 106 年度上訴字第 980 號刑事判決。

（二）近期實務[67]：以被害人心理受強制程度區分

1. 脅迫：心理處於不能抗拒。

2. 恐嚇：心理未處於不能抗拒。

（三）近期有實務[68]：結合將來與現在、是否不能抗拒的見解

　　恐嚇取財罪，係以將來之惡害恫嚇被害人使其交付財物為要件，若當場施以強暴脅迫達於不能抗拒程度，即係強盜行為，不能論以恐嚇罪名。

（四）學說、有實務

　　現行法對恐嚇沒有規定恐嚇方式與種類，故與強盜罪一樣，沒有限制惡害的實現必須發生於現在或將來，如使「被害人喪失意思自由」為強盜罪，反之則為恐嚇取財罪[69]。

## 三、主觀要件

### （一）故意

1. 一開始就要認識強制手段與取財行為。如果是施強暴（打人）後，才想要取財，而把別人的錶取走，變成傷害罪與竊盜罪數罪併罰。

2. 犯意變更與另行起意之區別

(1) 實務以主觀上是否犯意同一以及是否有時空連續性作為區別

　　例如 A 本來只是要把 B 打成重傷，但 A 在打 B 的過程中決定把 B 打死，B 就被打死了。又例如 A 本來只是要竊盜，過程中看到 B 出現，就把 B 綑綁起來並威脅敢反抗就殺了妳。

---

[67] 最高法院 80 年度第 4 次刑事庭會議決議。臺灣高等法院 98 年度醫上訴字第 2 號刑事判決。臺灣臺中地方法院 104 年度聲判字第 5 號刑事裁定：「按過失致人死罪，係以生存之人為被害客體，故未經產生之胎兒，固不在其列，即令一部產出尚不能獨立呼吸，仍屬母體之一部分，如有加害行為，亦祇對於懷胎婦女負相當罪責，最高法院 20 年上字第 1092 號著有判例可資參照。」

[68] 最高法院 109 年度台上字第 10 號刑事判決。

[69] 黃惠婷，恐嚇取財罪、強盜罪與擄人勒贖罪之區別 —— 評最高法院 98 年台上字第 32 號刑事判決，月旦裁判時報，第 2 期，2010 年 4 月，頁 131-137。最高法院 108 年度台上字第 2806 號刑事判決。

實務認為，犯意必須於著手時，A 的行為繼續中，而對於同一客體 B 改變原來打成重傷或竊盜的犯意，而轉化成強盜 B 或打死 B 的犯意，應僅評價成一罪，而從新的犯意，成立殺人罪或強盜罪。犯意變更與另行起意不同，因另行起意於主觀上並非基於一個犯罪決意，於客觀上各個行為均能獨立構成犯罪，顯係分別另行起意，應予分論併罰。

> ### 最高法院 106 年度台上字第 3541 號刑事判決（犯意變更）
>
> 　　行為始於著手，著手之際，有如何之犯意，即應負如何之故意責任。犯意變更與另行起意，本質不同。犯意變更，係犯意之轉化（升高或降低），指行為人在著手實行犯罪行為之前或行為繼續中，就同一被害客體，改變原來之犯意，在另一犯意支配下實行犯罪行為，導致此罪與彼罪之轉化，因此仍然被評價為一罪。犯意如何，既以著手之際為準，則著手實行階段之犯意若有變更，當視究屬犯意升高或降低定其故意責任。犯意升高者，從新犯意；犯意降低者，從舊犯意，並有中止未遂之適用。

(2) 學說以法益是否具有同質性而做區別

　　犯意變更是指一開始犯罪的犯意，與其後變更犯意所為之犯罪，如兩者侵害法益有同質性，例如均為財產法益（化竊盜為搶奪、強盜），或均為自由法益（化強盜為妨礙行動自由、化乘機性交為強制性交）且必須對於同一被害人於同一機會中接續為之，前後兩行為才可整體評價為一行為。

　　另行起意是指一開始的犯罪與之後犯罪所侵害法益不具同質性，如化竊盜（財產法益）為強制性交（性自主或自由法益），此時必須數罪併罰[70]。

### （二）意圖：不法所有意圖（請參考竊盜罪）

　　例如當警察的兩津先生，為了追犯人，搶走路人的腳踏車，抓到犯人後，就把它送回路人手中，此即欠缺所有意圖。

---

[70] 王皇玉，「化偷為強盜」與「化偷為性侵」之區別，月旦法學教室，第 178 期，2017 年 8 月，頁 28-30。

## 四、預備犯、未遂犯與既遂犯

### （一）預備犯

即著手前的準備行為，例如埋伏。

### （二）未遂犯與既遂犯

既未遂標準在於他人之物是否已在行為人實力支配下，或財產上圖不法利益是否為行為人或第三人所支配為判斷[71]。

## 五、強盜罪的相續共同正犯與相續幫助犯

主要分成犯罪既遂後終了前的相續加入與著手後既遂前的相續加入，後者以犯罪支配理論去解決即可，然而犯罪終了後之解決請參考總則篇的犯罪參與章節。

## 六、加重結果犯的犯罪階段問題

### （一）強盜罪的未遂犯，可否成立加重結果犯

第 328 條第 3 項強盜罪的加重結果犯中的「犯強盜罪」是否包含第 328 條第 4 項「強盜罪的未遂犯」？例如 A 要強盜是為了取 B 的財物，然而 A 強盜未遂，但產生了 B 死亡的結果，A 如何論罪？

1. 單純條文體系解釋下，應認為不包含「強盜未遂」的狀況，因以第 328 條的條文順序，應是指前兩項「強盜既遂」的狀況。

2. 有學說認為包含「強盜未遂」的狀況，因事理而言，「強盜致死的危險性應該存在於強盜行為本身」，而不是存在於取得財產的結果，因此強盜未遂應無礙於其處罰加重結果的原意[72]。

---

[71] 最高法院 105 年度台上字第 3440 號刑事判決。
[72] 黃榮堅，走味的咖啡，月旦法學雜誌，第 28 期，1997 年 8 月，頁 15。

3. 小結：罪刑法定原則之下，條文體系下無法採取如此解釋，仍應採否定說，因而若強盜未遂而致生被害人死亡或重傷的結果，應成立普通強盜罪的未遂犯與過失致死罪或過失致重傷罪，想像競合。

（二）強盜罪的加重結果犯的條文中（§328III）的「犯強盜罪」，是否包含第 328 條第 5 項強盜罪的預備犯

應採肯定說，因以條文順序觀之，強盜罪的預備犯（§328V）是規定在強盜罪的加重結果犯（§328III）之後，且預備行為的處罰本屬例外，不至於太過擴張。

## 七、強盜罪與其他罪之競合

（一）強盜罪與妨礙行動自由罪（例如 A 將 B 關起來後對 B 強盜）

實務認為「犯強盜罪而剝奪被害人之行動自由時，如該妨害自由之行為可認為係強盜罪之著手開始，或為強盜之部分行為，即僅成立單一之強盜罪。如剝奪行動自由之行為，並非均屬強盜之實行行為，仍應另成立妨害自由罪。惟因妨害自由具有延續性，於實行妨害自由之犯罪行為中犯強盜罪，則妨害自由與強盜行為，有部分之合致，其犯罪目的單一，依一般社會通念，應評價為一罪，方符合刑罰公平原則[73]。」

（二）強盜罪與傷害罪

犯強盜罪，於實行強暴行為之過程中，如別無傷害之故意，僅因拉扯致被害人受有傷害，乃施強暴之當然結果，固不另論傷害罪；然因強盜罪非以傷害人之身體為當然之手段，若具有傷害犯意且發生傷害之結果，自應另負傷害罪責[74]。亦即無傷害故意時，傷害屬於強盜的當然結果而不另論傷害罪，如具有

---

[73] 最高法院 102 年度台上字第 5192 號刑事判決。

[74] 最高法院 103 年度台上字第 1121 號刑事判決。最高法院 96 年度台上字第 5017 號刑事判決。臺灣高等法院 108 年度上訴字第 2302 號刑事判決。

傷害故意時，應另論傷害罪，成立強盜罪與傷害罪的想像競合，從強盜罪（重罪）處斷。

## 八、犯罪客體是否需要具備財產價值

　　一般而言，無價值之物也可成為客體，因強盜罪屬於個別財產的犯罪，著重於物的利用可能性。另有學者認為我國強盜罪的客體為「物」，而與日本法上的「財物」不同，故我國應著重於所有權的破壞，有無價值非重點[75]。

## 案例

　　甲身體強壯肌肉顯著，積欠地下錢莊債務無力返還，多日觀察某銀行附近活動，決定某日前往銀行外埋伏行搶前往存款的顧客。甲戴口罩坐在銀行附近機車上，見攜帶款項準備進入銀行存款之公司會計 A 女走進，基於不法所有意圖，忽然用右手勒住 A 女脖子，並對 A 喝令立刻交出身上所帶款項，否則性命難保。個頭嬌小之 A 忽然被甲猛力勒住脖子，呼吸困難、手腳掙扎、兩眼眼淚直流、難以出聲呼救，於是立即勉強拿出兩疊各 10 萬元之現鈔。甲得手後，立刻放開 A 迅速離去。惟因 A 之公司恰巧於當日進行防搶演習，A 提包內僅有其前來銀行返還防搶演習所用之數疊假鈔。甲往返銀行所用之摩托車，則是借自完全不知情之友人乙。試附理由說明：甲、乙二人在刑法上應如何評價。

## 擬答

　　本題對甲強盜的客體為假鈔屬於無價值之物，但即便為無價值之物仍可成為強盜罪客體，又此時甲產生了等價客體錯誤，即主觀上想像的客體為真鈔，但所搶到的為假鈔，而屬於同一個構成要件即強盜罪構成要件，依據法定符合

---

[75] 謝開平，強盜價值輕微之物，月旦法學教室，第 186 期，2018 年 4 月，頁 21-23。

說下，其法律效果為不阻卻故意。換言之，客體的同一性並不重要，甲只要知道自己在搶一個「物」即可，故甲仍成立強盜罪。

甲是否為強盜罪的不能未遂犯，基於不能未遂之重大無知理論，甲並非是不能未遂。

---

**第 329 條　準強盜罪**

竊盜或搶奪，因防護贓物、脫免逮捕或湮滅罪證，而當場施以強暴脅迫者，以強盜論。

---

【準強盜罪示意圖】

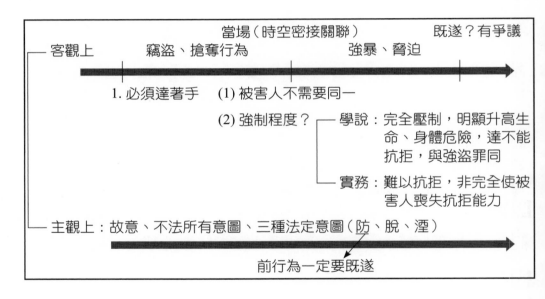

一、為何規定準強盜

竊盜或搶奪行為之人在取得他人動產時，若被發現或抵抗，行為人往往會不多思考而用強制力保護贓物。而強盜罪＝強制＋取財（竊取），準強盜罪＝取財（竊取、搶奪）＋強制。兩者的順序先後僅是「偶然」，故會以強盜論。

二、客觀要件

（一）行為主體：犯竊盜或搶奪之行為人。

1. 竊盜或搶奪必須達到達「著手」。

2. 行為主體與相續共同正犯的關係

　　於總則篇的相續共同正犯，沒有討論到身分犯或非身分犯的問題。而於準強盜罪時，要與身分犯一同討論，還是將準強盜罪當成結合犯。以下列案例說明之。

## 案 例

　　甲見路邊有一未上鎖之自行車，企圖據為己有，趁車主 A 在商店買東西，便將車騎走。A 見狀緊追不捨。幾百公尺後，甲偶遇友人乙，告以原委，並請乙共同將 A 驅離，乙應允。甲與乙將自行車放在身後，A 氣喘吁吁趕到後，甲向 A 表示「錢財乃身外之物，現在四下無人，你孤立無援不要因小失大，趕快離開」。A 發現甲乙兩人眼露凶光，因而心生恐懼，急忙離去。甲、乙依刑法如何評價？

## 擬 答

（一）甲的行為成立準強盜未遂罪

1. 甲將自行車騎走的行為造成 A 財產損害的結果，成立竊盜罪（§320I）。

2. 甲恫嚇 A 而使其心生畏懼的行為構成第 329 條準強盜罪之未遂犯

　　甲主觀上具有準強盜罪的故意與不法所有意圖，且基於防護贓物目的，客觀上甲的竊盜與甲的強制行為具有時空密接性，甲的脅迫手段使 A 心生畏懼且達使人難以抗拒（釋字 630 號）。然而準強盜既未遂判斷之標準為何？若採基礎行為既遂說，甲尚未對於該車有穩固持有支配關係，竊盜部分是未遂。故本題為準強盜罪的未遂犯。

（二）乙的行為是否成立準強盜罪的未遂犯的共同正犯（§329、§28）

問題在於乙未參與先前的竊盜行為，不符合準強盜罪的行為前提，乙的行為如何論處？換言之乙非竊盜或搶奪之人，然於竊盜或搶奪之人著手竊盜或搶奪後，才因基於防護贓物等目的而共同施強暴脅迫，乙的行為是否可成立準強盜罪之共同正犯？

## 1. 身分犯說

此說認為準強盜罪為身分犯，但是哪一種身分犯有不同看法：

(1) 準強盜為「純正」身分犯（學說、實務），乙屬於沒有參與竊盜或搶奪之行為人，應以第31條第1項（擬制共同正犯）論準強盜罪的未遂犯的共同正犯[76]。

(2) 準強盜罪為「不純正」身分犯（學說），乙屬於沒有參與竊盜或搶奪的行為人，應以第31條第2項只論強制罪[77]。

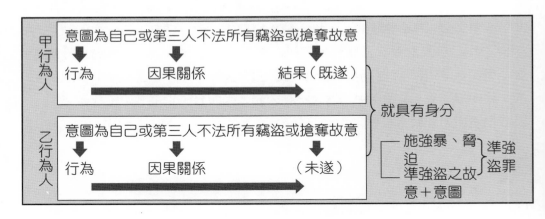

## 2. 非身分犯說

此說認為準強盜罪屬於竊盜罪或搶奪罪＋強制罪（但須達不能抗拒的程度）：

---

[76] 甘添貴，刑法各論（上），修訂4版2刷，2016年1月，頁258。最高法院63年度第2次刑事庭庭推總會決議（一）。

[77] 褚劍鴻，刑法分則釋論（下），1995年11月，頁1151。

(1) 有認為甲、乙竊盜既遂（表面、形式既遂），但未對於該車有穩固、安全持有支配關係，竊盜行為尚未終了（真正、實質既遂），乙仍可就竊盜部分成立共同正犯。故乙應成立準強盜罪的未遂犯的共同正犯[78]。

(2) 另有認為[79]，結果犯的實行行為完成且犯罪已經既遂之後，就無加入成為相續共同正犯的可能性。學者[80]指出如果既遂後還可以論以相續共同正犯，將會擴張構成要件的解釋，進而違反罪刑法定原則，如竊盜罪中，竊取是破壞他人持有建立自己持有，共同竊盜應是一起破壞持有並建立持有，非一起建立穩固、安全之持有、一起終局保有犯罪成果，乙一起脅迫 A 只是讓持有更加穩固、安全，但更加穩固、安全持有贓物，非竊盜罪要件，故乙應論共同強制罪。

**（二）行為：當場施以強暴脅迫**

1. 強暴、脅迫：參考強盜罪。

2. 對象：準強盜罪的行為人施以「強暴脅迫行為的對象」，是否須與「竊盜或搶奪的被害人」相同？實務、通說採否定說，不以竊盜或搶奪罪的被害人為限。

3. 準強盜之強暴、脅迫行為的程度：因為準強盜罪，沒有像強盜罪一樣，明確於條文規定要達到「至使不能抗拒」的程度，故關於準強盜罪的行為程度如何，會產生疑義。

(1) 釋字第 630 號認為前行為限於竊盜或搶奪，且準強盜罪之成立，必須竊盜或搶奪所施用之強暴脅迫，達到使人「難以抗拒」，如僅當場虛張聲勢或被害人或第三人有短暫輕微肢體衝突，非以強盜罪之重罰。

(2) 然而釋字第 630 號並沒有具體說明「難以抗拒的程度」如何，故以下討論何為難以抗拒。

---

[78] 蔡聖偉，偷「機」不著—準強盜罪的既遂認定問題，月旦法學雜誌，第 181 期，2010 年 6 月，頁 280。

[79] 林鈺雄，新刑法總則，2018 年 9 月，頁 442-443。

[80] 林東茂，刑法總則，2019 年 12 月，頁 300-301。

① 學說一（難以抗拒＝不能抗拒）

　　因為準強盜罪的反社會強度，如與強盜罪等量時，才能與強盜罪為相同評價。故本罪的強暴脅迫，要達到足以壓制被害人反抗的程度[81]。另外，因為強盜或準強盜的行為皆屬於顯著升高被害人的生命或身體危險，故準強盜罪必須如同強盜罪般完全壓制被害人的抗拒能力。

② 學說二（難以抗拒＜不能抗拒）

　　條文沒有說要達到不能抗拒且本罪的強暴脅迫是要達到維護贓物的目的，所以不以達到使被害人不能抗拒為必要的程度[82]。

③ 實務（難以抗拒＜不能抗拒）

　　只要使被害人發生畏佈而壓制被害人抗拒即可，不以被害人完全喪失抗拒能力為必要[83]。

　　實務認之論述為：「刑法第三百二十九條的準強盜罪，乃指行為人於竊盜或搶奪之際，當場實行的強暴、脅迫行為，已達使人難以抗拒的程度而言。其中所謂『難以抗拒』，祇須行為人所施的強暴或脅迫行為，客觀上足使被害人當下發生畏怖而壓抑或排除其抗拒作用為已足，並非以被害人完全喪失抗拒能力為必要。至於客觀上是否足以壓抑被害人之意思自由，應依一般人在同一情況下，其意思自由是否因此受壓制為斷[84]。」

4. 當場：即「時空緊密關聯」，然而是不是要限於行為人未離去現場？通說實務採否定說，行為人於犯罪實行中或者剛結束，但仍處於未確定全部犯罪成員已經脫免逮捕，而其施以強暴脅迫行為，仍與其原先竊盜或搶奪行為之現場緊接，有時空之密接不可分情形，故不以實施竊盜或搶奪者未離去現場為限。如果竊賊不在現場，但還是追捕者可以掌握範圍內（即「視聽範圍內」）也仍是當場[85]。

---

[81] 甘添貴，刑法各論（上），修訂 4 版 2 刷，2016 年 1 月，頁 266。

[82] 林山田，刑法各罪論（上），2005 年 9 月，頁 390。

[83] 最高法院 107 年度台上字第 2530 號刑事判決。

[84] 最高法院 108 年度台上字第 2806 號刑事判決。

[85] 許澤天，刑法分則（上）財產法益篇，新學林，2019 年 8 月，頁 242-243。最高法院 106 年度台上字第 2790 號刑事判決。

## 案 例

　　甲入侵乙的住家行竊，正在搜尋財物，乙返家發現，予以追捕。甲腳程快，隨即擺脫乙的追蹤。隔日，甲乙兩人在路上不期而遇，乙企圖捉拿。甲取出兇器反擊，刺傷乙，幸而傷勢不重。問：甲成立何罪？

## 擬 答

　　案例中正在搜尋財物，已經達到竊盜的著手（實務認為接近財物、物色財物時即屬著手），然未竊得財物，甲成立加重竊盜罪的未遂犯（§ 321I ①侵入住宅竊盜）。隔天，甲拿出兇器反擊已經不是當場，因已經與竊盜行為缺乏時空密接性，不成立準強盜罪。

## 三、主觀要件（行為目的）：防護贓物、脫免逮捕或湮滅罪證

　　有實務見解認為此為主觀要件外，也同時為客觀要件[86]。然本文以為應尊重法條文義，應為主觀要件。

（一）出於脫免逮捕與湮滅罪證之目的屬於人之常情，若要對出於脫免逮捕或湮滅罪證目的者加以處罰，至少必須加上防護贓物的目的，始具有可罰性的基礎。另外，出於防護贓物之目的，必須限於竊盜或搶奪行為「既遂」，否則根本無贓物可防護。

---

[86] 最高法院 88 年度台上字第 2183 號刑事判決。最高法院 95 年度台上字第 5468 號刑事判決。最高法院 101 年度台上字第 6645 號刑事判決：「客觀上須以實施強暴脅迫為手段，以達防護贓物、脫免逮捕或湮滅罪證之目的，始屬相當，如欠缺此項手段、目的關係，即難以本罪相繩。」

## 案例

　　失業已久的甲想要一解酒癮但苦於身無分文。在忍耐一段時間後，甲決定到便利商店一解酒癮，甲趁店員乙不注意時，將一瓶米酒藏入自己的大衣中，並在步出商店後立即將米酒拿出來大口喝光。乙見狀追出來抓住甲，甲為了逃脫，一拳將乙打昏，但甲隨即被路過民眾共同逮捕。試問甲觸犯刑法中何罪名？

## 擬答

　　甲帶走米酒屬於竊盜罪（§320I），以掌握理論來說，甲已將米酒藏在大衣中，甲的竊盜已屬既遂。甲打昏乙的行為是否成立準強盜？問題在於甲是基於脫免逮捕的目的（意圖），是否應處罰？

　　通說認為防護贓物、湮滅罪證乃是人之常情，只有出於防護贓物目的而實施強暴脅迫，始可以彰顯財產法益與強制行為之目的關聯性。而近期實務判決表示，行為人脫免逮捕、防護贓物、湮滅罪證，或者脫免逮捕及防護贓物而論以準強盜罪，未正面表述如果單純出於脫免逮捕之目的（意圖）是否需要被處罰[87]。故如單純出於脫免逮捕目的，應屬於不處罰的情形，故甲非準強盜罪。所以甲打昏乙應論以傷害罪。另外，甲竊盜米酒後飲用，是否再成立侵占？實務認為侵占罪的行為人持有他人之物必須限於合法原因而取得，故甲竊盜而來的米酒非合法原因而取得，故甲不成立侵占罪，但有學說認為仍成立侵占罪，竊盜罪與侵占罪以競合理論處理之。

（二）此外，湮滅證據是否限於自己的犯罪證據？有學說認為不限於自己的犯罪證據[88]。本書認為第 165 條的湮滅證據限於湮滅「他人」的證據方可處罰，

---

[87] 最高法院 107 年度台上字第 4860 號刑事判決。最高法院 108 年度台上字第 2922 號刑事判決。最高法院 108 年度台上字第 3180 號刑事判決。最高法院 109 年度台上字第 254 號刑事判決。

[88] 甘添貴，刑法各論（上），修訂 4 版 2 刷，2016 年 1 月，頁 270。

故準強盜罪中出於湮滅自己證據的目的之規定，可能與法秩序矛盾，但修法前，不得不解釋為包括自己的犯罪證據。

## 四、準強盜罪是否處罰預備犯？

第 329 條條文僅「以強盜論」，而「以強盜論」的範圍為何？是否處罰預備犯？例如 A 欲入 B 宅行竊，但剛要打開門就被 B 發現，A 馬上跑走，然而 B 窮追不捨，A 以刀刺 B。有學說採肯定見解，認為立法條文的排列方式，強盜罪為強盜行為的基本犯罪類型，而準強盜罪是強盜罪的特別的類型，所以準強盜罪沒有特別規定時，有強盜罪的適用[89]。然而現行通說採否定見解[90]，其論點有四：

（一）竊盜、搶奪罪既遂時，準強盜就既遂；竊盜、搶奪罪未遂時，準強盜就未遂。在未成立竊盜罪或搶奪罪前，無準強盜罪的問題，所以本罪無預備犯。換句話說，準強盜罪為身分犯，在著手竊盜或搶奪前，因為行為人未具備準強盜的身分，所以沒有成立準強盜預備犯的餘地。

（二）條文位置來說，強盜預備罪規定於準強盜的條文之前，置於在後的準強盜罪應無強盜罪處罰預備犯的適用。

（三）現行的刑法不處罰竊盜與搶奪罪的預備犯。

（四）準強盜的預備行為的可罰性比強盜罪的預備行為可罰性低。

## 五、準強盜之既未遂

條文上的法律效果規定「以強盜論」，雖然本罪性質並非強盜罪，而僅是依強盜罪的法定刑論處（換言之，仍是準強盜罪，但法定刑以強盜罪論），但一般認為，本罪可準用強盜罪的未遂規定。而準強盜的既未遂的判斷，以下列案例說明之。

---

[89] 甘添貴，刑法各論（上），修訂 4 版 2 刷，2016 年 1 月，頁 270。

[90] 曾淑瑜，刑法分則實例研習，2017 年 2 月，頁 269-271。盧映潔，刑法分則新論，修訂 14 版，2019 年 8 月，頁 715。陳子平，刑法各論（上），2015 年 9 月，頁 496。

## 案例

　　A 到便利商店偷拿巧克力，放入口袋，而出店門口時被店員 B 阻擋，A 為了脫免逮捕而將 B 推倒在門口而倒地不起，A 加速逃跑，不料另一店員 C 很勇猛（曾經當過牛仔），將繩子在自己頭頂順時針甩三圈後，立即往前方五公尺處拋出而準確套住 A 的脖子拉回，將 A 繩之以法，請問 A 的行為如何論罪？

## 擬答

　　A 將巧克力放入口袋，依通說之掌握理論下，已經屬於自己可支配的範圍，故 A 為竊盜既遂，而 A 為了脫免逮捕而對 B 使用強制力，最後被 C 繩之以法，是否成立準強盜既遂？

**（一）基礎行為既遂說（又稱前行為既遂說）（通說、實務[91]）**

　　此說以竊盜罪或搶奪罪（前行為）的既未遂判斷準強盜罪是否既遂，若前行為既遂，準強盜罪論既遂；前行為未遂，則準強盜罪論未遂。不過應注意，若出於防護贓物目的，前行為一定要既遂才有成立準強盜之可能。本案例 A 竊盜既遂，故成立準強盜既遂。

**（二）強制行為既遂說[92]**

　　此說認為必須以強暴或脅迫的行為是否達到使人難以抗拒為標準，如達到該標準則為既遂。本案例 A 將 B 推倒在門口而倒地不起達到難以抗拒，故 A 成立準強盜既遂。

---

[91] 曾淑瑜，刑法分則實例研習，三民書局，2017 年 2 月，頁 267。最高法院 106 年度台上字第 710 號刑事判決。最高法院 101 年度台抗字第 289 號刑事裁定。

[92] 甘添貴，刑法各論（上），修訂 4 版 2 刷，2016 年 1 月，頁 271。黃惠婷，強盜罪：第二講 準強盜罪，月旦法學教室，第 32 期，2005 年 4 月，頁 104。

## （三）取財既遂說（又稱穩固持有說）[93]

此說於準強盜罪的客觀構成要件要素中另外創設一個不成文結果要素，即「穩固新持有」，才能讓準強盜的不法程度提升到與強盜罪相同程度。換句話說，此說出於具備事實上支配力的想法，如行為人對於財物尚未建立穩固的持有，從犯罪行為完成後，未終局地破壞財產歸屬關係的觀點，屬於未完全支配，即屬於未遂。本案例 A 要逃跑時，被 C 用繩子繩之以法，尚未終局地破壞財產歸屬，未處於穩固新持有狀態，故 A 成立準強盜罪的未遂犯。

## 六、加重準強盜罪與準強盜的加重結果犯

第 330 條第 1 項規定「犯強盜罪」，該強盜包含強盜罪與準強盜罪，如準強盜罪符合第 321 條第 1 項各款加重事由時（§330），可成立加重準強盜罪。另外，於準強盜發生加重結果時，可成立準強盜之加重結果犯。並且準強盜「未遂」時，亦可成立加重結果犯，因準強盜之所以較竊盜罪與搶奪罪處罰較重，是因準強盜罪對被害人的生命、身體有較高的危險性。

## 七、準強盜罪的結合犯

實務上認為強盜罪的結合犯（§332）也屬於準強盜罪的準用範圍[94]。

---

[93] 蔡聖偉，偷「機」不著─準強盜罪的既遂認定問題，月旦法學雜誌，第 1811 期，2010 年 5 月，頁 288-290。

[94] 最高法院 68 年度第 2 次刑事庭會議決議。

## 【準強盜罪的法律效果有無準用到強盜罪】

| 強盜罪（§328） | 法律效果有無準用 | 準強盜罪（§329） |
|---|---|---|
| I 意圖為自己或第三人不法之所有，以強暴、脅迫、藥劑、催眠術或他法，至使不能抗拒，而取他人之物或使其交付者，為強盜罪，處五年以上有期徒刑。（強盜罪）（既遂） | ○ | 竊盜或搶奪，因防護贓物、脫免逮捕或湮滅罪證，而當場施以強暴脅迫者，「以強盜論」。 |
| II 以前項方法得財產上不法之利益或使第三人得之者，亦同。（強盜得利罪） | × | |
| III 犯強盜罪因而致人於死者，處死刑、無期徒刑或十年以上有期徒刑；致重傷者，處無期徒刑或七年以上有期徒刑。（強盜罪的加重結果犯） | ○ | |
| IV 第一項及第二項之未遂犯罰之。（強盜罪的未遂犯） | ○ | |
| V 預備犯強盜罪者，處一年以下有期徒刑、拘役或三千元以下罰金。（強盜罪的預備犯） | × | |

---

**第 330 條　加重強盜罪**

I 犯強盜罪而有第三百二十一條第一項各款情形之一者，處七年以上有期徒刑。

II 前項之未遂犯罰之。

---

　　本條稱「犯強盜罪」，包含強盜罪與準強盜罪。

---

**第 332 條　強盜罪結合犯**

I 犯強盜罪而故意殺人者，處死刑或無期徒刑。

II 犯強盜罪而有下列行為之一者，處死刑、無期徒刑或十年以上有期徒刑：

一、放火者。

二、強制性交者。

三、擄人勒贖者。

四、使人受重傷者。

　　本罪屬於形式結合犯，實務認為「犯強盜罪」包含強盜罪（§328）、準強盜罪（§329）、加重強盜罪（§330）。

## 一、形式結合犯之相關重點

### （一）基礎行為與相結合行為須具有時空密接性，方可成立結合犯[95]。

### （二）既未遂之判斷

　　實務認為形式結合犯之既未遂判斷用「相結合之罪的既未遂」為判斷，亦即只要相結合犯罪既遂，則論以結合犯既遂；如相結合犯罪未遂，則論結合犯未遂。然而如果形式結合犯不罰未遂（例如 §332），則回歸競合處理（如強盜罪與殺人未遂罪，成立兩者數罪併罰），而不適用結合犯[96]。

| 基礎行為：強盜行為 | 相結合行為：殺人、放火 | 強盜罪結合犯（通說實務） |
|---|---|---|
| 既遂 | 既遂 | 既遂 |
| 未遂 | 既遂 | 既遂 |
| 既遂 | 未遂 | 未遂→回歸競合 |
| 未遂 | 未遂 | 未遂→回歸競合 |

### （三）只有一個基礎行為下而有多個相結合的行為

　　例如 A 強盜且強制性交，又故意殺人。

---

[95] 最高法院 106 年度台上字第 2643 號刑事判決。最高法院 108 年度台上字第 1197 號刑事判決：「刑法第 332 條第 1 項所定之強盜而故意殺人罪，自屬強盜罪與殺人罪之結合犯，係將強盜及殺人之獨立犯罪行為，依法律規定結合成一罪，其強盜行為為基本犯罪，只須行為人利用強盜之犯罪時機，而故意殺害被害人，其強盜與故意殺人間互有關聯，即得成立。至殺人之意思，不論為預定之計畫或具有概括之犯意，抑或於實行基本行為之際新生之犯意，亦不問其動機如何，祇須二者在時間上有銜接性，地點上有關聯性，均可成立結合犯。」

[96] 最高法院 105 年度台上字第 383 號刑事判決：「刑法第 332 條第 1 項之強盜而故意殺人罪，是將強盜與殺人二個獨立犯罪行為，依法律規定結合成一罪，並加重其處罰，祇須相結合之殺人行為係既遂，即相當，其基礎之強盜行為，不論是既遂或未遂，均得與之成立結合犯，僅於殺人行為係屬未遂時，縱令強盜行為既遂，因該罪並無處罰未遂犯規定，始不生結合犯關係，應予分別論罪。」

1. 實務[97]：基礎行為只有一個，與其一相結合之罪結合，再與其餘罪名併罰。通常是「選較重」的罪結合（例如強盜罪選擇殺人罪結合後再與強制性交罪併罰）。

2. 有學者[98]：為了避免對於強盜行為的重複評價與處罰，應就強盜行為「與最先實施之相結合行為」成立結合犯，其後實施的他行為則獨立論罪，再與強盜結合犯數罪併罰。

| 基礎行為 | 相結合行為 | 罪數 |
| --- | --- | --- |
| 一個 | 一個 | 一個強盜罪結合犯 |
| 二個 | 二個 | 二個強盜罪結合犯 |
| 一個 | 二個以上 | 一個強盜罪結合犯＋餘罪併罰 |

（四）結合犯之故意

例如 A 強盜時沒想要殺 B，對 B 強盜後才產生殺 B，A 如何論罪？

1. 通說[99]：因為形式結合犯屬於兩個犯罪結合成一個新的犯罪的類型，故行為人必須於「行為時」（一開始）即認識所有構成要件要素事實（認識基本犯罪與相結合之他罪之構成要件要素）。本案中，A 成立強盜罪，後行為成立殺人罪，而論以數罪併罰。

2. 實務[100]：行為時僅認識基本犯罪之構成要件要素事實，行為後才起意實現相結合他罪（另起犯意），也可認具備形式結合犯之故意。因實務認為不論為預定之計畫或具有概括之犯意，抑或於實行基本行為之際新生之犯意，皆可成立結合犯。本案 A 成立強盜罪結合犯。

---

[97] 最高法院 78 年度第 4 次刑事庭會議決議。臺灣高等法院臺南分院 100 年度上重更（十）字第 33 號刑事判決。

[98] 甘添貴，刑法各論（上），修訂 4 版 2 刷，2016 年 1 月，頁 280。

[99] 王皇玉，強盜罪之結合犯，月旦法學教室，第 151 期，2015 年 5 月，頁 32-33。

[100] 最高法院 85 年度第 2 次刑事庭會議決議。最高法院 108 年度台上字第 1197 號刑事判決。

## （五）行為順序

實務[101]認為無順序之分。例如先強盜再強制性交或先強制性交再強盜，均成立強盜強制性交罪（§332II②）。

## （六）被害人是否要同一

學說[102]採否定說，認為相結合犯罪的被害人不一定要與基礎犯罪的被害人同一，例如 A 對 B 強盜且對 B 的兒子 C 強制性交，A 仍成立強盜罪的結合犯。

## 第四款　海盜罪

> **第 333 條　海盜罪、準海盜罪**
> I 未受交戰國之允准或不屬於各國之海軍，而駕駛船艦，意圖施強暴、脅迫於他船或他船之人或物者，為海盜罪，處死刑、無期徒刑或七年以上有期徒刑。（海盜罪）
> II 船員或乘客意圖掠奪財物，施強暴、脅迫於其他船員或乘客，而駕駛或指揮船艦者，以海盜論。（準海盜罪）
> III 因而致人於死者，處死刑、無期徒刑或十二年以上有期徒刑；致重傷者，處死刑、無期徒刑或十年以上有期徒刑。

# 一、客觀要件

## （一）行為人：未受交戰國之允准或不屬於各國之海軍

1.限於駕駛船艦者：故本條第 1 項為身分犯，不包含駕駛航空器者。但有學

---

[101] 最高法院 108 年度台上字第 1197 號刑事判決：「強盜而故意殺人罪，自屬強盜罪與殺人罪之結合犯，係將強盜及殺人之獨立犯罪行為，依法律規定結合成一罪，其強盜行為為基本犯罪，只須行為人利用強盜之犯罪時機，而故意殺害被害人，其強盜與故意殺人間互有關聯，即得成立。」

[102] 林山田，刑法各罪論（上），2005 年 9 月，頁 404。

者[103] 參考海洋公約認為要包含駕駛航空器者。

2.船艦：一切水上的動力交通工具。過去有實務認為要限於有相當實力且行駛海洋，與海軍船艦有類似設備者，但已經被最高法院 92 年度第 9 次刑事庭會議決議廢除。

3.船員或乘客（準海盜罪）：故本條第 2 項也是身分犯。乘客不以合法搭乘為限。

### （二）行為：強暴、脅迫

雖然本條第 1 項的條文是把強暴脅迫規定於意圖主觀要件，然而行為必須為強暴、脅迫才能符合罪刑相當。

### （三）客體：無明確規定

但從主觀要件可知道是他船或他船之人或物，如此才能符合國際公約[104]。

## 二、主觀要件：故意、意圖

本罪在條文上雖然沒有掠奪財物的意圖，但應該有這樣的意圖存在。掠奪財物意圖是指希望用強制力自他人取得財物。有文獻認為[105] 本罪以取得他人財物之意圖為目的，似以他人財產法益為主要保護法益。但海上劫持的犯罪應以保護海上航行安全的法益為主，無論行為人施強暴、脅迫的動機為何，一旦有施強暴、脅迫而劫持同一船舶或其上之人、財務行物，屬於海上劫持犯罪的範疇，故應該訂立海上劫持罪，而跟海盜罪分立，來符合國際法。

---

[103] 溫祖德，從國際海洋法規範海盜定義論我國海盜罪立法之妥適性，軍法專刊，第 63 卷第 6 期，2017 年 12 月，頁 85 以下。

[104] 陳荔彤，論萬國公罪海盜罪之修法芻議，臺灣海洋法學報，第 4 卷第 1 期，2005 年 6 月。

[105] 溫祖德，從國際海洋法規範海盜定義論我國海盜罪立法之妥適性，軍法專刊，第 63 卷第 6 期，2017 年 12 月，頁 96。

> ### 第 334 條　海盜罪結合犯
> Ⅰ 犯海盜罪而故意殺人者，處死刑或無期徒刑。
> Ⅱ 犯海盜罪而有下列行為之一，處死刑、無期徒刑或十二年以上有期徒刑：
> 一、放火者。
> 二、強制性交者。
> 三、擄人勒贖者。
> 四、使人受重傷者。

　　結合犯的論述請參考強盜罪。

> ### 第 334-1 條　竊能量罪之準用
> 第三百二十三條之規定，於本章之罪準用之。

# 第二項　侵占罪

> ### 第 335 條　侵占罪
> Ⅰ 意圖為自己或第三人不法之所有，而侵占自己持有他人之物者，處五年以下有期徒刑、拘役或科或併科三萬元以下罰金。
> Ⅱ 前項之未遂犯罰之。

## 一、保護法益

　　通說[106]認為本罪在於保護所有權，不過非指民法上的所有權，因為民法上的所有權不會因侵占而喪失，所以該所有權是指「所有權『能』」，即事實上使用、收取處分財物的能力。

---

[106] 王效文，論侵占罪之持有與侵占行為，月旦法學教室，第 206 期，2012 年 7 月，頁 222 以下。

## 二、客觀要件

### （一）主體：持有人

1. 實務[107]認為本罪屬於純正身分犯。然有學者認為屬於一般犯，因為「自己持有他人之物」，只是要突顯侵占罪（§335）與竊盜罪（§320）的區別[108]。

2. 侵占罪具有一個隱藏的構成要件要素，即「行為人對於客體必須原本就具備持有支配關係」。然而行為人是否必須來自於合法原因（如委託契約）而取得對客體的支配？例如 A 竊盜 B 的法典後，將法典賣給 C。A 應論以竊盜罪，然是否應該再論 A 成立侵占罪？或者是 A 可成立竊盜罪與侵占罪，但是因為與（罰）後行為，而僅處罰竊盜罪？

## 【竊盜罪（竊盜罪屬於持有或所有）與侵占罪圖】

　　爭議來源在於，因竊盜罪與侵占罪皆是基於不法所有意圖，客觀要件為「破壞」或「易」持有（注意：雖會涉及保護法益為所有權或持有權的爭議，然如於所有人與持有人皆屬同一人時，討論所有或持有無區分實益），此時竊盜罪的「破壞持有」與侵占罪的「易持有」的關係如何解釋？「易持有」是否限於合法原因（例如已經聽過本人同意，或簽訂契約後持有＝同意）？

---

[107] 最高法院 104 年度台上字第 1684 號刑事判決。
[108] 許澤天，刑法分則（上）財產法益篇，新學林，2019 年 8 月，頁 79。

(1) 肯定說

　　侵占以先有法律或契約上之原因為限[109]，故須限於合法原因，例如民法的契約（租賃、使用借貸、寄託、委任契約）或基於無因管理。如果行為人因不法原因（竊盜、詐欺、強盜、恐嚇取財）而易持有為所有，即無侵占之討論餘地[110]。另外若來自於偶然原因持有某物，該物原本已經是無人持有狀態，應論侵占脫離物。有學者認為需基於「委託信賴關係」而持有，而委託信賴關係的來源為法律、契約、無因管理等[111]。從而上揭案例 A 僅處罰竊盜罪。

　　肯定說又稱為「構成要件解決理論」，即於構成要件層次，以構成要件的解釋方式解決竊盜罪與侵占罪的關係。

(2) 否定說

　　除了法條文義上不限於合法原因持有外，尚基於以下理由：

①肯定說限於合法原因的觀點，與侵占罪屬於「所有權犯罪」的規範目的互相牴觸。

②刑事立法者藉由竊盜罪的「竊取」與侵占罪的「易持有為所有」等不法構成要件之設計，目的是為了對於所有權法益進行無漏洞的保護。

③所有權強調是所有人（持有人）對物的事實上支配關係，所以自己持有他人之物是否存在合法原因，非侵占罪的重點[112]。

④對被害人而言，行為人之前行為雖然使被害人喪失對於物的支配力，但法律上仍應保護其所有物避免受到繼續侵害，且如此解釋方能使參與後續侵占行為的共犯受到嚴罰，否則將產生保護法益的漏洞[113]。

　　故上揭案例 A 行為人先成立竊盜罪後，再成立侵占罪，只是侵占罪是與

---

[109] 最高法院 52 年台上字第 1418 號判例。最高法院 95 年度台上字第 4489 號刑事判決。
[110] 甘添貴，刑法各論（上），修訂 4 版 2 刷，2016 年 1 月，頁 291-292。
[111] 陳子平，刑法各論（上），2017 年 9 月，頁 537-538。
[112] 古承宗，刑法之理論與釋義（一），2017 年 1 月，頁 138。
[113] 黃榮堅，刑法問題與利益思考，2003 年 10 月，頁 89-90。

（不）罰後行為，因以竊盜罪即可完整評價侵占的不法後行為[114]，此說又稱為「競合解決理論」，不認為應於構成要件解決，而應以競合方式解決該問題。

## （二）侵占行為 —— 兼論侵占罪的既、未遂

1.實務認為侵占為「易持有為所有之行為」[115]，即基於不法所有意圖而處分自己持有他人之物之行為。如果 A 已經持有 B 的茶杯，A 又用詐欺手段取得該茶杯，僅成立侵占罪，因詐欺罪的成立前提必須 B 有交付該茶杯的行為。

2.例如 A 將從 B 處借來的上課筆記當成自己的筆記而賣給同教室知情的 C，A 如何論罪？

實務認為侵占罪係即成犯，凡對自己持有之他人所有物，有變易持有為所有之意思時，即應構成犯罪，即使事後將侵占之物設法歸還，也不妨礙侵占罪的成立[116]，因此 A 只要將 B 的上課筆記當成自己的筆記時，即屬於侵占罪的既遂犯。然而學說認為侵占罪應屬於結果犯而非實務所謂的即成犯，實務以主觀意思的轉變認定侵占罪的既遂，而非以客觀的角度認定，並不妥適。實則，侵占罪的客觀成立要件上必須有一個「侵占的行為」（將財產據為己有）後產生一個「侵占的結果」（將他人對於財產所擁有的所有地位終局的剝奪），是否產生「侵占的結果」以他人對於該財產是否可輕易回復原來的狀態，如可輕易回復原本的狀態，即屬於侵占罪的未遂犯[117]。故 A 將從 B 處借來的上課筆記當成自己的筆記而賣給同教室的 C，此時 A 具有侵占的行為，然而沒有產生侵占的結果，因 B 於同教室中可以容易回復上課筆記（B 可以很容易去要回來，因 C 不可主張民法上的善意取得，而取得該上課筆記的所有權），故 A 的行為屬於侵占罪的未遂犯。

---

[114] 許澤天，刑法分則（上）財產法益篇，新學林，2019 年 8 月，頁 93。

[115] 最高法院 103 年度台上字第 4441 號刑事判決。

[116] 最高法院 107 年度台上字第 1940 號刑事判決。

[117] 許恒達，即成犯與侵占罪的既未遂問題，月旦法學教室，第 129 期，2013 年 7 月，頁 33-35。

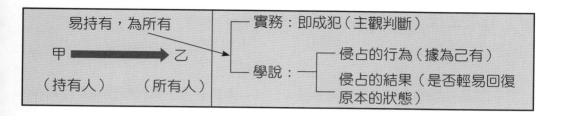

### （三）客體

他人之物，即他人具有所有權的物，包含動產與不動產。

## 三、罪數

須考量所有權人數、所有物個數、委託持有關係而加以判斷。例如甲將乙、丙、丁寄託的 A、B、C 三物品同時處分，造成數個持有關係的破壞及數個所有權的侵占，屬於一行為侵害數法益，論想像競合。若甲將乙所寄託之 D、E、F 物處分，僅侵害乙的所有權，論一個侵占罪。

---

**第 336 條　公務、公益及業務上之侵占罪**
Ⅰ 對於公務上或因公益所持有之物，犯前條第一項之罪者，處一年以上七年以下有期徒刑，得併科十五萬元以下罰金。
Ⅱ 對於業務上所持有之物，犯前條第一項之罪者，處六月以上五年以下有期徒刑，得併科九萬元以下罰金。
Ⅲ 前二項之未遂犯罰之。

---

第 336 條與第 335 條差別僅在於第 336 條是基於特定的身分而為犯第 335 條。

## 一、行為主體：公務、公益及業務之身分

### （一）公務

公務是指與國家事務相關之事務，以該人員具有法定職務權限為要件[118]。

### （二）公益

公益是指不特定人或多數人的特定利益，要綜合一切情狀判斷，不以有法律之明文規定（如公益彩券發行條例）為限[119]。

### （三）業務

業務是指基於社會上之地位所反覆實行的行為，行為人必須在其業務事項範圍內為侵占行為，始有本罪可言。否則在其業務範圍外，而為侵占行為者，不構成本罪。行為人必須因執行業務而合法持有他人之物，於該狀態繼續中擅自處分或易持有為所有之意思，而逕為所有人之行為[120]。

## 二、通說認為本罪屬於雙重身分犯

### （一）雙重身分犯的定義

構成要件中有「構成身分」（純正身分）與「加減身分」（不純正身分或罪責身分）。

### （二）運用於第 336 條第 1 項

構成身分＝持有關係；加減身分＝公務、公益關係。

---

[118] 最高法院 104 年度台上字第 1487 號刑事判決。
[119] 最高法院 102 年度台上字第 4442 號刑事判決。
[120] 最高法院 90 年度台上字第 1114 號刑事判決。

## （三）運用於第 336 條第 2 項

構成身分＝持有關係；加減身分＝業務關係。

雙重身分犯 ── 持有身分（構成身分、不法身分）
　　　　　　 └─ 公益、公務、業務身分（罪責身分、加減身分）

A 為行政機關科員，A 的配偶 B 與 A 共同計畫如何挪用公款，A 去挪用公款，A、B 如何論罪？

本案屬於有身分之人跟無身分之人一同犯罪，且屬於公務侵占罪（§336I），其性質為雙重身分犯：

（一）A 挪用公款，成立公務侵占罪（§336I）。

（二）B 如何論罪

1. 通說 [122]

(1) 公務、公益及業務侵占罪為雙重身分犯，「持有關係」為「構成身分」（又稱不法身分），而「公務、公益、業務關係」係為「罪責身分」（又稱加減身分）。

(2) 第 31 條第 1 項「因身分或其他特定關係成立之罪，其共同實行、教唆或幫助者，雖無特定關係，仍以正犯或共犯論。但得減輕其刑。」之「共同實行」，使無法成為身分犯主體的參與者，也可成為該罪正犯，屬於立法錯誤，因無身分之人本不可能成立某罪之正犯，故不採取第 31 條第 1 項的擬制身分犯的立場。

(3) 於「持有關係」上無身分之人（無持有客體者）無法成為單獨正犯，也不能成為實務上的共同擬制正犯，只能成立正犯（§336）的「共犯」（教唆或幫助）。又公務、公益、業務關係則為罪責身分，依據第 31 條第 2 項「因身分或其他特定關係致刑有重輕或免除者，其無特定關係之人，科以通常之刑。」故無公務身分的 B，只能用基本構成要件（普通侵占罪）來論罪刑。

---

[121] 林山田，刑法通論（下），2005 年 9 月，頁 122-125。
[122] 最高法院 70 年台上字第 2481 號判例。

(4) 故 B 成立普通侵占罪的教唆犯。

## 2. 實務[123]、學說[124]

　　業務侵占罪非雙重身分犯，而是純正身分犯，即將持有關係與公務關係合併為因公務、公益、業務關係而持有他人之物，將其視為「整體構成身分」，用而以第 31 條第 1 項解決無構成身分者與有構成身分者參與之情形，故 B 成立業務侵占罪的共同正犯（§336II、§28、§31I），可用第 31 條第 1 項但書「但得減輕其刑」。

## 3. 有學說[124]

　　雙重身分犯的犯罪類型同時含有構成身分或加減（罪責）身分，兩者皆要尊重，且要尊重現行法第 31 條第 1 項的擬制純正身分犯的立場。故先將 B 以第 31 條第 1 項擬制具有持有關係的身分而可成立共同正犯，再以第 31 條第 2 項對無業務身分之 B，科以通常之刑，而論普通侵占罪。故 B 成立普通侵占罪的共同正犯。

## 4. 近來更有學說認為第 335 條僅屬「一般犯」[125]

　　「自己持有」並不是身分要素，而是僅界分侵占與竊盜的狀態，故第 335 條僅是「一般犯」而非身分犯，共同實行侵占行為以共同正犯理解即可，不必援引第 31 條第 1 項而擬制為共同正犯，本案中 A、B 客觀上具有行為分擔，主觀上有犯意聯絡，對於犯罪的成立皆具有重大影響力，故為第 335 條的共同正犯。

　　而公務、業務及公益行為則是身分犯，因為具有該身分者其與被侵占一始具有信賴關係，固有較高的期待可能性，故公務、業務及公益只可能是「不純正身分」的類型，故欠缺此身分者（B）與行為人有犯罪參與時，應依通常之刑（侵占罪）評價之（§335、§31II）。

---

[123] 許玉秀，從共犯與身分論不法與罪責之區分，刑事法基礎與界限—洪福增教授紀念專輯，2003 年 4 月，頁 489-492。

[124] 陳子平，刑法總論（下），2006 年 2 月，頁 91。張天一，「雙重身分犯」之概念—無身分者於侵占罪之適用問題，月旦法學教室，第 183 期，2018 年 1 月，頁 26。

[125] 許澤天，刑法分則（上）財產法益篇，新學林，2019 年 8 月，頁 79。張天一，「雙重身分犯」之概念—無身分者於侵占罪之適用問題，月旦法學教室，第 183 期，2018 年 1 月，頁 26。

## 最高法院 104 年度台上字第 1684 號刑事判決

　　因身分或其他特定關係成立之罪，其共同實行者，雖無特定關係，仍以正犯論，觀諸刑法第 31 條第 1 項固明，但此專指該犯罪，原屬於具有一定之身分或特定關係之人，始能成立之犯罪，而於有他人加入、參與其犯罪之情形，縱然加入者無該特定身分或關係，仍應同受非難，乃以法律擬制，視同具有身分之正犯，故適用時，應併援引刑法第 31 條及第 28 條，以示論擬共同正犯之所從出，亦即擴大正犯之範圍，使無此身分或特定關係之人，變為具有身分之正犯，故適用時，應併援引刑法第 31 條及第 28 條，以示論擬共同正犯之所從出，亦即擴大正犯之範圍，使無此身分或特定關係之人，變為可以成立身分犯罪。反之，如實行犯罪之人（正犯），無特別之身分或關係，既祇能成立普通罪名之犯罪，甚或根本不該當構成犯罪之身分要件（非身分犯罪），則其他參與者，自亦無共同成立身分犯之餘地。

　　而刑事法上所稱之侵占，係指行為人持有他人之財物，竟變易持有為所有之意思，予以支配，因行為人和所侵占之財物間，具有一定之持有關係，屬身分犯之一種，例如刑法第 335 條之普通侵占罪、第 336 條第 1 項之業務侵占罪、同條第 2 項之公務或公益侵占罪……。刑法公務侵占罪及貪污侵占罪之行為人，則專指具有刑法公務員身分之人；復因侵占罪原屬特定關係之犯罪，業見前述，若具有公務員身分而犯侵占罪，因多一重身分，學理上乃稱之為雙重身分犯。

　　至於其長官（軍、士官），若就該非軍用物品無持有支配管領關係（對於人員督導、指揮，並不等同持有物品），雖然與該士兵合謀侵占，自亦無成立具有雙重身分犯性質之公務侵占罪或貪污侵占罪名之餘地。要之，祇能視該士兵之持有犯罪客體，究竟係基於普通關係或業務關係，而論以普通侵占或業務侵占之共同正犯（後者仍具身分犯性質）。

## 第 337 條　侵占脫離持有物罪（又稱侵占遺失物、漂流物罪）

意圖為自己或第三人不法之所有，而侵占遺失物、漂流物或其他離本人所持有之物者，處一萬五千元以下罰金。

## 一、侵占行為

　　基本上可參考第 335 條第 1 項對於侵占的定義，不過不應該如同普通侵占罪的「易持有為所有」般解釋，因為本罪客體為無人持有之物。故應解為「行為人對客體據為己有，以物之所有人自居而享受物的所有權內容的舉動」。

　　刑法竊盜罪與侵占漂流物罪固均以行為人基於不法所有之意圖而取得他人之物為要件，然竊盜罪所保護之法益，在於物之持有權人穩固之持有權，侵占漂流物所保護之法益則在於物在脫離持有人之管領力後之持有權，二者之區別在於行為人取得被害物當時，該物是否尚在持有權人之管領力範圍內，若尚在持有權人管領力範圍內，應論以竊盜罪，反之則應論以侵占漂流物罪；即所謂竊盜須以竊取他人所持有或管領之物為成立要件，物之持有或有管領權人，若已失去持有或管領力，但未拋棄管領權，則為遺失物或其他脫離本人所持有之物[126]。

## 二、客體：遺失物、漂流物或其他脫離本人所持有之物

### （一）遺失物

　　物之離其持有，非出於本人意思，而是偶然脫離，脫離後也沒有屬於誰持有。

### （二）漂流物

　　隨水漂流而脫離本人持有且尚未屬於任何人持有之物。例如大水災時，阿公陳年的臭襪子，隨水飄流到隔壁村莊。

### （三）其他脫離本人持有之物

　　例如走失的柯基犬，判斷重點在於「非出於本人意思而脫離本人持有」。

---

[126] 最高法院 109 年度台上字第 1283 號刑事判決（最高法院具參考價值裁判）。

> **第 338 條　竊能量及親屬相盜罪之準用**
> 第三百二十三條及第三百二十四條之規定，於本章之罪準用之。

# 第三項　毀損罪

## 第一款　毀損物品

> **第 352 條　毀損文書罪**
> 毀棄、損壞他人文書或致令不堪用，足以生損害於公眾或他人者，處三年以下有期徒刑、拘役或三萬元以下罰金。

> **第 353 條　毀壞建築物、礦坑、船艦罪**
> Ⅰ 毀壞他人建築物、礦坑、船艦或致令不堪用者，處六月以上五年以下有期徒刑。
> Ⅱ 因而致人於死者，處無期徒刑或七年以上有期徒刑，致重傷者，處三年以上十年以下有期徒刑。
> Ⅲ 第一項之未遂犯罰之。
>
> **第 354 條　毀損器物罪**
> 毀棄、損壞前二條以外之他人之物或致令不堪用，足以生損害於公眾或他人者，處二年以下有期徒刑、拘役或一萬五千元以下罰金。

　　三罪主要差別在於行為客體，而第 353 條有處罰未遂犯，但沒有第 352 條、第 354 條具有「足以生損害於公眾或他人」的要件。不過，既然第 352 條、第 354 條均已經使行為客體喪失或減低其全部或一部之效用或價值為前提，亦即實際上已經發生損害，所以為實害犯，應要把「足生損害於公眾或他人」（危險結果）之要件刪除，況且比較嚴重的第 353 條已經不處罰危險犯了，如又將第 352 條、第 354 條當成危險犯，會使刑法的處罰過於前置並且價值思考不一致。

# 一、行為

## （一）毀棄

　　銷毀或廢棄，使物品失去存在意義，而於結果上使物品喪失全部效用。例如 A 將 B 的門砸壞，而喪失了防盜的效用。又如直接把名畫用碎紙機弄碎。

## （二）損壞

　　全部或一部損壞致喪失效用。物之性質、外型或特定目的的可用性較原狀態顯有不良改變，即重大改變物的外型，但未達喪失存在意義程度。例如 A 將 B 的門砸凹，但仍可以有防盜的作用。又如在名畫蒙娜麗莎的微笑上畫上鬍子。

## （三）致令不堪用

　　以毀棄與損害以外的方法，使他人之物喪失特定目的之效用。例如 A 將 B 養的寵物（如小狗、小鳥或小烏龜）放去山林中，非屬於毀棄與損害的態樣，但屬於致令不堪用，因使 A 的寵物喪失取悅主人目的之效用。而如果 A 認為放走 B 的寵物屬於尊重大自然而不會成立犯罪，則有不法意識的討論空間。

問題：將輪胎的氣放掉，是否為「致令不堪用」？

1. 實體破壞說（否定說）：依感官清楚察覺實體的毀壞，始屬致令不堪用，故將輪胎的氣放掉，輪胎的實體並無被破壞，而不構成毀損罪。

2. 功能妨礙說（肯定說）[127]：減損物的正常使用性質，不用破壞實體，妨礙物的正常功能即屬於致令不堪用，故除了具體個案情形下可討論強制罪外，將輪胎放氣非屬毀棄、損害或使車胎喪失效用，故非毀損罪。例如將他人的新書劃一痕、在他人輪胎上尿尿、拔掉別人的小狗幾根毛，都不妨礙正常功能的使

---

[127] 林東茂，刑法分則，一品文化，2019 年 12 月，頁 241。薛智仁，毀損古蹟罪，台灣法學雜誌，第 192 期，2012 年 1 月，頁 183。最高法院 102 年度台上字第 5090 號刑事判決。

用,故非毀損罪。又如在他人的建築物噴漆,雖然要花很久的時間清除,但也不是毀損,因為房屋的使用功能(即居住)沒減損。

3. 實務上通常把「致令不堪用」當成毀棄損壞的程度要求,即須對於物品的外形、物理性質的破壞到達其功能喪失才是毀損[128]。

## 二、行為客體

### (一)文書(§352)

他人具有處分權的文書,包含第220條的準文書。本罪的文書與偽造文書罪的文書不同,本罪是保護文書的不可侵害性以及文書有關之證明權限的證明機能。

### (二)建築物、礦坑、船艦(§353)

建築物是足避風雨,適於人之起居且定著於土地上之工作物,而必須破壞建築物的主要結構(例如樑柱、地基、牆壁),始能成立第353條,否則如破壞建築物的非主要結構(例如窗戶、遮雨棚),則為第354條。

### (三)文書與建築物以外之物(§354)

包含動產(例如輪胎、眼鏡、花瓶、寵物)、不動產(例如土地)。

## 第二款 間接毀損罪

> **第355條 詐術損害財產罪**
> 意圖損害他人,以詐術使本人或第三人為財產上之處分,致生財產上之損害者,處三年以下有期徒刑、拘役或一萬五千元以下罰金。

---

[128] 法務部(75)法檢(二)字第1784號法律問題。

　　本罪與詐欺罪比較，相同之處在於皆屬保護財產，不同之處在於詐欺罪屬於財產移轉犯，行為人要出於為自己或第三人「獲利」的意圖，該利益與他人損害具有同質性。而間接損財罪是財產損害犯，要出於「損害」意圖，重點僅在造成他人財產之損害，其性質上與背信罪相同，屬於財產損害犯[129]。

## 第三款　損害債權罪

> **第 356 條　損害債權罪**
> 債務人於將受強制執行之際，意圖損害債權人之債權，而毀壞、處分或隱匿其財產者，處二年以下有期徒刑、拘役或一萬五千元以下罰金。

　　本罪規範目的在於保護債權人之債權受償可能性。而本罪的行為主體為執行名義上有債務之人（本罪以債權人已經取得執行名義為要件）。因條文上有「將受強制執行之際」，故屬於身分犯，為不法身分，如不具備該身分之人與具備該身分之人共同犯罪，實務將該不具身分之人擬制為共同正犯（§356、§28、§31I），另外如果是強制執行開始後，債務人為毀壞的行為，應該討論的是第 139 條。

　　本罪之行為為毀壞、處分或隱匿行為人自己的財產，因缺少使財產喪失效用的規定，學說[130] 認為因本罪保護法益在於使債權人的債權難以實現，如果債務人的財產效用減低或喪失，自然降低財產價值而損及債權人債權實現。處分包含法律上處分與事實上處分，例如將自己財產所有權登記給他人。隱匿是指使他人不能或難以發現之行為，例如製造假債權而去參與分配，減少真正債權人所分配的成數。

　　罪數判斷方面，因本罪是為了保護債權的安全，故用取得執行名義之個數為判斷。

---

[129] 許澤天，刑法分則（上）財產法益篇，新學林，2019 年 8 月，頁 331。
[130] 甘添貴，刑法各論（上），修訂 4 版 2 刷，2016 年 1 月，頁 421。

## 第四款　告訴乃論

> **第 357 條　告訴乃論**
> 第三百五十二條、第三百五十四條至第三百五十六條之罪，須告訴乃論。

只有第 353 條為非告訴乃論。而告訴乃論是指必須由被害人提出告訴，由偵查機關偵查後，法院才能進行審判程序。

# 第二節　整體財產法益

# 第一項　詐欺罪

## 第一款　詐欺罪

因詐欺罪適用的前提在於相對人必須陷於錯誤，即必須有對於事實與意義具有可理解性之意識存在。如果只是機器，機器只是忠實依照程序指令運作，不會有陷於錯誤可言，如對象為機器則是不正利用機器設備罪的問題。

> **第 339 條　詐欺取財、得利罪**
> I 意圖為自己或第三人不法之所有，以詐術使人將本人或第三人之物交付者，處五年以下有期徒刑、拘役或科或併科五十萬元以下罰金。
> II 以前項方法得財產上不法之利益或使第三人得之者，亦同。
> III 前二項之未遂犯罰之。

通說實務認為詐欺罪屬於定式犯罪，亦即須以一定的方式完成詐欺罪的構成要件，即：行為人施用詐術→相對人陷於錯誤→相對人自願為財產上處分→相對人或第三人受有財產上損害，且整流程中具有「貫穿因果關係」[131]。

---

[131] 古承宗，巧取公職與施用詐術，月旦法學教室，第 215 期，2020 年 9 月，頁 17。

有學說 [132] 認為詐欺罪中法條上並無財產損害之字樣，故財產上損害的概念可透過限縮詐術與陷於錯誤等概念來包含於詐欺的構造中，也就是將詐術行為定義為，有製造被害人財產損害的危險行為，其所引起的被害人錯誤即是這種財產損害危險的體現，而被害人的財產損害，則是同一財產損害危險的現實化。

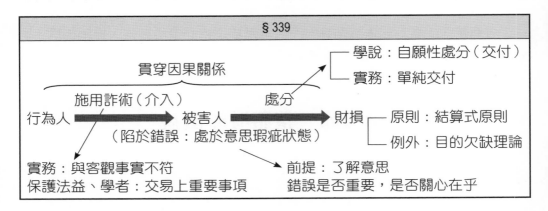

## 一、客觀要件

### （一）施用詐術

#### 1. 定義

　　有學說 [133] 認為文義上，行為人傳遞與客觀不符之事實資訊，因而造成相對人陷於與客觀事實不符之錯誤主觀認知。然如從保護法益的觀點出發，詐欺罪保護財產法益，如行為人傳遞的是「交易上認為重要」的虛偽事項，使相對人締約且交付財物，亦屬詐欺。故可將施用詐術定義為「行為人傳遞相對人與行為人本身所認知之事實不符且與相對人形成意思表示有重要關係之資訊」。

#### 2. 行為方式

　　明示、默示詐術皆可，而默示施用詐術是指，個案中行為人的整體行為在交易立場上已經暗示某些沒有明說的事實，例如 A 是有印良品的店長，A 在櫃

---

[132] 黃士軒，詐欺罪的財產損害與被害人之錯誤—法益關係錯誤說的應用嘗試，中研院法學期刊，第 26 期，2020 年 3 月，頁 148-149、152。

[133] 黃榮堅，刑法問題與利益思考，2003 年 10 月，頁 81。

檯放了自己小孩的簡約時尚的美術作品，標價 1,290 元，且標示僅本店專賣，一般客人都會覺得是該店的獨家且專賣品，B 客人購買之，但如果 B 知道該美術作品為 A 小孩的作品，即不會購買。

### 3. 履約詐欺

　　學說 [134] 指出履約詐欺，財產損害非於訂立契約時，而是最遲於履行債務的階段發生，行為人所為的（瑕疵）給付招致被害人財產損害的結果。例如 A 於 FB 上販賣手錶，收到 B 匯款後，A 就與 B 失去聯繫，也未交代為什麼沒有給付手錶或主動退款。

　　實務 [135] 認為在互負義務之雙務契約時，何種「契約不履行」行為非單純民事糾紛而該當於詐術行為之實行，可分下述二類：

(1)「締約詐欺」，即行為人於訂約之際，使用詐騙手段，讓被害人對締約之基礎事實發生錯誤之認知，而締結了一個在客觀上對價顯失均衡的契約。其行為方式均屬作為犯，而詐欺成立與否之判斷，著重於行為人於締約過程中，有無以顯不相當之低廉標的物騙取被害人支付極高之對價，或誘騙被害人就根本不存在之標的物締結契約並給付價金。

(2)「履約詐欺」，又可分為：

①「純正的履約詐欺」即行為人於締約後始出於不法之意圖對被害人實行詐術，而於被害人向行為人請求給付時，行為人以較雙方約定價值為低之標的物混充給付（如以贋品、次級品代替真品、高級貨等）。

---

[134] 古承宗，刑法分則—財產犯罪篇，2020 年 9 月，頁 309。

[135] 最高法院 109 年度台上字第 5289 號刑事判決：「本件上訴人於露天拍賣網站刊登『（限 eastmsl001）預購 HotToysMMS285 復仇者聯盟 2 奧創紀元浩克毀滅者』之預購商品訊息，經告訴人瀏覽後下單預購，並按指示匯款新臺幣 8,000 元予上訴人後，告訴人遲未收到商品，即不斷向上訴人詢問出貨事宜，經告訴人於民國 106 年 7 月間查知預購商品之官方網站及其他賣家均已出貨完畢，仍未收到商品，再經連絡上訴人時，上訴人即失去任何聯繫。再佐以上訴人於相近時段之其他買家（即事實欄一之 (一) 及 (三) 之告訴人陳裕宗、陳盈錄、楊華娟、梁應達等人，上訴人此部分所犯詐欺取財罪均已確定）向上訴人訂購其他不同商品，同樣發生收取價金後未予出貨，事後並失去連繫，且始終未交代何以未能出貨或主動聯繫買家退款，自不能事後只以上游供應商『砍單』乙語得以自圓其說。」

② 「不純正履約詐欺」即行為人於締約之初，自始即懷著將來無履約之惡意，僅打算收取被害人給付之價金或款項。其行為方式多屬不純正不作為犯，詐術行為之內容多屬告知義務之違反，故在詐欺成立與否之判斷，偏重在由行為人取得財物後之作為，反向判斷其取得財物之始是否即抱著將來不履約之故意。

4. 詐欺罪的作為犯與不作為犯

　　詐欺罪的作為犯，是行為人積極虛構或扭曲事實。不是所有不告知的行為均值得非難，詐欺罪的不作為犯必須行為人具有「告知義務」為前提，行為人的不作為詐術始可與作為詐術等同視之。然而何時具有告知義務？於該事項具有「交易上重要性」時有告知義務，具體而言即相對人顯然欠缺經驗、不告知會引起重大損害、未告知事實對於相對人非常重要而影響交易與否（例如房屋的屋況、房屋是否為凶宅），此即保證人地位的來源為誠實信用原則。

　　如「單純利用他人既存錯誤」，例如 A 去 B 店買 10 元飲料，A 給 20 元（具莫那魯道頭像的硬幣），B 以為是 50 元，而找 40 元，A 見到就默默收下。此時 B 有既存的錯誤，但 A 不具備「告知義務」，因一般來說，我們會認為 B 找錯錢的行為，B 應自我承擔該責任，而非轉嫁給他人，故 A 僅單純利用 B 既存的錯誤，而非詐欺罪。以另一個角度觀之，詐欺罪屬於定式犯罪，行為人必須先施用詐術而使人陷於錯誤，然而 A 根本未施用詐術，故也非詐欺罪。然 A 的行為可討論侵占罪，即 B 交付 40 元給 A，A 取得 40 元屬於具有合法原因而持有，又 A 易持有為所有，又主觀上具備不法所有意圖，A 可成立侵占罪。

【詐欺的方式之區辨】

| 行為方式 | 積極作為 | 明示 |
|---|---|---|
| | | 默示 |
| | 消極不作為（保證人地位） | |

（二）使相對人陷於錯誤

1. 錯誤是指任何一種不正確且與客觀事實不相符合的事件或狀態。詐欺罪以相對人（被害人）主觀理解為標準。也就是說，被害人產生偏離事實的想像而導致錯誤，或至少是強化被害人原有錯誤想像、阻礙錯誤澄清或使錯誤難以澄清的維持錯誤。

2. 相對人必須對於行為人表達的資訊有所認識，如根本不認識，不會陷於錯誤。例如 A 對 3 歲小朋友 B 施用詐術，騙 B 的棒棒糖，B 不會對於 A 所表達的資訊有認識，B 根本不會陷於錯誤，但是 A 可能構成第 341 條準詐欺罪。

3. 陷於錯誤的前提必須是對於該資訊有所關心或在乎，如不關心或在乎則不會有陷於錯誤的問題。例如 A 向 B 借錢，A 不還錢，但 B 內心認為不管 A 要不要還錢都要借給 A 錢。

4. 錯誤的事實是指現在或過去具體歷程或狀態，具有可驗證真假的性質，若單純價值判斷或意見表達，非此所指之事實。例如 A 媒婆對 B 說：「我幫您找的相親對象是全村之花。」A 建商對 B 客人說：「我蓋的房子就是史上最美。」因審美觀或價值的判斷無法驗證真假，故無錯誤可言。

## 案 例

　　甲開車前往市區購物，將車停放於收費停車格中。經停車收費員依規定開立停車繳費單據，置於車前玻璃上。甲離開之際，乃將其停車收費單取放在 A 車之上，A 見停車收費單，未加審視，即逕往超商繳費。嗣發現該停車繳費單為甲蓄意所放，乃予以舉發。試問甲之行為該當何罪？

## 擬 答

　　本案例中 A 完全未審視停車收費單，依被害人自我保護理論，認為被害人本身可經由適當手段保護其利益，卻不為該適當手段保護自身利益，刑法無介入必要。如果被害人 A 主觀上對於行為人所稱的內容也產生懷疑，被害人 A 可

以用適當的方法要求釐清、探詢市場交易行情或拒絕交易，來保護自己避免受損害[136]，因此甲不成立詐欺罪。

　　本書認為被害人自我保護理論非我國主流見解，如一律用被害人有無保護必要為標準，進而確認國家刑罰權是否發動，單憑被害人是否容易相信他人來決定須否由法律對其加以保護，將導致人與人間信賴被不合理壓榨，且將行為人的責任轉嫁到被害人身上，故該理論值得商榷。其實本案例中是要考慮行為人甲傳達的訊息內容，以及行為人甲與被詐欺者 A 的訊息判斷能力的地位差距。尤其在某些交易中商人為了刺激顧客的購買欲望，用的那些文宣，對於品質、效能多少都會有誇張或虛構的描述，但因內容不至於會讓一般人相信，所以非詐欺。例如蠻牛讓你壯得像頭牛。但倘若是一般人不容易理解或不容易輕易判斷的事，或針對訊息判斷能力地位特別弱之人，會陷於錯誤而成立詐欺。例如 X 跟癌症患者 Y 說，這個太空艙可以治百病，Y 相信了，此時 X 會構成詐欺罪。本案中 A 與甲的地位相當，A 也非資訊判斷能力上特別弱者，僅需要多看一眼繳費單內容就可知道上面印的不是自己車牌號碼，故甲不會使 A 陷於錯誤，因而不成立詐欺得利罪。

## （三）相對人為財產上處分

1. 相對人陷於錯誤而為財產上之處分，通說認為[137]，處分者必須出於「自由意思與處分認知決定」下直接導致其財產損害。處分財產是指一切使財產發生變動的行為，包含法律與事實行為，財產處分者不需是財產所有權人，為事實上處分權人即可。然而實務認為[138]，處分者僅認為具有交付行為屬於財產上處分，並無強調必須出於自願性。

---

[136] 林鈺雄、王梅英，從被害者學談刑法詐欺罪，月旦法學雜誌，第 35 期，1998 年 4 月，頁 96-102。

[137] 吳耀宗，詐欺罪與竊盜罪之區別，月旦法學教室，第 149 期，2015 年 3 月，頁 24-26。盧映潔，刑法分則新論，修訂 16 版，新學林，2020 年 7 月，頁 752。黃士軒，詐欺罪的財產損害與被害人之錯誤—法益關係錯誤說的應用嘗試，中研院法學期刊，第 26 期，2020 年 3 月，頁 145。

[138] 最高法院 86 年度台上字第 487 號刑事判決。

2. 詐欺罪與恐嚇取財罪之關係

　　例如 A 打電話給 B 說已經綁架了 B 的小孩 C，實際上 C 仍在幼兒園上課，A 並說：如果給我 50 萬元，我就放 C 回去，B 果真匯款 50 萬元給 A，A 觸犯何罪？

(1) 詐欺罪與恐嚇取財罪為互斥關係

　　實務 [139] 上有認為恐嚇取財與詐欺罪需區別者，第 346 條第 1 項之恐嚇取財罪與第 339 條第 1 項之詐欺取財罪，二者的區別在於前者係施用使人心生畏怖之恐嚇手段，致被害人心生畏懼，明知不應交付財物而交付。後者則係施用詐術手段，使人陷於錯誤，誤信為應交付財物而交付。

　　有學者 [140] 認為行為人以傳達虛偽訊息方式來造成被害人的恐懼而交付財物，若整體觀察，詐術行為僅是恐嚇行為的輔助手段，被害人主要還是因恐嚇行為才交付財物，應僅成立恐嚇取財罪。

(2) 詐欺罪與恐嚇取財罪非互斥關係

　　有實務 [141] 認為兩者處於高度與低度關係者，如恐嚇手段以虛假之事實為內容，而亦含有詐欺之性質，此一含有詐欺性質之恐嚇取財行為，如足使人心生畏懼，自應僅論以高度之恐嚇取財罪。

　　有學者 [142] 認為恐嚇取財保護個人財產與個人意思自由；詐欺罪保護為個人財產。兩者保護法益有同一性，為法條競合的擇一關係，最後應論恐嚇取財。

(3) 本書認為恐嚇取財罪與詐欺罪的區別在於是否出於自由意志而交付財物，換言之，B「很開心」、「很有意願」地交付 50 萬時，A 才有觸犯詐欺罪的可能，如 B 出於畏懼的心理而交付財物，則處於自由意志被干擾或影響的狀態，A 觸犯恐嚇取財罪。

3. 三角詐欺與竊盜罪的間接正犯

　　例如 A 想向 B 買古董，但 B 拒絕，某天 A 知道 B 出國，家裡僅有管家 C，

---

[139] 最高法院 30 年上字第 668 號判例。
[140] 王效文，擄人勒贖、恐嚇與詐欺之虛與實，月旦法學教室，第 161 期，2016 年 3 月，頁 26。
[141] 最高法院 84 年度台上字第 1993 號刑事判決。
[142] 甘添貴，刑法各論（上），修訂 4 版 2 刷，2016 年 1 月，頁 373。

A 向 C 說：「B 說要賣給我古董，要你代為交付」，C 知道兩人以往交情甚好，而不疑有他，C 到收藏室拿取該古董而將之給 A，A 成立何罪？

　　本案例問題在於「財產處分者」（C）與「財產損害者」（B）為「不同人」，可否成立詐欺取財罪？

　　首先必須知道三角詐欺與竊盜罪的間接正犯（又稱欺瞞式竊盜）之基本概念，三角詐欺是指相對人（C）即事實上占有財物，因行為人（A）的詐欺而陷於錯誤交付財物導致第三人（B）的所有權受損害。竊盜罪的間接正犯是指相對人（C）並無占有財物，而是行為人（A）施用詐術因而相對人（C）陷於錯誤，被行為人（A）利用去破壞第三人（B）對於財物的持有支配後，而交付財物給行為人（A）。

　　兩者的區分關鍵在於陷於錯誤而處分財產之人（C）與受有財產上損害之人（B）非同一人時，可否將 B 與 C 的地位等同視之？如採肯定說屬於三角詐欺，應論詐欺取財罪，如採否定說則是竊盜罪的間接正犯。

　　然而如何認定 B 與 C 的地位視為相等，有不同的見解：

(1) 事實上貼近理論

　　學者[143] 指出德國實務上以現實上的空間距離為判準，如第三人與被害人事實上有密切關係（例如共同持有關係），就足夠使兩者的地位具備等同性，此時可將處分者與損害者的處分視為同一人的處分，此時即是三角詐欺，本案中的 C 是否與 B 有共同持有關係，須視 C 事實上有無共同持有該古董，如 C 管家不具共同持有古董的密切關係，C 與 B 處於不同等地位，A 的行為可討論竊盜罪的間接正犯。

(2) 規範上貼近理論（又稱陣營理論、立場理論[144]）（通說）

　　即使第三人（C）與被害人（B）「無事實上共同持有」關係，只要「第三人立於被害人地位處分財產」，就應歸於財產受損害人的陣營，例如民法中的

---

[143] 徐育安，三角詐欺之實務與理論—最高法院 95 年度台上字第 74 號及臺灣高等法院 99 年度上易字第 2187 號判決評析，月旦法學雜誌，第 194 期，2011 年 7 月，頁 246。

[144] 許澤天，刑法分則（上）財產法益篇，新學林，2019 年 8 月，頁 131。盧映潔，刑法分則新論，修訂 15 版，新學林，2020 年 2 月，頁 753。

無因管理（未受委任且無義務而為他人管理事務者，即屬無因管理），就足以構成等同性。例如財物的保管人或輔助人，處於為所有人管理財物的地位。

只要第三人（C）在行為人施用詐術前已經立於「保護或照顧」相對人（B）財產的地位，第三人（C）所做出的直接導致他人財產減損的行為，等同於相對人（B）的財產處分。換句話說，不論第三人（C）是否具有處分權限，即使僅立於輔助他人持有的角色，仍為處分相對人（B）財產之人。本案中 C 立於輔助 B 持有古董的地位而處分 B 的古董，兩者具等同性，故 A 的行為可討論詐欺罪。

(3) 權限理論 [145]

第三人（C）有法律上之權限去處分被害人（B）財產。換言之，第三人（C）有經過被害人（B）依照法律行為授權其處分財產，如民法上之委任關係，才足夠建立等同性，本案中 C 為 B 之管家，具有民法的委任關係下，應足夠建立兩者地位的等同性，A 的行為屬於詐欺罪。

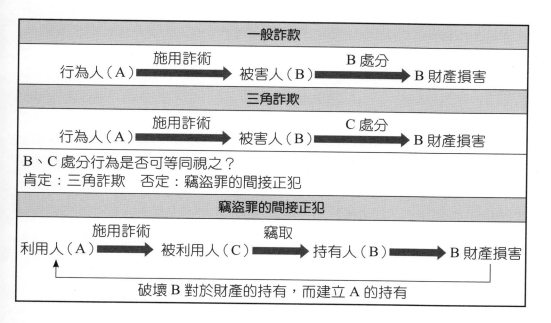

---

[145] 古承宗，刑法分則：財產犯罪篇，2018 年 3 月，頁 231。

## （四）相對人或第三人受有財產損害

### 1. 財產

(1) 純法律的財產概念說：從法律秩序的角度出發，只要是法律所保護的財產價值，刑法就必須保護，即使是毫無經濟利益或價值的財產也必須保護。

(2) 純經濟的財產概念說：因交易活絡之下，法律上的財產概念必須有所轉變，進而以交易的價值觀之，故所有可折算成金錢而有經濟利益或價值的物或勞務都屬於財產。

(3) 法律經濟折衷財產概念說：原則上，有經濟利益與價值而能以金錢折算的物或勞務，均是財產，但如違反強制或禁止規定而形成的經濟利益或價值，即非屬法律上的財產權利，而應排除在刑法詐欺罪所要保護的財產之外。

(4) 本書認為採何種說法，於通常情況下不會有差別，只有在特殊個案，才會有差別，例如白嫖案，A 去按摩店消費，但不願支付性交易對價的意思卻假裝與應召女郎（B）談妥價錢，但完事後 B 卻得不到對價，以法律的財產概念、法律經濟折衷概念下，性服務為法律秩序不保護或承認的，所以 B 沒有財產損害。

　　如以經濟的財產概念下，性服務有現實上的經濟利益，B 有財產損害。

### 2. 損害

　　損害如何認定[146]：

(1) 原則：客觀認定，即依照經濟交易觀點，「處分前總財產」－「處分後總財產」＝有無短少，如有短少即有損害，此稱為「結算原則」（又稱折算式觀察法）。

(2) 例外：主觀認定，即考慮行為人主觀評價，具體情形的發生與使用目的產生重大背離時，雖結算式原則下總財產價值未減少，但仍是損害，此稱為「目的欠缺理論」（又稱目的偏離理論）。

---

[146] 許恒達，偽裝化緣與捐贈詐欺—評板橋地院 88 年度易字第 4578 號判決，台灣法學雜誌，第 218 期，2013 年 2 月，頁 132 以下。

　　例如單方給付財產的狀況，B 請 A 捐給癌症基金會 1 萬元，A 捐了 1 萬元希望能夠完成目的（協助癌症病患度過生活難關），此時「給付」與「目的」具有等價；但如果行為人 B 拿去自己花掉，此時 B 的花掉行為使 A 原本的目的產生重大偏離，A 就具有財產損害，B 成立詐欺罪。

　　惟上開捐助詐欺之案件，有學說 [147] 認為應以「功能性關聯」判斷，即被害人知道財物於交付後，並不會有任何相對應的交換價值，且客觀上亦會產生一定財產損害，此時表示行為人所為的詐術不帶有財產損害意義的風險，此時 B 並不會成立詐欺罪。

## 【愛情因素下的財產處分與詐欺罪】

　　A（A-dan）在愛情大廈的交友網站中認識了外國帥哥男友 Brain，在 Brain 猛烈的追求下，A（A-dan）答應了 Brain 的交往，然而 Brain 向 A（A-dan）表示：「如果要結婚的話，我必須賺到 100 萬，讓我們用一場世紀婚禮見證我們的愛情，我要好好賺錢，我不能讓親愛的老婆一起陪我受苦，如果我賺到了 100 萬我們就可以結婚了」，A（A-dan）不忍 Brain 受苦而匯款 100 萬給 Brain，之後傳訊息說：「老公，Honey，小親親，我們可以結婚了」，但 Brain 其實根本只是想要 A（A-dan）的錢，拿到 100 萬後，Brain 就對 A（A-dan）完全不理會。經 A（A-dan）的兒子報警後才發現 Brain 其實是愛摳腳且滿肩頭皮屑的油膩大叔（經過其身邊都會滑倒），A（A-dan）晴天霹靂，仍不相信這就是事實，請問 Brain 觸犯何罪？

（一）愛情因素下的財產處分的基本概念

　　愛情因素下的財產處分（又稱感情詐欺），是指行為人利用感情上的理由，例如未來考慮交往或結婚等，讓相對人認為彼此間可能進一步發展，進而同意處分財產。但事實上，行為人的目的只是要相對人對自己的愛戀，讓相對人為財產處分。

---

[147] 古承宗，刑法分則－財產犯罪篇，2020 年 9 月，頁 243-244。

（二）愛情因素下的財產處分的典型特徵

1. 形式上，A 處分財產之目的是為了解決 B 的問題進而跟 B 結婚。

2. 事實上，B 是希望藉此提升 A 對自己的愛戀，而使 A 為財產上的處分。

（三）處理方式

1. 實務

　　如果 B 欺騙 A 自己的阿公生重病，為施用詐術，A 因此陷於錯誤，而交付財物，B 主觀上自係本於為自己不法所有之意圖而基於詐欺取財之犯意，而應論 B 詐欺取財[148]。

2. 學說

(1) 如果 A 與 B 處於借貸關係（B 如果向 A 借 100 萬，B 也借 A 100 萬），因為必須 B 施用詐欺的行為有可能導致 A 受有財產損害，但是借貸關係 A、B 兩者具有合法契約下，很難說 A 受有損害，此時 B 非詐欺罪。

(2) 本案中 A 認為幫 B 解決難關，B 就可以與自己結婚了，A 處分財產的目的為結婚，但如果之後 B 讓 A 的目的不達成，因目的產生了重大的偏離，可認為 A 受有財產損害，故 B 成立詐欺罪[149]。

　　但如果今天 B 沒有說：「如果要結婚的話……」，而只是單純利用 A 愛 B 的心意而使 A 提供金錢，此時 A 提供金錢的目的是在於增加 B 對自己的好感度時，因為該目的無法透過 100 萬的財產價值而具體顯現於客觀事實而成為受保護的財產利益，故 B 不成立詐欺罪[150]。又例如 B 對 A 說買包包給人家，A 就買給 B 了，此時 B 只是假裝愛 A，不可論 B 詐欺罪。

---

[148] 臺灣高等法院臺南分院 106 年度上易字第 20 號刑事判決。臺灣新竹地方法院 108 年度易字第 384 號刑事判決。

[149] 在此問題學者更提出尚須要考量經濟重要性，涉及了經濟性之有無與重要性高低。可參考，黃士軒，詐欺罪的財產損害與被害人之錯誤—法益關係錯誤說的應用嘗試，中研院法學期刊，第 26 期，2020 年 3 月，頁 128。

[150] 張天一，愛情的騙子—感情因素下之財產處分與詐欺罪，月旦法學教室，第 205 期，2019 年 11 月，頁 16-19。

## （五）有因果關係（貫穿因果關係）

例如 A 去餐館吃飯，吃完之後才知道沒帶錢而偷跑，就非屬於詐欺罪，因 A 一開始即無施用詐術。

## 二、主觀要件

### （一）故意

### （二）意圖

1. 不法所有意圖（§339I）：請參考竊盜罪。

2. 不法利得意圖（§339II）

不法利得意圖是指取得債權、免除債務、延期履行債務或提供勞務等財物以外之財產上不法利益。

## 三、著手、既未遂

### （一）著手：行為人施用詐術時，即達著手。

### （二）既未遂之判斷

例如 A 登報假裝說要賣地，B 表明要買，要求 B 先匯 100 萬訂金到自己帳戶，B 匯款後，A 準備到銀行提款就被當場逮捕，A 如何論罪？

| 施用詐術 | B 處分（匯款） | | |
|---|---|---|---|
| 行為人（A）➡️ 被害人（B）➡️ 財產損害？ | | 個別財產犯罪：未遂 | |
| | | 整體財產犯罪：既遂 | |

A 假裝要賣地而要求 B 先匯款到自己帳戶，成立第 339 條第 2 項詐欺得利既遂罪。

詐欺既未遂的判斷涉及詐欺罪性質

（一）有認為 [151]

1. 詐欺取財罪是侵害「個別財產犯罪」，保護的是物之利用可能性，故考慮被詐欺人的總體財產是否有減損。

2. 詐欺得利罪是侵害「整體財產犯罪」，重點在於物的交換價值，故要考慮被詐欺人的總體財產是否有減損，又以條文觀之行為人必須得到利益才是既遂。

3. 本案中 B 匯款入 A 的帳戶，因 A 未實際取得物，故屬於詐欺得利。又 B 匯款到 A 帳戶，但 A 提款時當場被捕，而未取得款項，故 A 僅成立詐欺得利罪的未遂犯。

（二）多數學說 [152]

　　詐欺罪是「侵害整體財產犯罪」，重點在物的交換價值，故要考慮被詐欺人的總體財產是否減損，A 向 B 施用詐術後，B 陷於錯誤而匯款到 A 的帳戶以至於 B 產生財產損害，即使 A 未領款成功而得利，A 仍是詐欺得利罪的既遂犯。

（三）實務 [153]

　　B 被詐騙而處分其財產，犯罪即達既遂，A 成立詐欺得利罪。

---

**第 339-4 條　加重詐欺罪**

I 犯第三百三十九條詐欺罪而有下列情形之一者，處一年以上七年以下有期徒刑，得併科一百萬元以下罰金：

一、冒用政府機關或公務員名義犯之。

二、三人以上共同犯之。

三、以廣播電視、電子通訊、網際網路或其他媒體等傳播工具，對公眾散布而犯之。

---

[151] 甘添貴，刑法各論（上），修訂 4 版 2 刷，2016 年 1 月，頁 327。曾淑瑜，刑法分則實例研習，三民書局，2017 年 2 月，頁 342。

[152] 黃榮堅，刑法問題與利益思考，2003 年 10 月，頁 92。

[153] 臺灣高等法院臺中分院 106 年度上易字第 493 號刑事判決。臺灣高等法院 108 年度聲再字第 515 號刑事裁定。

> 四、以電腦合成或其他科技方法製作關於他人不實影像、聲音或電磁紀錄之方法犯之。
>
> II 前項之未遂犯罰之。

## 一、立法理由

本條是民國 103 年新增的條文，有鑑於近年來詐欺案件頻傳，且趨於集團化、組織化，甚至結合網路、電信、通信科技，屢屢造成廣大民眾受騙，此與傳統犯罪型態有別，若僅論以第 339 條之詐欺罪責，實無法充分評價行為人之惡性，故增訂本條之加重事由。另又於民國 112 年 5 月新增第 4 款加重事由，立法理由稱，因網路資訊科技及人工智慧技術之運用快速發展，以電腦合成或其他科技方法製作關於他人不實影像、聲音或電磁紀錄，可能真假難辨，以上開方法施以詐欺行為，易使被害人陷於錯誤，且可能造成廣大民眾受騙。

## 二、第 1 項各款加重事由

### （一）冒用政府機關或公務員名義犯之

1. 立法理由：行為人冒用政府機關或公務員名義施以詐欺行為，被害人係因出於遵守公務部門公權力之要求，及避免自身違法等守法態度而遭受侵害，則行為人不僅侵害個人財產權，更侵害公眾對公權力之信賴。是以，行為人之惡性及犯罪所生之危害均較普通詐欺為重。

2. 通說 [154]、實務 [155] 認為不以實際上有被冒用的政府機關或公務員存在為要件，只要客觀上足使普通人信其所冒用者為政府機關或公務員即可。例如 A 對 B 自稱是法院的「秘密刑事事件執行官」或自行捏造政府機關，但事實上沒有這樣

---

[154] 王皇玉，加重詐欺罪之解釋與適用，刑事政策與犯罪研究論文集，第 20 期，2017 年 11 月，頁 72。盧映潔，刑法分則新論，修訂 16 版，新學林，2020 年 7 月，頁 770。

[155] 最高法院 107 年度台上字第 132 號刑事判決。臺灣高等法院 108 年度上更二字第 85 號刑事判決。臺灣高等法院 108 年度上訴字第 3791 號刑事判決。

的機關或公務員，但普通人足以誤信下，即符合該加重事由。但如 A 對 B 自稱是法院的「寵物事件鏟屎官」，一般人不足以誤信為公務員，即不合該加重事由。

## （二）三人以上共同犯之

1. 立法理由：多人共同行使詐術手段，易使被害人陷於錯誤，其主觀惡性較單一個人行使詐術為重，有加重處罰之必要，故仿照本法第 222 條第 1 項第 1 款之立法例，將「三人以上共同犯之」列為第 2 款之加重處罰事由。又本款所謂「三人以上共同犯之」，不限於實行共同正犯，尚包含共謀共同正犯。

2. 三人以上共犯之，是否包含教唆犯、幫助犯？

　　立法理由之用語為「共同行使」，可得知應僅限於共同正犯，否則應表述為「多人參與行使詐術」。如僅是共犯，不足以說明組織化、集團化，亦即處罰共犯不具備處罰的正當要求。

## （三）以廣播電視、電子通訊、網際網路或其他媒體等傳播工具，對公眾散布而犯之

1. 立法理由：考量現今以電信、網路等傳播方式，同時或長期對社會不特定多數之公眾發送訊息施以詐術，往往造成廣大民眾受騙，此一不特定、多數性詐欺行為類型，其侵害社會程度及影響層面均較普通詐欺行為嚴重，有加重處罰之必要。

2. 對公眾散布，限於同時或長期對社會不特定多數公眾發送信訊息，如對於特定人，則不成立該加重理由。而電信方式詐欺，通常會一對一打電話施以詐術，其實不符合同時對不特定多數公眾，然而電信方式詐騙對於所撥打的號碼事前無從預見為何人且是基於隨機挑選，正是立法當初所要規範的加重態樣，故仍屬於本款之加重事由 [157]。

---

[156] 王皇玉，加重詐欺罪之解釋與適用，刑事政策與犯罪研究論文集，第 20 期，2017 年 11 月，頁 74-75。

[157] 王皇玉，加重詐欺罪之解釋與適用，刑事政策與犯罪研究論文集，第 20 期，2017 年 11 月，頁 76。

（四）以電腦合成或其他科技方法製作關於他人不實影像、聲音或電磁紀錄之方法犯之

　　他人不實影像、聲音或電磁紀錄，是指用電腦合成或其他科技方法製作出冒充該人的影像、聲音或電磁紀錄。以此種方法施以詐欺行為，易使被害人陷於錯誤，且可能造成廣大民眾受騙，其侵害社會法益程度及影響層面均較普通詐欺行為嚴重，有加重處罰之必要。

---

**最高法院 109 年度台上字第 97 號刑事判決**

　　刑法第 339 條之 4 第 1 項第 3 款之加重詐欺取財罪，須以對不特定多數之公眾散布詐欺訊息為要件。行為人雖利用廣播電視、電子通訊、網際網路或其他媒體等傳播工具犯罪，倘未向公眾散布詐欺訊息，而係針對特定個人發送詐欺訊息，僅屬普通詐欺罪範疇。行為人若係基於詐欺不特定民眾之犯意，利用網際網路等傳播工具，刊登虛偽不實之廣告，以招徠民眾，遂行詐騙。縱行為人尚須對受廣告引誘而來之被害人，續行施用詐術，始能使之交付財物，仍係直接以網際網路等傳播工具向公眾散布詐欺訊息，無礙成立加重詐欺罪。

---

## 三、其他問題

（一）第 339 條之 4 第 1 項第 1 款冒用政府機關或公務員名義犯詐欺罪與第 158 條僭行公務員職權罪

　　實務上認為 §339 ＋ §158 ＝ §339-4I ①，故論以第 339 條之 4 第 1 項第 1 款即可 [158]。

---

[158] 臺灣高等法院 103 年度上訴字第 3398 號刑事判決：「刑法第 339 條之 4 第 1 項第 1 款之冒用政府機關或公務員名義犯詐欺罪，係將僭行公務員職權與詐欺兩個獨立之罪名相結合成一新罪名，而加重其刑罰，此種結合型態之犯罪，自較單一刑法第 158 條第 1 項之僭行公務員職權罪之犯罪情節為重，且法定刑亦較重，依『全部法優於一部法之原則』，自應適用刑法第 339 條之 4 第 1 項第 1 款處斷。」

## （二）第 339 條之 4 的罪數

加重詐欺罪係侵害個人財產法益之犯罪，以被害人數及被害次數之多寡，決定其犯罪之罪數[159]。

## （三）第 339 條之 4 的性質

從立法理由及犯罪構成要件文義，均無從得知立法者於立法當時已預定有多數同種類之行為將反覆實行，自非集合犯[160]。

## （四）第 339 條之 4 第 1 項第 2 款的正當性

| 兩人犯詐欺罪：§339＋§28 | 兩者僅差一個人，刑度卻相差甚大，是因為加重詐欺罪考量了組織性與集團性。 |
|---|---|
| 三人犯詐欺罪：§339-4Ⅰ② | |

## （五）與機器詐欺罪之競合

本條謂加重詐欺取財罪，各款所訂情形為普通詐欺罪之加重構成要件要素，屬於普通詐欺罪之特別規定。而第 339 條之 1、之 2 及之 3，即收費設備詐欺、自動付款設備詐欺及電腦或相關設備詐欺等罪名，實務見解認為，此揭罪名與普通（或加重）詐欺罪之被害人因行為人對其施用詐術致陷於錯誤而交付財物之犯罪本質並不相同，兩者並不存在有基本與變體構成要件的特別關係，亦非補充或吸收關係，而是立法者為填補法律漏洞，獨立於普通詐欺罪之外另訂的犯罪類型。因而，倘若行為人同時兼有對人施用詐術（普通詐欺或加重詐欺）以及以不正方法自收費設備詐欺、自動付款設備詐欺及電腦或相關設備詐欺者，兩者應依想像競合犯之規定，從一重處斷[161]。

---

[159] 最高法院 108 年度台上字第 3380 號刑事判決。
[160] 最高法院 106 年度台上字第 1578 號刑事判決。
[161] 最高法院 111 年度台上字第 4895 號刑事判決。

> **第 341 條　準詐欺罪**
> I 意圖為自己或第三人不法之所有，乘未滿十八歲人之知慮淺薄，或乘人精神障礙、心智缺陷而致其辨識能力顯有不足或其他相類之情形，使之將本人或第三人之物交付者，處五年以下有期徒刑、拘役或科或併科五十萬元以下罰金。
> II 以前項方法得財產上不法之利益或使第三人得之者，亦同。
> III 前二項之未遂犯罰之。

　　詐欺罪的成立前提在於被詐欺者對於詐術的內容必須有所認識，然被詐欺者無認識內容時會無從處罰行為人，故本罪針對該問題而處罰對於未滿 18 歲之人或辨識能力顯有不足或其類似情形，而使該人交付財制的情形。

## 第二款　不正利用機器設備罪

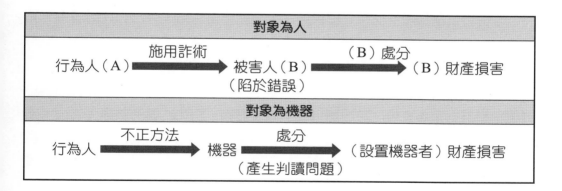

> **第 339-1 條　不正利用收費設備罪**
> I 意圖為自己或第三人不法之所有，以不正方法由收費設備取得他人之物者，處一年以下有期徒刑、拘役或十萬元以下罰金。
> II 以前項方法得財產上不法之利益或使第三人得之者，亦同。
> III 前二項之未遂犯罰之。

> **第 339-2 條　不正利用自動付款設備罪**
> I 意圖為自己或第三人不法之所有，以不正方法由自動付款設備取得他人之物者，處三年以下有期徒刑、拘役或三十萬元以下罰金。
> II 以前項方法得財產上不法之利益或使第三人得之者，亦同。
> III 前二項之未遂犯罰之。

　　因為機器不會限於錯誤，行為人不能成立詐欺罪，但如果用代幣或偽幣，是違反機器設置者的意思，屬於未得同意而取得財物，可以成立竊盜罪。但增訂第 339 條之 1、第 339 條之 2 之後，就會有與竊盜罪之競合的問題，屬於法條競合的特別關係，優先適用第 339 條之 1、第 339 條之 2。

## 一、收費設備

　　收費設備是指設備使用者提供價金，由該設備判斷是否已經收到價金，如確認收到價金，將會提供財物或功能作為價金的對價。例如自動販賣機、投幣式按摩機、兌幣機，此為過去一般我們所認知的收費設備。

　　然而隨著時代的變遷，如於交易前事前儲值，而由對方透過電腦與網路設備確認是否有足額支付，該設備也屬於收費設備，例如悠遊卡必須先儲值，而於交易時透過機器確認卡片餘額，如足額即可進行交易，而如行為人用不正當的方法，使機器對於悠遊卡的餘額產生判讀的錯誤，則可能成立不正利用收費設備罪。

## 二、自動付款設備

　　隨著銀行金融服務自動化的發展，第 339 條之 2 的自動付款設備是指「自動櫃員機」（ATM）。

## 三、不正方法

竊取、侵占他人提款卡（例如 A 見到大學室友的提款卡在桌上，且卡片上寫著 5566（提款卡密碼），而拿去提款）、偽造他人提款卡而提款（即無權提款而提款、超過授權範圍（例如 A 授權給 B 提款，要求 B 提款 5,000 元，但 B 卻提領 10,000 元），是否為不正方法？

### （一）實務

泛指一切不正當之方法而言，並不以施用詐術為限，例如以強暴、脅迫、詐欺、竊盜或侵占等方式取得他人之提款卡及密碼，再冒充本人由自動提款設備取得他人之物，或以偽造他人之提款卡由自動付款設備取得他人之物等等，均屬之[162]。

### （二）學說

多數學說認為使用暴力破壞方式取得他人之物，並不在不正方法所涵蓋範圍內[163]。而實務上將不正方法擴張成一切的不正方法，此屬於鋪天蓋地的理解方式，例如 A 運動神經發達，坐完捷運不想要用悠遊卡付款，一個箭步跳過收費設備的柵欄，若以實務的觀點，A 成立第 339 條之 1。而學者在此方面做出了限制適用的理解：

#### 1. 處分權人主觀意思說

即從原財產所有人（付款設備的安裝銀行）角度觀之，只要行為人採用的手段不符合設備安裝者的主觀意思，即為不正方法[164]。有學者認為採取此說，

---

[162] 最高法院 94 年度台上字第 4023 號刑事判決。臺灣高等法院 108 年度原上訴字第 128 號刑事判決。臺灣高等法院臺中分院 108 年度上訴字第 1195 號刑事判決。臺灣高等法院 109 年度上訴字第 189 號刑事判決。

[163] 黃惠婷，電腦詐欺犯罪：第一講　不正利用收費設備取財得利罪，月旦法學教室，第 44 期，2006 年 6 月，頁 70。黃常仁，困頓新法──論刑法第 339 條之 1、第 339 條之 2、第 339 條之 3，台灣法學雜誌，第 27 期，2001 年 10 月，頁 6。

[164] 盧映潔，不拿白不拿？月旦法學教室，第 77 期，2009 年 3 月，頁 25。

設備安裝者會（銀行）為了迴避損害與風險，必然會採用最大的立法解釋立場，亦即在契約中寫明僅限於本人使用卡片提款，即使是本人與第三人之間具有合法授權，第三人也可能成立本罪，將成為保護銀行交易安全的條文[165]。然而本書認為此種說法不一定合乎現實的交易狀況，如僅將卡片的使用人限於本人，一般的客戶都會覺得不方便，例如父親辦卡不能給小孩用時，該父親寧願選擇有開放可合法授予卡片使用權給第三人的銀行而辦卡，也不願去選擇更嚴格的契約類型而簽約，如此一來銀行對於契約的限制不也是會更加放寬嗎？而就契約而言，本人對於與何人簽訂契約自有選擇自由，何來成為保護銀行交易安全的說法？況且銀行的主觀意思，並非指個別銀行的主觀意思，而是所有銀行主觀意思的平均標準。

## 2. 違反設備使用規則說[166]

只要行為人符合設備使用規則，而使用機器設備所有者（如銀行、郵局）發行的合法卡片取款，即非不正方法。越權使用或不法取得卡片後（詐欺、竊盜、侵占）的使用行為，均非不正方法，而只有使用「偽造」的卡片或密碼不正確時取款，才是不正方法。換句話說，此說「只關心卡片是否為真卡」，如為真卡則不會觸犯不正利用機器設備罪。但如此以來，又如何跟偽造文書罪作區別？此說法似乎忽略了本罪保護的法益為財產法益。此說僅是完全符合了電腦屬於機器的特質。

## 3. 類似詐欺說[167]

此說重點在於，如果將機器設備替換成銀行行員，只要同樣對銀行行員出示身分資料，銀行行員也會陷於錯誤，即屬於不正方法。更深入來說，是對於銀行行員出示卡片與正確密碼，就代表已經得到本人的合法授權。

---

[165] 許恒達，電腦詐欺與不正方法，政大法學評論，第 140 期，2015 年 3 月，頁 129-130。

[166] 黃榮堅，刑法增修後的電腦犯罪問題，刑法的極限，1999 年 4 月，頁 318-319。蔡聖偉，論盜用他人提款卡的刑事責任，月旦法學教室，第 144 期，2007 年 5 月。頁 24-25。許恒達，電腦詐欺與不正方法，政大法學評論，第 140 期，2015 年 3 月，頁 128-134。

[167] 許恒達，電腦詐欺與不正方法，政大法學評論，第 140 期，2015 年 3 月，頁 132-134。許澤天，刑法分則（上）財產法益篇，新學林，2019 年 8 月，頁 176。

竊取、侵占他人提款卡、超過授權範圍、偽造他人提款卡而提款，是否為不正方法？應以銀行行員是否也會陷於錯誤為標準，如不至於陷於錯誤，即非不正方法。

### 4. 違反設備使用規則兼詐欺近似說 [168]

機器設置者事前在機器使用條件方面所為之限制，僅是不合機器使用規則（使用條件）並不夠，還必須具備「詐欺相似性或等值性」，「詐欺相似性或等值性」是指以巧妙的方式規避機器的安全設計，使機器規避預定的程式運作，但是對於他人的財產具有類似詐欺而侵害財產的性質。

> **第 339-3 條　不正利用電腦或其相關設備取財罪**
> Ⅰ 意圖為自己或第三人不法之所有，以不正方法將虛偽資料或不正指令輸入電腦或其相關設備，製作財產權之得喪、變更紀錄，而取得他人之財產者，處七年以下有期徒刑，得併科七十萬元以下罰金。
> Ⅱ 以前項方法得財產上不法之利益或使第三人得之者，亦同。
> Ⅲ 前二項之未遂犯罰之。

## 一、客觀要件

### （一）行為

1. 不正方法：輸入虛偽資料或不正指令，在使用電腦或相關設備範圍內，輸入該電腦或相關設備設置者不願意接納的指令或資料。其類型有二：

(1) 內部人本可入系統，修改電腦資料：有登入權限者，逾越權限直接進入系統修改財產資料。

(2) 外部人侵入系統，修改電腦財產資料：先無權取得他人帳號資料，再用該帳號密碼登入內部系統，修改他人帳戶內財產資料。

---

[168] 蔡蕙芳，電腦詐欺犯罪：第一講：不正利用收費設備取財得利罪，月旦法學教室，第 44 期，2006 年 6 月，頁 70-71。李聖傑，溢領借款的詐欺—評台北地院 92 年度自字第 17 號判決，月旦法學雜誌，第 120 期，2005 年 5 月，頁 224-225。

2. 虛偽資料：輸入不符合該電腦系統所預定的事務處理目的之資料，造成財產紀錄產生不正確的結果。例如輸入不存在的轉帳紀錄（A 輸入他人轉帳入自己的戶頭 1 億元的資料）。

3. 不正指令：輸入錯誤指令或竄改電腦系統已存在的紀錄。

4. 製作財產權之得喪、變更紀錄：將既存有關財產上增減進出之電磁資料加以變更重新製作之行為。

## （二）客體：他人財產或財產上利益

製作財產得喪變更紀錄，通常已經符合財產上利益的取得，故應無區分他人財產或財產上利益的實益。

網路世界的財產，例如楓之谷的楓幣、天堂的天幣、灌籃高手手遊的鑽石、最後的克勞迪亞的鑽石，是否為本罪客體財產？學者認為[169] 目前不承認虛擬錢幣是具有財產價值，因此製造這種虛擬世界的財產得喪變更紀錄，非本罪。不過可以用第 359 條的無故取得、刪除、變更電磁紀錄罪。

## 二、其他問題

## （一）本罪與第 339 條之 2 之競合

例如 A 輸入不正指令於自動櫃員機轉帳而後領出財物，自動付款設備詐欺罪（§339-2）是本罪的減輕規定，故應論第 339 條之 2。

## （二）本罪與取得刪除變更電磁紀錄罪（§359）之競合

第 339 條之 3 為第 359 條的特別規定，應先適用第 339 條之 3。

---

[169] 甘添貴，虛擬遊戲與盜取寶物，台灣法學雜誌，第 50 期，2003 年 9 月，頁 183。

# 第二項　背信罪

> **第342條　背信罪**
> I 為他人處理事務，意圖為自己或第三人不法之利益，或損害本人之利益，而為違背其任務之行為，致生損害於本人之財產或其他利益者，處五年以下有期徒刑、拘役或科或併科五十萬元以下罰金。
> II 前項之未遂犯罰之。

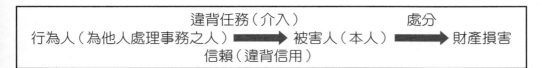

## 一、本罪性質

　　例如 A 利用替 B 泊車機會複製 B 鑰匙，A 趁 B 出國告訴 C 該車是自己的車而賣車給 C，C 從停車場將該車開走。A 必須於為他人處理事務之範圍內負第342 條之責，然為他人處理事務之範圍為何？

```
            泊車                賣車
  B  ━━━━━━━━━▶  A  ━━━━━━━━━▶  C
          內部關係              外部關係
```

## （一）違背信任說（又稱違背信託理論、違背任務說）[170]

　　一般來說，人與人間的權利義務關係以民事法處理即可，但如當事人間有特殊信賴關係，那麼一方從事職務時就具有忠實義務，如該方破壞此信任關係

---

[170] 彭美英，背信罪之探討，月旦裁判時報，第 9 期，2011 年 6 月，頁 78-84。林東茂，刑法分則，一品文化，2018 年 9 月，頁 192。曾淑瑜，刑法分則實例研習，三民書局，2017 年 2 月，頁 390。最高法院 72 年度台上字第 3720 號刑事判決。

導致他方有財產損害，即違背了義務。違背信任說的「事務」包括處理本人與第三人的「外部」事務，也包括行為人與本人的「內部」事務，且不論是法律事務（變動法律上權利義務關係的事務）或「事實上」事務均包含之內。行為人必須對於處理他人事務有某種決定權限（有裁量權），不可是機械性事務。

依此說只要行為人（受任人）違背本人（委任人）委託的事務，不區分內部或外部關係，均為他人處理事務的範圍，故 B 成立背信罪。

## （二）濫用權限說（又稱權限濫用理論）[171]

以代理權濫用的角度觀之，行為人基於法律原因而對於他人財產事務有代理權限之下，濫用該權限造成他人財產上損失。授權人與代理人間不存在特別信賴關係，代理權為一單獨行為，只要授權人單方授予代理權意思表示，代理人即具有代理權，因此代理權的授予非如同契約般存在特別信賴關係。

本罪限於處理本人與第三人的「法律性質」事務，不含事實事務，也不含本人與行為人的內部事務。如果行為人與本人間的產生該問題，僅是民事的債務不履行[172]。A、B 間的代客泊車契約為行為人與本人間之關係，僅民事的債務不履行問題。

另外，A 賣車給 C 因為，C 之後會面臨 B 向 C 請求民法第 949 條的盜贓物返還請求權的問題，C 如知道該情事，即不會買該車，故 A 觸犯詐欺罪。

## 二、客觀要件

## （一）行為前提

為他人處理事務，且限於對於財產事務而有照顧他人財產的義務[173]。例如 A 律師沒有細心幫忙寫答辯狀，因為不是處理財產事務，所以不是背信罪。

---

[171] 最高法院 81 年度台上字第 3015 號刑事判決。

[172] 最高法院 71 年度台上字第 2296 號刑事判決。

[173] 林東茂，刑法分則，一品文化，2018 年 9 月，頁 192。許澤天，刑法分則（上）財產法益篇，新學林，2019 年 8 月，頁 199。最高法院 81 年度台上字第 3015 號刑事判決。最高法院 81 年度台上字第 3534 號刑事判決。

## （二）行為：背信行為

　　為他人處理事務而違背任務之行為，即行為人對他人財產有一定的處分權限，而得為法律上的處分行為，但行為人卻濫用此權限，造成本人財產利益受有損害，由此可知本罪屬於純正身分犯。

## 三、背信罪與侵占罪

　　有文獻主張，為他人處理事務之人所為之侵占，為特殊之背信行為，故侵占罪成立時，雖其行為合於背信罪之構成要件，亦當論以侵占罪，而不應論以背信罪[174]，依可知兩者處於法條競合關係。然而本書認為背信罪必須於為他人（即本人）處理事務範圍內具有不被他人（即本人）干涉的獨立裁量權，而侵占罪則無該裁量權。

---

**第 343 條　能量與親屬間竊盜罪之準用**

第三百二十三條及第三百二十四條之規定，於前六條之罪準用之。

---

　　能量與親屬間竊盜罪準用於詐欺罪與背信罪之規定。

# 第三項　重利罪

---

**第 344 條　重利罪**

I 乘他人急迫、輕率或無經驗或難以求助之處境，貸以金錢或其他物品，而取得與原本顯不相當之重利者，處三年以下有期徒刑、拘役或科或併科三十萬元以下罰金。

II 前項重利，包括手續費、保管費、違約金及其他借貸相關之費用。

---

[174] 最高法院 27 年度滬上字第 72 號刑事判決。臺灣高等法院 107 年度上易字第 148 號刑事判決。臺灣高等法院臺中分院 107 年度上易字第 1075 號刑事判決。

> **第 344-1 條　加重重利罪**
> Ⅰ 以強暴、脅迫、恐嚇、侵入住宅、傷害、毀損、監控或其他足以使人心生畏懼之方法取得前條第一項之重利者，處六月以上五年以下有期徒刑，得併科五十萬元以下罰金。
> Ⅱ 前項之未遂犯罰之。

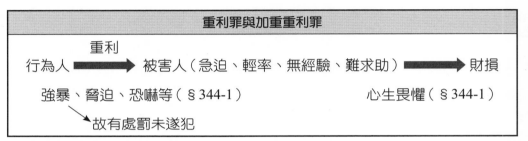

重利罪是行為人利用存在於被害人與行為人間的弱勢不對等，進而與被害人訂立單方面由行為人決定交易條件的金錢借貸契約。縱被害人在重利交易行為中，未有資訊的不對等、物理及心理強制力的壓迫或遭受隱瞞，具自由意思而「同意」為財產之處分，惟立法者顯然透過重利罪調整被害人自我負責之要件，即當被害人具有「處於急迫、輕率、無經驗或難以求助之處境」的弱勢情狀時，否定被害人自我負責之能力，將重利交易所生之財產損害歸於行為人負責，即不能因經被害人的同意或承諾而阻卻本罪構成要件成立或認無違法[175]。

## 一、行為情狀

### （一）急迫

不以出於經濟上困窘為必要，包括其他客觀困境（例如為了就醫治療或為了支付贖金），且不用達到斷絕存續的危險程度，例如 A 知道 B 要去臺北

---

[175] 最高法院 108 年度台上字第 3368 號刑事判決。

打拼，需要錢（但 B 其實也沒有必要去），A 就借高利貸給 B。從理智第三人角度，接受重利條件的被害人，是出於一個「兩害相權取其輕」的「理智」決定[176]。例如 A 借高利貸給急需買名牌包包的乾妹妹 B，此時 B 就不是基於兩害相權取其輕的急迫，只是出於滿足奢侈的慾望。

## （二）輕率

個人未能慎重思考交易的利害關係而草率做出決定。與前述欠缺足夠交易認識能力的經驗被害人相較，輕率應指被害人縱使有足夠認知能力，卻因情緒或性格因素，草率做出不合通常行情之對自己重大不利的借貸決定。

## （三）無經驗

根據被害人的特性，可能欠缺一般的交易與生活經驗，或可能欠缺對特定領域的經驗，導致其察覺與正確判斷的能力受到限制。從被害人是否具有評估借貸對其影響的能力來判斷，不能僅以被害人曾經舉債，就認為有經驗，也不能以被害人第一次借貸就認定為無經驗。

## （四）難以求助

被害人需要錢或物孔急而處於求助無門的境地，例如飢寒交迫且沒有親朋好友。立法者既以「難以求助之處境」作為本罪適用上之漏洞填補，應屬一種概括規定，可參考德國刑法重利罪構成要件，除急迫、無經驗外所包括的「判斷力欠缺」（乃被害人由於心智能力方面低弱，顯現出無法透過經驗彌補之弱勢，使其透過理性動機引導自己的能力降低，或使其正確地衡量契約的給付與對待給付，進而評斷交易締結之經濟後果的能力顯著下降）或「顯著意志薄弱」（即面對刺激、引誘、拐騙，被害人對於重利要求的抗拒能力顯然低於參與相同交易情狀的一般人）等弱勢情狀，亦屬所謂「難以求助之處境」範疇之一[177]。

---

[176] 許澤天，刑法分則（上）財產法益篇，新學林，2019 年 8 月，頁 305。
[177] 最高法院 108 年度台上字第 3368 號刑事判決。

## 二、行為

### （一）貸以金錢或其他物品（§344）

實務認為僅限於消費借貸，然有學說認為包含所有具備對價性質的財產交易，例如買賣、租賃、信貸[178]。

### （二）強暴、脅迫、恐嚇、侵入住宅、傷害、毀損、監控或其他足以使人心生畏懼之方法取得前條第 1 項之重利者（§344-1）

強暴、脅迫的程度不用如強盜罪般「至使不能抗拒」，只需要嚴重干擾個人自由意願而使人心生心理上的畏懼感。例如站崗，持續出現或接近被害人或其親屬的住宅、工作場所、學校或經常出入的場所，或尾隨，讓被害人心理恐懼。而該手段的對象不以同一人為必要，例如 B 對 A 貸予重利，然對 A 的女兒 B 為尾隨的行為。如果行為對象為同一人，論第 344 條之 1，與（不）罰前行為（§344）。

修法增加第 344 條之 1 後可能與強盜罪、恐嚇取財罪產生競合，故有學者認為本罪應無存在必要[179]。

## 三、客體：與原本顯不相當之重利

實務上的操作常常用手續費、違約金、保管費，巧立名目去規避利息的限制，故於民國 103 年新增了第 2 項明確規定客體範圍。而顯不相當之重利的標準為何？有認為以超出金融機關一般的放款利率為重利；有認為以民法第 205 條之周年利率 20% 為標準[180]；更有認為超出民間一般借貸利率的基準[181]；近期實務，認為應斟酌行為時當地經濟及一般交易情況而定[182]，故會出現個案認定

---

[178] 許澤天，重利罪的結構與修正方向，月旦刑事法評論，第 2 期，2016 年 9 月，頁 97。
[179] 林東茂，刑法分則，一品文化，2018 年 9 月，頁 227。
[180] 司法院 20 年院字第 519 號解釋。
[181] 最高法院 108 年度台上字第 3917 號刑事判決。
[182] 最高法院 108 年度台上字第 3368 號刑事判決。

的情況，如月息 3 分[183]、6 分[184]、10 分[185]，都可能是重利罪的情形。

　　甲因累年積債難清，迭遭多人逼償，復告貸無門，且每月收入不足償付債務而陷於經濟困境，遂向乙借貸 10 萬元，約定每月利息為 8,000 元，並先預扣首月利息，實際交付甲 9 萬 2,000 元。次月某日，再收取利息 8,000 元。試問乙之刑事責任如何？

**擬答**

　　本題甲因每月收入不足清償債務，而且遭多人逼債，處於經濟困境，遂向乙借貸。甲出於經濟上困窘而借貸，應符合重利罪之急迫或難以求助之境地。其次，甲借貸 10 萬元每月利息是 8,000 元，是月息 8 分（年息 96%），斟酌行為時當地經濟及一般交易情況，應已屬顯不相當的重利，故乙可論以重利罪。

## 第四項　恐嚇取財罪、擄人勒贖罪

**第 346 條　恐嚇取財罪**

Ⅰ 意圖為自己或第三人不法之所有，以恐嚇使人將本人或第三人之物交付者，處六月以上五年以下有期徒刑，得併科三萬元以下罰金。

Ⅱ 以前項方法得財產上不法之利益或使第三人得之者，亦同。

Ⅲ 前二項之未遂犯罰之。

---

[183] 最高法院 108 年度台上字第 2100 號刑事判決。
[184] 最高法院 107 年度台上字第 4482 號刑事判決。
[185] 最高法院 103 年度台上字第 756 號刑事判決。

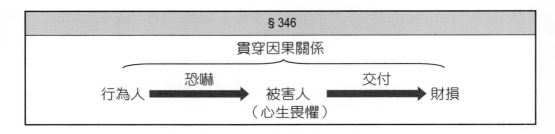

　　恐嚇取財罪以行為人恐嚇被害人而使其心生畏懼而交付財物為要件，其間具有貫穿因果關係（連鎖因果關係[186]）。

## 一、客觀要件

### （一）行為：恐嚇

1. 定義

　　以使人心生畏懼的事項為內容的加害通知，以言語、舉動等足使人心生畏懼，且恐嚇的目的必須是為了取得財產。至於恐嚇取財罪的恐嚇與強盜罪的脅迫，如何區別請參照強盜罪內容之描述。

2. 恐嚇的內容

　　必須是人力所能支配，關於第305條恐嚇個人罪、第151條恐嚇公眾罪的加害內容亦同此解釋。例如A對B說：「如果你不給我錢，月亮就會割你的耳朵、媽祖就會讓你選舉落選。」大自然的物質與現象，非人可支配，故A的行為非恐嚇。

### （二）以欲行使合法權利為內容，是否構成本罪之恐嚇？

1. 單純行使合法權利

　　例如A對B說：你如果不還錢，我就會告你。此時A的行為與目的（請求清償債權）間具有關聯性，即非恐嚇。

---

[186] 王效文，擄人勒贖、恐嚇與詐欺之虛與實，月旦法學教室，第161期，2016年3月，頁25。

## 2. 具有不法目的下行使合法權利

例如 A 對 B 說：你如果不給我 20 萬，我就會向檢察官告發你偷東西。此時 A 的行為與目的間不具有關聯性。一般認為，使用法律所容許的告訴或告發去追求不法的財產利益，本質上具有可非難性，故 A 成立恐嚇取財。然亦有學者認為，B 本來就要承擔刑罰的告訴或告發的後果，A 只是給予 B 一個選擇的機會，如 B 選擇給 20 萬反而是更加有利的選擇，而使 B 獲得更多的自由[187]。本書採前說見解，B 本來就要承擔刑罰的程序進行，然如 A 又恐嚇 B 不給錢就告發，此時 B 更陷入了承擔刑罰的程序進行與面臨財產被侵害的兩難。

## 二、恐嚇取財罪與詐欺罪

### （一）恐嚇取財罪與詐欺罪

請參考詐欺罪之論述。

### （二）恐嚇取財罪與加重詐欺罪

詐騙集團（三人以上共同犯案）以虛構之事實（例如以家人在其手上，如不交付財物將殺其家人）恐嚇被害人，致使被害人誤信為真，因擔憂其家人生命、身體之安危而交付財物，是構成刑法第 339 條之 4 第 1 項第 2 款三人以上共同犯詐欺取財罪或刑法第 346 條恐嚇取財罪？

實務認為[188]第 346 條第 1 項恐嚇取財係施用使人心生畏怖之恐嚇手段，致被害人心生畏懼，明知不應交付財物而交付，第 339 條第 1 項詐欺罪則係施用詐術手段，使人陷於錯誤，誤信為應交付財物而交付。而第 346 條之恐嚇手段，常以虛假之事實為內容，故有時亦不免含有詐欺之性質，如含有詐欺性質之恐嚇取財行為，足使人心生畏懼時，自應僅論以高度之恐嚇取財罪。

但我國刑法於 103 年 6 月 18 日增訂第 339 條之 4 規定，如詐騙集團以虛構之事實（如以家人在其手上，不交付財物將殺其家人）恐嚇被害人，致使被害

---

[187] 黃榮堅，悲情姐妹花，月旦法學雜誌，第 10 期，1996 年 2 月，頁 48。
[188] 最高法院 84 年度台上字第 1993 號刑事判決。

人誤信為真，因擔憂其家人生命、身體之安危而交付財物的方式，遂行騙取被害人金錢之目的，乃以一行為侵害同一人之財產法益，而同時構成第 339 條之 4 第 1 項第 2 款三人以上共同犯詐欺取財罪與第 346 條恐嚇取財，為法條競合，基於重法優於輕法，應擇一論第 339 條之 4 第 1 項第 2 款，方足以對整體犯罪行為的不法內涵適當評價[189]。

---

**第 347 條　擄人勒贖罪**

I 意圖勒贖而擄人者，處死刑、無期徒刑或七年以上有期徒刑。

II 因而致人於死者，處死刑、無期徒刑或十二年以上有期徒刑；致重傷者，處死刑、無期徒刑或十年以上有期徒刑。

III 第一項之未遂犯罰之。

IV 預備犯第一項之罪者，處二年以下有期徒刑。

V 犯第一項之罪，未經取贖而釋放被害人者，減輕其刑；取贖後而釋放被害人者，得減輕其刑。

---

## 一、客觀要件：擄人

### （一）擄人

違反他人意思，將他人置於自己實力支配下，而使其喪失行動自由的行為。本罪性質為繼續犯。

### （二）勒贖

1. 文義解釋上，應不含勒贖行為，故只要帶有勒贖意圖而擄人成功，即既遂。但實務認為[190] 只要有勒贖意圖即可。

2. 學說認為，擄人勒贖是財產犯罪，當然客觀上必須有勒贖行為，況且如果只有主觀的勒贖意圖就科以重刑，違反罪刑相當原則。故勒贖是勒令他人提供金

---

[189] 參照臺灣高等法院暨所屬法院 105 年法律座談會刑事類提案第 24 號結論。

[190] 最高法院 97 年度台上字第 4760 號刑事判決。

錢或其他財物，以贖取被擄者之生命或身體自由。

（三）擄人與勒贖間必須要有目的與手段關聯，又稱功能關聯性[191]。

（四）擄人勒贖罪與強盜罪之區分

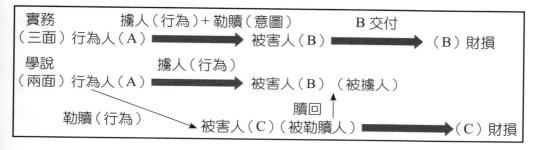

　　例如 A 看到 B 從銀行出來，A 馬上拿著槍抵著 B 的頭，開車到山上後要求 B 交付錢財，A 的行為如何論罪？

　　本書認為學說與實務上對此問題存在著解釋上的差異，是來自於對於擄人勒贖的解讀方式。請參考下表：

| 實務 | 學說 |
|---|---|
| 妨害行動自由罪＋強盜罪<br>＝擄人勒贖罪 | 妨害行動自由罪＋恐嚇取財罪<br>＝擄人勒贖罪 |

**1. 通說[192]（三面關係）**

(1) 擄人勒贖罪（§347I）是雙重被害人之犯罪，被擄人（受拘束自由之人）與被勒贖人「必須為不同人」，人質不必然被帶離綁架處所，只要以人質的安危當成恐嚇的工具即可。本案中僅出現 A、B 二人，非三面關係，故 A 成立強盜

---

[191] 曾淑瑜，刑法分則實例研習，2017 年 2 月，頁 435。

[192] 蔡墩銘，刑法各論，2001 年 10 月，頁 276。黃惠婷，恐嚇取財罪、強盜罪與擄人勒贖罪之區別—評最高法院 98 年度台上字第 302 號刑事判決，月旦裁判時報，第 2 期，頁 136。林東茂，刑法分則，一品文化，2018 年 9 月，頁 212-214。許澤天，刑法分則（上）財產法益篇，2019 年 8 月，頁 290。陳子平，刑法各論（上），2015 年，頁 658。古承宗，刑法分則，財產犯罪篇，2018 年，頁 354。

罪（§328I），不是擄人勒贖。如果 A 打電話給 B 的家人要求交付財物，不論有無將 B 強押到山上（帶離原處所），A 均成立擄人勒贖罪（§347I）。

(2) 關於人質與被勒贖人之關係，有學者採取狹義解釋認為至少應以與被擄人存有近親關係及較密切之私人關係者為必要[193]。然有學者認為人質與被勒贖者不用有親屬、僱傭或朋友的關係，依社會通念判斷，只要「人質的處境可能引起人道關懷」，被勒贖的人可能擔憂人質的安危[194]，即可成立擄人勒贖。至於人質是否真的擔憂，無關緊要，例如 A 去誘拐小孩子 B，每天給 B 吃糖與玩電動，當成財神爺侍奉，告訴 B 說爸媽明天就來了，該 B 是否擔憂並無關緊要。

(3) 學者[195]指出過去將舊刑法之「擄人勒贖」修改為「意圖勒贖而擄人」，明顯將重點置於「擄人」部分，即擄人勒贖主要著重在：「被擄人的自由、身體與生命之安全」與「第三人擔憂人質安危，進而處分整體財產以換取人質自由」

2. 實務[196]（兩面關係）

　　被擄人與被勒贖人可以是同一人，故為兩面關係。至於擄人勒贖與強盜罪要怎麼區分？實務認為[197]擄人勒贖罪為強盜罪的加重型態。

① 強盜罪：在原地行為，短暫以強制力拘束人的行動自由，使人交付財物。

② 擄人勒贖：用強制力使被害人離開原所在地，較長期的置於行為人的實力支配下，使喪失行動自由，迫使交付財物。

③ 故上述案例中 A 將 B 帶離原地，且有較長期的實力支配，而使之喪失行動自由，A 的行為屬於擄人勒贖罪（§347I）。

---

[193] 陳子平，擄人勒贖罪與強盜罪之界線 —— 101 年度台上字第 5472 號判決的評釋，月旦裁判時報，2015 年 4 月，頁 49。

[194] 林東茂，刑法分則，2018 年 9 月，頁 214。許澤天，刑法分則（上），2019 年 8 月，頁 290。

[195] 陳子平，擄人勒贖罪與強盜罪之界線 —— 101 年度台上字第 5472 號判決的評釋，月旦裁判時報，2015 年 4 月，頁 49。

[196] 林山田，刑法各罪論（上），2005 年 9 月，頁 513。最高法院 85 年度台上字第 3675 號刑事判決。

[197] 褚劍鴻，刑法分則釋論（下），2006 年，頁 1327。盧映潔，刑法分則新論，修訂 15 版，新學林，2020 年 2 月，頁 803-804。最高法院 86 年度台上字第 3500 號刑事判決。最高法院 101 年度台上字第 4508 號刑事判決。最高法院 92 年度台上字第 2913 號刑事判決。

## 案例

　　甲在路邊裝死人，A下車察看，甲立馬起身拿假槍，頂著A的背，逼A一同到A宅搜取財物，剛進屋A乘機脫離甲控制，甲怕被捕，空手離開，甲如何論罪？

## 擬答

　　首先，甲的行為屬於強盜或擄人勒贖，如果擄人勒贖採三面關係說，甲屬於強盜罪而非擄人勒贖。如採實務見解之兩面關係說，由於擄人勒贖必須使A離開原地且較長期置於行為人支配下，然而本案例甲對A不是長期支配，故甲屬於強盜罪而非擄人勒贖。其次，甲的行為已經達到著手程度，而依第328條第1項，甲的手段需使A達到不能抗拒的程度。其三，甲的強盜行為符合竊盜罪的加重事由，即第321條第1項第1款侵入住宅，甲屬於加重強盜罪，至於假槍是否屬於兇器，有待商榷。後因A的脫離而加重強盜未果，甲屬於加重強盜罪的未遂犯。另外，甲拿假槍強盜的行為是否屬不能未遂，依重大無知理論，甲並非重大無知而以為假槍能達成強暴脅迫的結果，故非不能未遂。　■

## 二、既未遂

　　本罪是否以取得贖款始既遂？此涉及「勒贖」是否為客觀要件。

### （一）實務[198]（採否定見解）

　　不論有無取得贖款，只要行為人壓制被害人意思自由，將被害人帶離原處所，即屬既遂。亦即將被擄人置於行為人實力支配下即屬既遂。

---

[198] 最高法院92年度台上字第2913號刑事判決。最高法院97年度台上字第1284號刑事判決。

## （二）本書認為

實務僅以行為人主觀的「勒贖意圖」當成標準，恐使刑罰的處罰過度提前，恐違背罪刑相當原則。本罪應用「勒贖行為」為構成要件，始能解釋擄人勒贖罪屬於財產法益的犯罪，因而勒贖行為於取得贖款時既遂。

## 三、加重結果犯

是否必須擄人行為既遂而產生加重結果時，才可論加重結果犯？學說認為以條文順序觀之，應僅限於擄人既遂而產生加重結果，始有本罪加重結果犯的適用。如果擄人勒贖未遂而生死亡或重傷結果，應論本罪未遂與過失致死或致重傷罪之想像競合[199]。

## 四、減刑規定

為了鼓勵行為人迷途知返而規定第 5 項「犯第一項之罪，未經取贖而釋放被害人者，減輕其刑；取贖後而釋放被害人者，得減輕其刑。」的個人減輕刑罰事由[200]。然而行為人釋放人質是否要出於己意？

## （一）學說

從避免被撕票的立法考量[201]，面臨警察追捕且走投無路或與家屬談妥贖金的綁匪，其釋放人質的行為應有本項適用，才能合乎保全人質生命的立法意旨。故不限於犯行既遂前才成立，既遂後也可成立第 347 條第 5 項，故無引用

---

[199] 甘添貴，刑法各論（上），修訂 4 版 2 刷，2016 年 1 月，頁 379。

[200] 盧映潔，刑法分則新論，修訂 16 版，新學林，2020 年 7 月，頁 807。

[201] 立法理由：「因為擄人勒贖係屬一種非常惡劣的罪行，本應從重量刑，但為顧及被害人的人身安全，同時也希望犯罪人能心存慈悲，有所悔悟，而主動釋放被害人，免生『撕票』的悲劇，以保護被害人的人身安全，故而只要擄人勒贖後，不論是否取贖，如釋放被害人，均得減輕其刑，至於已經取贖之刑度如何減輕，則歸由法官去裁量。」

第 27 條的準中止犯的必要性，行為人不必出於己意而釋放人質[202]，不因其是否自動終止勒贖心意，或經談妥條件或擔保後，始釋放，而有不同。

## （二）實務認為必須出於自主的中止勒贖意圖方有第 347 條第 5 項的適用

刑法第 347 條第 5 項前段所謂未經取贖而釋放被害人，係指犯擄人勒贖之罪，未經取贖，自動終止勒贖之意思，或無取贖之犯意，而釋放被害人而言，應具有自動釋放人質之心意及實際釋放人質之事實，始得寬減其刑。如經談妥條件或擔保後，始將被害人釋放，其釋放既非出於自動終止勒贖之意思，而在於取贖，自與該條項前段規定不合，不得減輕其刑[203]。

---

**第 348 條　擄人勒贖罪之結合犯**

Ⅰ 犯前條第一項之罪而故意殺人者，處死刑或無期徒刑。

Ⅱ 犯前條第一項之罪而有下列行為之一者，處死刑、無期徒刑或十二年以上有期徒刑：

一、強制性交者。

二、使人受重傷者。

---

請參照強盜結合犯的說明。

---

**第 348-1 條　意圖勒贖而擄人（準擄人勒贖罪）**

擄人後意圖勒贖者，以意圖勒贖而擄人論。

---

[202] 許澤天，刑法分則（上）財產法益篇，新學林，2019 年 8 月，頁 295。

[203] 最高法院 106 年度第 13 次刑事庭會議決議（決議：採甲說）。

# 第三節　其　他

## 第一項　贓物罪

> **第349條　贓物罪**
> I 收受、搬運、寄藏、故買贓物或媒介者，處五年以下有期徒刑、拘役或科或併科五十萬元以下罰金。
> II 因贓物變得之財物，以贓物論。
> **第351條　親屬間贓物罪**
> 於直系血親、配偶或同財共居親屬之間，犯本章之罪者，得免除其刑。

### 一、贓物罪的前提

　　贓物罪的成立必須以具備一個先行犯罪（例如竊盜、搶奪、強盜罪）為前提。換句話說，贓物罪為後行為犯，所謂後行為犯是以一個行為人過去所為的違法行為為先行行為的犯罪[204]。不過不法前行為存在之前提的原則及於所有的續行犯，例如藏匿人犯罪、湮滅刑事證據罪[205]。

### 二、行為主體 —— 前財產犯罪行為人以外之人

#### （一）實務

　　認為贓物罪的行為主體限於前財產犯罪行為人以外之人[206]。因為財產犯罪

---

[204] 王效文，贓物罪的處罰理由、構成要件與修正建議，月旦法學雜誌，第145期，2007年6月，頁246。

[205] 蔡聖偉，案例解析方法論，第3版，2020年8月，頁53。

[206] 最高法院95年度台上字第779號刑事判決：「刑法上之贓物罪，原在防止因竊盜、詐欺、侵占各罪被奪取或侵占之物難於追及或回復，故其前提要件，必須犯前開各罪所得之物，始得稱為贓物；贓物罪之成立，以關於他人犯罪所得之物為限，若係自己犯罪所得之物，即不另成贓物罪。」

行為人「自己」處分犯罪所得的財物是財產犯罪的當然結果。然學說[207]則無此限制。

## （二）贓物罪的行為人可否為財產犯罪的共犯

例如 A 教唆或幫助他人（B）為犯財產犯罪（前階段行為）後，A 再行收受、搬運、寄藏、故買或媒介贓物（後階段行為），A 後階段行為是否可罰？

### 1. 實務（否定說）

竊盜罪成立以不法取得他人財物為要件。教唆行竊再收受贓物，當然包含於教唆竊盜中，不另成立收受贓物罪（因後階段行為的不法內涵已經包含在前階段教唆行為）[208]。由此可知，實務上對於贓物罪主體限於前財產犯罪行為人以外之人，「前財產犯罪的行為人」解釋上包含共犯。A 的後階段行為不另外成立贓物罪。

### 2. 學說（肯定說）

學說[209]有認為行為人教唆他人行竊，後來收受被教唆者所竊取之物，除了構成竊盜罪的教唆犯外，還成立本罪，兩行為屬於一行為犯數罪的想像競合，傾向以競合理論解決該問題。故 A 除成立前罪的教唆犯外，另外構成贓物罪，兩者應以想像競合處理。

如在幫助犯的情形，學說有認為實務援用幫助犯的從屬性而不再論贓物罪，是誤解了共犯從屬性的意義，竊盜的共犯以有竊盜正犯為前提，不代表竊盜共犯無法成立竊盜正犯本身不能成立的本罪[210]。

---

[207] 林山田，刑法各罪論（上），2005 年 9 月，頁 529。

[208] 最高法院 28 年度台上字第 2708 號刑事判決。臺灣臺北地方法院 105 年度審簡字第 556 號刑事判決：「按竊盜後復行處分贓物之行為，已為竊盜行為所吸收，屬不罰之後行為，自不能再論以該罪。」

[209] 林山田，刑法各罪論（上），2005 年 9 月，頁 529。

[210] 許澤天，刑法分則（上）財產法益篇，新學林，2019 年 8 月，頁 358-359。

## 3. 本書

本案中非論以想像競合、亦非論以與罰後行為。行為人教唆竊盜後，將該贓物銷贓，該銷贓行為不屬於贓物罪的贓物行為，亦即不符合收受、運送、寄藏、收買、仲介，故而行為人之後的銷贓行為不構成贓物罪。然而若後行為符合上述贓物罪的贓物行為，仍可構成贓物罪，此時行為人可論以教唆竊盜與贓物罪的實質競合，應論以數罪併罰[211]。

## 三、行為客體 —— 贓物、準贓物

### （一）贓物

贓物是指實施財產犯罪之不法行為取得的財物，含動產及不動產，但不含物以外的財產利益（例如債權），但表彰權利的文書（例如票據、股票），因該文書為物，故仍包含在內。又前行為必須是財產犯罪（包括是贓物罪），且有「不法」已足，有無罪責非所問。此外，實務[212]認為刑法上之贓物罪，原在防止因竊盜、詐欺，侵占各罪被奪取或侵占之物難於追及或回復，故其前提要件，必須犯侵害財產法益所得之財物，始得稱為贓物。

### （二）準贓物

我國刑法第 349 條第 2 項規定「以贓物論」，稱準贓物。

#### 1. 贓物與準贓物間是否要具有物理同一性？贓物所變得之金錢是否為贓物？

#### (1) 實務

實務上依據妨害返還請求權（持有回復妨害）理論，贓物罪是被害人對於財物的追求權，認為使前財產犯罪所得之物處於難以追及或回復的狀態才可成

---

[211] 盧映潔，刑法分則新論，修訂 16 版，新學林，2020 年 7 月，頁 810。

[212] 最高法院 41 年台非字第 36 號判例。最高法院 79 年度台上字第 813 號刑事判決。臺灣高等法院 104 年度上易字第 84 號刑事判決。臺灣高等法院臺中分院 107 年度上訴字第 1305 號刑事判決。臺灣士林地方法院 108 年度訴字第 82 號刑事判決。

立贓物罪[213]，且準贓物的範圍也不限於要與贓物有物理同一性（僅具備同一性即可[214]），即使將犯罪所得之物變更為金錢仍是贓物。

(2) 學說

「違法狀態維持理論」下，贓物罪的處罰基礎為行為人加深或維持前財產犯罪的違法財產狀態，故準贓物必須與前財產犯罪所獲得的財物有「物理同一性」，如僅經濟上取代贓物之「替代贓物」，無法成為贓物罪的客體。如今天把贓物（實體財物）兌換成金錢，該金錢非準贓物，因兩者欠缺物理同一性，而以第 38 條之 1 第 2 項第三人沒收即可，無將之入罪化的必要[215]。

2. 偷雞生雞蛋，偷狗生小狗，雞蛋與小狗是贓物嗎？

文義解釋下任何條件所變得的物，都是贓物。有學說認為文義解釋下會讓準贓物的概念擴大。所以要限縮於基於「經濟交易」或「法律行為」，才是贓物。如果自生物自然條件變得的物，不宜認為是贓物[216]。

## 四、行為

### （一）收受

「無償」取得贓物所有權，於取得贓物而持有時為既遂。

---

[213] 最高法院 41 年台非字第 36 號判例。臺灣臺北地方法院 89 年度訴字第 1037 號刑事判決：「準贓物之概念，不應漫無限制而放任無限連坐，參酌贓物罪所以構成犯罪，乃基於『持有回復妨害』之理論，是所謂『因贓物變得之財物』，應屬贓物之代替物且僅限於與原物具有同一性者，始足當之。是『贓物』須為因財產上之犯罪所取得之原物或由原物直接變換而得之代替物。」

[214] 臺灣高等法院 108 年度上易字第 1353 號刑事判決：「所謂贓物，係指因侵害財產法益之罪所得之物，包含動產與不動產；且因贓物變得之財物以贓物論，刑法第三百四十九條第二項定亦有明文，可見本罪之客體，同包含由原贓物變得之財物；本件○○○涉犯之甲案，係詐欺之犯罪類型，屬侵害財產法益之犯罪，○○○將該贓款結購本案旅行支票，該旅行支票即屬因贓物變得之財物，又縱經澳門法院扣押後再發還，該等支票之同一性並未因此改變，仍不失其準贓物之性質。」

[215] 王效文，贓物罪的處罰理由、構成要件與修正建議，月旦法學雜誌，第 145 期，2007 年 6 月，頁 248-249。許澤天，刑法分則（上）財產法益篇，新學林，2019 年 8 月，頁 365。

[216] 林東茂，刑法分則，一品文化，2018 年 9 月，頁 232。許澤天，刑法分則（上）財產法益篇，新學林，2019 年 8 月，頁 358-366。

## （二）搬運

搬移運送，搬離原地點為既遂。

## （三）寄藏

明知贓物而於受人寄託下之故意隱藏的行為。

## （四）故買

基於買賣意思而支付「相當對價」取得物之交付，且置於自己實力支配下，不需有所有權之買賣或移轉，即使取得使用權而非所有權，亦不妨礙成立此罪。而故買的主觀要件包含直接與間接故意。

## （五）媒介

法律上處分行為之媒介，以他人成立處分贓物合意為既遂，有償或無償、直接或間接媒介皆屬之。

# 第二項　妨害電腦使用罪

民國 92 年 6 月 25 日刑法新增妨害電腦使用罪章，因顧及刑法原有條文不宜輕易變更而將之置於刑法最後一章。本罪章的保護法益在學說與實務上莫衷一是。實務上認為是電腦使用安全兼及個人及社會安全法益[217]；有學者認為本罪章屬於超個人法益，以資訊安全的社會信賴為保護法益，保護特定時空下社會成員對於電腦網路運作的共同信賴感[218]；另有學者認為本罪保護法益在於個

---

[217] 最高法院 107 年度台上字第 1096 號刑事判決。

[218] 許恒達，資訊安全的社會信賴與刑法第 359 條的保護法益—評士林地方法院 99 年度訴字第 122 號判決，月旦法學雜誌，第 198 期，2011 年 11 月，頁 242。蔡蕙芳，妨害電腦使用罪章：第一講：保護法益與規範功能，月旦法學教室，第 126 期，2013 年 4 月，頁 64。

人或公眾獨占電磁紀錄資訊所帶來的整體財產價值[219]；亦有學者認為本罪章保護個人法益，保護涵蓋個人隱私與經濟利益的電腦資訊秘密，即透過特別保護機制紀錄的資訊秘密。至於入侵電腦所可能伴隨的變更或刪除電磁紀錄的破壞資訊完整使用，則非本罪保護的法益所在，充其量只能評價為禁止入侵電腦的反射利益[220]。

---

**第 358 條　入侵電腦或相關設備罪**

無故輸入他人帳號密碼、破解使用電腦之保護措施或利用電腦系統之漏洞，而入侵他人之電腦或其相關設備者，處三年以下有期徒刑、拘役或科或併科三十萬元以下罰金。

---

## 一、行為

無故輸入他人帳號密碼、破解使用電腦之保護措施或利用電腦系統之漏洞，而入侵他人之電腦或其相關設備者。

### （一）無故

是指無正當理由，以一般人生活經驗法則下客觀判斷[221]。第 358 條文義解釋下只要未經合法授權，輸入他人帳密，侵入他人電腦或相關設備（伺服器、個人帳戶），即屬無故。

### （二）破解使用電腦之保護措施

使他人對於電腦資訊的防護刺探措施失效的行為。破解保護措施「必須針對防止侵入電腦」而來，可能是系統內含的措施，如密碼、磁卡、防火牆或生

---

[219] 薛智仁，無故取得電磁紀錄之解釋及立法，政大法學評論，第 136 期，2014 年 3 月，頁 87-87。

[220] 許澤天，刑法分則（上）人格與公共法益篇，新學林，2019 年 8 月，頁 296。

[221] 最高法院 107 年度台上字第 1076 號刑事判決。

物辨識（如聲紋、指紋），也可能是機械性的硬體安全措施、封閉的空間或容器，只要目的在於保護資訊安全即可。相對來說，倘若僅是用於維護一般安全（如防火或防塵），或僅在防止盜拷資訊，而非在阻止外人入侵電腦的保護措施，則破解該措施的行為，尚不構成本罪[222]。

## （三）輸入他人帳號密碼

文義上要同時輸入帳號與密碼方構成該要件，然密碼本身即是防護電腦的安全措施，故只要輸入帳號即可。

## （四）利用電腦系統漏洞

利用電腦本身的系統漏洞來迴避電腦內控機制的監察，例如特殊軟體入侵電腦系統。

## （五）入侵

指違反處分權人的意願而進入電腦內部，進而造成電腦系統私密性與完整性的破壞。本罪為行為犯，只要達到處於隨時可取得電腦內部資訊的情形已足。

## 二、客體：他人之電腦或其相關設備

所謂相關設備，有學者認為如記憶卡、DVD、唱片等資訊載體[223]；有學者認為屬於電腦連線的裝置，如數據機[224]。

> **第 359 條　無故取得、刪除或變更電磁紀錄之罪**
> 無故取得、刪除或變更他人電腦或其相關設備之電磁紀錄，致生損害於公眾或他人者，處五年以下有期徒刑、拘役或科或併科六十萬元以下罰金。

---

[222] 許澤天，刑法分則（上）人格與公共法益篇，新學林，2019 年 8 月，頁 300。

[223] 許澤天，刑法分則（上）人格與公共法益篇，新學林，2019 年 8 月，頁 298。

[224] 李茂生，刑法新修妨害電腦使用罪章芻議（中），台灣法學雜誌，第 55 期，2004 年 2 月，頁 246。

## 一、客觀要件

### （一）行為

1. 取得：未經授權而擅自透過電腦的使用取得他人的電磁紀錄，但不須影響到原所有人繼續保有電磁紀錄的支配的狀態為必要。例如 A 用隨身硬碟去拷貝別人電腦裡的資料。

2. 刪除：使電磁紀錄完全消失或使部分消失以至於不能再現電磁紀錄。而如果電磁紀錄經過刪除後仍可藉由技術手段復原，因該行為仍會致生損害於公眾或他人，故仍屬於刪除行為。

3. 變更：使電磁紀錄內容的組成遭到改變，只要行為時電磁紀錄遭刪除或變更就成立本罪。至於之後的電磁紀錄是否可修復，與本罪無關。

### （二）行為客體：他人電腦或其相關設備之電磁紀錄

1.「他人」是指其他具有合法使用電腦權限之人，故非行為人本人。

2. 其他相關設備，非指電腦的主要裝置，但得以連線手段，將資料進入到電腦的設備，然該相關設備應該限於已經儲存在電腦或其相關設備。

3. 電磁紀錄是指刑法第 10 條第 6 項「稱電磁紀錄者，謂以電子、磁性、光學或其他相類之方式所製成，而供電腦處理之紀錄。」

### （三）結果：致生損害於公眾或他人

　　構成要件的結果與本罪章採取何種保護法益相關。有認為公眾損害或個人損害的結果為實害結果。若未發生損害則為未遂行為，因本罪不罰未遂，故行為人不成立犯罪[225]；又有認為本罪保護法益是維護資訊安全信賴的社會法益，本罪的損害結果必須取決於社會法益的影響面向，而與個人實際發生的利益缺損脫鉤，有無造成損害判斷，應以取得、刪除或變更他人電磁紀錄行為，是否

---

[225] 鄭逸哲，吹口哨壯膽—評刑法第三十六章增訂，月旦法學雜誌，第 102 期，2003 年 11 月，頁 110。

使社群成員減少對資安系統的信賴程度，而「信賴足以崩潰」的危險效果[226]。另有實務見解認為本罪保護社會法益，目的在於維持電子化秩序，故不以實際上對公眾或他人經濟損害為限[227]。

## 二、本罪與他罪之關係

### （一）第 359 條與第 358 條的競合

兩罪保護法益相同，若行為人用同一行為侵入他人電腦而取得他人之電腦紀錄，則第 359 條與第 358 條，應係法條競合之補充關係，應論以較重之第 359 條。

### （二）第 359 條與第 352 條的競合

第 359 條保護電腦使用安全或有認為是保護個人隱私與經濟利益；第 352 條保護文書的存在價值與公共信用，為不同法益，應論以想像競合，從較重之本罪處斷。

**案 例**

A 輸入 B 的密碼而進入 B 電腦瀏覽並列印 B 的保險汽車資料，A 觸犯何罪？

**擬 答**

A 輸入密碼，應觸犯第 358 條侵入電腦罪，而列印保護資料屬於取得他人電磁紀錄為第 359 條，然而 A 之行為非第 339 條之 3 第 2 項，因 A 未製作財產之得喪變更紀錄。

---

[226] 許恒達，資訊安全的社會信賴與刑法第 359 條的保護法益—評士林地方法院 99 年度訴字第 122 號判決，月旦法學雜誌，第 198 期，2011 年 11 月，頁 242。

[227] 臺灣高等法院 104 年度上訴字第 1094 號刑事判決。

A 破解電腦保護措施進入 B 的網頁竄改 B 刊登供得標者匯款用的帳號，A 觸犯何罪？

## 擬答

A 破解電腦保護措施應觸犯第 358 條，而 A 竄改帳號為變更電磁紀錄，故為第 359 條，另外亦構成偽造私文書罪（§ 210、§ 220II）第 359 條與第 210 條為想像競合，論以第 359 條。而 A 是用同一行為侵入他人電腦而變更他人之電腦紀錄，第 359 條與第 358 條，應係法條競合之補充關係，應論以較重之第 359 條。

---

**第 360 條　干擾電腦或相關設備罪**

無故以電腦程式或其他電磁方式干擾他人電腦或其相關設備，致生損害於公眾或他人者，處三年以下有期徒刑、拘役或科或併科三十萬元以下罰金。

---

干擾行為，是指使電腦或相關設備暫時性的使用不能，亦即利用足以造成電腦使用障礙的方式，不論利用網路癱瘓的方式，或植入暫時性封鎖程式，而造成無法正常使用電腦及相關設備。

因為本罪要處罰對於電腦及網路設備產生重大影響之故意干擾行為，避免對某些電腦系統僅產生極輕度影響之測試或運用行為被論以本罪，所以加上「致生損害於公眾或他人」的要件。

---

**第 361 條　對公務機關電腦犯罪之加重**

對於公務機關之電腦或其相關設備犯前三條之罪者，加重其刑至二分之一。

---

**第 362 條　製作犯罪使用之電腦程式罪**

製作專供犯本章之罪之電腦程式，而供自己或他人犯本章之罪，致生損害於公眾或他人者，處五年以下有期徒刑、拘役或科或併科六十萬元以下罰金。

　　例如電腦病毒、木馬程式、電腦蠕蟲程式等惡意電腦程式，對電腦系統安全性危害很大，往往造成重大財損。例如 CIH 病毒造成 6,000 萬台電腦當機、網頁綁架程式網頁之後會時不時跳出：「地方媽媽找約會對象」、「哥哥人家好寂寞」的相關網頁。本罪必須符合「專供犯本章之罪」，若電腦程式的主要功能是用於電腦系統或網路診斷、監控的正當用途，就非本罪。

> **第 363 條　告訴乃論**
> 第三百五十八條至第三百六十條之罪，須告訴乃論。

## 選擇題應注意事項

### 一、個別財產法益

### （一）竊盜罪

1. 實務認為必須將客體置於自己實力支配之下方為竊盜罪的既遂。而何謂實力支配下應該個案討論該客體的大小、重量、性質等，例如去超商將口香糖放到自己口袋內已經處於實力支配下，論竊盜既遂。例如去家樂福偷冰箱，必須將之搬出賣場而放到貨車上開走一段距離方屬既遂。

2. 實務認為不法所有意圖是指認知到自己欠缺適法權源而將財物移入自己的實力支配之下管領，故如果 A 認為 X 物為自己所有（但其實是 B 所有），而將之拿走，A 不構成竊盜罪。又如 A 私自取走 B 之物，之後馬上歸還，實務上認為不具備不法所有意圖，而不構成竊盜罪。

3. 不法所有意圖的對象，一般來說拿走存摺、印章去提款後歸還該存摺印章，則對該存摺、印章不具備不法所有意圖。

4. 實務認為 A 是財產犯罪的行為人（例如 A 竊盜或搶奪別人之物），之後將該物毀損（毀損罪）或賣掉（贓物罪），僅成立竊盜或搶奪罪，因為該行為沒有加深前一行為所造成的損害或造成新的法益侵害，為不罰後行為。

5. 如果 A 於一個空間內，對數個人的物品行竊，此時實務上僅構成一個竊盜罪，因此時只有一個財產監督權。

6. 加重竊盜罪中侵入住宅的加重事由，如 A 僅是侵入住宅，但是尚未著手竊取財物，竊盜罪尚未著手實行，故不構成加重竊盜罪，但可構成侵入住宅罪。

7. 加重竊盜中的結夥三人竊盜，實務認為限於有責任能力者（不含無責任能力者，例如 14 歲以下之人）且必須限於在場的共同正犯，但不包含共謀共同正犯。

8. 加重竊盜罪中利用「在車站、港埠、航空站或其他供水、陸、空公眾運輸之舟、車、航空機內而犯之」，實務認為不包含計程車。

9. 竊盜、搶奪、強盜的共通要件為違反他人意願，破壞持有而建立持有，而搶奪罪與強盜罪必須施以不法腕力，又強盜罪的不法腕力程度必須達到不能抗拒。

## （二）搶奪罪、強盜罪

1. 實務認為只要是乘人不備而公然掠取他人之物即為搶奪行為，不必限於行為人緊密持有的動產。選擇題典型的考題類型皆為 A 騎機車在路上尋找目標，看到 B 獨自一人就高速騎車過去而順手把 B 的包包拉走，此時即為搶奪行為。但如果是 A 的行為達到 B「至使不能抗拒時」，則為強盜罪，例如 A 騎車撞 B 而將 B 壓制在地而使 B 無法反抗後把 B 的包包拿走。

2. 準強盜罪的成立必須先有竊盜或搶奪的行為，後為強暴、脅迫行為方有該罪適用，不過必須限於當場為之，如果為竊盜後隔天才施以強暴脅迫行為，則非本罪，而應論以竊盜罪與傷害罪的數罪併罰。

3. 加重強盜罪的加重事由與加重竊盜罪相同，例如 A 入侵別人家裡搶劫，構成加重強盜罪。

4. 強盜罪的結合犯，包含故意殺人者、放火者、強制性交者、擄人勒贖者、使人受重傷者。但不包含使人輕傷、失火者、強制猥褻或乘機性交、猥褻者。

## （三）侵占罪、毀損罪

1. 實務認為侵占罪的適用前提必須是行為人合法持有該物。

2. 如不具備不法所有意圖時，仍非侵占罪，例如 A 將自己的錢存入 B 保險公司，保險公司拿這筆錢來投資房地產，B 不具備不法所有意圖，因保險到期時 B 仍會歸還。

3. 毀損建築物罪（§353）的成立，必須針對其主要部分的破壞，例如梁柱、牆面，但如僅對於窗戶、窗簾的破壞，僅是毀損器物罪 （§354）。

4. 毀損罪不罰過失犯，也不罰未遂犯。

## 二、整體財產法益

## （一）詐欺罪

1. A 去賣場，將酒裝入餅乾盒內去結帳，而店員未發現不對而幫忙結帳，此時實務認為 A 成立詐欺罪。

2. 用假的卡片去提款、無權使用他人的卡而拿他人的卡去提款，符合不正利用自動付款、自動收費設備罪的不正方法，因實務認為該不正方法為一切的不正方法。

3. 加重詐欺罪（§339-4），因犯詐欺罪而有，冒用政府機關或公務員名義犯之（此款常與冒充公務員而行使職務罪（§158）產生競合，然實務第 339 條之 4 已經包含第 158 條，故不另外構成第 158 條，故只須成立第 339 條之 4 即可）、三人以上共同犯之、以廣播電視、電子通訊、網際網路或其他媒體等傳播工具，對公眾散布而犯之。且有罰未遂犯。

## （二）擄人勒贖罪

1. 擄人勒贖罪有處罰未遂犯、預備犯、加重結果犯。如未經取贖而釋放被害人者，減輕其刑（應減輕）；取贖後而釋放被害人者，得減輕其刑。

2. 擄人勒贖罪的結合犯：故意殺人者、強制性交者、使人受重傷者。

# 第七章　社會法益

## 第一節　公共危險罪章

### 第一項　公共危險之放火罪、決水罪

> **第173條　放火、失火燒燬現供人使用之住宅或現有人所在之處所或交通工具罪**
>
> I 放火燒燬現供人使用之住宅或現有人所在之建築物、礦坑、火車、電車或其他供水、陸、空公眾運輸之舟、車、航空機者，處無期徒刑或七年以上有期徒刑。
>
> II 失火燒燬前項之物者，處一年以下有期徒刑、拘役或一萬五千元以下罰金。
>
> III 第一項之未遂犯罰之。
>
> IV 預備犯第一項之罪者，處一年以下有期徒刑、拘役或九千元以下罰金。

### 一、本罪性質：抽象危險犯

　　抽象危險犯指行為符合了犯罪的構成要件，致法益受有侵害的危險存在，但不以實際發生現實侵害為必要，其提前禁制，係依憑社會生活經驗作基礎，由立法者擬制其危險存在者。放火或失火罪通常具有延燒可能性與不可控制性，而對不特定多數人之生命、身體、健康、財產發生嚴重危險，本罪乃以抽象危險犯方式禁止之，屬於將行為處罰前置化之犯罪類型[1]。

---

[1]　王皇玉，實驗室放火案，月旦法學教室，第189期，2018年7月，頁23-25。最高法院106年度台上字第2658號刑事判決。

> **最高法院 105 年度台上字第 142 號刑事判決**
>
> 　　為限縮放火罪抽象危險犯之適用範圍，避免可罰性過度擴張，以符合規範目的……放火行為是否對公共安全有引發實害或具體危險之可能性，於現今社會生活情況，應審酌放火燃燒具蔓延性、難以控制性，住宅、建築物使用或所在之人，在該住宅或建築物內有隨時進出之流動性、他人於每一空間之滯留可能性及放火客體所在位置、四鄰關係等為判斷。就獨棟式房屋或建築物而言，必須確定屋內每一角落均已無人，居住或所在及其他不特定人，不會有隨時進入之可能。且依其坐落位置，無論火勢、風勢如何，均不致延燒波及他人生命、身體、財產之安全，而得確認無發生公共危險可能時，始得謂明知放火行為無抽象危險存在。

## 二、客觀要件

### （一）行為

1. 放火（§173I）：故意使火力傳導於特定之目的物，使其燃燒之意。創造火源或對既存火力助長皆屬之。亦可能以不純正不作為方式為之，行為人對特定物之燃燒具有控管及防止蔓延的義務，而故意不加控管而使其蔓延。

2. 失火（§173II）：過失引燃火源，致火力燃燒特定物。

### （二）客體

1. 現供人使用之住宅

(1) 住宅：足以當成生活起居使用的屋子。

(2) 現供人使用：放火當時有人使用已足，不以放火當時果真有人在內為必要[2]。

---

[2]　最高法院 97 年度台上字第 6562 號刑事判決。

學說[3]上更有認為全家長期出國旅行或特定時間才在家，如果家具處於隨時可得使用狀態，仍是現供人使用。又現供人使用包含共同使用。

---

**最高法院 109 年度台上字第 757 號刑事判決**

放火燒燬之住宅或建築物等現既供人使用或有人所在，依通常情形往往因放火結果遭受意外之危害，為保護公共安全起見，特為加重處刑之規定。行為人放火燒自己所有之住宅時，倘該住宅內尚有其他人共同使用，基於保護公共安全之立法本旨，自仍有該條項之適用。

---

2. 現有人所在之建築物、礦坑、舟車等交通工具

(1) 建築物：有屋頂牆壁足以遮蔽風雨且定著於土地的建築物。此外，實務[4]認為檳榔攤屬於臨時性而非密切附著於土地之物，不屬於建築物。

(2) 公眾之交通工具：提供不特定往來運送之交通工具，如火車、公車，但不含計程車。

(3) 現有人所在：放火行為當時，供給行為人以外之人作為起居飲食等日常使用。

## 【「現有人所在」是否於放火行為時必須「有人」在建物內，才該當此要件？】

A 趁公司同事都下班後將汽油潑灑公司辦公室後引火點燃。A 放火後，夜間巡邏保全隨即發現有人縱火，立即報警。然大火仍蔓延以至於整棟大樓均燒燬，A 觸犯何罪？

此案例涉及第 173 條「現供人使用或現有人所在」與第 174 條「非供人使用或現未有人所在」之區別與適用。

---

[3] 甘添貴，刑法各論（下），修訂 4 版 2 刷，2016 年 10 月，頁 13。
[4] 最高法院 101 年度台上字第 2866 號刑事判決。

（一）「現有人所在」是否於放火行為時必須「有人」在建物內，才該當此要件

1. 肯定說：放火當時，確實有人在內為必要。

　　「現有人所在」用語和「現供人使用」不同，明顯是和前段的「現供人使用」作不同的解釋，「現有人所在」應是指行為時點有人在建築物內，而「現供人使用」則是一種持續的狀態。後段的「現有人所在」的保護客體非僅有建物，還包括交通工具等，例如放火燒燬夜間停放在公車站的公車，即使該公車日間處於現供人使用的狀態，但放火行為時確實無人在內者，仍不符合「現有人所在」[5]。

2. 否定說：放火當時，不以確實有人在內為必要[6]。

（二）第 173 條第 1 項故意放火罪時，於建築物之內的「人」，是否包含行為人

　　實務採否定說，本條範圍應限縮於行為人以外之人。通常情形往往因放火結果遭受意外之危害，為保護公共安全起見，特為加重處刑之規定。故該條項所稱之人，當然係指放火人犯以外之人而言。如果前項住宅或建築物，為放火人犯自行使用或只有該犯人在內，則其使用或所在之人，已明知放火行為並不致遭受何種意外危害，自不能適用該條項處斷[7]。

---

[5]　甘添貴，刑法各論（下），修訂 4 版 2 刷，2016 年 10 月，頁 14。王皇玉，實驗室放火案，月旦法學教室，第 189 期，2018 年 7 月，頁 23-25。最高法院 101 年度台上字第 2251 號刑事判決：「刑法第一百七十三條所指放火罪之客體即現供人使用之『住宅』，固係指於放火行為時，有人遷入居住而生活於其中之建築物，但不以行為當時有人在內為必要，此與並列於該規定而同屬放火罪客體之現有人所在之建築物，係指非供人居住生活而屬住宅以外之建築物，但於放火時有人在內者不同。」

[6]　林山田，刑法各罪論（下），修訂 5 版，2005 年 9 月，頁 277。

[7]　最高法院 105 年度台上字第 142 號刑事判決。臺灣新北地方法院 108 年度審易字第 1598 號刑事判決。

（三）第 173 條第 2 項、第 174 條第 3 項失火罪時，於建築物之內的「人」，是否包含行為人

　　承上例，若今天 A 因在公司抽菸而失火，如何論處？實務上採肯定說，失火罪之行為人於失火之際，既仍有遭受意外危害之虞，故於判斷失火所燒燬之住宅或建築物是否現供人使用或有人所在，行為人仍應算入刑法第 173 條第 2 項、第 174 條第 3 項所稱之「人」，始符立法意旨[8]。但有學者認為，不論放火或失火罪之客體應一致，沒有理由因為主觀心態的不同而為不同判斷標準[9]。

（四）大火仍蔓延以至於整棟大樓均燒燬，如果只有行為人自己在內，因為實務認為建物內部之人不含行為人，如只有行為人自己在內，不會符合本罪客體。但是如果房子跟他人的住宅或建物有整體性的時候，該怎處理呢？一般認為，現有人所在或現供人使用必須於建物有整體性時一同考量。無論為大廈或公寓式，俱屬整體建築，自己與他人擁有之住宅，就公共安全言，具有不可分性，與昔日房屋之獨棟式建築，不能相提並論。故在自己使用之住宅內放火，實與對整棟公寓或大廈放火無異[10]，所以應屬於現供人使用之住宅或現有人所在的建築物。

## 三、預備犯與未遂犯

　　如僅傾倒汽油而尚未點火，屬於預備犯[11]。若如已經點火但尚未引燃[12] 或已經引燃但未達到燒燬的程度[13]，皆為未遂。

---

[8] 臺灣高雄地方法院 100 年度簡上字第 23 號刑事判決。臺灣桃園地方法院 108 年度訴字第 633 號刑事判決。

[9] 蔡聖偉，廟不可炎─論失火罪客體的屬性認定，月旦法學教室，第 85 期，2009 年 11 月，頁 30-31。

[10] 最高法院 95 年度台上字第 1167 號刑事判決。臺灣高等法院 106 年度上易字第 783 號刑事判決。臺灣高等法院 109 年度上訴字第 1768 號刑事判決。

[11] 最高法院 98 年度台上字第 1816 號刑事判決。臺灣臺中地方法院 102 年度訴字第 968 號刑事判決。

[12] 最高法院 105 年度台上字第 2583 號刑事判決。

[13] 最高法院 104 年度台上字第 1057 號刑事判決。

## 四、既遂犯

行為客體達到燒燬程度即為既遂，然而何為燒燬？

### （一）獨立燃燒說

不用再依靠引燃物而可以獨立繼續燃燒之狀態，即為既遂。

### （二）重要部分效能喪失說

客體之效用（功能）不必達全部滅失程度，達已經喪失主要效能的程度即可[14]。

### （三）本書認為

本罪保護公共安全，一旦危及到不特定人生命、身體、財產的安全，即是本罪所欲規範者。如果行為人放火已經形成火勢蔓延的可能性而難掌握，此時已經造成不特定人生命、身體、財產安全的危害，就是既遂[15]。

## 五、競合

### （一）放火罪與毀損罪

實務認為，因刑法上之放火罪，其直接被害法益為一般社會之公共安全，且列入刑法公共危險罪章內，自以社會公安之法益為重，而放火之本質原含有毀損性質，放火燒燬現供人使用之住宅罪，係指供人居住房屋之整體而言，當然包括該住宅之牆垣、宅內所有設備、家具、日常生活上一切用品等物，更不論係自己或他人所有。故放火燒燬現供人使用之住宅行為，侵害一個社會公共安全之法益，雖波及鄰房並造成其他物品燒燬，仍僅成立一個放火罪，非依其

---

[14] 最高法院 79 年度台上字第 2656 號刑事判決。最高法院 95 年度台上字第 1984 號刑事判決。最高法院 96 年度台上字第 2485 號刑事判決。

[15] 盧映潔，刑法分則新論，修訂 15 版，新學林，2020 年 2 月，頁 201。

所焚燒之家數，成立數罪，亦不另論以放火燒燬住宅以外他人或自己所有物等毀損罪名[16]。不過本書認為放火罪是公共法益，毀損罪是個人法益，應該依照想像競合處理。

## （二）放火罪與殺人罪

如果出於殺人而放火，造成被害人之死亡，放火罪與殺人罪屬不同法益之侵害，雖因想像競合而從一重論罪，但量刑評價時應一併審酌不同法益之侵害[17]。

---

**最高法院 109 年度台上字第 334 號刑事判決**

刑法放（失）火罪係對於特定物以火力引起燃燒之行為，通常具有延燒可能性與不可控制性，而對不特定多數人之生命、身體、健康、財產發生嚴重危險，乃以危險犯方式禁止之，屬於將行為處罰前置化之犯罪類型。但並非每個放火行為皆一定會對於生命、身體、健康或財產發生實害，有實害結果之發生也往往係因外在因素或物理作用等之支配，非必由行為人「使其發生」或「任其發生」，故危險犯之故意與犯罪之結果為截然不同之概念，不可不辨。故行為人對於殺人實害結果與放火危險狀態之認識與意欲，既有高低之別，均需各別加以證明與確定，究不能藉由生命法益受侵害之結果，反推具有殺人之故意，亦不能逕以放火直接故意之存在，推導出具有同樣之殺人直接故意，仍須回歸到各個構成要件事實獨立判斷，不得籠統為同一之觀察，否則，無異降低殺人故意之認定標準，使殺人罪之處罰前置化。

---

**第 174 條　放火、失火燒燬現非供人使用之住宅或現未有人所在之處所或交通工具罪**

I 放火燒燬現非供人使用之他人所有住宅或現未有人所在之他人所有建築物、礦坑、火車、電車或其他供水、陸、空公眾運輸之舟、車、航空機者，處三年以上十年以下有期徒刑。

---

[16] 最高法院 108 年度台上字第 1751 號刑事判決。
[17] 最高法院 109 年度台上字第 744 號刑事判決。

II 放火燒燬前項之自己所有物，致生公共危險者，處六月以上五年以下有期徒刑。

III 失火燒燬第一項之物者，處六月以下有期徒刑、拘役或九千元以下罰金，失火燒燬前項之物，致生公共危險者，亦同。

IV 第一項之未遂犯罰之。

　　一般認為第174條第2項有「致生公共危險」之文字故為具體危險犯，故而必須個案判斷是否致生公共危險，因尚未致生公共危險之前，本項之罪之行為對法益帶來的風險機率尚不足入罪。

## 第 175 條　放火、失火燒燬住宅等以外之物罪

I 放火燒燬前二條以外之他人所有物，致生公共危險者，處一年以上七年以下有期徒刑。

II 放火燒燬前二條以外之自己所有物，致生公共危險者，處三年以下有期徒刑。

III 失火燒燬前二條以外之物，致生公共危險者，處拘役或九千元以下罰金。

|  | §173 | §174I | §174II | §175 |
|---|---|---|---|---|
| 性質 | 抽象危險犯 | 抽象危險犯 | 具體危險犯 | 具體危險犯 |
| 過失犯 | ○ | ○ | ○ | ○ |
| 未遂 | ○ | ○ | × | × |
| 預備 | ○ | × | × | × |

## 第 176 條　準放火、失火罪

故意或因過失，以火藥、蒸氣、電氣、煤氣或其他爆裂物，炸燬前三條之物者，準用各該條放火、失火之規定。

　　本罪之行為手段必須使用「有爆發性、可瞬間性及破壞性或殺傷力」[18]之物。而準用各該條放火、失火之規定，不論客體、未遂犯、預備犯、具體危險犯、抽象危險犯均在準用效果之列。

---

**第 177 條　漏逸或間隔氣體罪**

Ⅰ 漏逸或間隔蒸氣、電氣、煤氣或其他氣體，致生公共危險者，處三年以下有期徒刑、拘役或九千元以下罰金。

Ⅱ 因而致人於死者，處無期徒刑或七年以上有期徒刑；致重傷者，處三年以上十年以下有期徒刑。

---

　　漏逸是指未按正常流通或使用方法，使氣體排出外露。間隔是指將正常流通於容器或管線內之物施以阻隔，以遮斷正常流通之行為。本罪為具體危險犯，須「致生公共危險」時，始能成立本罪。又本條第 2 項有處罰加重結果犯，必須漏逸或間隔氣體致生公共危險後而有死亡或重傷的加重結果，始有本條第 2 項之適用。例如 A 與 B 在空曠的稻田裡爭吵，A 打開瓦斯點火燃燒洩恨，造成 B 死亡，A 的行為為第 177 條第 1 項洩漏氣體罪，然而因 A 於空曠的稻田裡打開瓦斯點火燃燒而不生公共危險，故非本罪的加重結果犯。但 A 對 B 可成立過失致死罪。

---

**第 178 條　決水浸害現供人使用之住宅或現有人所在之建築物及交通工具罪**

Ⅰ 決水浸害現供人使用之住宅或現有人所在之建築物、礦坑或火車、電車者，處無期徒刑或五年以上有期徒刑。

---

[18] 最高法院 108 年度台上字第 3751 號刑事判決：「刑法第一百七十六條準放火罪，以其燒燬之原因係由於爆炸所致，亦即藉其爆風、高熱等急烈膨脹力，致其物毀壞或焚燬之義。故刑法上開規定所稱之『爆裂物』，仍須具『有爆發性、可瞬間性及破壞性或殺傷力』等特性，始足相當。另槍砲彈藥刀械管制條例第四條第一項第二款所稱之『爆裂物』，則係指與砲彈、炸彈、子彈併列『具有殺力或破壞性』之爆裂物，屬於彈藥之一種。是無論是刑法第一百七十六條所謂之爆裂物，或槍砲彈藥刀械管制條例第四條第一項第二款之『爆裂物』，均應『有爆發性、可瞬間性及破壞性或殺傷力』，始均屬當之。」

II 因過失決水浸害前項之物者，處一年以下有期徒刑、拘役或一萬五千元以下罰金。

III 第一項之未遂犯罰之。

**第 179 條　決水浸害現非供人使用之住宅或現非有人所在之住宅、建築物或礦坑罪**

I 決水浸害現非供人使用之他人所有住宅或現未有人所在之他人所有建築物或礦坑者，處一年以上七年以下有期徒刑。

II 決水浸害前項之自己所有物，致生公共危險者，處六月以上五年以下有期徒刑。

III 因過失決水浸害第一項之物者，處六月以下有期徒刑、拘役或九千元以下罰金。

IV 因過失決水浸害前項之物，致生公共危險者，亦同。

V 第一項之未遂犯罰之。

**第 180 條　決水浸害住宅、建物以外之物罪**

I 決水浸害前二條以外之他人所有物，致生公共危險者，處五年以下有期徒刑。

II 決水浸害前二條以外之自己所有物，致生公共危險者，處二年以下有期徒刑。

III 因過失決水浸害前二條以外之物，致生公共危險者，處拘役或九千元以下罰金。

　　決水是指足使水流橫決氾濫成災之一切加工行為，如不關閉防水堤防、損壞蓄水池。本罪是否既遂，學說[19]上提出標準，一為物質滅失說，即客體因水力作用而滅失方為既遂，二為效用喪失說，亦即因水力之破壞而達到主要效能喪失。本書認為應以造成不特定人的生命、身體、財產安全的危害為既未遂標準。

---

[19] 林山田，刑法各罪論（下），修訂 5 版，2005 年 9 月，頁 287-288。

> **第 181 條   破壞防水蓄水設備罪**
> I 決潰隄防、破壞水閘或損壞自來水池,致生公共危險者,處五年以下有期徒刑。
> II 因過失犯前項之罪者,處拘役或九千元以下罰金。
> III 第一項之未遂犯罰之。

　　決潰是指一切足使隄防崩潰或使水閘破壞,而使之失去控制水流效用的行為。

> **第 182 條   妨害救災罪**
> 於火災、水災、風災、震災、爆炸或其他相類災害發生之際,隱匿或損壞防禦之器械或以他法,妨害救災者,處三年以下有期徒刑、拘役或三萬元以下罰金。

　　以他法是指隱匿或損壞以外之方法,例如火災時 A 堵住通往救災的唯一通道,讓消防車無法救火。本罪之行為包含不作為,但前提是要有作為義務。

# 第二項　公共危險之妨礙交通罪

> **第 183 條   傾覆或破壞現有人所在之交通工具罪**
> I 傾覆或破壞現有人所在之火車、電車或其他供水、陸、空公眾運輸之舟、車、航空機者,處無期徒刑或五年以上有期徒刑。
> II 因過失犯前項之罪者,處三年以下有期徒刑、拘役或三十萬元以下罰金。
> III 第一項之未遂犯罰之。

一、行為

(一)傾覆

　　傾倒翻覆,例如將鐵軌拆除而使火車脫軌之行為。

## （二）破壞

　　損害本罪客體，使其效用一部或全部喪失，因為本罪侵害公眾往來的交通安全，所以破壞行為要達到影響交通工具之正常機能且有害於公共交通安全的程度。例如破壞剎車系統、破壞普悠瑪號的主風泵。如果只是損壞車輛的座椅、門窗或廣播系統，為毀損罪而已。

**案 例**

　　A拿石頭打中高速行駛中的大客車窗戶，司機驚嚇撞安全島，A成立何罪？

**擬 答**

　　A如有傾覆破壞大客車的故意，又大客車屬於供不特定多數人之運輸交通器具，A以石頭擊中高速行駛中的大客車窗戶，但未達到影響交通工具之正常機能，且有害於公共交通安全的程度，甲可成立第183條第3項的未遂犯。但如A僅基於毀損故意而非傾覆或破壞現有人所在之公眾交通工具，僅可論第354條。

## 二、客體：現有人所在之火車、電車或其他供水、陸、空公眾運輸之舟、車、航空機

　　現有人所在之認定，有認為[20]著手時有人在內即可；另有認為[21]著手到結果發生間的時段，有人在內就可能危害生命、身體，即屬於現有人所在。然本書認為此等說法皆太著重於行為時點，實則要從保護法益觀察，即該供公眾運輸的交通工具處於讓公眾搭乘的狀態為現有人所在即屬之。

---

[20] 林山田，刑法各罪論（下），修訂5版，2005年9月，頁294-295。
[21] 甘添貴，刑法各論，（下），修訂4版2刷，2016年10月，頁45。

　　計程車是否為本罪客體，實務[22]採否定說，因計程車頂多搭載四人，所搭載的屬於「特定少數人」，與公共汽車、火車等性質不同，與本罪公共危險的罪質不符合。但是本書認為，雖是搭載特定人，但乘客上上下下，具有供給不特定人運輸性質，基於乘客的不特定性，仍應是本罪客體。

## 三、未遂犯、既遂犯

　　達到傾覆或破壞的程度為既遂犯，然而未達到該程度為未遂犯。

---

**第 184 條　使舟、車、航空器發生往來危險罪**

I 損壞軌道、燈塔、標識或以他法致生火車、電車或其他供水、陸、空公眾運輸之舟、車、航空機往來之危險者，處三年以上十年以下有期徒刑。

II 因而致前項之舟、車、航空機傾覆或破壞者，依前條第一項之規定處斷。

III 因過失犯第一項之罪者，處二年以下有期徒刑、拘役或二十萬元以下罰金。

IV 第一項之未遂犯罰之。

---

## 一、行為

### （一）損壞

　　物理性破壞，使效用全部或一部滅失，例如拆除軌道、破壞平交道的警鈴與閃紅燈。

### （二）他法

　　足以使交通設備安全維護或行使暢通機能受損之行為，例如把燈塔的燈打破。

---

[22] 最高法院 101 年度台上字第 5954 號刑事判決。

二、客體：軌道、燈塔、標識。

三、既未遂判斷：「致生往來之危險」

致生往來之危險，只要產生危險已足，不以現實發生實害為必要。例如在鐵軌放置圓形鋼筋，但火車前來之前即被發現，仍是既遂犯，因已經發生足致火車往來危險之狀態。

必須注意者本罪跟前條不同之判斷方式不同，前條以行為有無達成傾覆或破壞而論斷，本條以有無發生公眾交通工具往來的危險判斷既未遂。

---

**第 185 條　妨害公眾往來安全罪**

I 損壞或壅塞陸路、水路、橋樑或其他公眾往來之設備或以他法致生往來之危險者，處五年以下有期徒刑，拘役或一萬五千元以下罰金。

II 因而致人於死者，處無期徒刑或七年以上有期徒刑。致重傷者，處三年以上十年以下有期徒刑。

III 第一項之未遂犯罰之。

---

一、行為

損壞是指對本罪客體進行破壞使其喪失效用，例如 A 讓倫敦鐵橋垮下來。壅塞是指以有形的障礙物遮斷或阻塞交通，必須達到截斷或杜絕公眾往來的程度，例如在路上放招牌或垃圾，尚未達到公路無法通行，則非壅塞。他法是指與損壞、壅塞類似而足以使公眾往來發生危險的一切方法，例如飆車。實務認為應以具體情況認定，如飆車並排、一前一後飆車、持續性危險行為，像是一直闖紅燈、超速、逆向、雙黃線迴轉、連續用強光燈照迫使別人讓路，又不斷變更車道阻擋小客車，長達一分鐘，又一直剎車，如達公眾往來的危險，就構成本罪[23]。

---

[23] 最高法院 101 年度台上字第 2527 號刑事判決。最高法院 104 年度台上字第 1101 號刑事判決。

## 二、客體

陸路是指路上供公眾或車輛往來之道路。水路是指供船舶、舟航行的水道。橋樑是指架構於河川上以供公眾或車輛往來的建物。而所謂公眾包含不特定之多數人與特定之多數人，只要有供公眾往來，即屬之，故其他公眾往來之設備，凡是供不特定多數人往來交通需要之設備，亦即供公眾往來所必經之通行設備即為本罪客體，例如商場中的電扶梯 [24]。

## 三、結果

必須個案判斷是否達到公眾往來的危險，本罪之行為必須達到該結果方可成立本罪。

---

**第 185-1 條　劫持、控制航空器或其他供公眾運輸之工具罪**

I 以強暴、脅迫或其他非法方法劫持使用中之航空器或控制其飛航者，處死刑、無期徒刑或七年以上有期徒刑。其情節輕微者，處七年以下有期徒刑。

II 因而致人於死者，處死刑或無期徒刑；致重傷者，處死刑、無期徒刑或十年以上有期徒刑。

III 以第一項之方法劫持使用中供公眾運輸之舟、車或控制其行駛者，處五年以上有期徒刑。其情節輕微者，處三年以下有期徒刑。

IV 因而致人於死者，處無期徒刑或十年以上有期徒刑；致重傷者，處七年以上有期徒刑。

V 第一項、第三項之未遂犯罰之。

VI 預備犯第一項之罪者，處三年以下有期徒刑。

---

[24] 最高法院 83 年度台上字第 1732 號刑事判決。

## 一、行為

劫持是指將本罪客體置於自己實力支配之下而脫離原來使用狀態的行為。控制是指操控該客體的運作。強暴、脅迫是指有形暴力或無形惡害通知。其他方法是指強暴、脅迫以外足以影響正常狀態下之飛航或行駛的一切方法。

## 二、客體：使用中之航空器

使用中是指地勤或空勤為特定飛行而準備起飛時到降落後，乘客、空勤人員關機準備離開時。

## 三、既未遂

是否在實力支配下，如處於實力支配下，則為既遂。

## 四、加重結果犯

以法條的編排順序來說，不包含未遂犯、預備犯的加重結果犯。

---

**第 185-2 條　危害飛航安全罪**

I 以強暴、脅迫或其他非法方法危害飛航安全或其設施者，處七年以下有期徒刑、拘役或三十萬元以下罰金。

II 因而致航空器或其他設施毀損者，處三年以上十年以下有期徒刑。

III 因而致人於死者，處死刑、無期徒刑或十年以上有期徒刑；致重傷者，處五年以上十二年以下有期徒刑。

IV 第一項之未遂犯罰之。

---

強暴、脅迫是指有形暴力或無形惡害通知，例如 A 暴力脅迫航空站之塔台工作人員，影響對於航空器的指揮調度工作，而危及飛航安全。他法是指一切足以危害飛航安全或飛航設施之方法，如在電腦系統內放病毒。而本罪所危害

者為飛航設備（例如飛行跑道、無限導航設備等），非僅是航空器本身。

　　本罪之結果為危險結果，而非實害結果，只要已經產生危害飛航安全的結果即可，例如 A 將飛機燃油系統與導航系統破壞，以至於機長 B 僅可靠著多年來的飛航經驗成功降落且無人員傷亡，雖然無實害結果，但有危險結果，A 仍成立本罪。

---

**第 185-3 條　不能安全駕駛罪**

I 駕駛動力交通工具而有下列情形之一者，處二年以下有期徒刑，得併科二十萬元以下罰金：

一、吐氣所含酒精濃度達每公升零點二五毫克或血液中酒精濃度達百分之零點零五以上。

二、有前款以外之其他情事足認服用酒類或其他相類之物，致不能安全駕駛。

三、尿液或血液所含毒品、麻醉藥品或其他相類之物或其代謝物達行政院公告之品項及濃度值以上。

四、服用毒品、麻醉藥品或其他相類之物，致不能安全駕駛。

II 因而致人於死者，處三年以上十年以下有期徒刑；致重傷者，處一年以上七年以下有期徒刑。

III 曾犯本條或陸海空軍刑法第五十四條之罪，經有罪判決確定或緩起訴處分確定，於五年內再犯第一項之罪因而致人於死者，處無期徒刑或五年以上有期徒刑；致重傷者，處三年以上十年以下有期徒刑。

---

## 一、行為前提

### （一）吐氣所含酒精濃度達每公升 0.25 毫克或血液中酒精濃度達 0.05% 以上

　　本款將酒精濃度當成唯一的客觀構成要件，另有實務見解將本款之酒精濃度認為是客觀處罰要件[25]，只要達到該標準則成立本罪，故屬於抽象危險犯[26]。

---

[25] 最高法院 109 年度台上字第 4608 號刑事判決。

[26] 林書楷，吸毒不能安全駕駛罪之危險概念，月旦法學教室，第 210 期，2020 年 4 月，頁 37。

然本書認為應該不能如此絕對認定，而應設計酒測值的差值範圍內，例如吐氣所含酒精濃度每公升 0.30 毫克，其 0.05 毫克的差值範圍內仍屬於可接受範圍，否則如儀器故障時行為人的酒測濃度實際上僅有每公升 0.24 毫克，儀器卻測出每公升 0.25 毫克，行為人立即成立本款。

### （二）有前款以外之其他情事足認服用酒類或其他相類之物，致不能安全駕駛

本款是為了補充前款之不足而設計，例如行為人有服用酒類但因為受傷、昏迷等無法接受酒測而沒有數據，或者吐氣的酒精濃度低於每公升 0.25 毫克或驗出血液中酒精濃度低於 0.05% 時 [27]，而必須個案認定是否有不能安全駕駛的情況，屬於具體危險犯，然有學者認為屬於抽象危險犯 [28]。

服用酒類或其他相類之物是指凡是足以使人產生意識不清楚，以至於影響生理反應能力之藥物、食品皆屬之。

### （三）尿液或血液所含毒品、麻醉藥品或其他相類之物或其代謝物達行政院公告之品項及濃度值以上

本款是民國 112 年 12 月新增，行為人在其尿液或血液中被檢驗出毒品、麻醉藥品或其他相類之物，至於是哪些毒品、麻醉藥品或其他相類之物的品項以及濃度應達多少，則是採取空白刑法的立法方式，由行政院公告之 [29]。

### （四）服用毒品、麻醉藥品或其他相類之物，致不能安全駕駛

毒品是指毒品危害防制條例所規範之四個級別的毒品；麻醉藥物是泛指有足以產生抑制中樞神經系統效果的管制藥品，就是會產生意識喪失效果的管制藥品。其他相類似之物是指足以影響精神力、注意力、控制力或反應能力之食

---

[27] 王皇玉，不能安全駕駛罪之駕駛，月旦法學教室，第 153 期，2015 年 7 月。頁 65。

[28] 林書楷，吸毒不能安全駕駛罪之危險概念，月旦法學教室，第 210 期，2020 年 4 月，頁 38。

[29] 行政院之公告可參照下列網址：https://gazette.nat.gov.tw/EG_FileManager/eguploadpub/eg030021/ch03/type3/gov22/num3/images/Eg01.pdf。

品、飲品、物質或合法藥物。文義解釋上，應個案判斷行為人是否達到不能安全駕駛的狀態，屬於具體危險犯。然有學者認為 [30]「致不能安全駕駛」還須另外結合行為人駕駛動力交通工具並行駛於公眾交通往來之通道的事實，對交通安全的危險才會顯現，因此「致不能安全駕駛」這個構成要件本身只是在彰顯行為人當下的精神與身體狀態，而非對法益的具體危險結果。換句話說，吸毒不能安全駕駛罪構成要件，未包含對法益之具體危險結果要素，故性質為抽象危險犯。在立法論上，為了符合立法目的與避免違反責任原則，法院無須個案判斷法益的具體危險狀態是否存在，故而解釋上應至少具備「足生危險於保護法益」（至少應具備可能發生法益危險的適格）的本質，方足該當抽象危險犯的構成要件，例如洗車工人吸食 K 他命後在洗車場內移車的行為，因自始不發生本罪法益危險的適格，故不該當本款。

## 二、行為：駕駛

何為駕駛行為具有爭議。

### （一）操控說

實務認為駕駛是指使交通工具行駛於道路而言，只要行為人能控制動力交通工具（例如轉動方向盤或煞車）即應屬法條所稱之「駕駛」，並不以該車引擎確已啟動為必要，例如在下坡為省油關掉引擎滑行或車輛故障由其他車輛拖曳，或者未啟動引擎或馬達，而係利用地形陡坡順向下滑而移動，或於行駛過程關閉引擎、馬達，使該動力交通工具以慣性滑行方式移動，或暫時停止者。此等情形因該動力交通工具仍在行為人控制或操控下移動，對於同時參與道路交通之其他人仍可產生危害或威脅 [31]。

---

[30] 林書楷，吸毒不能安全駕駛罪之危險概念，月旦法學教室，第 210 期，2020 年 4 月，頁 38、44。

[31] 臺灣臺中地方法院 107 年度交易字第 1468 號刑事判決。臺灣高等法院臺中分院 108 年度交上易字第 1225 號刑事判決。

## （二）引擎啟動操控移動說

學說認為，行為人已經將動力交通工具的引擎啟動且在行為人的操控或控制下移動該交通工具，如果只是啟動引擎準備行走移動，或以人力來推車，都不算是駕駛[32]。

## 三、行為客體：動力交通工具

動力交通工具是指相對於人力或獸力，將有機械動力設備而由引擎、馬達作為驅動來源的交通工具。例如電動機車、汽車、垃圾車。但如是腳踏車則非動力交通工具。

## 四、主觀要件

行為人是否必須認識到各款的要件，第 1 款的客觀要件中直接規定了確定的標準值，或許行為人可以知悉的僅是自己喝了多少酒類、吃了多少碗薑母鴨，但不可能於行為時就知道自己的酒精濃度是多少，所以要證明行為人具有第 1 款的故意是有疑問的。例如實務常以「行為人明知吐氣所含酒精濃度達每公升 0.25 毫克以上，不得駕駛動力交通工具，且主觀上固無致人於死之故意，然可得預見服用酒類將使其駕駛車輛時之注意力、控制力降低，反應能力亦會趨緩，而危及其他用路人之行車往來安全[33]」。行為人於行為時究竟如何明知，實務並未說明。依近期實務見解（見上述），本條第 1 項第 1 款的酒精濃度是客觀處罰要件，則行為人對此毋庸加以知悉或認識。

於第 2 款、第 3 款的情形行為人必須認知到該款事由，即主觀上必須認知到先前服用者是具有影響生理反應能力作用的物質，故行為人若不知服用的感冒藥有嗜睡的成分，欠缺本罪故意，而不處罰。故而有學說認為本罪未處罰過失犯會形成法益保護漏洞[34]。

---

[32] 王皇玉，不能安全駕駛罪之駕駛，月旦法學教室，第 153 期，2015 年 7 月。頁 66。

[33] 最高法院 108 年度台上字第 1792 號刑事判決。

[34] 黃榮堅，不能安全駕駛與肇事逃逸，台灣法學雜誌，第 7 期，2000 年 2 月，頁 149。

本罪與原因自由行為無關，原因自由行為是指行為人在造成法益侵害時，其心神狀態處於欠缺辨識及控制能力的狀態，即「無責任能力」狀態，所以用前置的原因階段行為時之主觀心態作為行為人責任的認定依據。而不能安全駕駛罪為故意犯，行為人在實現本罪要件而侵害法益時，處於「有責任能力」狀態，且可認識並意欲自己會造成不能安全駕駛的結果卻決意從事駕駛。故倘若行為人爛醉而無辨識能力，此時「欠缺責任能力」，無法用刑法評價，即非本罪適用。然而實務上似乎有將服用毒品有影響注意力、反應力等精神狀態時，認為屬於原因自由行為[35]。

## 五、加重結果犯：因而致人於死、致重傷者

### （一）不能安全駕駛下而犯過失致死、過失致重傷罪時

行為人只有一個不能安全駕駛的行為，在此危險駕駛的行為過程中造成死傷的結果，應不用評價為另一個行為，也就是加重結果犯乃一個故意行為，而對於後來演變成非故意犯為涵蓋的死亡或重傷結果，因具有預見可能性而應負起過失責任，即加重結果犯本質是單一行為下同時符合故意犯的構成要件及過失犯的構成要件，性質上是想像競合，為罪刑相當而直接明文規定第 158 條之 3 第 2 項。

### （二）不能安全駕駛下而犯過失輕傷罪（過失傷害罪）時

1.實務認為「如不能安全駕駛動力交通工具而駕駛，於駕車途中，因疏於注意車前狀況而肇事致人受普通傷害時，不能安全駕駛動力交通工具而駕駛行為與過失傷害之行為，僅於撞人之時點與場所偶然相合致，且後續過失傷害之犯罪行為，並非為實現或維持不能安全駕駛動力交通工具而駕駛之繼續犯行為所必要，且與繼續行為間不具必要之關聯性，從行為人主觀之意思及客觀發生之事實觀察，依社會通念，應認係二個意思活動，成立二罪，分論併罰」[36]。

---

[35] 最高法院 108 年度台上字第 2156 號刑事判決。
[36] 最高法院 100 年度台非字第 373 號刑事判決。臺灣高等法院 106 年度交上易字第 203 號刑事判決。

2. 本書認為因犯罪整體流程下觀之，行為人只有一個行為，應以普通傷害罪與不能安全駕駛罪想像競合。

### 六、特殊的累犯加重規定

民國 108 年 5 月新增本條第 3 項，其立法理由為行為人已經經過司法程序，應該生警惕，強化自我節制能力，以免重蹈覆轍，如果再犯，行為人就是有實質的惡意，為了維護用路人安全、保障人民生命身體法益，有提高處罰的必要性。然本書認為本項只是基於酒駕零容忍而新增的條款。

大法官釋字第 775 號解釋意旨下，刑法第 47 條累犯的規定沒有一事不二罰的問題，但是累犯不分情節一律加重刑罰，不合罪刑相當原則。換言之，如果符合累犯，但「後罪」的犯罪類型或犯罪情節輕微，但因為累犯的加重規定，法定刑的上下限都會提高，法官量刑無法基於加重後的下限，會導致輕微犯罪的人承受過度的刑度。而刑法第 48 條前段「裁判確定後，發覺為累犯者，依前條之規定更定其刑」，與憲法一事不再理原則相違悖，立即失效。

本書認為本罪第 3 項有違憲可能。雖然本罪再犯的後罪限定於造成死亡或重傷之加重結果，但相較於本罪第 2 項的加重結果，法定刑上下限卻提高很多。

| 第 2 項→致死 3～10 年；<br>致重傷 1～7 年 | 第 3 項→致死 5 年以上；<br>致重傷 3～10 年 |
|---|---|

第 3 項的規定，比累犯的處罰更嚴厲，如沒有第 3 項的規定，行為人先前犯第 1 項、第 2 項，於有罪確定或緩起訴處分確定後，五年內再犯本罪而有第 2 項加重，原本用第 47 條，是加重刑罰上限與下限最多二分之一，故在致死時，加重法定刑上限是最高十五年有期徒刑，不會變成無期徒刑，下限最低是一年又一天有期徒刑，致重傷時，加重法定刑上限最高是十點五年有期徒刑，最低下限是一年又一天。

釋字第 775 號的意旨在於五年內再犯的後罪，若不分情節輕重一律加重刑罰是違憲的，而依本罪第 3 項可知，五年內再犯的後罪是重於或等於前罪。釋

字第 775 號與本罪第 3 項的情形有差異，然基於罪刑相當原則，第 3 項的後罪即使符合累犯概念而情節非輕微，屬於得加重刑罰的情況，但第 3 項給予後罪的法定刑上下限範圍，已經過度逾越依刑法累犯的規定之刑罰加重的上下限範圍。故第 3 項，破壞累犯設計制度[37]。

## 七、附論

事實上駕車最容易發生交通大眾的生命、身體危險的狀況是精神不濟或打瞌睡的情況，然而立法者沒有處罰該情況！應該是實務上很難去證明行為人在駕車時精神不濟或打瞌睡，亦即發生交通危險後，通常行為人會腎上腺素飆升而精神亢奮或回復正常，故而難去證明當時精神不濟，此時成為本法的漏洞，如要解決該情形，除了須以刑事立法與行政法的相關足證明精神不濟的措施配合外，另外於預防角度更需要勞動法方面減低大卡車司機長期疲累狀態下的駕駛狀態。

---

**第 185-4 條　交通事故逃逸罪**

I 駕駛動力交通工具發生交通事故，致人傷害而逃逸者，處六月以上五年以下有期徒刑；致人於死或重傷而逃逸者，處一年以上七年以下有期徒刑。

II 犯前項之罪，駕駛人於發生交通事故致人死傷係無過失者，減輕或免除其刑。

---

## 一、行為人

行為人限於駕駛動力交通工具之人，此乃罪責要素的考量，為不純正身分犯。又本罪屬於須由本人親手實行始能成立之「己手犯」[38]，故非駕駛者不能成立共同正犯[39]。

---

[37] 盧映潔，刑法分則新論，修訂 16 版，新學林，2020 年 7 月，頁 245-248。

[38] 最高法院 109 年度台上字第 1151 號刑事判決。

[39] 最高法院 104 年度台上字第 3378 號刑事判決：「『己手犯』之特徵在於正犯以外之人，雖可對之加工而成立該罪之幫助犯或教唆犯，但不得為該罪之間接正犯或共同正犯，亦即該罪之正犯行為，唯有藉由正犯一己親手實行之，他人不可能參與其間，縱有犯意聯絡，仍非可論以共同正犯（最高法院 100 年度台上字第 2936 號判決意旨參照）。」

## 【交通事故逃逸的駕駛】

> 　　A 女下班去全家便利商店買完東西後，此時 A 女發動引擎吹冷氣而未移動車輛，僅坐在車上滑手機，然將車子擋在白線外 30 公分，B 機車騎士因此擋住視線而無法見到由右側猛烈前來的 C 車而衝撞上，A 女的行為是否符合「駕駛」？
>
> 　　駕駛的定義請參照不能安全駕駛罪。或許有學說認為必須將肇事逃逸罪與不能安全駕駛罪的駕駛行為的階段作不同區別，然本書認為兩者皆是列於公共安全法益中，應可作相同解釋。因此學說上認為 A 僅啟動引擎但未移動車輛，非駕駛行為。

## 二、行為前提

### （一）駕駛動力交通工具

　　本罪行為人須先有駕駛動力交通工具的舉動。本罪的「駕駛」與「動力交通工具」的解釋與前條相同。

### （二）因過失或無過失發生交通事故

　　本條於民國 110 年 5 月新修正，將舊法「肇事」修正為「發生交通事故」，並且本條稱「發生交通事故」係包括行為人是過失以及無過失的情形。本書認為，本次修法是背離釋字第 777 號解釋，亦即該釋字應該是要將交通事故之無過失者排除在本罪的適用，但本次修法反將發生交通事故無過失者更明白地納入本罪的適用。

### （三）致人傷害、致人於死或重傷

　　根據釋字第 777 號之後解釋意旨，本罪舊法一律以一年以上七年以下有期徒刑為其法定刑，致對犯罪情節輕微者無從為易科罰金之宣告，對此等情節輕

微個案構成顯然過苛，不符憲法罪刑相當原則，與憲法第 23 條比例原則有違。因此本罪修法後，依發生交通事故造成的不同傷亡結果來區分刑度，因此，本罪應該要有發生交通事故致傷害、致重傷、致死亡三種狀況之一。

如果是出於故意殺人、傷害、重傷而發生交通事故，是否屬本罪的情形？實務在釋字第 777 號之後仍採否定說。實務認為行為人如出於故意殺人、傷害、重傷害之主觀犯意，而駕駛動力交通工具肇事，致人死傷時，其死傷之結果，本可包括評價於殺人罪、傷害罪、重傷罪及其加重結果犯之刑責內，行為人既以殺人、傷害、重傷害之故意而駕車撞人，立法者無從期待行為人於殺人、傷害或重傷害人後，仍留現場對於被害人為即時救護或採取其他必要措施。也就是說，仍要行為人對死傷之發生非出於故意為前提。因駕駛動力交通工具肇事，是發生交通事故、發生車禍而言，應為「意外」，若蓄意運用車輛以為殺人或傷害人之犯罪工具，應成立殺人或傷害罪。駕駛動力交通工具肇事致死傷，死傷的結果本可包括評價於殺人罪、傷害罪、重傷罪與其加重結果犯，如果用殺人、傷害、重傷害之故意而駕車撞人，法規範上無法期待其不為逃逸之行為 [40]。故本罪肇事仍限於非故意。

而釋字第 777 號解釋是在針對「刑法第 185 條之 4 之構成要件是否違反法律明確性原則？」的釋憲聲請，該解釋案就「肇事」文義的解釋，係在釐清倘行為人對於所發生的交通事故並「無過失」，是否仍在該條文義涵攝之內而已，該解釋案並非就刑法第 185 條之 4 應如何適用具體個案而為解釋。雖然釋字第 777 號解釋認為刑法第 185 條之 4 就目前的立法文字而言僅可涵攝到因「故意或過失」肇事而逃逸，但就是否涵攝到「無過失」肇事而逃逸，則有違反法律明確性原則的疑義，最高法院則係進一步就立法目的解釋討論，認為刑法第 185 條之 4 並非在處罰因「故意」肇事而逃逸的情形 [41]。

---

[40] 臺灣臺北地方法院 108 年度簡字第 1094 號刑事判決。臺灣高等法院花蓮分院 109 年度原上更一字第 1 號刑事判決。

[41] 臺灣高等法院臺南分院 108 年度交上訴字第 1308 號刑事判決。

> **臺灣高等法院花蓮分院 109 年度原上更一字第 1 號刑事判決**
>
> 　　刑法第 185 條之 4 之肇事致人死傷而逃逸罪，固不以行為人對於事故之發生應負過失責任為必要，但仍以行為人對於死傷之發生非出於故意為前提。蓋所謂駕駛動力交通工具肇事，依據文義，係指「發生交通事故」、「發生車禍」而言，應屬「意外」之情形，若蓄意運用車輛以為殺人或傷害人之犯罪工具，即應成立殺人或傷害罪，不應稱為駕駛動力交通工具肇事。此觀該條之立法理由，係為「維護交通安全，加強救護，減少被害人之死傷，促使駕駛人於肇事後，能對被害人即時救護，特增設本條，關於肇事致人死傷而逃逸之處罰規定」，可知確保交通秩序之維護，減少被害人之傷亡，以促進交通之安全，方為本條立法之目的，故其適用上應限於車禍肇事之交通案件，亦即惟有以行為人非因故意，駕駛動力交通工具肇事，並於肇事後，對於被害人不施加救護而逃逸，始克成立。

## 【統整實務見解】

　　實務上對於故意、過失、無過失時，是否成立肇事逃逸罪，請參下表：

|  | 故意 | 過失 | 無過失 |
|---|---|---|---|
| 過去實務 | × | ○ | ○ |
| 釋字 777 | ○ | ○ | × |
| 釋字 777 以後實務見解[42] | × | ○ | × |

---

[42] 主要是針對故意殺人、傷害、重傷而肇事的情況。

（四）致人死傷的性質

例

　　A 倒車不小撞到 B 的車，但因光線不足卻不知同時 B 頭破血流。A 為逃避賠償撞門責任，駕車離去，A 成立何罪？

擬答

　　A 過失使 B 受傷成立第 284 條第 1 項前段過失傷害罪。然離去之行為，是否成立肇事逃逸罪？學說、實務認為致人死傷屬於構成要件要素[43]，本罪是用來處罰明知肇事致人死傷而未盡救護義務之責與企圖脫免責任之人，如果非明知致人死傷，則非本罪。

　　若今天 A 在倒車，C 指揮 A 倒車，A 壓到一個地上醉漢 D，A 問 C 說：「壓到什麼？」C 為了趕時間就說：「沒什麼啦，只是紙箱而已」，因 A 主觀上沒有意識到有人受傷，A 的離開不會構成肇事逃逸罪，而 C 的行為構成其他罪則屬另一件事。

三、行為：逃逸

　　逃逸是指「離去交通事故現場」，而「未留下處理事故」，且必須出於行為人自由意志下的行為，如果行為人昏迷或被強制帶離現場，就不會是逃逸。然而逃逸的行為解釋，是否必須「在場並救助」？關乎本罪所保護的法益。

（一）民事請求權的保障[44]

　　以此法益解釋下，只要使他人日後可請求民事請求權，即非本罪之行為，例如行為人若有向相關機關留下個人資料而離開即非本罪。

---

[43] 張麗卿，肇事逃逸罪「致人死傷」的判斷，月旦裁判時報，第 22 期，2013 年 8 月，頁 97-98。最高法院 107 年度台上字第 599 號刑事判決。

[44] 張麗卿，論刑法公共危險罪章的新增訂，月旦法學雜誌，第 51 期，1999 年 8 月，頁 59。

## （二）生命身體安全的保障[45]

立法理由中提到「為維護交通安全，加強救護，減少被害人之死傷，促使駕駛人於肇事後，能對被害人即時救護，而特設本條」。依此行為人必須有即時救助被害人，救助之方式不限，可請求他人協助或電請救護車皆可。

## （三）保護公共安全法益[46]

因大部分的車禍後都會留下殘破、混亂的現場而使人恐懼，也會引發後續的公共危險，例如後車追撞，如果行為人留在現場救助或其他必要措施，並向警察機關報告的法定義務，可防止損害擴大且可釐清肇事責任[47]。

## （四）協助確認事故與責任歸屬

參考德國刑法第 142 條，因為該條規定在違反公共秩序的章節，該章節處罰的往往不是行為明顯或直接侵害他人利益，而是因為行為人單純違反其負有特殊義務或身為社會一分子的責任。故本罪非難重點，不是離開事故現場的作為，而是「未盡確認義務的不作為」，亦即凡是公共交通的參與者，若遇有自己涉及在內的交通事故，便產生了「停留現場以便確認事故發生的相關事項」的義務[48]。

---

[45] 最高法院 89 年度台上字第 2157 號刑事判決。最高法院 103 年度台上字第 4589 號刑事判決。

[46] 甘添貴，酒醉駕車與肇事逃逸，台灣法學雜誌，第 30 期，2002 年 1 月，頁 112。林東茂，肇事逃逸—高等法院 89 年度交上訴字第 9 號判決評釋，台灣法學雜誌，第 16 期，2000 年 11 月，頁 112。最高法院 93 年度台上字第 6513 號刑事判決。最高法院 101 年度台上字第 6428 號刑事判決。最高法院 101 年度台上字第 6531 號刑事判決。

[47] 林東茂，肇事逃逸—高等法院 89 年度交上訴字第 9 號判決評釋，台灣法學雜誌，第 16 期，2000 年 11 月，頁 90。

[48] 高金桂，有義務遺棄罪與肇事逃逸罪之犯罪競合問題，月旦法學雜誌，第 121 期，2005 年 6 月，頁 251。盧映潔，論刑法第 185 條之 4「肇事致人死傷逃逸罪」的法益保護—兼評最高法院 92 年度台上字第 5372 號、92 年度台上字第 4552 號刑事判決，月旦法學雜誌，第 112 期，2004 年 9 月，頁 243 以下。

## （五）實務見解與修法理由

　　近期實務傾向於重疊法益的主張，認為本罪除了維護各參與交通的眾人往來安全、避免事端擴大，並且對於車禍受傷人員，應採救助、求援行動，以降低受傷程度外，還含有釐清肇事責任的歸屬，及確認被害人的民事求償權功能，屬於社會與個人的重疊性權益保障[49]，故汽車駕駛人於肇事致被害人死傷後，縱未等待警方人員到場處理，或未取得被害人同意，或未留下日後聯絡資料，即逕自離開現場，倘不影響即時救護之期待，仍不成立肇事致人死傷而逃逸罪[50]。

　　民國110年5月本條修法理由明示「為使傷者於行為人駕駛動力交通工具發生交通事故之初能獲即時救護，該行為人應停留在現場，向傷者或警察等有關機關表明身分，並視現場情形通知警察機關處理、協助傷者就醫、對事故現場為必要之處置等，故縱使行為人駕駛動力交通工具發生交通事故致人死傷係無過失，其逃逸者，亦應為本條處罰範圍，以維護公共交通安全、釐清交通事故責任」。依此修法理由對於本罪的保護法應是採取重疊法益的主張，亦即行為人被要求留在交通事故現場，應該要採取的舉動有：1. 使交通事故的傷者能獲得最初的救助；2. 向傷者或警察等相關機關表明身分；3. 協助交通事故現場的處理。

---

[49] 最高法院105年度台上字第783號刑事判決。最高法院106年度台上字第2340號刑事判決：「刑法第185條之4之肇事逃逸罪，係以規範目的除係為『維護交通安全，加強救護，減少被害人之死傷，促使駕駛人於肇事後，能對被害人即時救護』，及避免『肇事逃逸者基於僥倖心態，延誤受害者就醫存活的機會，錯失治療的寶貴時間』外，尚含有『釐清肇事責任歸屬及確保被害人民事求償權之功能』，否則如已委由他人為有效之救護協助應已足降低被害人死傷、提升受害者就醫存活之機會，何須再課以駕駛肇事人上開解釋所指之『在場義務』？原判決與最高法院100年度台上字第645號、102年度台上字第1794號、103年度台上字第4174號、106年度台上字第373號判決意旨不符。」最高法院108年度台上字第1221號刑事判決。

[50] 最高法院106年度台上字第1216號刑事判決。

## 四、特殊減免刑罰事由

本條第 2 項規定「犯前項之罪，駕駛人於發生交通事故致人死傷係無過失者，減輕或免除其刑」。已如前述，根據釋字第 777 號解釋意旨，本罪舊法一律以一年以上七年以下有期徒刑為其法定刑，對於情節輕微個案顯然是過苛之處罰。因此，立法者在本條新增第 2 項，針對發生交通事故致人傷害、致人於死或重傷而逃逸者，倘若對於交通事故之發生沒有過失時，可以依本條第 2 項獲得減免刑罰的待遇。

## 五、本罪與有義務遺棄罪（§294）的關係

實務認為肇事逃逸罪（§185-4）保護法益包含交通事故中傷者的生命、身體安全，與遺棄罪的保護法益相同，為法條競合。且立法者有意要讓第 185 條之 4 取代有義務遺棄罪（§294），故第 185 條之 4 為第 294 條的特別規定，要優先適用第 185 條之 4。但是如果傷者後來死亡，應論以第 294 條第 2 項遺棄罪之加重結果犯，此時則非第 185 條之 4 可以取代[51]。

# 第三項　公共危險之危險物品罪

> **第 186 條　單純危險物品罪**
> 未受允准，而製造、販賣、運輸或持有炸藥、棉花藥、雷汞或其他相類之爆裂物或軍用槍砲、子彈而無正當理由者，處二年以下有期徒刑、拘役或一萬五千元以下罰金。

未受允許是指未得到法令或主管機關許可，而無正當理由是指整個法律的法秩序角度判斷是否牴觸法秩序，例如 A 警員將警局配發的槍枝帶回家。而製

---

[51] 最高法院 92 年度台上字第 4552 號刑事判決。

造是包含製作、改造與修理；販賣是指出售或交換；運輸是指在兩個地點以上轉運輸送。爆裂物是指有爆發性、破壞性、瞬間可將人及物殺傷毀損之物，而實務認為汽油彈非本罪之爆裂物[52]，因汽油彈實與潑灑汽油無異，持有汽油彈並非本罪，而如以汽油彈點火則有放火罪之適用。

---

**第 186-1 條　使用危險物品罪**

I 無正當理由使用炸藥、棉花藥、雷汞或其他相類之爆裂物爆炸，致生公共危險者，處一年以上七年以下有期徒刑。

II 因而致人於死者，處無期徒刑或七年以上有期徒刑；致重傷者，處三年以上十年以下有期徒刑。

III 因過失致炸藥、棉花藥、雷汞或其他相類之爆裂物爆炸而生公共危險者，處二年以下有期徒刑、拘役或一萬五千元以下罰金。

IV 第一項之未遂犯罰之。

---

　　本罪必須使用爆裂物，亦即利用而使爆裂物爆炸的任何行為。而如未致生公共危險者則為未遂犯。

---

**第 187 條　加重危險物品罪**

意圖供自己或他人犯罪之用，而製造、販賣、運輸或持有炸藥、棉花藥、雷汞或其他相類之爆裂物或軍用槍砲、子彈者，處五年以下有期徒刑。

---

　　本罪與第 186 條不同的地方在於，主觀上必須有意圖供自己或他人犯罪之用。只要有該意圖而為本罪之行為即構成本罪，故本罪為抽象危險犯。

　　若 A 意圖殺人而持有槍彈，後來果真殺人，本罪如何與殺人罪競合？實務上認為若是為了犯特定犯罪而持有槍彈，且於持有槍彈後緊密實行該特定犯罪行為，以擴張一行為之概念，兩罪名應論以想像競合；若是持有槍彈後才另行起意犯殺人罪，應論以數罪併罰[53]。

---

[52] 最高法院 108 年度台上字第 1025 號刑事判決。
[53] 最高法院 99 年度台上字第 6695 號刑事判決。

> **第 187-1 條　製造、販賣、運輸、持有放射性物品罪**
>
> 不依法令製造、販賣、運輸或持有核子原料、燃料、反應器、放射性物質或其原料者，處五年以下有期徒刑。

　　本罪客體限於核子原料、燃料、反應器、放射性物質或其原料，而該原料除了原子能法所規定之物料外，尚包含行政院指定的物料，故本罪客體有部分會成為空白構成要件。

> **第 187-2 條　放逸核能、放射線罪**
>
> I 放逸核能、放射線，致生公共危險者，處五年以下有期徒刑。
>
> II 因而致人於死者，處無期徒刑或十年以上有期徒刑；致重傷者，處五年以上有期徒刑。
>
> III 因過失犯第一項之罪者，處二年以下有期徒刑、拘役或一萬五千元以下罰金。
>
> IV 第一項之未遂犯罰之。

　　放逸是指使客體漏逸於防護設施之外，因核能與放射線均可能危害人體，汙染生態環境，故須加以管制與防護始符合公共安全。放逸核能、放射線，如有足生公共危險時始構成本罪。例如核電廠或醫院人員因故意或過失而有本罪行為，可適用本罪處罰。

> **第 187-3 條　濫用放射線致傷罪**
>
> I 無正當理由使用放射線，致傷害人之身體或健康者，處三年以上十年以下有期徒刑。
>
> II 因而致人於死者，處無期徒刑或十年以上有期徒刑；致重傷者，處五年以上有期徒刑。
>
> III 第一項之未遂犯罰之。

　　無正當理由必須以管制目的與法秩序角度判斷，如醫院因醫療之需而經主管機關核准下使用 X 光、電腦斷層設備以診斷癌症病患有無腫瘤復發即屬於有正當理由。又本罪屬於實害犯，必須有導致傷害人身體或健康之結果始為本罪既遂。

## 第四項　公共危險之損害公共場所及其設備罪

> **第 189 條　損壞保護生命設備罪（一）—致生危險於生命**
> I 損壞礦坑、工廠或其他相類之場所內關於保護生命之設備，致生危險於他人生命者，處一年以上七年以下有期徒刑。
> II 因而致人於死者，處無期徒刑或七年以上有期徒刑；致重傷者，處三年以上十年以下有期徒刑。
> III 因過失犯第一項之罪者，處六月以下有期徒刑、拘役或二十萬元以下罰金。
> IV 第一項之未遂犯罰之。

> **第 189-1 條　損壞保護身體健康設備罪（二）—致生危險於身體健康**
> I 損壞礦場、工廠或其他相類之場所內關於保護生命之設備或致令不堪用，致生危險於他人之身體健康者，處一年以下有期徒刑、拘役或九千元以下罰金。
> II 損壞前項以外之公共場所內關於保護生命之設備或致令不堪用，致生危險於他人之身體健康者，亦同。

## 一、行為

　　損壞是指毀損破壞，一切足使客體喪失功能的行為。而第 189 條第 1 項的損壞解釋上應該包含致令不堪用。

## 二、客體

保護生命安全之設備，專門為保護生命安全的一切設備，如太平門、安全梯、通風口、防毒面具。而與礦場、工廠相類似之場所是指多數人集合從事勞動的場所，例如摩天商業大樓、爆竹工廠，而實務上認為幼兒園非該類似場所[54]。

## 三、結果

必須產生對他人生命（§189）、身體健康（§189-1）危害的結果，為具體危險犯。

## 四、既未遂

若保護生命之設備未受破壞，或雖受損害但未致生危險於他人生命者，為未遂犯。

---

**第 189-2 條　　阻塞逃生通道罪**

I 阻塞戲院、商場、餐廳、旅店或其他公眾得出入之場所或公共場所之逃生通道，致生危險於他人生命、身體或健康者，處三年以下有期徒刑。阻塞集合住宅或共同使用大廈之逃生通道，致生危險於他人生命、身體或健康者，亦同。

II 因而致人於死者，處七年以下有期徒刑；致重傷者，處五年以下有期徒刑。

---

阻塞是阻斷或壅塞逃生通道的通暢，使逃生通道喪失功能，只要難以通行即可，不必達到完全無法通行的程度。而逃生通道是指發生災變時逃離現場之通路或設施，例如太平門、安全梯、樓梯間。本罪為具體危險犯，須個案判斷是否對於他人生命、身體或健康發生危險的結果，例如 A 將鞋子、雜物堆在公寓樓梯間，如果達到難以通行而於災難時有危害其生命危險即屬於本罪。

---

[54] 最高法院 90 年度台上字第 1574 號刑事判決。

# 第五項　公共危險之公共衛生罪

> **第 190 條　妨害公眾飲水罪**
> I 投放毒物或混入妨害衛生物品於供公眾所飲之水源、水道或自來水池者，處一年以上、七年以下有期徒刑。
> II 因而致人於死者，處無期徒刑或七年以上有期徒刑；致重傷者，處三年以上、十年以下有期徒刑。
> III 因過失犯第一項之罪者，處六月以下有期徒刑、拘役或九千元以下罰金。
> IV 第一項之未遂犯罰之。

## 一、行為

毒物是指具有毒性的物品，而妨害衛生之物品是指有害人身體健康的物品。投放或混入不以直接投放或混入水源、水道或自來水池為限，即使間接投放或混入亦屬之，例如將毒物混入水源相通的河川而使毒物流入公眾引水之水源。

一旦為投放或混入行為即構成本罪，是否不堪飲用則與本罪無關。

## 二、客體

公眾所飲用之水源、水道或自來水池，若為工業用水則非本罪客體。公眾是指不特定人或特定多數人，例如 A 在公寓的公用水塔中加入瀉藥，A 即成立本罪。又如 A 將 B 的頭顱砍下放置於衣櫃內數天而產生細菌後，覺得容易被發現，進而放入公寓的公用水塔藏匿，A 亦可成立本罪。應注意的是行為人 A 只要認識本罪構成要件的事實即可，即使 A 的目的是在把殺人的證據藏起來，但 A 仍有認識其投放妨害衛生之物品的事實。

## 三、本罪有處罰過失犯

行為人因疏失而讓有毒物質或妨害衛生物進入公眾飲用的水源即可論過失犯。

## 四、未遂犯

本罪雖有未遂犯的處罰規定，但本罪性質上為行為犯，一行為即屬於既遂，難想像直接投放的行為有未遂犯，故本罪應該於間接投放時方有未遂可能。

---

**第 190-1 條　投放毒物罪**

I 投棄、放流、排出、放逸或以他法使毒物或其他有害健康之物污染空氣、土壤、河川或其他水體者，處五年以下有期徒刑、拘役或科或併科一千萬元以下罰金。

II 廠商或事業場所之負責人、監督策劃人員、代理人、受僱人或其他從業人員，因事業活動而犯前項之罪者，處七年以下有期徒刑，得併科一千五百萬元以下罰金。

III 犯第一項之罪，因而致人於死者，處三年以上十年以下有期徒刑；致重傷者，處一年以上七年以下有期徒刑。

IV 犯第二項之罪，因而致人於死者，處無期徒刑或七年以上有期徒刑；致重傷者，處三年以上十年以下有期徒刑。

V 因過失犯第一項之罪者，處一年以下有期徒刑、拘役或科或併科二百萬元以下罰金。

VI 因過失犯第二項之罪者，處三年以下有期徒刑、拘役或科或併科六百萬元以下罰金。

VII 第一項或第二項之未遂犯罰之。

VIII 犯第一項、第五項或第一項未遂犯之罪，其情節顯著輕微者，不罰。

---

## 一、行為人

行為人為一般人，然而重大環境汙染通常為企業的事業活動造成，且大量排放有毒物質所形成的環境汙染危害性遠大於個人的汙染行為，故而於第 2 項規定企業的負責人、監督策劃人員、代理人、受僱人或其他從業人員為行為主體時之加重處罰。

## 二、行為

投棄、放流、排出或放逸毒物或其他有害健康之物。而毒物是指有毒性而有害人體健康的物質。其他有害健康物質是指毒物以外的一切足以危害人體健康或汙染環境的物質，包含會造成空氣汙染、水源汙染或廢棄物，例如人或動物屍體，特別是帶有傳染病的屍體。

## 三、客體

一般認為本罪客體為毒物或其他有害健康之物。近期有文獻認為本罪客體應是空氣、土壤、河川或其他水體[55]。

## 四、結果

第 1 項於民國 107 年修法後刪除了「致公共危險」，修法理由稱為充分保護環境安全，不待具體危險發生即可構成本罪。然而事實上除了有本罪之行為外，仍要有空氣、土壤、河川或其他水體受汙染的結果，故有文獻認為只有要求此汙染結果之要件，才可呈現出本罪各該行為對於不同環境媒介所製造出的侵害危險[56]。

## 五、輕微條款

如汙染程度顯屬輕微則不具備可罰性，例如 A 在湖邊作畫，不小心把顏料打翻入湖內，則不具備可罰性。然該輕微條款僅限於一般人可適用，應排除第 2 項之主體。然本書認為基於公平原則考量下，如一般人之顯著輕微的環境汙染行為可以不罰，但事業單位人員情節顯著輕微的環境汙染行為卻不得不罰，顯然不恰當。

---

[55] 潘怡宏，現行刑法汙染環境媒介罪之修正芻議，月旦法學雜誌，第 278 期，2018 年 7 月，頁 40-41。

[56] 古承宗，評析 2018 年新修正之刑法第 190 條之 1──以抽象危險犯與累積犯之辯證為中心，中正法學集刊，第 61 期，2018 年 10 月。

> **第 191 條　製造販賣陳列妨害衛生物品罪**
> 製造、販賣或意圖販賣而陳列妨害衛生之飲食物品或其他物品者，處六月以下有期徒刑、拘役或科或併科三萬元以下罰金。

## 一、行為

製造是指就原料加工而製造成品；販賣是指有對價的賣出；陳列是指將本罪客體陳列於他人可得觀覽選購之處。

## 二、客體

有害衛生之飲食物品或其他物品（例如藥品、化妝品）。

## 三、主觀要件

必須是出於本罪之故意，而本罪不罰過失犯，故社會上常發生餐飲業者不慎致食材汙染或腐敗，導致集體食物中毒的情形，行為人多半欠缺故意。又本罪主觀上須有販賣意圖。

### 案例

甲經營小吃店，由於待客真誠，生意頗佳，但衛生條件卻不甚理想。小吃店的廚房設在騎樓，汽機車排放的油煙廢氣與路上揚起的塵土，直落鍋具的物料。無數蒼蠅在騎樓盤旋飛舞，飛雨落花中，落在食材上。餐後，小吃店贈送客人冷飲。一日，消費者某乙喝完冷飲，赫然發現杯底一隻蟑螂。甲辯稱，生意忙碌，未能注意周全，致有蟑螂入了冷飲，願給九折券一張，以示誠意。乙怒而舉發。問：甲的前述各種營業條件，是否有罪？

## 擬答

甲製作與販賣的飲食有塵土、蒼蠅及蟑螂，應屬刑法第 191 條中的妨害衛生的飲食物品。但是刑法第 191 條是故意犯，而甲因生意忙碌，未能顧及攤位周遭衛生條件，因此甲並非故意製作與販賣有塵土、蒼蠅及蟑螂的飲食物品，屬於過失，故甲不成立刑法第 191 條。

---

**第 191-1 條　公開陳列販賣物品下毒罪（又稱毒化飲食物品罪）**

I 對他人公開陳列、販賣之飲食物品或其他物品滲入、添加或塗抹毒物或其他有害人體健康之物質者，處七年以下有期徒刑。

II 將已滲入、添加或塗抹毒物或其他有害人體健康之飲食物品或其他物品混雜於公開陳列、販賣之飲食物品或其他物品者，亦同。

III 犯前二項之罪而致人於死者，處無期徒刑或七年以上有期徒刑；致重傷者，處三年以上十年以下有期徒刑。

IV 第一項及第二項之未遂犯罰之。

---

## 一、行為

本罪又稱千面人條款，千面人下毒的行為如出於恐嚇或恐嚇取財的心態下而為本罪行為，除了構成恐嚇罪或恐嚇取財外，亦可成立更重的本罪。

### （一）下毒行為

對他人公開陳列、販賣之飲食物品或其他物品滲入、添加或塗抹毒物或其他有害人體健康之物質，例如 A 於便利商店的機能飲料（蠻牛）裡面注射入氰化物。

### （二）混雜行為

將已滲入、添加或塗抹毒物或其他有害人體健康之飲食物品或其他物品混雜於公開陳列、販賣之飲食物品或其他物品。例如將有毒的物品與沒毒的物品陳列在一起。

## 二、客體：公開陳列之飲食物品或其他物品

而該公開陳列不僅包含現實供該陳列，亦包含將公開陳列，例如置於大賣場儲存室中的物品。

## 三、既未遂

如行為後產生了公共危險性的狀態，應為本罪之既遂。

---

**第 192 條　違背預防傳染病之法令及散布傳染病菌罪**
I 違背關於預防傳染病所公布之檢查或進口之法令者，處二年以下有期徒刑、拘役或三萬元以下罰金。
II 暴露有傳染病菌之屍體，或以他法散布病菌，致生公共危險者，亦同。

---

本罪只有規定違背關於預防傳染病所公布之檢查或進口之法令之行為。至於內容為何需待該法令公布，故為空白構成要件。第 2 項的以他法散布病菌，即將病菌傳出去的行為，例如 A 明知將自己培養的感冒病菌，置於公共場合，然必須致生公共危險方為本罪之既遂。

---

**第 193 條　違背建築術成規罪**
承攬工程人或監工人於營造或拆卸建築物時，違背建築術成規，致生公共危險者，處三年以下有期徒刑、拘役或九萬元以下罰金。

---

監工人是指在場監督，營造或拆卸建築物時有無違背建築成規之人[57]，就特定建築工程的施作，有一定之施工監督義務之人，無論其所監督的對象為上游營造廠商或下游之承作包商，均為建築工程的監工[58]。實務認為建築師非監工人[59]。行為時點必須於營造或拆卸建築物之時。行為為違背建築術成規，所

---

[57]　臺灣高等法院 90 年度上易字第 4076 號刑事判決。
[58]　臺灣高等法院 91 年度上易字第 838 號刑事判決。
[59]　臺灣高等法院 87 年度上易字第 182 號刑事判決。

謂建築術成規是指營造或拆卸建築物時所應遵守之技術法規與相沿成習的規則，不以建築法令明文規定者為限。又本罪為具體危險犯，客觀上有發生公共危險的結果就足成立本罪，而公共危險結果發生於營造或拆卸期間，或於營造或拆卸之後才發生，均與本罪之成立無關。

---

**第 194 條　不履行賑災契約罪**

於災害之際，關於與公務員或慈善團體締結供給糧食或其他必需品之契約，而不履行或不照契約履行，致生公共危險者，處五年以下有期徒刑，得併科九萬元以下罰金。

---

本罪為純正不作為犯且為身分犯，具有該身分之人以不履行契約而致公共危險時構成本罪。相較於第 108 條在與外國開戰或將開戰期內，不履行供給軍需之契約或不照契約履行者，本罪不處罰過失犯。

## 選擇題應注意事項

### 一、放火罪、失火罪

（一）放火罪、失火罪的性質為抽象危險犯或具體危險犯，請參照前述，在此不再贅述。

（二）A 對於非自己的房屋放火，當時只有 A 在該屋內，別無他人，實務認為不構成第 173 條第 1 項的放火罪，但是如果 A 的房屋與他人的房屋並排或為公寓式的房屋，此時實務將之當成整體的建築，以公共危險的角度來說，仍會燒燬他人的房屋，故為第 173 條第 1 項的放火燒燬現有人所在的建築物罪。又此時 A 放火燒燬多棟房屋或公寓，實務上認為僅成立一罪（單純一罪）。

（三）A 想要放火，而先買好汽油、觀察地形，為預備放火罪；A 若點火了，則為著手，或建築物處於主要功能喪失的狀態，則為既遂。

## 二、不能安全駕駛罪、肇事逃逸罪

（一）必須以駕駛動力交通工具為前提，如騎腳踏車不可成立本罪。

（二）第 185 條之 3 第 1 項第 1 款「吐氣所含酒精濃度達每公升零點二五毫克或血液中酒精濃度達百分之零點零五以上」，該數值須熟記，不然會很無聊考你「血液中」酒精濃度達每公升 0.25 毫克（這是吐氣濃度的標準），此時則非本罪要件。

（三）實務上認為 A 不小心撞傷人之後不救助而離去。此時 A 會成立過失傷害罪與肇事逃逸罪的數罪併罰；又 A 酒駕而撞傷人，A 會成立過失傷害罪與不能安全駕駛罪的數罪併罰。注意是數罪併罰（併合處罰），而非想像競合。

# 第二節　公共信用罪章（偽造罪章）

## 第一項　偽造罪章概說

本節主要討論偽造貨幣、偽造有價證券、偽造文書罪章。

## 一、必須先加以區別文書、有價證券、通用貨幣有何不同

### （一）文書

文書，須符合以下三個性質：

1. 穩固性質：穩固性質是指文書須具備有體性、文字性、持續性的特徵。文書之所以可以展現人的思想，是因為該文書是具有可辨識性而使他人可了解表示的內容。簡單來說，一個人在想什麼，除了可用口語表達外，如要留下證明，通常必須以文書表達，故須具備以上三個性質。有體性是指文書必須附著於有體物上，例如在石頭刻上契約的內容。文字性是指必須以文字符號的方式呈現在有體物，而如果思想的表示內容只是聽覺，則屬於準文書（§220）的概念。

而持續性是指思想的內容表彰於有體物時必須持續一段時間，如此始可呈現文書的證明性質，如在用毛筆沾水在手術同意書上簽名、在沙子上寫上契約，因不具有持續性，非文書。而在黑板上用粉筆寫字，須從客觀的環境、自然性質個案判斷是否有持續性，如有持續性則符合穩固性質。

2. 保證性質：文書須具備名義性質，文書作成名義人擔保文書內容是由其負責。亦即如形式上有簽名，即要對該簽名負責。形式上顯示的做成名義人不以事實上存在為必要，只要可得知由何人負責即可，例如「吳鳴仁」要去汽車旅館偷情，但是怕被老婆發現，就在旅館的登記簿上寫「吳鳥仁」，就沒有偽造的問題了，因為吳鳴仁就是可為這個簽名（法律上的交往）負責的，而也可得而知由其負責。另外，該名義人不需要大眾皆知道，只要參與文書活動者可了解即可。

3. 證明性質：文書的思想表示內容必須能證明法律關係或社會活動中之重要事實。亦即文書在現在社會生活、經濟交易活動中，攸關各種法律關係的存在、維繫與證明，故應維護文書表彰意思表示之成立、內容、利用上的公信力。因此，偽造文書罪所保護的是公眾或個人法律、經濟交易往來之公共信用法益 [60]。例如政府機關在食用油品上的 SQF 食品安全品質認證標章、A、B 的租賃契約、醫療契約。亦即必須在法律交往中，具有客觀上適合，該客觀適合必須要從寬認定，只要含有某項法律上的重要意義即可，且主觀上特定證明自身以外事實的證明功能 [61]。例如你今天閱讀刑法概要後寫的筆記，即不具有證明功能。但如果是考試作答的試卷，可證明作答陳述與答案，為有證明功能文書。又例如印有姓名、頭銜與聯絡方式的名片，除了表明製作人身分外，不具有證明任何法律關係的適合性。

　　另外訃文的內容通常具有逝者的姓名、年齡、死亡日期、舉殯時間等，但其記載內容對個人死亡「無證明作用」，也不可能持訃文向戶政機關辦理死亡與相關機關辦理繼承登記 [62]。

---

[60] 最高法院 101 年度台上字第 5323 號刑事判決。

[61] 許澤天，刑法分則（下）人格與公共法益篇，新學林，2019 年 8 月，頁 391。

[62] 盧映潔，「訃文」非文，月旦法學教室，第 69 期，2008 年 7 月，頁 16-17。

輓聯算文書嗎？B 為 A 的愛慕者，但 A 不認識 B，B 死後，B 子 C 偽冒某空調公司董事 ICE 的名義寫輓聯：「音容宛在，ICE 敬輓」，將之懸掛於靈堂，C 的行為是否為偽造文書罪？學說採否定說，因為該類文字本身「無權利的得喪變更」，不能在人際交往中穩定地證明何種事項[63]，亦即欠缺證明作用。退步言之，即便具有證明作用，亦不會足生損害於他人。

而影本是否具有證明性？有認為現今使用影印機、照相機之機械方式就原本而為影印者，影本製作者的意思難以介入原本且筆跡形狀均與原本雷同，具有與原本同一意識內容，其信用與社會基本已經跟原本無二致，故應承認影本是文書。然而本書認為原則上影本只能證明曾經有原本的存在，但無法看到原本，無法得知原製作人的意思是否如此，故欠缺文書的保證與證明功能[64]，只有在例外情形，影本經過原本的製作者或一定單位的認證證明與原本無異時才可認為是文書。

**案 例**

鳴仁、雛田為情侶，在沙灘上用手指於沙子上一同寫下愛情誓約：「love 1314，海枯石爛，小寶貝仁、大寶貝雛，2020/5/20 留」，是否為文書？

**擬 答**

兩人寫下代號，但刑法上的文書不以真名為必要，只要可得知由何人書寫且文書活動者可了解已足，故具有名義性質。不過，在沙灘上寫字，隔天就會因外力作用而消失，故不具有持續性，而且該愛情誓約不具交易安全與公共性用的性質，故不具有證明性。故沙灘上的愛情誓約非文書，自然也無偽造文書罪的問題。

---

[63] 林東茂，刑法分則，一品文化，2018 年 8 月，頁 286。
[64] 盧映潔，變造歌王，月旦法學教室，第 101 期，2011 年 3 月，頁 23。

> **最高法院 108 年度台上字第 3260 號刑事判決**
>
> 　　刑法上所稱之文書，係指使用文字、記號或其他符號記載一定思想或意思表示之有體物，除屬刑法第 220 條之準文書外，祇要該有體物以目視即足明瞭其思想或意思表示之內容，而該內容復能持久且可證明法律關係或社會活動之重要事實，復具有明示或可得而知之作成名義人者，即足當之。易言之，祇要文書具備「有體性」、「持久性」、「名義性」及足以瞭解其內容「文字或符號」之特徵，並具有「證明性」之功能，即為刑法上偽造或變造私文書罪之客體。

## （二）有價證券：文書＋表彰一定財產價值＋不必有流通性

　　所謂有價證券是表彰財產上權利的證書，且財產權利的發生、移轉、行使必須以占有有價證券為要件，亦即行使與占有不可分離[65]，但不必有流通性[66]，例如票據、外國貨幣[67]、人民幣[68]、中獎的彩券[69]、倉庫提單[70]、載貨證券[71]。而實務上不承認以下為有價證券：入場券[72]（馬戲團入場券？實務認為供人一時娛樂，為私文書）、戲票、電影票。取款憑條[73]、支票影本[74]，實務認為屬於私文書。當票，實務認為證明他人質物關係為私文書[75]；統一發票[76]，實務認

---

[65] 最高法院 98 年度台上字第 626 號刑事判決。臺灣高等法院臺中分院 103 年度重上更（三）字第 12 號刑事判決。

[66] 司法院（73）廳刑一字第 507 號法律問題之結論。

[67] 最高法院 106 年度台上字第 2845 號刑事判決。

[68] 最高法院 100 年度台上字第 6222 號刑事判決。

[69] 最高法院 107 年度台上字第 4256 號刑事判決。

[70] 臺灣高等法院 97 年度上重訴字第 17 號刑事判決。

[71] 最高法院 91 年度台上字第 925 號刑事判決。

[72] 最高法院 29 年台非字第 58 號判例。

[73] 臺灣桃園地方法院 108 年度審訴字第 440 號刑事判決。最高法院 49 年台上字第 1409 號判例。

[74] 臺灣高等法院 101 年度上訴字第 88 號刑事判決。最高法院 84 年台上字第 1426 號判例。

[75] 最高法院 105 年度台上字第 1422 號刑事判決。

[76] 最高法院 106 年度台上字第 3328 號刑事判決。

為不論有無中獎，都是私文書。統一發票為開立給買受人的憑證，目的是要防逃漏稅與控制稅源，為了促進統一發票推行，所以定期開獎，鼓勵買受人向營業人拿統一發票，所以中獎只是附隨目的。至於票據的背書或保證，例如偽造票據之附屬票據（背書）行為是否為偽造有價證券？實務[77]認為有價證券只限於基本票據行為，如果是附屬票據行為就是私文書，但有學者[78]認為背書、承兌或保證為附屬票據行為，為獨立負擔債務的行為，而複合存在一個證券上，如冒用他人名義而為時，也是有價證券的偽造。

（三）通用貨幣：有價證券＋強制流通性。

「通用」貨幣是指具有強制流通性之貨幣[79]。外國貨幣、人民幣於我國不具強制流通性，屬於有價證券。

## 【整理】

> 文書＝穩固性質＋保證性質＋證明性質
>
> 有價證券＝穩固性質＋保證性質＋證明性質＋表彰一定財產價值
>
> 通用貨幣＝穩固性質＋保證性質＋證明性質＋表彰一定財產價值＋強制流通性

## 二、偽造、變造行為之定義

偽造罪章常涉及偽造、變造之行為，然而兩者如何區分？

---

[77] 最高法院 101 年度台抗字第 987 號刑事裁定。最高法院 59 年度台上字第 2588 號刑事判決。
[78] 甘添貴，刑法各論（下），修訂 4 版 2 刷，2016 年 10 月，頁 153。
[79] 甘添貴，刑法各論（下），修訂 4 版 2 刷，2016 年 10 月，頁 127。最高法院 28 年度台上字第 896 號刑事判決。

| 行為態樣 | 區分方法 | 核心內涵 | 條文 |
|---|---|---|---|
| 有形偽造（文書製作名義的真正性） | 有創設性、本質未變更 | 無製作權限、冒用他人名義、文書內容不實（身分同一性的欺瞞） | §210、§211、§212 |
| 無形偽造（文書內容的真實性） | | 有製作權限，但登載不實 | §213、§214、§215 |
| 變造 | 無創設性，僅部分變動；本質已經變更 | 無權製作權，但未變更本質，加以改造而變更其內。行為人當初有權製作，並非所問 [80] | §210、§211、§212 |

## （一）偽造

### 1. 有形偽造

　　有形偽造的態樣規定在第 210 條（偽造私文書罪）、第 211 條（偽造公文書罪）、第 212 條（偽造特種文書罪）。

(1) 冒用他人名義作成文書，即無製作權人假冒他人名義作成文書的行為，以至於文書的製作人在形式上與實際上不一致。故有形偽造為無中生有，有創造性 [81]。

(2) 有形偽造的重點在於身分同一性的欺瞞 [82]，亦即 A 用 B 的名義作成文書，在交易上會被誤會成 B 作的文書，此時即有身分同一性的欺瞞，而他人之名義即使是筆名、藝名，如足以辨識該行為主體，就可以證明有身分同一性 [83]。實務更認為，被冒名人是否真有其人或是否已經死亡，均不影響偽造的成立，只要

---

[80] 盧映潔，刑法分則新論，修訂 16 版，新學林，2020 年 7 月，頁 314。最高法院 92 年度台上字第 6838 號著有判決同此理。

[81] 林東茂，刑法分則，一品文化，2018 年 8 月，頁 290。最高法院 100 年度台上字第 1989 號刑事判決。

[82] 陳志龍，人性尊嚴與刑法體系入門，修訂 5 版，1998 年，頁 462。盧映潔，刑法分則新論，修訂 15 版，新學林，2020 年 1 月，頁 334。

[83] 最高法院 106 年度台上字第 1808 號刑事判決。最高法院 107 年度台上字第 3037 號刑事判決：「上訴人於簽立上開本票及書寫借據之際，雖同時按捺指印，惟各該指印，亦係表彰為『湯振業』之人所捺印，足使告訴人發生對象混淆之困擾，而有礙其對於主體同一性之辨認，並將導致執票人無從依據本票外觀上所記載之內容行使票據上之權利，自足以生損害於『湯振業』及告訴人。」

交易上被誤認為是文書上的名義人作所成即可[84]。

## 【無權代理的問題】

行為人自稱自己為他人的代理人，而製作出同時有本人與代理人名義的文書，例如 A 未得 B 授權就用 B 名義簽發本票，於本票發票人欄記載 B 的姓名與簽署代理人 A，A 是否構成偽造私文書罪？

（一）多數學說、實務：有權代理與無權代理，都要從社會活動的交易安全來看，大家會信賴文書形式上應負責之人應該是本人，而實質上的表意人既然是代理人，就會構成有形偽造[85]，也就是說偽造的定義在於無權製作之人冒用他人名義而製作。實務認為因為所製作者為本人名義之私文書，使該被偽冒之本人在形式上成為虛偽私文書的製作人，對於該被偽冒之本人的私文書的公共信用造成危害，與直接冒用他人名義偽造私文書無異，應構成偽造私文書罪[86]。A 成立偽造私文書罪。

（二）德國通說：文書製作人表明為某自然人代理的名義，只針對是否具有代理權限有所欺瞞，非對製作人身分欺騙，不成立偽造。若是表明某人名義，則是身分詐騙的偽造[87]。A 的行為須視對於身分同一性有無欺瞞而定是否成立本罪。

2. 無形偽造（又稱登載不實）

　　登載不實的行為規定於第 213 條（公務員登載不實罪）、第 214 條（使公務員登載不實罪）、第 215 條（業務登載不實罪）。

---

[84] 最高法院 107 年度台上字第 1753 號刑事判決。臺灣高等法院 108 年度上訴字第 15 號刑事判決。

[85] 吳耀宗，代理製作文書與偽造文書罪，月旦法學教室，第 36 期，2005 年 10 月，頁 78。

[86] 最高法院 95 年度第 19 次刑事庭會議決議。

[87] 許澤天，刑法分則（下）人格與公共法益篇，新學林，2019 年 8 月，頁 409。

(1) 無形偽造是指即有權製作，但內容不實，亦即有權製作但思想表示與實際情形不符合。登載內容與文書要表達的事實不一致，公務員登載於公文書上的內容，必須是客觀的事實，而非公務員之價值判斷或思想推論[88]。不問不實的部分為全部或一部分，也不論不實是出於虛增或故減[89]。又登載不實限於積極作為方式才可以成立[90]。

(2) 有形偽造與無形偽造（登載不實）的區別[91]

| 對製作者人格的身分詐騙＝有形偽造 | 未對製作者人格的身分詐騙＝無形偽造 |
|---|---|

(3) 例如【大案小報案】，警察受理民眾的強奪罪報案時，怕不易偵查而影響績效而在刑事移送書記載為竊盜案，此時警察具有文書作成的權限，但內容不實，即為登載不實。但是偵查或審判「筆錄」，其功能不是在表達犯罪的事實真相，只是表達陳述者所述的事項，故學說與實務都認為如果公務員依職權詳實記錄，就沒有登載不實。例如警察的偵詢筆錄，嫌疑人 A 講「假話」：「我那天在幫我孫女洗澡而已，沒有做什麼。」警察就將該陳述記錄起來，但實際上 A 那天幫孫女洗澡時同時進行了猥褻行為，此時警察的登載不構成不實。

（二）變造

第 210 條（變造私文書罪）、第 211 條（變造公文書罪）、第 212 條（變造特種文書罪）。

1. 定義：「無權修改而改變作者真正文書內容」且「未變更文書本質」，又具有兩項要求「不可喪失文書性質，否則是第 352 條（毀損文書罪）」＋「不可以喪失文書同一性，否則是偽造」。要求未變更文書本質的原因在於，如擅自

---

[88] 最高法院 105 年度台非字第 66 號刑事判決。

[89] 最高法院 107 年度台上字第 4723 號刑事判決。最高法院 97 年度台上字第 1310 號刑事判決。

[90] 最高法院 102 年度台上字第 5025 號刑事判決。

[91] 許澤天，刑法分則（下）人格與公共法益篇，新學林，2019 年 8 月，頁 405。

更改文書真實思想內容，在證明方向上與變造前有差異[92]，已屬偽造。有學者將變造描述為在既有的基礎上，作數量或品質的更動，可能是「多變少或少變多」、「意義或內容的改寫」[93]。實務上亦採相同看法，變造必須不變更原有文書本質，僅就文書內容有所更改，故必須先有他人之文書存在，而後才有變造[94]。

2. 例如 A 在 B、C 的買賣契約中的買賣 1 萬斤的米，改成買賣 1 萬斤的糞，A 在原本具備的文書中僅改變了文書內容，沒有改變製作名義人，屬於變造。然如果對於過期而失效的真實私文書更改日期，變成還沒失效的文書，或者就他人簽名蓋章的空白文件，填寫內容後作為其他作用，都是偽造文書而不是變造，因為已經變更了文書的本質了。

3. 偽造與變造的區別：學說、實務[95]的區分方法是否有創設性、是否變更性質，偽造具創設性且未變更本質。

## 第二項　偽造文書印文罪

本罪章保護法益為文書在法律往來關係中之安全性與可靠性。

> **第 210 條　偽造變造私文書罪**
> 偽造、變造私文書，足以生損害於公眾或他人者，處五年以下有期徒刑。

---

[92] 盧映潔，刑法分則新論，修訂 16 版，新學林，2020 年 7 月，頁 337。

[93] 林東茂，刑法分則，一品文化，2018 年 8 月，頁 290。

[94] 最高法院 107 年度台上字第 1243 號刑事判決。最高法院 51 年度台上字第 295 號刑事判決。

[95] 最高法院 92 年度台上第 6838 號著有判決：「次按刑法上所謂偽造文書，指無製作權者，不變更原有文書之本質，擅自就他人所製作之真正文書，加以改造而變更其內容而言；倘該文書之本質已有變更，或已具有創設性時，即屬偽造，而非變造。」林東茂，刑法分則，一品文化，2018 年 8 月，頁 290。

## 一、客體

私文書，乃指私人製作，以文字或符號為一定之意思表示，具有存續性，且屬法律上有關事項之文書而言[96]。A 於 B 申請的信用卡背面簽名欄，任意偽造 B 姓名，A 在信用卡偽簽 B 姓名行為，A 犯何罪？實務[97]認為，以形式整體觀察，足以知悉表示信用卡簽名者於信用卡有效期限內有權使用該信用卡之辨識與證明，並非依習慣特約表示一定用意之證明，論偽造私文書罪（§210）。

## 二、結果

足生損害於公眾或他人。

### （一）公眾或他人

公眾是指公益，包含國家及社會利益。他人是指本人以外一切私人利益。

### （二）足生損害

1. 足生損害於公眾或他人不以公眾或他人實際受損害為必要，只要依照一般社會通念，客觀上觀察公眾或他人因該行為而有受損害的可能性已足，且損害的危險也不以民事上或經濟上之損害為限，即使行政上、形式上、精神上之損害亦屬之[98]。

2. 舉例言之，例如 A 的車牌（「OTZ-9487」）不見了，A 自己作一個車牌上而寫上很小字體的「暫時用」、「玩具用」與自己的車子車牌號碼「OTZ-9487」或者 A 製作另一個不同的車牌號碼「Omg-6666」的車牌，此時該車牌跟原本的狀況並非一模一樣，學說、實務認為屬於偽造公文書。

---

[96] 最高法院 107 年度台上字第 2122 號刑事判決。臺灣高等法院 109 年度上訴字第 191 號刑事判決。

[97] 最高法院 93 年度第 2 次刑事庭會議決議參照。

[98] 最高法院 103 年度台上字第 1203 號刑事判決。最高法院 107 年度台上字第 1926 號刑事判決。

　　然於特殊案例，例如 A 受 B 的委託須將文書交給 C，但過程中 A 不小心把 B 的文書弄丟，故 A 冒用 B 的名義製作內容與真實的文書一模一樣的新的一份文書而交給 C，此時 A 是否觸犯偽造文書罪？ A 的行為已經成立偽造的行為，而是否足生損害於公眾或他人？

(1) 實務上認為因偽造文書罪章是保護文書的公共信用，如果內容是真實，即不足生損害於公眾或他人，並不成立偽造文書罪[99]。而於偽造特種文書實務亦同此見解。

(2) 本書認為文書內容是否真實，僅判斷足以生損害於公眾或他人之參考因素之一，故如內容真實，但行為人冒用他人名義，也應成立偽造文書罪。因偽造的文書牽涉到的是該文書的法律關係或權利義務的形式上名義人（亦即本案例的 B）可能將須承擔某些原本不需承受的事項，即有受損害之虞。簡單來說，足生損害於公眾或他人的判斷標準不在於內容是否真實，而是在文書表彰的事務會不會落到被冒名者頭上，亦有學說[100]採此見解。以公共信用的觀點，如果今天 B、C 之契約書的內容屬於關乎千萬的工程事項或者保險事項，被偽造人 B 真的會認為 A 的行為妥適嗎？亦即該行為會使 B 產生不信任感，而將損及文書的公共信用。另外於偽造特種文書亦有該爭議，例如 D 的身分證、汽車牌照、執照不見了，D 偽造一張一模一樣的，但是該客體在國家社會中都須由具有較高擔保作用的國家所製作，從保證性質下觀之，公文書實際上並非由有權製作的國家公務員製作與發行，文書的保證性質的功能必受影響，即使製作的憑證、資格證明之內容與事實相符，仍可認為足生損害於公眾或他人。

## 三、罪數

　　若 A 同時偽造 B 的數個同類的文書（例如租給學生套房的租賃契約、支票），被害法益只有一個，不能以其偽造之文書件數或支票張數計算其法益。

---

[99] 最高法院 107 年度台上字第 2484 號刑事判決。
[100] 許澤天，文書偽造內容的真實不明，月旦法學教室，2019 年 12 月，頁 26-27。

> ### 第 211 條　偽造變造公文書罪
> 偽造、變造公文書，足以生損害於公眾或他人者，處一年以上七年以下有期徒刑。

## 一、客體：公文書

公文書是指「公務員」於「職務上」製作的文書（§10III），若為公務員私下製作的文書則非此所稱之公文書，例如 A 公務員去當包租婆，而與房客簽訂的租賃契約則非屬公文書。而實務上認為公文書是對外發生效力的文件（例如公務員偽造公文書強制執行某人民的財產），或者僅發生內部效力（例如公務員偽造會影響機關內部的職員調派文書）的文件，並非所問 [101]。

實務認為公文書亦不以蓋用公印為必要。若由形式上觀察文書之製作人為公務員就是公務員職務上之事項所製作者。倘擅自偽造或變造內容，致社會上一般人有誤信其為真正之危險時，仍為偽造或變造公文書。而裁判書係法官於職務上製作之文書，屬第 10 條第 3 項之公文書，其經裁判法官簽名者，為裁判書之原本，由書記官依原本製作並蓋用法院印信者，為裁判書正本，均屬公文書 [102]。

## 二、結果

足生損害於公眾或他人（與 §210 相同）。

> ### 第 212 條　偽造變造特種文書罪
> 偽造、變造護照、旅券、免許證、特許證及關於品行、能力服務或其他相類之證書、介紹書，足以生損害於公眾或他人者，處一年以下有期徒刑、拘役或九千元以下罰金。

---

[101] 最高法院 105 年度台上字第 1949 號刑事判決。

[102] 最高法院 106 年度台上字第 827 號刑事判決。最高法院 107 年度台上字第 149 號刑事判決。

　　本罪客體為特種文書，可能包含公文書或私文書，但立法者認為偽造或變造本罪客體通常是圖一時便利或求職謀生，其情可憫。故本罪與第 210 條、第 211 條為法條競合的特別關係，而先適用本條。

　　護照是指主管機關發給人民出國旅行時的身分證明，旅券是指公民營事業機構發給的舟、車、航空器免費乘坐或減價優待的憑證，例如 A 明明不是學生，但偽造學生用的減價優待憑證（例如悠遊卡結合學生證），而使自己坐車時可以打折。又例如 A 明明不是軍警，卻偽造軍警證而享有打折的優惠，此時將與第 159 條、第 216 條、第 339 條產生競合。

　　免許證是指免除人民一定手續或義務而取得權力或資格的證書，例如免稅證書。特許證是指特許一定權利的證書，例如專利證書、汽車牌照（包含號牌及行車執照）。

　　關於品行、能力服務或其他相類之證書，是指可供證明人的品德、各種學習或專業能力、工作或服務經驗的文書，例如學校的成績單、修業或畢業證書、考試及格證書、醫師證書、律師證書、餐飲類的丙級或乙級執照、在職證書。

　　國民身分證、駕照，為品行能力服務相類證書之一種，屬於刑法第 212 條之特種文書[103]。

　　此外，特種文書與公文書如何區別？實務[104]認為公文書相較於特種文書而言，通常具有較高的公信力，且均涉及法律上重要權利之取得、變更或消滅等影響社會福祉或公共利益重大事項。

---

**第 213 條　公務員登載不實罪**

公務員明知為不實之事項，而登載於職務上所掌之公文書，足以生損害於公眾或他人者，處一年以上七年以下有期徒刑。

---

[103] 最高法院 100 年度台上字第 132 號刑事判決。最高法院 102 年度台上字第 1602 號刑事判決。臺灣高等法院 103 年度上訴字第 159 號刑事判決。

[104] 最高法院 109 年度台上字第 3149 號刑事判決：「刑法第 212 條對於護照、旅券、免許證、特許證及關於品行、能力、服務或其他相類等所謂『特種文書』之偽造、變造行為設有處罰規定。蓋因此類『特種文書』原為私文書或公文書之一種，然或為國家機關對於人民自由權利之

## 一、客觀要件

## （一）行為人：公務員

1. 本罪為純正身分犯，而無公務員身分之人或無製作權限之人與有權製作之公務員，可否成立第 213 條的共同正犯？

(1) 實務：無公務員身分之人，依據第 31 條第 1 項，若該公務員不成立該罪，該他人也不成立該罪。

(2) 學說：無身分的人頂多是共犯，第 31 條的擬制共同正犯為立法的錯誤。

2. 然而無公務員身分之人或無製作本罪客體權限之人可否利用有權製作本罪客體的公務員成立本罪的間接正犯？

實務採否定說，認為該情形直接成立第 214 條使公務員登載不實罪即可，因第 214 條為第 213 條的間接正犯明文化規定。應注意的是，實務認為，第 214 條必須是公務員對於不實內容「不知情」為前提，如公務員知情下即不能成立第 214 條，而是無公務員身分的行為人與公務員論以第 213 條之共同正犯（§31I、§28）[105]。本書認為第 214 條與第 213 條區分公務員與非公務員，是罪責程度的考量，無身分之人即使與公務員「共同決意」（亦即公務員「明知」）而登載不實，無身分之人也不可能立第 213 條的共同正犯，只能論第 214 條）[106]。

---

行使附加一定條件，用以免除一定程序、手續或義務而允許人民取得特定權利或資格之文書；或針對特定之人，以其符合國家所定條件，而特准其行使國家權利或取得特定資格之證書；或文書內容涉及某人之品行、能力、服務或其他資歷、或某物之品質、數量等性質之說明、證明或介紹書等。因偽造、變造此種文書，多屬圖一時便利或為求職謀生，而出此下策，祇有在特定的生活環境下始具有意義，不具普遍或擴延的性質，其偽造、變造結果對於公共信用影響較輕，其情可憫，故立法者特設專條科以較輕刑法第 210 條或第 211 條為輕之刑。其與公文書最大的區別在於一個體制較為健全文明的國家社會，國家或公務員往往具有較強的保證功能，一般社會大眾信賴國家有健全的各種法律規定、登記規則與文書制度，因此公文書相對於特種文書而言，通常具有較高的公信力，且均涉及法律上重要權利之取得、變更或消滅等影響社會福祉或公共利益重大事項，自難謂為刑法第 212 條所稱之特種文書。故是否為『特種文書』除須具有與品行、能力、服務或其他相類的特徵外，並應依個案中之行為人偽造文書的目的及情節輕重綜合判斷。」

[105] 最高法院 92 年度台上字第 6739 號刑事判決。
[106] 盧映潔，刑法分則新論，修訂 16 版，新學林，2020 年 7 月，頁 352-353。

（二）行為：登載不實（請參照上述有關有形偽造與無形偽造的說明）。

（三）客體：公文書（請參照§211）。

（四）結果：足生損害於公眾或他人

在有形偽造的內容不實，要參照前面敘述；但在無形偽造的內容不實，要如何判斷「足生損害於公眾或他人」？

### 1.實務

實務通常認為，登載不實＝足生損害於公眾或他人[107]。「足以生損害於公眾或他人」為贅文，因為公文書本身就具有對於或針對任何人提供證明的意義，只要一經登載不實，就足以損害於公眾或他人[108]。

### 2.學說[109]

(1)判斷標準：該文書是否影響到法律關係或權利義務關係的形成、變動、維持、消滅等。如果失去了擔保功能，該文書「原本」要表彰某些已經存在或將來會發生的權利義務關係，但「現在」沒有擔保功能了，就沒有處罰的必要。

(2)例如：A、B是夫妻，但B、C生D，B與C（C在戶政機關工作）共謀，將D申報登記為A、B的婚生子女。但A、B是民法禁婚（例如：表兄妹），婚姻自始無效。可知，婚生子女要以婚姻存續中所生子女為要件，但A、B根本沒有婚姻關係，所以戶口登記要表彰的身分關係，在C登載時，不會產生作用，即使有害於戶口登記的正確性，但不實登記不會對任何人的權利義務關係產生影響，就沒有「足生損害於公眾或他人」了。

---

[107] 盧映潔，刑法分則新論，修訂15版，新學林，2020年2月，頁356。
[108] 許澤天，刑法分則（下）人格與公共法益篇，新學林，2019年8月，頁426。
[109] 盧映潔，刑法分則新論，修訂15版，新學林，2020年2月，頁356。

## 二、主觀要件

限於直接故意，因條文上表明「明知」。

> ### 第 214 條　使公務員登載不實罪
> 明知為不實之事項，而使公務員登載於職務上所掌之公文書，足以生損害於公眾或他人者，處三年以下有期徒刑、拘役或一萬五千以下罰金。

## 一、客觀要件

### （一）行為：使公務員登載不實

1.「使」是指利用、支配公務員作為行為人的工具。所以行為人只是一般犯（非身分犯）。實務認為第 214 條的成立要以公務員不知情為前提 [110]。

2. 本罪經常會討論到「公務員登載不實，必須是行為人一經申告，公務員即有登載義務，才能成立本罪」。例如【假結婚、旅遊真賣淫或打工】A 與 C 假結婚，A 拿相關證件向戶政辦 A、C 結婚登記，A 一經申請，戶政機關 B 公務員即為結婚登記之記載，A 再用依親名義向移民署申請 C 到臺灣，此時 A 是否成立使公務員登載不實？

(1) 實務：以公務員是否有審查權限作為本罪成立與否的前提

如果有審查權限，經審查後才能記載，即使人民明知不實，而使公務員登載，行為人也不成立本罪 [111]。

① 「公務員」有審查權限：例如 A 驗尿時沒把自己的尿液裝入檢驗瓶，卻裝他人給予的熱騰騰尿液而交給觀護人，進而使不知情的採驗員，於監管紀錄表上

---

[110] 最高法院 92 年度台上字第 6739 號刑事判決。最高法院 96 年度台上字第 5672 號刑事判決。臺灣高等法院 103 年度上訴字第 1274 號刑事判決。

[111] 最高法院 91 年度第 17 次刑事庭會議。最高法院 102 年度台上字第 5109 號刑事判決。最高法院 105 年度台非字第 66 號刑事判決。

填上無異狀，此時實務認為觀護人對受保護管束之人所採集尿液有實質審查義務，故 A 並不成立本罪。另於假結婚真賣淫案，內政部移民署對於大陸人士來臺依親具有實質審查權限，故上揭案例 A 向移民署申請 C 來台依親之行為不成立本罪。

② 「公務員」無審查權限：諸如戶政機關對於結婚登記事項；經濟部對於申請公司登記之有關是否有違反公司法或不合法程式之事項；地政機關對於房屋買賣契約書；明知身分證、駕照未遺失，但跟戶政事務所、監理所謊報遺失，而填寫身分證、駕照申請書，申請補發等，公務員沒有審查權限。故上揭案例 A 拿相關證件向戶政辦 A、C 結婚登記之行為，A 成立本罪。

(2) 學說

實務誤會了問題的關鍵，對於人民所申請或聲明的事項，如果公務員仍須做實質審查，確實不應成立本罪，但是理由上並不是「公務員仍須做實質審查，所以申請人沒有責任」，而是「公務員所登載的事項，有價值判斷空間，或該公文書沒有要表彰某一事實」[112]。亦即：

① 不管公務員採何種審查方式，都與本罪無關。

② 重點：「行為人所提供登載的資料是否構成公務員登載不實時，應判斷該資料所指涉的是否屬於客觀事實，且是否為公文書所要擔保證明的事實部分」[113]。

③ 例如：行為人誣告，經警員於筆錄登載其告訴內容，由於警員對於告知內容的登載，其意義就是記錄告訴人的陳述，至於告訴之內容真假，本來就不是告訴筆錄要表彰的事實，故即使告訴內容不實，也非本罪。

---

[112] 吳耀宗，使公務員登載不實罪—評最高法院 91 年度台上字第 2431 號裁判及相關實務見解，月旦法學雜誌，第 97 期，2003 年 6 月，頁 262。

[113] 盧映潔，刑法分則新論，修訂 15 版，新學林，2020 年 2 月，頁 362。

**最高法院 105 年度台非字第 66 號刑事判決**

> 文書在法律交往與經濟過程中,因對特定事項具有表彰一定之擔保與證明作用,而使社會共同生活之一般大眾產生相當程度之信賴。刑法上之偽造文書罪,即係為保護社會大眾對於文書之信賴,不致因不實文書危害其公共信用性以影響現代法律交往之安全性與可靠性。其中關於使公務員登載不實罪,則側重在保護公文書內容之真實性與公信力。人民因申請之客觀事實經登載於公文書上,而獲公權力機關擔保、證明其內容之真正;如其提供或聲明之事實資料虛偽不實,而經公務員登載於公文書上,因損及公文書之公共信用性,而應處罰。然公務員登載於公文書上之內容,倘非人民申請之客觀事實,而係公務員之價值判斷或思想推論,即無所謂真實與否之問題,自不成立本罪。故刑法第 214 條所謂使公務員登載不實事項於公文書罪,須一經他人之聲明或申報,公務員即有登載之義務,並依其所為之聲明或申報予以登載,而屬不實之事項者,始足構成,若其所為聲明或申報,公務員尚須為實質之審查,以判斷其真實與否,始得為一定之記載者,即非本罪所稱之使公務員登載不實。

(二)客體:請參考第 211 條。

(三)結果:足以生損害於公眾或他人。

## 二、主觀要件

明知,限於直接故意。

**第 215 條　業務登載不實罪**

從事業務之人,明知為不實之事項,而登載於其業務上作成之文書,足以生損害於公眾或他人者,處三年以下有期徒刑、拘役或一萬五千元以下罰金。

## 一、客觀要件

### （一）行為人：從事業務之人（純正身分犯）

1. 無此身分之人不能單獨成立本罪，但實務[114]認為可與從事業務之人成立本罪之共同正犯（§31I）。

2. 無身分之人利用從事業務之人登載不實？例如A不想當兵，假裝自己有精神疾病，而醫師B也真的被A的演技騙了，A成立何罪？

　　實務認為本罪是純正身分犯，故無身分之人（A）不能成立本罪之間接正犯[115]，且第215條應認為有排斥普通人成立間接正犯的適用，從第213條與第214條關係就可知，故A的行為不罰[116]。

3. 業務必須事實上執行業務為標準，不以形式上為要件。例如密醫亦屬於業務。

### （二）客體：業務上文書

　　業務是指個人基於社會地位繼續反覆執行之事務，包括主要業務及附隨之準備工作及輔助事務，附隨之事務與其主要業務有直接、密切關係者，可包含在業務概念中，而認為屬於業務範圍[117]。例如：醫師出具的診斷書或診療的病例、會計師所製作的財產表冊，簽證與查帳報告。

## 二、主觀要件

　　直接故意。

---

**第 216 條　行使偽造變造或登載不實文書罪**

行使第二百十條至第二百十五條之文書者，依偽造、變造文書或登載不實事項或使登載不實事項之規定處斷。

---

[114] 最高法院 97 年度台上字第 2915 號刑事判決。
[115] 最高法院 97 年度台上字第 2915 號刑事判決。
[116] 最高法院 88 年度台上字第 3116 號刑事判決。
[117] 最高法院 106 年度台上字第 191 號刑事判決。

## 一、行使

行使是指將第 210 條至第 215 條之客體加以適用或向他人提出。行使行為是否必須就文書內容有所主張才能成立行使行為？例如 A 拿了偽造 C 名義的私文書給 B，而對 B 說：「這裡面 C 跟你之前的契約內容，裡面提到……」，A 的行為於提出、拿給 B 時既遂，還是對文書的內容主張時既遂？

### （一）形式說（否定說）

學說、實務認為偽造文書之行使，「不以就文書內容有積極之主張為必要」，如以偽造之文書冒充為真正或內容真實之文書，予以提示或送交他人，或消極置於可能發生證明、穩固、保證等文書功能之狀態下，供人閱覽，因為均已侵害文書之信用，可成立行使之罪。置於他人可認知、了解該文書內容的狀態就既遂[118]。亦即無形的偽造文書，就文書的形式上主張（提出）已經足產生損害的風險，行為人不用就所表達的內容另外再重複一次[119]。

### （二）實質說（肯定說）

不單純向他人交付該文書，即成立本罪，必須向他方「主張」有形、無形偽造文書內容。因為刑法所處罰行使偽造文書行為，在於保護公共之信用，故必須對該文書內容之權利義務或事實有所主張，而有誘發之危險，始足當之[120]。

## 二、罪數問題

### （一）行為人多次反覆行使同一偽造文書，論以幾個罪

實務認為本罪非集合犯，行使一次就論一罪[121]。

---

[118] 林山田，刑法各罪論（下），修訂 5 版，2005 年 9 月，頁 457。許澤天，刑法分則（下）人格與公共法益篇，新學林，2019 年 8 月，頁 434。最高法院 103 年度台上字第 418 號刑事判決。

[119] 黃榮堅，論偽造文書之行使行為──評 92 年度台上字第 2293 號等判決，台灣法學雜誌，第 54 期，2004 年 1 月，頁 72。

[120] 最高法院 83 年度第 4 次刑事庭決議。最高法院 72 年台上字第 4709 號判例。

[121] 最高法院 101 年度台上字第 2494 號刑事判決。

## （二）一人行使兩種以上之偽造文書

### 1. 同時行使

學者[122]：侵害兩個以上的公共信用，若是同時行使，為同一行為成立兩個以上的本罪，用想像競合論斷。

### 2. 非同時行使

實務[123]：行使行為的時間及目的是可區分的，應論以數個本罪。

## 三、競合

### （一）偽造、變造文書罪與行使偽造、變造文書罪

偽造、變造文書罪為不罰前行為，因為行為複數下侵害同一法益，僅論以第 216 條即可。而實務[124]通常認為屬於法條競合的吸收關係而論以第 216 條。

### （二）詐欺取財罪、行使偽造公文書罪

實務認為詐欺取財、行使偽造公文書罪名，應依刑法第 55 條前段想像競合犯規定，從一重之行使偽造公文書罪處斷[125]。

### （三）偽造署押罪與偽造、變造文書罪

偽造署押罪屬於與罰前行為，但實務[126]通常認為偽造署押罪為偽造、變造文書罪的部分行為而被吸收。

---

[122] 甘添貴，刑法各論（下），修訂 4 版 2 刷，2016 年 10 月，頁 223。
[123] 最高法院 103 年度台上字第 415 號刑事判決。
[124] 最高法院 95 年度台上字第 920 號刑事判決。
[125] 最高法院 107 年度台非字第 206 號刑事判決。
[126] 臺灣高等法院 109 年度上訴字第 1337 號刑事判決。

| | 偽造署押 | 偽造、變造 | 行使 | 詐欺 |
|---|---|---|---|---|
| 競合 | §217（3 年以下）<br>§218（5 年以下） | §210（5 年）<br>§211（1～7 年） | §216 | §339（5 年） |
| 實務 | 吸收（最後論偽造、變造） | 吸收（最後論行使） | | 想像競合 |
| 通說 | 與罰前行為 | 與罰後行為 | | |

## 第 217 條　偽造印章、印文或署押罪

I 偽造印章、印文或署押，足以生損害於公眾或他人者，處三年以下有期徒刑。

II 盜用印章、印文或署押，足以生損害於公眾或他人者，亦同。

　　盜用是指無權使用之人而擅自使用，盜用並不以盜取為前提，即使合法持有或保管他人之印章，但未經他人之同意，而擅自將印章加蓋於文書或其他物體上也是盜用。如果僅「盜」而未使用，僅成立竊盜罪。

　　印文是指印章印出來的文字或符號，署押是指人簽名或畫押而可以代表人的符號，如簽名、按捺指紋。署押只要可證明與主體有「同一性」就可，化名、別名實務皆肯認為署押[127]，例如劉德華在跟他人簽約時，簽自己的本名劉福榮。康晉榮跟蔡緯嘉簽約時簽自己的藝名康康、蔡阿嘎。

## 最高法院 107 年度第 3 次刑事庭會議決議

　　某甲將某乙於 A 文書上之署名影印後，黏貼於 B 文書中某乙簽名欄上，而偽造以某乙名義製作之 B 文書，再將 B 文書對外提出行使，足生損害於某乙。試問：該黏貼於 B 文書上某乙遭影印之署名，應屬遭某甲「偽造」，抑係遭某甲「盜用」，倘認定某甲觸犯刑法第 216 條、第 210 條行使偽造私文書罪，而 B 文書又未予宣告沒收時，上開黏貼於 B 文書上某乙遭影印之簽名是否應依刑法第 219 條規定宣告沒收？

（一）刑法第 217 條第 1 項所謂「偽造印文或署押」，係指擅自虛偽製作他人之印文或署押而言。而同條第 2 項所謂「盜用印文或署押」，則係指擅自擷取他人在紙上或物品上真正之印文或署押而加以使用者而言。「偽造之印

---

[127] 最高法院 101 年度台上字第 6159 號刑事判決。

文或署押」與「盜用之印文或署押」，其區分標準，應以該印文或署押是否為他人真正之印文或署押為斷。若擅自利用他人在紙上或物品上真正之印文或署押，以照相、影印、描摹套繪或其他方式，製作他人之印文或署押，因該印文或署押已非真正，而係擅自製作而產生，足以使人誤信為真，應屬偽造之印文或署押。反之，若擅自將他人在紙上或物品上之真正印文或署押，直接以剪貼或其他方法移置於其他紙上或物品上，以虛偽表示他人在該紙上或物品上蓋印或簽名者，因該印文或署押係真正，則屬盜用。

（二）題示某甲利用某乙在 A 文書上之真正署名（即署押），擅自以影印之方法製作某乙之署押影像，然後再將其所製作某乙署押影像之影印紙張（剪下）黏貼於 B 文書中某乙之簽名欄上。而某甲以上述影印方式所製作某乙之署押，雖與某乙在 A 文書上之真正署押在外觀上完全相同，但實質上已非某乙真正之署押，而係某甲擅自製作之另一虛偽署押，依上述說明，應屬偽造。從而，某甲擅自以偽造某乙署押之方式製作不實之 B 文書，並持以行使，足以生損害於某乙，自應成立刑法第 216 條、第 210 條之行使偽造私文書罪。又上開黏貼於 B 文書上影印而製作之某乙署名，既係某甲偽造，而非盜用，若 B 文書未經宣告沒收，則該偽造之署押即應依刑法第 219 條規定宣告沒收。

【偵查機關所製作之逮捕通知書、權利告知書，其上僅備有「被通知（告知）人簽章欄」，而於其上冒簽他人之名，成立何罪？】

## 臺灣高等法院 107 年度上訴字第 1807 號刑事判決

在文件上偽簽他人之署押，究係構成偽造文書或偽造署押，應自該文件於簽署後所整體表彰之意涵觀之，倘行為人係以簽名之意，於文件上簽名，且該簽名僅在於表示簽名者個人身分，以作為人格同一性之證明，除此之外，再無任何其他用意者，即係刑法上所稱之「署押」，若於作為人格同一性之證明之外，尚有其他法律上之用意（例如：表示收受某物之用意而成為收據之性質、表示對於某事項為同意之用意證明）者，即應該當刑法第 210 條所定

之「私文書」。再按偵查機關所製作之逮捕通知書、權利告知書，其上若備有「收受人簽章欄」，由形式上觀察，於該欄內簽名及捺指印，即足表示由該姓名之人收受斯項通知書、告知書之證明，是若有冒名而為之者，即應成立偽造私文書罪；倘偵查機關所製作之逮捕通知書、權利告知書，其上僅備有「被通知（告知）人簽章欄」，則在該等欄位下簽名及捺指印時，僅處於受通知（告知）者之地位，尚不能表示其係有製作何種文書之意思及曾為何項意思表示，故若有冒名而為之者，應認成立偽造署押罪（最高法院 91 年度台非字第 295 號判決意旨參照）。

**第 218 條　偽造或盜用公印或公印文罪**
I 偽造公印或公印文者，處五年以下有期徒刑。
II 盜用公印或公印文足以生損害於公眾或他人者，亦同。
**第 219 條　偽造印章、印文或署押之沒收**
偽造之印章、印文或署押，不問屬於犯人與否，沒收之。

　　本罪屬於義務沒收，亦即法官無裁量權。文義上客體不包括變造、盜用之印章、印文或署押。

**第 220 條　準文書**
I 在紙上或物品上之文字、符號、圖畫、照像，依習慣或特約，足以為表示其用意之證明者，關於本章及本章以外各罪，以文書論。
II 錄音、錄影或電磁紀錄，藉機器或電腦之處理所顯示之聲音、影像或符號，足以為表示其用意之證明者，亦同。

　　準文書與文書主要有一些特徵不同，準文書的思想表示內容不具備視覺上的可辨識性，無法從視覺上直接理解或無法直接從思想表示的有體物上認定何人為作成的名義人。必須透過周遭的情狀、習慣或特別約定才可得知何人為作成名義人與內容為何[128]。不過準文書與文書一樣要具備證明的功能。

---

[128] 盧映潔，刑法分則新論，修訂 16 版，新學林，2020 年 7 月，頁 378-380。

　　準文書例如民間互助會的標單、汽機車引擎號碼[129]、行動電話的電子序號[130]（應注意者，電子序號非電話號碼，而是於撥打電話的頁面輸入「*#06#」，會出現 15～17 個數字組成的序號，可以表彰手機的品牌、型號、生產地等資訊）、正字標記（CNS）[131]、商品數字條[132]、屠宰稅驗印戳。故簡單來說，準文書通常只能看到表面的符號或文字，但如要更深入了解其意涵，需要進一步去理解符號或文字背後所代表的作成名義人以及欲彰顯的內容。

---

**最高法院 103 年度台上字第 1782 號刑事判決**

　　原判決認定六合彩組頭因賭客前來簽賭，乃將所簽賭之種類、號碼及金額，書寫於特定用紙，並交由賭客持有，依習慣已足表示該紙張，係作為收據及兌獎憑證之用，應屬於刑法第 220 條第 1 項規定之準文書。惟於論罪科刑，卻認定乙○○所為，係犯刑法第 216 條、第 210 條行使偽造準私文書罪，刑法第 339 條第 1 項詐欺取財罪，而漏引刑法第 220 條第 1 項之條文，亦有判決不適用法則之違法。

---

## 第三項　偽造有價證券

　　偽造有價證券罪所要保護的法益為經濟交易中財產權利證書的安全性與可靠性。

---

**第 201 條　偽造、變造及行使有價證券罪**

I 意圖供行使之用，而偽造、變造公債票、公司股票或其他有價證券者，處三年以上十年以下有期徒刑，得併科九萬元以下罰金。（偽造變造有價證券罪）

II 行使偽造、變造之公債票、公司股票或其他有價證券，或意圖供行使之用，而收集或交付於人者，處一年以上七年以下有期徒刑，得併科九萬元以下罰金。（行使收集交付有價證券罪）

---

[129] 最高法院 66 年度台上字第 1961 號刑事判決。
[130] 最高法院 88 年度第 1 次刑庭決議。
[131] 最高法院 96 年度台上字第 5168 號刑事判決。
[132] 最高法院 101 年度台上字第 4394 號刑事判決。

公債票是指政府為輔助國庫或為特種需要而向人民募集公債時所發行的有價證券。公司股票是指公司股東的權利證書。有價證券是指表彰財產上權利的證書。行為人收集後，再行使或交付於人，如何論罪？實務認為 [133] 收集被行使或交付吸收。學說認為 [134] 行使、收集、交付為方法，它們的態樣都不同，所以收集後再行使或交付為行為複數，而法條競合包含吸收的概念，即行為單數下才可用法條競合之吸收。收集後再行使或交付侵害同一法益，以不罰之前行為，最後論行使或交付。

交付與行使如何區分？實務認為若有欺騙意思，為行使；如無，則為交付 [135]。

| 競合 | 預備 | 偽造 | 行使 | 詐欺 |
|---|---|---|---|---|
| | §204（2 年以下） | §201I（3～10 年） | §201II（1～7 年） | §339（5 年） |
| 實務 | 吸收 | 吸收 [136]（論重罪：偽造） | 「行使」本有詐欺性質，不另論詐欺 [137] | |
| 通說 | 與罰前行為 | 與罰後行為 [138] | 想像競合 [139] | |

---

[133] 臺灣高等法院 94 年度上訴字第 401 號刑事判決。最高法院 83 年度台上字第 390 號刑事判決。
[134] 盧映潔，刑法分則新論，修訂 16 版，新學林，2020 年 7 月，頁 322-323。
[135] 最高法院 32 年台上字第 477 號判例。
[136] 最高法院 105 年度台上字第 1839 號刑事判決。最高法院 106 年度台上字第 1215 號刑事判決：「支票為流通性證券，屬於有價證券之一種，行為人意圖供行之高度行為所吸收，只論以偽造有價證券罪。」
[137] 臺灣臺北地方法院 108 年度訴緝字第 32 號刑事判決。臺灣高等法院 107 年度上訴字第 1938 號刑事判決。臺灣高等法院 108 年度上訴字第 3488 號刑事判決：「又行使偽造紙幣，本含有詐欺性質，苟其行使之偽幣，在形式上與真幣相同，足以使一般人誤認為真幣而矇混使用者，即屬行使偽造紙幣而不應以詐欺罪論擬（最高法院 29 年上字第 1648 號判例意旨參照）。」
[138] 偽造或收集貨幣，與行使行為是行為複數，基於行為複數的前提下，偽造與行使都是侵害同一法益，也就是公共信用與交易安全，由於行使乃偽造後的利用行為且未超出偽造的不法內涵，故不罰後行為。
[139] 兩者法益不同，非法條競合，而行使偽造貨幣是詐欺行為的開始，兩罪間是行為單數關係，所以是想像競合。詐欺（個人財產）跟偽造有價證券（公共信用與安全）的保護法益不同，故論以想像競合。張天一，偽造有價證券與詐欺罪之競合問題─評臺灣高等法院高雄分院 104 年度上訴字第 1042 號判決，月旦裁判時報，第 53 期，2016 年 11 月，頁 38。

---

**第 201-1 條　偽造變造支付用磁卡電磁紀錄罪**

I 意圖供行使之用，而偽造、變造信用卡、金融卡、儲值卡或其他相類作為簽帳、提款、轉帳或支付工具之電磁紀錄物者，處一年以上七年以下有期徒刑，得併科九萬元以下罰金。（偽造變造支付工具罪）

II 行使前項偽造、變造之信用卡、金融卡、儲值卡或其他相類作為簽帳、提款、轉帳或支付工具之電磁紀錄物，或意圖供行使之用，而收受或交付於人者，處五年以下有期徒刑，得併科九萬元以下罰金。（行使收受交付支付工具罪）

---

　　本罪客體為信用卡、金融卡、儲值卡（例如悠遊卡）或其他相類作為簽帳、提款、轉帳或支付工具之電磁紀錄物。

---

**第 202 條　偽造變造行使郵票印花稅票罪**

I 意圖供行使之用，而偽造、變造郵票或印花稅票者，處六月以上五年以下有期徒刑，得併科三萬元以下罰金。（偽造變造郵票、印花稅票罪）

II 行使偽造、變造之郵票或印花稅票，或意圖供行使之用而收集或交付於人者，處三年以下有期徒刑，得併科三萬元以下罰金。（行使收集或交付郵票、印花稅票罪）

III 意圖供行使之用，而塗抹郵票或印花稅票上之註銷符號者，處一年以下有期徒刑、拘役或九千元以下罰金；其行使之者，亦同。（塗抹郵票、印花稅票罪）

---

　　本罪客體為郵票、印花稅票。財政部近期思考廢除印花稅，並擬以「計畫型補助」方式補足地方財源，但計畫型補助限制多，也引起在野黨對「中央集權」的質疑聲浪。故本罪客體之一的印花稅是否廢除仍繼續關注。

---

**第 203 條　偽造變造及行使車票、船票罪**

意圖供行使之用，而偽造、變造船票、火車、電車票或其他往來客票者，處一年以下有期徒刑、拘役或九千元以下罰金；其行使之者，亦同。

---

　　本罪客體為車票、船票。

> **第 204 條　預備偽造、變造有價證券罪**
> I 意圖供偽造、變造有價證券、郵票、印花稅票、信用卡、金融卡、儲值卡或其他相類作為簽帳、提款、轉帳或支付工具之電磁紀錄物之用，而製造、交付或收受各項器械、原料、或電磁紀錄者，處二年以下有期徒刑，得併科一萬五千元以下罰金。
> II 從事業務之人利用職務上機會犯前項之罪者，加重其刑至二分之一。

　　本罪屬於偽造、變造有價證券罪的實質預備犯。本罪不罰未遂犯，故必須所收受者，確實能供偽造之器械原料才可成立本罪。而各項器械原料，例如印刷機、紙張、油墨等。

> **第 205 條　沒收**
> 偽造、變造之有價證券、郵票、印花稅票、信用卡、金融卡、儲值卡或其他相類作為提款、簽帳、轉帳或支付工具之電磁紀錄物及前條之器械原料及電磁紀錄，不問屬於犯人與否，沒收之。

　　本罪章之客體為義務沒收。實務認為，如果票據之偽造或票據上簽名之偽造，不影響於真正簽名之效力，倘其同有部分屬於偽造，雖不影響於其真正簽名之效力，但偽造之部分，仍應依刑法第 205 條規定諭知沒收，又因票據權利之行使與票據本身不能分離，於此情形法院為沒收之宣告時，僅諭知偽造部分沒收即可，不得將該紙票據全部宣告沒收，剝奪合法持有人對於真正發票人之權利 [140]。


## 第四項　偽造貨幣罪

　　貨幣保護法益為公共信用與「交易安全、可靠性」與政府統一製造貨幣之

---

[140] 臺灣高等法院 105 年度上訴字第 1256 號刑事判決。最高法院 93 年度台上字第 6386 號刑事判決。最高法院 94 年度台上字第 2061 號刑事判決。

高權（又稱通貨高權）。

---

**第 195 條　偽造變造通用貨幣、紙幣、銀行券罪（實質預備犯）**

I 意圖供行使之用，而偽造、變造通用之貨幣、紙幣、銀行券者，處五年以上有期徒刑，得併科十五萬元以下罰金。

II 前項之未遂犯罰之。

---

　　偽造、變造與貨幣與於前述已說明。貨幣本來就包括硬幣、紙幣、銀行券（政府許可的特定銀行發行的貨幣兌換卷），而銀行券是於日本統治臺灣時期，流通的貨幣，稱為「臺灣銀行券」，是以圓為單位發行，然而發行新臺幣之後已經走入歷史了，似乎無規定必要。

　　主觀要件尚須具備供行使之用的意圖，偽造或變造貨幣的目的是要用該偽幣充當通用真幣流通使用，故如果只是為了復刻經典，來欣賞，非本罪。

　　未遂犯是以偽造或變造貨幣行為是否完成，判斷標準是：貨幣有無具備通用貨幣的外型，可否用之冒充真幣行使[141]。

　　實務認為[142]，偽造紙幣行為，雖經數個階段，但持續侵害一個法益，僅為一個行為。而 A 在相當的時空中多次偽造貨幣，如何論罪？實務見解認為，集合犯係一犯罪構成要件類型，立法者已預設該項犯罪係持續實行之複次行為，具備反覆、延續之行為特徵，其個別行為具有獨立性而能單獨成罪，乃將之總括或擬制成一犯罪構成要件之「集合犯」行為，只要在犯意單一下，這些特殊之犯罪都可認定係一行為之集合犯。以偽造貨幣為例，可能一年內斷斷續續偽造 2 萬張貨幣，因係在犯意單一下所為，不能認有 2 萬個偽造貨幣行為。行為人於三年內對同一偽造之犯罪類型重複持續實行，幾無間歇，若論其每次行為皆臨時起意，顯違一般經驗法則，故應以出於概括單一犯意論斷[143]。

---

[141] 最高法院 44 年台上字第 147 號判例。臺灣高等法院高雄分院 105 年度上訴字第 362 號刑事判決。

[142] 最高法院 26 年上字第 1783 號判例。臺灣高等法院 104 年度上訴字第 1721 號刑事判決。最高法院 94 年度台上字第 564 號刑事判決。

[143] 最高法院 102 年度台上字第 1103 號刑事判決。

> **第 196 條　行使偽造、變造通用貨幣、紙幣、銀行券罪**
> I 行使偽造、變造之通用貨幣、紙幣、銀行券，或意圖供行使之用而收集或交付於人者，處三年以上十年以下有期徒刑，得併科十五萬元以下罰金。（行使收集交付偽造變造貨幣罪）
> II 收受後方知為偽造、變造之通用貨幣、紙幣、銀行券而仍行使，或意圖供行使之用而交付於人者，處一萬五千元以下罰金。（收受後行使交付偽造變造貨幣罪）
> III 第一項之未遂犯罰之。

## 一、客觀要件

### （一）行為：行使、收集、交付

1. 行使：把偽造或變造的通用貨幣冒充真幣，以通常用法加以使用。而且須對方不知道是偽幣，如果對方知道是偽幣，則是第 1 項後段的「交付於人」。

### 【「行使」是否要將假幣處於流通狀態方處既遂？】

> **（一）多數學說（肯定說）**[144]
> 　　因為通用貨幣有強制通用力性質，所以於流通狀態才會使公共信用與交易安全產生侵害。換句話說，要置於流通狀態才會既遂，有無達成目的非所問。
>
> **（二）實務**[145]**（否定說）**
> 　　行為人之行使偽幣之行為是否完成，以假幣處於流通狀態為準。例如交易時立即被發現，就是未遂。

---

[144] 林山田，刑法各罪論（下），修訂 5 版，2005 年 9 月，頁 366。
[145] 最高法院 20 年上字第 1911 號判例。臺灣高等法院 106 年度上訴字第 1770 號刑事判決：「行使偽造通用紙幣既未遂階段之認定係以行使目的已否達到為判斷標準。若相對人於一收受時即識破，知行為人所交付者為偽鈔，則不能認為行使完成，應認行為尚屬未遂階段（最高法院 20 年上字第 1911 號判例意旨參照）。」臺灣高等法院 107 年度上訴字第 3750 號刑事判決。

2. 收集：收買、收受、收贈、互換等有償或無償之收歸自己持有支配的一切行為。通說、實務認為行為人如已將偽幣置於實力支配之下為既遂[146]。收集本身有反覆實施的意思，所以行為人收受多次也僅論一罪[147]。

3. 交付：告知他人為偽造變造的貨幣而移交他人支配持有，有償無償都可。行為人將偽幣移交於他人持有支配為既遂[148]。

4. 收受後方知偽幣而行使、交付於人：行為人當初不知道是假幣而收受，但之後才知而不甘心下，將損害轉嫁他人，為人之本性，想要行為人不要轉嫁給別人的期待可能性很低，所以是罪責減輕。然而本罪不可與詐欺取財罪成立想像競合，因第196條第2項是輕微之罪，是立法者考量此乃人性所然之特別減輕規定，若論以想像競合，失其原意。

## 二、競合

### （一）行使偽造貨幣罪之相關競合問題

1. 行使偽造紙幣，本有詐欺性質，不應再論詐欺罪[149]。

2. 收集吸收偽造，收集又被行使或交付吸收。

實務認為[150]「收集」偽造之紙幣後，進而「行使」或「交付」他人，係屬不同階段之犯罪行為，惟均以意圖行使為犯罪成立要件，而收集係屬低度之危險行為，行使或交付則為高度之實害行為。是行為人於意圖行使，收集偽造之紙幣後，復基於行使之意思，為行使或交付他人之行為，其低度之「收集」行為自應為高度之「行使」或「交付」行為所吸收，論以「行使」或「交付」偽造紙幣罪責。

---

[146] 盧映潔，刑法分則新論，修訂16版，新學林，2020年7月，頁307。
[147] 盧映潔，刑法分則新論，修訂16版，新學林，2020年7月，頁305。
[148] 盧映潔，刑法分則新論，修訂16版，新學林，2020年7月，頁307。
[149] 最高法院29年上字第1648號判例。最高法院42年台上字第410號判例。臺灣臺北地方法院108年度易字第432號刑事判決。
[150] 最高法院91年度台上字第1307號刑事判決。

## 【偽造貨幣罪、行使偽造貨幣罪、詐欺罪之競合】

| 競合 | 預備 | 偽造 | 行使 | 詐欺 |
|---|---|---|---|---|
| | §199（5年以下） | §195I（5年以上） | §196（3～10年） | §339（5年） |
| 實務 | 吸收<br>與罰前行為 | 吸收[151]<br>（論重罪：偽造） | 「行使」本有詐欺性質，故被行使行為吸收而不另論詐欺 |  |
| 通說 | | 與罰後行為[152] | 想像競合[153] | |

> **第197條　減損通用貨幣罪**
> I 意圖供行使之用而減損通用貨幣之分量者，處五年以下有期徒刑，得併科九萬元以下罰金。
> II 前項之未遂犯罰之。

　　減損通用貨幣依照一般解釋是指使貨幣短少，但參酌第198條後體系解釋下，減損通用貨幣是指不改變外型下而使的貨幣變成非常規貨幣，亦即將有強制流通性的貨幣變成成色或重量不足的貨幣，但未變更貨幣表彰的內容，例如將50元硬幣的金屬物質打磨掉，我們仍可看的出來它是一個50元硬幣，背後表彰著人民對於政府發行貨幣的信用性。

　　因為我國的貨幣在重量、大小、顏色，甚至是防偽措施上均有嚴格的限制，例如我們一般使用投幣式的販賣機時，時常會有硬幣投進去而馬上掉出來的狀況，該硬幣即是重量、大小與一般硬幣不符合的狀況，可能硬幣分量較一般貨幣短少，此即可能是被減損後的貨幣。但本罪主觀上必須對於自己正在減

---

[151] 最高法院24年度總會決議（三九）決議。最高法院98年度台上字第345號刑事判決：「刑法第196條第1項之行使偽造貨幣罪，固不分所行使之貨幣係屬行為人自己所參與偽造者或收集自他人所偽造者，且該行使之輕罪，應為同法第195條第1項之偽造貨幣重罪所吸收。」大概是說：偽造貨幣後而行使貨幣，依照重法吸收輕法之原則，要論偽造貨幣罪。

[152] 偽造或收集貨幣，與行使行為是行為複數，基於行為複數的前提下，偽造與行使都是侵害同一法益，也就是公共信用與交易安全，由於行使乃偽造後的利用行為且未超出偽造的不法內涵，故不罰後行為。

[153] 兩者法益不同，非法條競合，而行使偽造貨幣是詐欺行為的開始，兩罪間是行為單數關係，所以是想像競合。

損公用貨幣的分量有認知，客觀上亦有該行為，然而客觀上之行為不包含正常使用硬幣或鈔票之情形，因本質上，硬幣或鈔票使用長久之後方會發生減損分量的情形屬於一般人皆有的認知。另外，本罪限於有供行使之用的意圖，始屬本罪。

　　最後參考妨害國幣懲治條例下，本罪應限於擾亂金融，情節重大時才可論以最重之法定刑。

---

**第 198 條　行使減損通用貨幣罪**
I 行使減損分量之通用貨幣，或意圖供行使之用而收集或交付於人者，處三年以下有期徒刑，得併科三萬元以下罰金。
II 收受後方知為減損分量之通用貨幣而仍行使，或意圖供行使之用而交付於人者，處三千元以下罰金。
III 第一項之未遂犯罰之。

---

　　結構與第 196 條相同，只是客體不同，本罪客體為已經減損金屬分量的通用貨幣。實務上幾乎無使用過本條，只在以行為人紙幣不符合常規狀態而以之買東西時曾討論過，而最終論以行使偽造貨幣：「紙幣經本院當庭提示勘驗，其印刷較不清晰，又其紙質、色澤較真幣粗糙，且有擴散作用，又無防偽造之金屬線，與真鈔不同，確屬偽造，然與真鈔仍屬神似，如於昏暗處又未仔細觀察比對，驟然視之仍難以辨識」[154]。

---

**第 199 條　預備偽造、變造貨幣罪（製造、交付或收受供偽造變造或減損貨幣之器械原料罪）**
意圖供偽造、變造通用之貨幣、紙幣、銀行券或意圖供減損通用貨幣分量之用，而製造、交付或收受各項器械原料者，處五年以下有期徒刑，得併科三萬元以下罰金。

---

[154] 臺灣雲林地方法院 90 年度訴字第 356 號刑事判決。

本罪屬於偽造、變造貨幣罪的實質預備犯。而本罪不罰未遂犯,故必須所收受者,確實能供偽造之器械原料才可成立本罪。而各項器械原料,例如印刷機、紙張、油墨、銅板。

不以實際供偽造或變造或減損貨幣分量之用者為必要,僅需有意圖已足。

> **第 200 條　本章犯罪物之沒收**
> 偽造、變造之通用貨幣、紙幣、銀行券,減損分量之通用貨幣及前條之器械原料,不問屬於犯人與否,沒收之。

本條為義務沒收,法官無裁量權而必須沒收。

## 選擇題應注意事項

### 一、有形偽造

(一)偽造為無權者而加以製作;變造為有權者而將內容作修改,但未變更文書的本質,例如在契約書中修改金額。

(二)須注意文書(例如於信用卡背後的簽名欄偽造簽名、統一發票、原本的支票影印而在支票影本上方變更金額、於支票上偽造他人的背書)、有價證券(例如電影票、偽造支票、外國貨幣,例如美鈔、人民幣)、貨幣的區別。

(三)偽造文書罪的文書必須是對於公共信用與社會經濟交往有影響方屬之,如僅為輓聯、名片、念書的筆記皆不屬之。

(四)實務上認為如果 A 與他人的契約書、A 的車牌滅失了,A 製作了一個一模一樣的文書,此時 A 不會成立犯罪。

(五)偽造特種文書的客體,例如畢業證書、護照、證照、身分證、專利證書、汽車牌照。

(六)準私文書,例如引擎號碼、手機的電子序號、CAS 戳章,必須經過「解密」的過程,才會知道背後作成該文書的作成人(「大魔王」)是誰。

## 二、無形偽造（登載不實）

（一）公務員登載不實罪，不僅行為人須具備公務員身分，同時亦要是基於該身分所職掌的公文書的內容而登載不實方可成立本罪。

（二）實務上認為公務員登載不實罪（§214），如該有職務上權限的公務員，一經申告即要登記或記載，則非本罪，例如警察對於警詢筆錄的記載。

## 三、競合

（一）實務於本罪章通常論以吸收關係，以高度行為吸收低度行為，以偽造文書類型為例，偽造文書罪會吸收偽造署押罪，行使偽造文書罪會吸收偽造文書罪，最後論以行使偽造文書罪，若同時有詐欺行為，行使偽造文書罪與詐欺罪成立想像競合。然於偽造貨幣罪與詐欺罪時，實務認為行使偽造有價證券本含有詐欺性質，故論行使偽造有價證券。

（二）A一行為同時偽造B的數個契約書，A應成立一個偽造文書罪。

# 第三節　社會倫理秩序與善良風俗

## 第一項　社會倫理秩序與善良風俗罪章

> **第 230 條　血親性交罪**
> 與直系或三親等內旁系血親為性交者，處五年以下有期徒刑。

## 一、保護法益與行為主體

行為主體是否包含法定血親（民法收養關係下的血親）？

（一）肯定說 [155]：本罪保護的法益為社會倫理秩序與善良風俗。

（二）否定說 [156]：本罪保護的法益為血緣優生，即近親性行為，以醫學觀點而言有處罰必要。如法定血親則無血緣優生的破壞。

## 二、親等的計算

以一個世代為一親等，而直系血親是指己身所從出（自己為父母、祖父母……所生）、從己身所出（自己生的子女、孫子女……）。旁系血親是指直系血親外，而與自己出於同源的血親，例如兄弟姊妹，但法條文義上限制於三親等，故不含旁系四親等的表兄妹、堂姊弟的性交。

---

**第 231 條　圖利使人為性交猥褻罪**

I 意圖使男女與他人為性交或猥褻之行為，而引誘、容留或媒介以營利者，處五年以下有期徒刑，得併科十萬元以下罰金。以詐術犯之者，亦同。（引誘容留媒介性交罪）

II 公務員包庇他人犯前項之罪者，依前項之規定加重其刑至二分之一。（公務員包庇之加重）

---

## 一、客觀要件

### （一）行為人：一般人、公務員（§10II）

行為人為公務員時，是否限於職司取締該種犯罪的公務員？我國實務未正面說明，僅強調行為人犯罪時具有公務員身分且有能力足為包庇，有學者指

---

[155] 黃榮堅，刑法妨害風化罪章增修評論，月旦法學雜誌，第 51 期，1999 年 8 月，頁 82。
[156] 林山田，刑法各罪論（下），修訂 5 版，2005 年 9 月，頁 472。

出[157]：行為人應限於與前項之罪的行為具有職務關聯的公務員，例如 A 鄉公所的 B 課員，其職務權限為處理民眾低收入戶事件，對於 A 區的應召站，無能力可包庇，雖有公務員身分，但與其職務權限無關。

## （二）行為：引誘、容留、媒介、包庇

1. 引誘：引起本無犯意者的犯意，詳言之，勸導或誘惑本來無意與他人為性交或猥褻行為之人，產生與他人性交或猥褻意思。

2. 容留：提供為性交或猥褻行為之場所，容許男女停留期間，使得以與他人為性交或猥褻之行為。例如提供「養生館」內的小隔間給人性交或猥褻。

3. 媒介：居間介紹，使男女因行為人之介紹牽線而能與他人為性交或猥褻行為，例如皮條客介紹路人可以去性交或猥褻的機會。

4. 包庇：包攬庇護，須有積極之行為，予以掩蔽庇護，藉其勢力使他人易於犯罪及不易被人發覺者，始能成立，與單純之縱容之消極行為有別[158]。

## （三）客體：16 歲以上之人

如果是未滿 16 歲的人，則是第 233 條，並非本條之客體。

## 二、主觀要件

主觀上具營利意圖已足，不以客觀上實際獲利為必要。亦不以營業為必要，也不限於繼續或反覆利益，包含僅營利一次[159]。

---

[157] 黃榮堅，刑法妨害風化罪章增修評論，月旦法學雜誌，第 51 期，1999 年 8 月，頁 89。

[158] 最高法院 98 年度台上字第 144 號刑事判決。

[159] 吳耀宗，淫亂的性愛趴？月旦法學教室，第 116 期，2012 年 6 月，頁 30-32。最高法院 101 年度台上字第 5490 號刑事判決。最高法院 102 年度台上字第 5003 號刑事判決。

## 三、既未遂

著手引誘、容留、媒介、詐術的行為時，犯行即既遂，不以實際上獲利或有人性交猥褻為必要。

## 四、其他問題

### （一）罪數

實務上有以引誘容留媒介之行為的次數計算，而非以客體與他人性交的次數判斷[160]，亦有以實際容留媒介人數為標準[161]。

### （二）行為人有引誘行為，之後有容留或媒介行為，罪數如何判斷

本罪之行為皆為侵害善良風俗法益之犯罪行為，因而即使有數個行為，但因僅侵害一個社會法益，依照刑法競合理論中雙重評價禁止原則，凡數個行為而侵害同一法益時，該數行為僅需成立一次保護該法益之構成要件即可，成立一罪即可。

## 五、本罪為集合犯或接續犯

因集合犯之概念為立法者已經預設該行為本質上會不斷反覆的實行，故為一罪，然本罪非如立法者所預設般本質上會不斷反覆執行，故應以接續犯論之想像競合或數罪併罰。

---

[160] 司法院（81）廳刑一字第 13529 號法律問題審查意見。

[161] 最高法院 106 年度台上字第 307 號刑事判決：「……色情經營業者先後多次使『同一女子』與他人為性交易等行為，具時間、空間之密切關係，且係各基於單一犯意接續為之，應各僅論接續犯一罪。」

## 最高法院 109 年度台上字第 459 號刑事判決

　　接續犯，係指基於單一之犯意，以數個舉動接續進行，而侵害同一法益，在時間及空間上有密切關係，依一般社會健全觀念，難以強行分開，在刑法評價上，以視為數個舉動之接續實行，合為包括之一行為予以評價較為合理，於此情形，始得依接續犯關係論以包括一罪，否則仍應依其犯罪具體情節，分別依想像競合犯關係從一重處斷，或依數罪併罰之例予以分論併罰……。

　　集合犯，係指犯罪構成要件之行為，依其犯罪本質、目的或社會常態觀之，通常具有反覆或繼續之特性，此等反覆或繼續實行之行為，在自然意義上雖係數行為，但依社會通念應僅為一總括之評價，法律乃將之規定為一獨立之犯罪類型而為包括一罪。故是否為「集合犯」，在客觀上應斟酌其法律規定之本來意涵、實現該犯罪目的之必要手段、社會生活經驗中該犯罪實行常態及社會通念；而在主觀上則應視其是否出於行為人之一次決意，並秉持刑罰公平原則加以判斷。……是以刑法第 231 條第 1 項之圖利媒介性交或猥褻行為罪，本非法定總括評價之集合犯。

## 第 231-1 條　圖利強制使人為性交猥褻罪

I 意圖營利，以強暴、脅迫、恐嚇、監控、藥劑、催眠術或其他違反本人意願之方法使男女與他人為性交或猥褻之行為者，處七年以上有期徒刑，得併科三十萬元以下罰金。（強制使人性交猥褻罪）

II 媒介、收受、藏匿前項之人或使之隱避者，處一年以上七年以下有期徒刑。（媒介收受藏匿或使之隱蔽罪）

III 公務員包庇他人犯前二項之罪者，依各該項之規定加重其刑至二分之一。（公務員包庇之加重）

IV 第一項之未遂犯罰之。

## 一、客觀要件

### （一）行為人

　　一般人、公務員（與§231同）。

### （二）行為

1. 強暴、脅迫、恐嚇、藥劑、催眠術或違反其他意願之方法，須與強盜罪章或強制性交罪章相同理解，必須是足以壓制人的自由意志的手段，故本罪仍有侵害個人自由法益的性質[162]。例如2020年3月爆發出的韓國的「N號房事件」中，朴博士先發送少女清涼影片給少女進而使少女點選釣魚軟體後，以恐嚇少女方式得到少女裸照，進而要求少女做出其所要求的事，於博士房中的hard房中，內容皆是關於性暴力、性交或猥褻行為影片，而意圖藉由會員費營利，屬於本罪之犯罪手法，至於該事件如在我國發生，除了本罪，也會與第296條的使人為奴隸罪相關。

2. 媒介（與§231同）、收受、藏匿或使之隱蔽：

(1) 收受：從他人處接受本罪的客體而使其在行為人支配之下。

(2) 藏匿：把客體隱藏於處所使其不易被發現。

(3) 使之隱蔽：藏匿以外與藏匿相類似，使他人不易發覺的行為。

3. 包庇（與§231同）。

### （三）客體

　　任何人。

### （四）結果

　　達到使人與他人為性交或猥褻（如未達到該程度，即屬未遂犯）。

---

[162] 盧映潔，刑法分則新論，修訂16版，新學林，2020年7月，頁438。

## 二、主觀要件

除故意外，尚須營利意圖。

> **第 232 條　引誘容留特定關係者性交猥褻罪**
> 對於第二百二十八條所定受自己監督、扶助、照護之人，或夫對於妻，犯第二百三十一條第一項、第二百三十一條之一第一項、第二項之罪者，依各該條項之規定加重其刑至二分之一。

只有客體與前二條不同。行為主體對客體有監督、扶助、照顧之特別關係，或是夫對於妻（不包含妻對於夫）。且行為人與客體的關係（或身分）乃加重刑罰之罪則要素，若具備此關係的人與不具備此關係的人共犯時，依第31條第 2 項規定，無此關係者適用前兩條之規定，有此關係者依本條論罪科刑。

> **第 233 條　引誘容留媒介未成年人性交猥褻罪**
> I 意圖使未滿十六歲之男女與他人為性交或猥褻之行為，而引誘、容留或媒介之者，處五年以下有期徒刑、拘役或一萬五千元以下罰金。以詐術犯之者，亦同。（引誘容留媒介幼年人與人性交猥褻罪）
> II 意圖營利犯前項之罪者，處一年以上七年以下有期徒刑，得併科十五萬元以下罰金。（意圖營利引誘容留媒介幼年人與人性交猥褻罪）

本罪之客體為未滿 16 歲之人。其餘要件與第 231 條同。

## 【體系統整】

```
┌─ 未違反他人意願類型：原則：§231I ➡ 例外：§233I（16 歲以下）
│                        ⬇
│      服從監督關係、夫對於妻（不含妻對於夫）關係：§232，加重其刑 1/2
├─ 違反他人意願類型：§231-1I（有未遂犯規定）
└─ 公務員包庇加重其刑 1/2：§231II、§231-1III
```

> **第 234 條　公然猥褻罪**
> Ⅰ 意圖供人觀覽，公然為猥褻之行為者，處一年以下有期徒刑、拘役或九千元以下罰金。
> Ⅱ 意圖營利犯前項之罪者，處二年以下有期徒刑、拘役或科或併科三萬元以下罰金。

　　刑法分則規定強制猥褻罪（§224）、公然猥褻罪（§234）、散布猥褻物品罪（§235），三罪的立法目的不同，保護法益也有差別，故須參照立法旨趣解釋。通說認為，為保護性的善良風俗，亦即一般人對於性的普遍感受。猥褻是指凡是一切違反性行為之隱密原則及一切「足以挑逗他人之性慾」或「滿足自己之性慾」或「使一般人產生羞恥感或厭惡感之有傷風化行為」[163]。

## 一、客觀要件

### （一）行為情狀：公然

　　實務[164]認為不特定人（人數隨時可以增加而達多數人狀態）或多數人（包含特定多數人）得共見聞的狀態，不以實際共見共聞為必要。例如 KTV 包廂內的脫衣秀，僅供特定人觀賞（有付費的客人們）。

### （二）行為：猥褻

1. 定義：猥褻是指足以刺激、挑起或滿足行為人或他人性慾且有害於一般人正常羞恥心、違反善良之性道德觀念的行為。

2. 公然猥褻與強制猥褻的猥褻範圍：

(1) 強制猥褻罪是保護性自由法益，原則上須對他人身體為之。而公然猥褻罪是收關善良風俗。公然猥褻是一種不確定的「單純視覺侵擾」，不會與被害人有

---

[163] 林山田，刑法各罪論（下），修訂 5 版，2005 年 9 月，頁 482-483。盧映潔，刑法分則新論，修訂 15 版，新學林，2020 年 2 月，頁 444。

[164] 大法官釋字第 145 號解釋。

肢體接觸[165]，而強制猥褻罪，因為只要是有性關聯的行為，皆不應加諸於他人身上，故現行實務[166]見解認為得以視覺侵擾或肢體接觸方式為之。

(2) 善良風俗：以普遍感受、共通意識界定。猥褻行為本就是一個流動概念，所有帶著性意涵的行為都會隨著呈現方式、時空背景而給人不同感受，但在社會中會有一個最低底線，如果有人當街親密愛撫，會被假裝沒看到而已，但是如當眾性交，可能就有人會不開心了。

(3) 猥褻行為，僅限於身體的動作，而不包含以言語為之的黃色笑話等。

3. 於公開場合舌吻算不算猥褻？

---

（一）學說[167]：重點在於相關行為本身是否具有性關聯、性意涵，而不是違反意願的行為。若為性關聯行為（例如舌吻），如逾越「重要性門檻」，即社會無法容忍的界線，屬於猥褻。一般來說，成人間舌吻應不會逾越重要性門檻。

（二）實務[168]：就男女接吻之行為而言，其屬兩情相悅，互為愛意表現之合意接吻行為，依社會通念，並不會引起對方性嫌惡感，客觀上即非屬色慾之一種動作，不應被評價為猥褻之行為。

---

[165] 盧映潔，「猥褻」二部曲：論公然猥褻罪兼評臺灣高等法院 86 年上易字第 119 號判決、台東地院 87 年易字第 536 號判決、板橋地院 88 年度訴字第 1556 號判決、宜蘭地院 88 年度訴字第 29 號判決，月旦法學雜誌，第 102 期，2003 年 11 月，頁 240。

[166] 最高法院 109 年度台上字第 1802 號刑事判決：「判決刑法所指之『猥褻行為』，係指除性交以外，行為人主觀上有滿足自己性（色）慾之意念，而在客觀上施行足以誘起他人性（色）慾之舉動或行為者，即足以當之。換言之，行為人基於滿足個人性慾之主觀意念，所為性交以外之舉動或行為，依一般社會通念，認為足以引起、滿足或發洩性慾之方法或手段等一切情色行為，均屬刑法上所稱之猥褻行為。因此猥褻行為，並不以有身體接觸為必要，更不以撫摸被害人身體隱私處為限，苟對被害人強拍裸照或強迫被害人褪去衣物，使其裸露身體隱私部位，以供其觀賞；或以自己之雙手、雙腿（含腳部）、唇部或身體其他部位，撫摸、親吻或接觸被害人之臉、肩、頸、胸、背、腹部、下體或手足等部位之動作，依個案情節、整體觀察祇要在客觀上足以引起或滿足一般人之性（色）慾者，均屬之。」

[167] 蔡聖偉，親吻與猥褻—評最高法院 103 年度台上字第 1254 號判決，月旦裁判時報，第 41 期，2015 年 11 月，頁 45-48。

[168] 最高法院 103 年度台上字第 1254 號刑事判決。

## 二、主觀要件

### （一）故意

對於客觀構成要件皆有認知。

### （二）意圖

1. 供人觀覽意圖：行為人進行公然猥褻行為目的是希望提供他人觀看機會，但不以現實上確實有人觀看為必要。

2. 營利意圖：同第 231 條。

> **第 235 條　散布、播送販賣製造猥褻物品罪**
>
> I 散布、播送或販賣猥褻之文字、圖畫、聲音、影像或其他物品，或公然陳列，或以他法供人觀覽、聽聞者，處二年以下有期徒刑、拘役或科或併科九萬元以下罰金。（散布播送販賣猥褻物品罪）
>
> II 意圖散布、播送、販賣而製造、持有前項文字、圖畫、聲音、影像及其附著物或其他物品者，亦同。（製造持有猥褻物品罪）
>
> III 前二項之文字、圖畫、聲音或影像之附著物及物品，不問屬於犯人與否，沒收之。（沒收之特別規定）

大法官解釋第 617 號認為「保護一般人的羞恥感或厭惡感的性價值秩序」。現今通說、實務認為本罪保護法益為「保障他人免於猥褻物品干擾之自由」及「保護青少年的健全發展」[169]。

## 一、客觀要件

### （一）行為

---

[169] 盧映潔，刑法分則新論，修訂 16 版，新學林，2020 年 7 月，頁 447。

　　散布、販賣、公然陳列、「以他法」供人觀覽聽聞，皆須符合公然。實務[170]上認為本罪目的在於該行為將使猥褻物品流傳於社會公眾，破壞社會善良風俗，才有可罰性，故本罪要符合公然或足以流傳於眾而使不特定人或特定多數人得觀賞、瀏覽。例如某 A 自己在房間播送成人片，此時不符合公然。

　　「販賣」文義解釋為出售而換取對價行為，然過去實務[171]認為除了賣出，還包含了為了賣出營利而販入之行為。一有販入或賣出之其一行為，犯罪即屬完成。然而釋字第 792 號【販賣毒品既遂案】對於為營利而販入之行為視為販賣的見解宣告違憲，故本罪販賣行為之過去實務見解應隨之改變。

　　製造是指創製與改造，方法不限，如拍攝、繪畫、印刷都包含在內。持有是指將猥褻物品置於自己支配下。

## （二）客體：猥褻物品

1. 猥褻物品包含文字（如黃色小說）、圖畫（如色情網站的 H 漫畫）、聲音（如某平台的西施版的做愛錄音）、影像（如色情網站的影片）或其他相類似物品。
2. 依照大法官釋字第 407 號意旨，猥褻，指客觀上足以刺激或滿足性慾，其內容可與性器官、性行為及性文化之描繪與論述聯結，且須以引起普通一般人羞恥或厭惡感而侵害性的道德感情，有礙於社會風化者為限。
3. 大法官釋字第 617 號：刑法第 235 條第 1 項，指對含有暴力、性虐待或人獸性交等而無藝術性、醫學性或教育性價值之猥褻資訊或物品為傳布，或對其他客觀上足以刺激或滿足性慾，而令一般人感覺不堪呈現於眾或不能忍受而排拒之猥褻資訊或物品，未採取適當之安全隔絕措施而傳布，使一般人得以見聞之行為。

---

[170] 最高法院 84 年台上字第 6294 號判例。臺灣高等法院 108 年度上易字第 460 號刑事判決。
[171] 最高法院 83 年度台上字第 5689 號刑事判決。

> **釋字第 617 號可整理出以下兩種情況**
>
> （一）硬蕊：暴力、性虐待、人獸交而無藝術性、醫學性或教育性
>
> 　　保障性道德情感或性秩序，有採取適當的安全隔絕措施（如加封套或警語）仍會侵害本罪法益。
>
> （二）軟蕊：一般猥褻物品的內容（硬蕊以外）
>
> 　　客觀上足以刺激或滿足性慾，而使一般人感覺不堪呈現於眾或不能忍受而排拒，如未採適當的安全隔絕措施而傳布，使一般人可共見聞，仍會侵害本罪法益。

　　依照大法官釋字第 617 號的見解下，如果某 A 在 Line 創設了一個名為「傳奇海賊團」的群組，成天上傳 SWAG 上的臺灣本土自拍成人 A 片，因為 Line 群組是要被邀請才能夠加入的，故與其他 Line 用戶形成一個隔絕的狀態，因此不會構成公然猥褻罪。然如果 A 在該群組中上傳含有暴力、性虐待或人獸性交的影片，因為太過變態了，所以就算有經過邀請才能加入觀賞的隔絕措施，仍然構成公然猥褻罪。

4. 本書認為時代進步與社會開放下，猥褻物品的概念會改變。重點在於呈現方式，而不是物品本身。物品是否猥褻，不可靜態認定，而是要看它可能產生的負面影響，而決定其影響的因素，當然包括其內容對於性行為或性器官的描繪方式（如可能引起侵害性之模仿效應的強制性交與幼童性交），但更重要的是對象與場所問題 [172]。

## 二、本罪客體屬於義務沒收

　　即法官無裁量權，而一定要沒收。例如 A 偷錄性愛影片以電腦拷貝後，以電子郵件方式寄到許多人的電子信箱，因有該散布猥褻物品之不法行為，電腦主機以通則規定沒收，而硬碟機以第 235 條第 3 項義務沒收。

---

[172] 盧映潔，刑法分則新論，修訂 16 版，新學林，2020 年 7 月，頁 448。

---

**第 236 條　告訴乃論之特別規定**

第二百三十條之罪，須告訴乃論。

---

## 第二項　婚姻與家庭罪章

---

**第 237 條　重婚罪**

有配偶而重為婚姻或同時與二人以上結婚者，處五年以下有期徒刑。其相婚者亦同。

---

　　本罪屬於純正身分犯（有配偶者），亦屬於己手犯（必須行為主體親自完成犯罪），又為對向犯（必須要有重婚者與相婚者參與）。又重為婚姻是指婚姻關係存續中另外與配偶以外之人締結有效的婚姻關係，亦即須符合民法上形式上有兩位證人、至戶政事務所登記、且非重婚、禁婚範圍，又實質上有結婚能力與結婚真意。我國民法於 97 年 5 月 23 日後因採登記婚，觸犯該條犯罪者，少之又少；同時與兩人以上結婚是指一位未婚者，同時與另外兩位未婚者結婚。

---

**第 238 條　詐術締婚罪**

以詐術締結無效或得撤銷之婚姻，因而致婚姻無效之裁判或撤銷婚姻之裁判確定者，處三年以下有期徒刑。

---

　　詐術是指欺騙手段讓他人陷於錯誤，而不知婚姻有無效或得撤銷的原因，進而與之締結無效或得撤銷之婚姻。

　　「因而致婚姻無效之裁判或撤銷婚姻之裁判確定」屬於客觀處罰條件，只要因詐術而締結婚姻，即造成婚姻與家庭圓滿的法益損害，「婚姻無效或撤銷判決確定」是指有判決確定的客觀條件時，本罪始成立，因必須考慮到如當事人想保留婚姻，即無以本罪處罰之必要。

詐術締結婚姻罪與重婚罪之競合時，因皆是保護婚姻與家庭圓滿，為法條競合，論重婚罪。

---

**第 240 條　和誘罪**

I 和誘未成年人脫離家庭或其他有監督權之人者，處三年以下有期徒刑。（和誘未成年人罪）

II 和誘有配偶之人脫離家庭者，亦同。（和誘有配偶之人罪）

III 意圖營利，或意圖使被誘人為猥褻之行為或性交，而犯前二項之罪者，處六月以上五年以下有期徒刑，得併科五十萬元以下罰金。（加重和誘罪）

IV 前三項之未遂犯罰之。

**第 241 條　略誘罪**

I 略誘未成年人脫離家庭或其他有監督權之人者，處一年以上七年以下有期徒刑。

II 意圖營利，或意圖使被誘人為猥褻之行為或性交，而犯前項之罪者，處三年以上十年以下有期徒刑，得併科二百萬元以下罰金。

III 和誘未滿十六歲之人，以略誘論。（準略誘罪）

IV 前三項之未遂犯罰之。

---

和誘罪與略誘罪，兩者的保護法益皆為「是家長或其他監督權人對於未成年的『監督權』」，且間接使未成年人的身心健全發展受到保護[173]。實務上認為本罪保護法益為家庭間之圓滿關係，及家長或其他有監督權人之監督權[174]。由此可知，學說、實務皆認為和誘罪與略誘罪之保護法益為「家庭監督權」。

## 一、客觀要件

### （一）行為

#### 1. 和誘與略誘之區別？

---

[173] 許澤天，刑法分則（下）人格與公共法益篇，新學林，2019 年 8 月，頁 608。
[174] 最高法院 108 年度台上字第 3125 號刑事判決。

(1) 和誘：得「被誘人」（而非監督權人）同意，而加以誘拐，使其置於自己實力支配下（不須達到剝奪行動自由程度），並脫離家庭或其監督權人之監督[175]。

(2) 略誘：以強暴脅迫詐術等不正手段，實施誘拐，違反被誘人（而非監督權人）之意思，使其離開原本生活處所，而將其置於自己實力支配下[176]。

(3) 區別：和誘為未違反被誘人意思而加以引誘，使其脫離家庭或監督權人的支配範圍。若違反被誘人意思，則是略誘[177]。

2. 得監督人同意，可否阻卻本罪成立？（A 得 B 同意下海賣淫（得被誘人同意），但 B 未成年，A 到鄉下請求 B 之父母同意，得到 B 之父母同意後且 A 給 B 之父母一筆錢後，B 跟 A 去從事色情行為，A 得到 B 之父母同意，可否阻卻本罪成立？）

(1) 肯定說：因為保護法益在於監督權人監督權行使，僅「間接」保護未成年人身心健全，雖然有親權濫用，但仍然不構成和誘或略誘罪[178]。

(2) 否定說：本罪保護法益，除監督權之行使外，仍及於未成年人之性自主權與善良風俗[179]。

## （二）客體

1. 和誘罪：為 16 歲以上，且有家庭或監督權人存在的未成年之未婚男女。

綜合觀察第 240 條第 1 項、第 2 項及第 241 條第 3 項下，第 240 條第 1 項的未成年之人應限於有家庭或監督權人存在的 16 歲以上而未婚之人。如未成年而已結婚，應論以第 240 條第 2 項之和誘有配偶之人的罪名。故本罪客體實際上為 16 歲以上至未成年者。如對於未滿 16 歲之男女為和誘，則為第 241 條第 3 項的準略誘罪。

---

[175] 最高法院 81 年度台上字第 3597 號刑事判決。
[176] 最高法院 92 年度台上字第 5102 號刑事判決。
[177] 最高法院 89 年度台上字第 1727 號刑事判決。
[178] 最高法院 31 年度台上字第 2195 號刑事判決。許澤天，刑法分則（下）人格與公共法益篇，新學林，2019 年 8 月，頁 613。
[179] 林山田，刑法各罪論（下），修訂 5 版，2005 年 9 月，頁 504。

2. 略誘罪：未成年人，且有家庭或監督權人存在。如是準略誘罪，則是未滿 16 歲，但須為未婚。

3. 若未違反未滿 7 歲幼童的意願，使其脫離有監督權人？

(1) 實務[180]：無行為能力，則認知及智識能力尚有不足，無從認知誘拐目的而同意，縱以和平之手段，誘使脫離家庭或其他有監督權之人，仍然是略誘罪。

(2) 本書肯認實務見解結論，但應以未滿 7 歲幼童無「認識事理的能力」而無從認知之方式論述，而非以民法之無行為能力論述。

【和誘罪、略誘罪、略誘婦女罪綜合圖解】

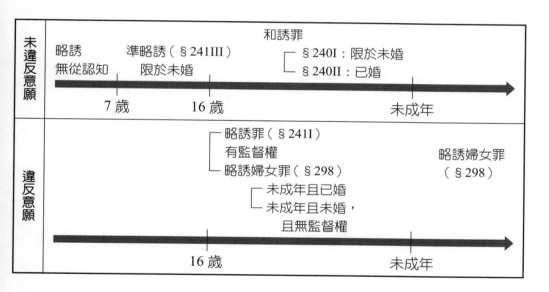

　　略誘婦女罪屬於自由法益，其客體為無家庭監督權的婦女。和誘罪與略誘罪之客體皆屬於有家庭監督權之未成年人。

---

[180] 最高法院 102 年度台上字第 3993 號刑事判決。最高法院 108 年度台上字第 3125 號刑事判決。

## 二、著手、既未遂

　　客觀上有引誘行為，即達到著手階段。若置於實力支配之下且完全使被誘人脫離家庭監督權人的監督，即屬既遂。

## 【皆有監督權之父母，一方將子女帶離開另一方，能否論以和誘罪？】

　　父母雙方皆有監督權，其中一方將未滿 20 歲的子女帶離？（A 的外籍配偶 B，把 A 與 B 的小孩 C 帶回 B 的國家（烏克蘭）

（一）實務上有兩種看法

1. 看法一：未成年子女之父母，雖在法律上享有親權，但一方對於未滿 7 歲之子女，縱未施以強暴、脅迫、詐術等手段，然而意圖使脫離他方親權之行使，而未經他方同意，擅自予以片面阻隔他方之探視或監護，專置於一己實力支配之下，顯已以自己之行為，侵害他方監督權之行使，並使未成年子女無從獲得雙親照顧扶養及身心正常發展，自應令該擅權者，負相當之罪責。[181]

2. 看法二（自行增加意圖要件）：須具有惡意之私圖，以不正手段，將他人置於自己實力支配下，始成立本罪[182]。

（二）學說

　　父母爭奪小孩不罕見，應以整體法秩序觀之，考量社會通念對於親權行使的容許程度與未成年人利益，檢視有無實質違法性[183]。實務所言之「惡意

---

[181] 最高法院 105 年度台上字第 2107 號刑事判決。最高法院 107 年度台上字第 728 號刑事判決。最高法院 108 年度台上字第 3125 號刑事判決。

[182] 最高法院 102 年度台上字第 3993 號刑事判決。

[183] 謝如媛，父母之一方爭奪小孩的行為是否成立略誘罪—評臺灣高等法院 90 年度上更（一）字第 575 號及其他相關判決，月旦法學雜誌，第 140 期，2007 年 1 月，頁 214。

之私圖」，在理解上會使人認為是動機不良，並不適合當成審查標準，應可運用正當防衛或緊急避難阻卻違法[184]。本書亦肯認之。

　　須注意，和誘行為的發生地在我國，即可認為適用我國刑法，故不須多加討論隔地犯問題。

## 案例

　　甲看到年僅 17 歲之高三學生乙、丙在路上遊蕩，即向兩人表示只要答應他的請求，就可以招待他們到處遊玩。在乙、丙兩人同意下，三人結伴到臺灣各處旅遊數月，乙、丙兩人分別在甲的請求下，自願與甲發生性關係。乙、丙兩人之家長在乙、丙沒有回家之當晚即報警請求協助尋找兩人。試分析甲可能涉及之刑事責任。

## 擬答

　　甲招待未滿 20 歲之乙、丙到處玩，長達數月，脫離家庭監督權範圍，應成立刑法第 240 條第 1 項和誘未成年人罪。和誘未成年人罪之保護法益為監督權人之監督權，故客體限於未滿 20 歲且有家庭或監督權人存在之人。乙、丙未滿 20 歲，又有家長，符合刑法第 240 條第 1 項之客體。由於甲是和誘乙、丙兩人，甲是一行為侵害乙、丙之監督權人的監督權，故成立兩個和誘未成年人罪，兩罪論以想像競合（§55）。

---

[184] 許澤天，刑法分則（下）人格與公共法益篇，新學林，2019 年 8 月，頁 617。謝如媛，父母之一方爭奪小孩的行為是否成立略誘罪—評臺灣高等法院 90 年度上更（一）字第 575 號及其他相關判決，月旦法學雜誌，第 140 期，2007 年 1 月，頁 212。

> **第 242 條　移送被誘人出國罪**
> I 移送前二條之被誘人出中華民國領域外者，處無期徒刑或七年以上有期徒刑。
> II 前項之未遂犯罰之。

　　參照第 299 條，只是客體不同而已。

> **第 243 條　收受藏匿被誘人或使人隱蔽罪**
> I 意圖營利、或意圖使第二百四十條或第二百四十一條之被誘人為猥褻之行為或性交，而收受、藏匿被誘人或使之隱避者，處六月以上五年以下有期徒刑，得併科一萬五千元以下罰金。
> II 前項之未遂犯罰之。

　　參照第 300 條，只是客體不同而已。

> **第 244 條　減刑之特例**
> 犯第二百四十條至第二百四十三條之罪，於裁判宣告前送回被誘人或指明所在地因而尋獲者，得減輕其刑。

　　行為人指明所在地而尋獲已夠了，由何人尋獲，在所不問。此減刑特例於共犯之間不可相互援用。

> **第 245 條　告訴乃論與不得告訴之特別規定**
> 第二百三十八條、第二百四十條第二項之罪，須告訴乃論。

## 第三項　褻瀆祀典及侵害墳墓屍體罪章

> **第 246 條　侮辱宗教建築物罪與妨害祭禮罪**
> Ⅰ 對於壇廟、寺觀、教堂、墳墓或公眾紀念處所公然侮辱者，處六月以下有期徒刑、拘役或九千元以下罰金。
> Ⅱ 妨害喪、葬、祭禮、說教、禮拜者，亦同。
>
> **第 247 條　侵害屍體罪**
> Ⅰ 損壞、遺棄、污辱或盜取屍體者，處六月以上五年以下有期徒刑。
> Ⅱ 損壞、遺棄或盜取遺骨、遺髮、殮物或火葬之遺灰者，處五年以下有期徒刑。
> Ⅲ 前二項之未遂犯罰之。
>
> **第 248 條　發掘墳墓罪**
> Ⅰ 發掘墳墓者，處六月以上五年以下有期徒刑。
> Ⅱ 前項之未遂犯罰之。
>
> **第 249 條　發掘墳墓結合罪**
> Ⅰ 發掘墳墓而損壞、遺棄、污辱或盜取屍體者，處三年以上十年以下有期徒刑。
> Ⅱ 發掘墳墓而損壞、遺棄或盜取遺骨、遺髮、殮物或火葬之遺灰者，處一年以上七年以下有期徒刑。
>
> **第 250 條　侵害直系血親尊親屬屍體、墳墓之加重規定**
> 對於直系血親尊親屬犯第二百四十七條至第二百四十九條之罪者，加重其刑至二分之一。

　　本罪章主要保護的法益是，對於宗教信仰的尊重與風俗習慣上對墳墓與屍體的完整性保護，屬於社會共同生活中重要的利益，為社會法益。而本章較為重要的為第 247 條，於客體錯誤與打擊錯誤中常會討論，侵害屍體罪的未遂犯，然不罰過失犯。

## 第四項　妨害農工商罪章

> **第 251 條　妨害販運農工物品罪**
>
> I 意圖抬高交易價格，囤積下列物品之一，無正當理由不應市銷售者，處三年以下有期徒刑、拘役或科或併科三十萬元以下罰金：
>
> 一、糧食、農產品或其他民生必需之飲食物品。
>
> 二、種苗、肥料、原料或其他農業、工業必需之物品。
>
> 三、前二款以外，經行政院公告之生活必需用品。
>
> II 以強暴、脅迫妨害前項物品之販運者，處五年以下有期徒刑、拘役或科或併科五十萬元以下罰金。
>
> III 意圖影響第一項物品之交易價格，而散布不實資訊者，處二年以下有期徒刑、拘役或科或併科二十萬元以下罰金。
>
> IV 第二項之未遂犯罰之。
>
> V 以廣播電視、電子通訊、網際網路或其他傳播工具犯前項之罪者，得加重其刑至二分之一。

民國 108 年 12 月 31 日通過修正第 251 條第 1 項第 3 款及第 5 項。

本條第 1 項第 3 款之增訂，乃因重要生活必需用品如有以人為藉機操縱或其他不當行為，將影響國民生活安定並阻礙全體社會經濟之發展，且國民健康與衛生之保障屬基本生存需求，需要處罰惡意囤積商品影響國民健康與衛生之行為。然為了避免擴大至所有民生物品，明定以法律授權行政院公告生活必需用品為處罰對象。而本條第 5 項，如以其他傳播工具等傳播方式，對社會多數之公眾發送訊息傳送影響物價之不實資訊，將造成廣大民眾恐慌及市場交易動盪，而加重處罰。近期因新冠病毒肺炎，行政院將醫療用口罩公告為生活必需品，即為適例。

# 第五項　賭博罪章

本章之保護法益在於社會安全與公序良俗[185]。

> ### 第 266 條　普通賭博罪
> I 在公共場所或公眾得出入之場所賭博財物者，處三萬元以下罰金。但以供人暫時娛樂之物為賭者，不在此限。
> II 當場賭博之器具與在賭檯或兌換籌碼處之財物，不問屬於犯人與否，沒收之。

## 一、客觀要件

### （一）行為地點：公共場所或公眾得出入之場所。

1. 公共場所：多數人或不特定人出入、使用或聚集之場所，如道路、公園。

2. 公眾得出入之場所：不特定人於特定時段得出入之場所，如餐廳、飯店、百貨公司、網咖。

3. 自家住宅是否屬於公眾得出入之場所？

　　實務[186]認為，本罪所謂公共場所或公眾得出入之場所，不以法令所容許或社會所公認者為限，如供給賭博用之會場、輪盤賭場及其他各種賭場，雖設於私人之住宅，亦屬公眾得出入之場所。

4. 在旅館內租用客房賭博是否為公眾得出入之場所？

　　通說、實務認為，租用的客房由旅客支配使用與私人住宅無異[187]。但如供給賭博用之會場、輪盤賭場及其他各種賭場，雖設於私人之住宅，亦屬公眾得出入之場所。

---

[185] 許澤天，刑法分則（上）財產法益篇，新學林，2019 年 8 月，頁 315。盧映潔，刑法分則新論，修訂 15 版，新學林，2020 年 2 月，頁 495。

[186] 最高法院 108 年度台非字第 148 號刑事判決。

[187] 法務部（80）法檢（二）字第 130 號法律問題之審查意見。

5. 網路發達下，有很多線上賭博，而設立網站的人可以成立第268條，但是在家裡用自己的電腦上網賭博是不是成立第266條？即網路平台是不是公眾得出入的場所？實務[188]認為，立法者係考量賭博犯罪若在公共場合或公眾得出入之場所進行，民眾可輕易見聞，恐造成群眾仿效跟進而參與賭博，終至群眾均心存僥倖、圖不勞而獲，因之敗壞風氣，需加以處罰，反之，在非公共場所或非公眾得出入之場所賭博財物，其貽害社會尚輕，故家庭間偶然賭博，不包括於本條之內。至於賭客係到場下注賭博，或以電話、傳真、電腦網路、行動電話之通訊軟體等方法傳遞訊息，下注賭博，均非所問。

（二）行為

1. 賭博：依「偶然」（「射倖性」）之事實決定財務得失的行為，行為人沒有辦法完全支配輸贏。如果可以支配輸贏，即是詐欺罪。例如運動彩券，運動員配合打假球，可以支配輸贏，即是詐欺。

2. 賭博可以成立共同正犯嗎？

　　實務採否定見解[189]，因是對向犯，行為人有各自的目的，不具有犯意聯絡。

（三）客體

　　財物，即金錢及其他具經濟價值的物品。

二、阻卻違法事由（§266I但書，供人暫時娛樂之物，不再此限）

　　供人暫時娛樂之物，必須符合「消費即時性」與「價值輕微性」。如於公共場合玩麻將，以10元當賭資，贏者請大家吃晚餐。

---

[188] 最高法院108年度台非字第148號刑事判決。
[189] 最高法院101年度台上字第3831號刑事判決。

## 三、沒收（§266II）

對賭博之器具與財物是義務沒收，法官沒有裁量權，一定要宣告沒收。

> **第 268 條　圖利供給賭場或聚眾賭博罪**
> 意圖營利，供給賭博場所或聚眾賭博者，處三年以下有期徒刑，得併科九萬元以下罰金。

## 一、客觀要件

### （一）提供賭博場所

賭博場所，依實務見解[190]，不以公共場所或公眾得出入之場所為限[191]，例如於 Line 上簽賭亦屬之。詳言之，「公共場所或公眾得出入之場所」，並不以法令所容許或社會所公認者為限，如供給賭博用之會場、輪盤賭場及其他各種賭場，縱設於私人之住宅，倘依當時實際情形，可認係屬公眾得出入之場所者，亦足當之；又如賭博者雖未親自赴場賭博，而由他人轉送押賭，既係基於自己犯罪之意思，仍應依本罪之正犯處斷。是以私人住宅如供不特定之人得以出入賭博者，該場所仍屬公眾得出入之場所，至於賭客係到場下注賭博，或以電話、傳真、電腦網路或行動電話之通訊軟體等方法傳遞訊息，下注賭博，均非所問。

### （二）聚眾賭博

聚集不特定之多數人參與賭博。例如六合彩的組頭聚集多數人參與賭博、經營職業賭場。

---

[190] 司法院 25 年院字第 1479 號解釋。
[191] 最高法院 109 年度台上字第 2850 號刑事判決。

## 二、主觀要件

故意與意圖，而意圖為營利意圖，即對於提供場所本身或聚賭行為有抽取利益目的，而不是參與賭博而去對賭進而希望贏得財物。

---

**第 270 條　公務員加重規定**

公務員包庇他人犯本章各條之罪者，依各該條之規定，加重其刑至二分之一。

---

包庇的意思與第 231 條第 2 項同。實務上限於積極行為 [192]。

**案例**

乙擔任市政府某警察分局警備隊員，為免轄區內其友人甲經營已三個月、獲利甚豐而聲名遠播之地下賭場遭警取締，竟暗中將該分局即將出勤臨檢該店之非例行性勤務訊息，偷偷告知甲，使甲得以事先防備，關門歇業。試問：甲、乙所為如何論處？

**擬答**

甲的行為是意圖營利，而供給賭博場所，應可成立刑法第 268 條。而乙提供臨檢之勤務訊息給甲的行為是包庇，亦即以積極之行為，予以掩蔽庇護，藉其勢力使他人易於犯罪及不易被人發覺者，乙應成立第 270 條。

---

[192] 最高法院 107 年度台上字第 612 號刑事判決：「刑法第 270 條之公務員包庇賭博罪，以公務員包庇他人犯刑法第 21 章各條之賭博罪為構成要件。所謂『包庇』即包容庇護，係指公務員予犯賭博罪者以相當之保護，而排除外來之阻力，使該行為人順利遂行其犯罪行為，而不易發覺者而言，自以有積極的包庇行為為必要，與單純縱容或不予取締之消極行為有別。」

# 第八章　國家法益

## 第一節　內亂罪

> **第 100 條　普通內亂罪**
> I 意圖破壞國體，竊據國土，或以非法之方法變更國憲，顛覆政府，而以強暴或脅迫著手實行者，處七年以上有期徒刑；首謀者，處無期徒刑。
> II 預備犯前項之罪者，處六月以上五年以下有期徒刑。
> **第 101 條　暴動內亂罪**
> I 以暴動犯前條第一項之罪者，處無期徒刑或七年以上有期徒刑。首謀者，處死刑或無期徒刑。
> II 預備或陰謀犯前項之罪者，處一年以上七年以下有期徒刑。
> **第 102 條　預備或陰謀犯自首之減免**
> 犯第一百條第二項或第一百零一條第二項之罪而自首者，減輕或免除其刑。

　　內亂罪是以非法方法，推翻現行民主體制所組成的政府或改變民主憲政體制或割據領土，其保護法益在於政府的正常運作或維持憲政秩序及領土完整。

## 一、客觀要件

### （一）行為主體

　　通常要觸犯內亂罪需要多數人為之，故分成：
1. 首謀：首謀是指領導多數人為本罪行為的主要人物，且不以一人為限。
2. 非首謀：於首謀領導下實施本罪行為之人。

### （二）行為

　　過去本罪僅設有意圖的主觀要件，例如批評政府的政治言論或台獨的主張，即使只有言論或和平主張，均會被認定為「意圖顛覆政府，而著手實行」，

使本罪成為政治操弄的工具，而民國81年5月15日於第100條的著手實行前加上「以強暴或脅迫」，且廢止第100條的陰謀犯的處罰。然第101條仍有處罰陰謀犯。雖然修法結果不盡人意，但至少可解決執政者以刑罰手段壓制人民思想、言論自由的狀況[1]。

1. 以強暴或脅迫著手實行者（§100）

　　強暴或脅迫行為必須為刑法分則中最強烈程度的手段，亦即必須高於個人或社會法益類型中的強暴、脅迫的程度，方可能達到內亂目的。

2. 暴動（§101）

　　暴動是指多數人集體實施暴力或進行武裝革命的行為，例如以集體用武力攻占政府機關、集體占領電視台。

## 二、主觀要件

### （一）故意

　　內亂（§100）、暴動（§101）故意

### （二）意圖

　　意圖破壞國體、意圖竊據國土、意圖以非法之方法變更國憲、意圖顛覆政府。如欠缺該意圖，頂多為妨礙秩序罪或他罪。

## 三、著手、既遂

　　本罪屬於著手犯，一著手強暴或脅迫行為，犯罪即既遂，故本罪不罰未遂。

---

[1]　林山田，和平內亂罪終能廢止等文，談法論政（三），1992年，頁147-156。

### 四、陰謀犯、預備犯

#### （一）陰謀犯

第 101 條處罰陰謀犯，陰謀犯是指多人密謀策劃的行為。

#### （二）預備犯

內亂行為危及國家、政府的存立，屬於國家法益的破壞，具有高度危險性，故將預備階段行為入罪化。

# 第二節　外患罪

本罪章保護法益在於國家的外部存立安全。

---

**第 103 條　通謀開戰罪**

I 通謀外國或其派遣之人，意圖使該國或他國對於中華民國開戰端者，處死刑或無期徒刑。

II 前項之未遂犯罰之。

III 預備或陰謀犯第一項之罪者，處三年以上十年以下有期徒刑。

**第 104 條　通謀喪失領域罪**

I 通謀外國或其派遣之人，意圖使中華民國領域屬於該國或他國者，處死刑或無期徒刑。

II 前項之未遂犯罰之。

III 預備或陰謀犯第一項之罪者，處三年以上十年以下有期徒刑。

---

通謀是指未受我國政府的委派或任命而與外國或其派遣之人私自謀議。外國是指我國以外之國家。主觀要件除了故意外，第 103 條尚須具備使該國或他國對於中華民國開戰端之意圖，第 104 條則須具備使中國華民國領域屬於該國或他國之意圖，意圖是否實現不影響該罪之成立。

　　既未遂，以通謀進行的程度為標準，如雙方謀議已經達成，即為既遂。如謀議未達成，或謀議中斷或破裂，則為未遂。第 103 條、第 104 條有處罰預備犯，即就預謀的計畫從事準備工作，但未著手通謀。第 103 條、第 104 條有處罰陰謀犯，陰謀是指有通謀的計畫。

---

**第 105 條　敵對國家罪**

I 中華民國人民在敵軍執役，或與敵國械抗中華民國或其同盟國者，處死刑或無期徒刑。

II 前項之未遂犯罰之。

III 預備或陰謀犯第一項之罪者，處三年以上十年以下有期徒刑。

---

　　敵國是指戰時的交戰國，敵軍是指交戰國的軍隊，且不以正規軍隊為限。而執役是指在敵軍軍隊中服役，不以從事戰鬥任務為限，即使是雜役、後方補給工作亦同。本罪有處罰未遂犯，以已經加入敵軍時為著手，如未執役、械抗本國或同盟國則為未遂。本罪亦有處罰預備犯或陰謀犯。

　　戰俘如只是幫助打雜、幫忙煮飯、醫療，因為如果不為之可能面臨生命危險下，是否可成立本罪？交戰的情況下可以討論緊急避難，以捨身為國的義務、戰俘個人的生命、身體法益等等去權衡。

---

**第 106 條　單純助敵罪**

I 在與外國開戰或將開戰期內，以軍事上之利益供敵國，或以軍事上之不利益害中華民國或其同盟國者，處無期徒刑或七年以上有期徒刑。

II 前項之未遂犯罰之。

III 預備或陰謀犯第一項之罪者，處五年以下有期徒刑。

**第 107 條　加重助敵罪**

I 犯前條第一項之罪而有左列情形之一者，處死刑或無期徒刑：

一、將軍隊交付敵國，或將要塞、軍港、軍營、軍用船艦、航空機及其他軍用處所建築物，與供中華民國軍用之軍械、彈藥、錢糧及其他軍需品，或橋樑、鐵路、車輛、電線、電機、電局及其他供轉運之器物，交付敵國或毀壞或致令不堪用者。

> 二、代敵國招募軍隊，或煽惑軍人使其降敵者。
>
> 三、煽惑軍人不執行職務，或不守紀律或逃叛者。
>
> 四、以關於要塞、軍港、軍營、軍用船艦、航空機及其他軍用處所建築物或軍略之秘密文書、圖畫、消息或物品，洩漏或交付於敵國者。
>
> 五、為敵國之間諜，或幫助敵國之間諜者。
>
> II 前項之未遂犯罰之。
>
> III 預備或陰謀犯第一項之罪者，處三年以上十年以下有期徒刑。

　　單純助敵包含積極助敵與消極助敵，亦即提供軍事利益給敵國，或以軍事上的不利益危害本國或其同盟國。只要具備助敵行為即為本罪之行為，不以敵國是否真正得利為標準，如助敵行為完成時，即為本罪既遂，助敵行為未完成即未遂。而加重助敵，包含第 107 條各款列舉的五種態樣，其中第 4 款的洩漏或交付秘密與第 109 條的行為相同，差別僅在於第 107 條限於與外國開戰或將開戰期間內所實施而且以軍事秘密為限。軍用物品是指與軍事上有直接效果者為限，非所有一切物品皆可稱為軍用，例如士兵日常生活使用的毛巾、牙膏則不屬之。

　　行為情狀必須於本國與外國開戰或將開戰期內。將開戰是指國與國間軍事對峙或雙方以軍力對陣的情況，或本國已有其中一國宣戰，但未有軍事行動。

> **第 108 條　暫時不履行軍需契約罪**
>
> I 在與外國開戰或將開戰期內，不履行供給軍需之契約或不照契約履行者，處一年以上七年以下有期徒刑，得併科十五萬元以下罰金。
>
> II 因過失犯前項之罪者，處二年以下有期徒刑、拘役或三萬元以下罰金。

　　行為主體必須為與國家直接或間接訂有契約而具有供給軍需義務之人。不履行包括未完全履行，例如契約約定 1 萬組防彈裝備，行為主體僅給予 5,000 組。不照契約履行是指不按債之本旨為履行，例如契約內容約定 1 萬雙 A 牌軍靴，但卻給予成本較低的 B 牌軍靴。私人與私人的契約履行與不履行問題，為何須入罪化？因為在開戰或將開戰之際，國家存續的法益遠大於私人的契約自由。

　　軍需範圍廣泛，例如物品、工程或勞務皆包含在內。行為情狀為開戰或將開戰期間。本罪有處罰過失犯。

---

**第 109 條　洩漏或交付國防秘密罪**

I 洩漏或交付關於中華民國國防應秘密之文書、圖畫、消息或物品者，處一年以上七年以下有期徒刑。

II 洩漏或交付前項之文書、圖畫、消息或物品於外國或其派遣之人者，處三年以上十年以下有期徒刑。

III 前二項之未遂犯罰之。

IV 預備或陰謀犯第一項或第二項之罪者，處二年以下有期徒刑。

**第 110 條　公務員過失洩漏或交付國防秘密罪**

公務員對於職務上知悉或持有前條第一項之文書、圖畫、消息或物品，因過失而洩漏或交付者，處二年以下有期徒刑、拘役或三萬以下罰金。

**第 111 條　刺探或收集國防秘密罪**

I 刺探或收集第一百零九條第一項之文書、圖畫、消息或物品者，處五年以下有期徒刑。

II 前項之未遂犯罰之。

III 預備或陰謀犯第一項之罪者，處一年以下有期徒刑。

**第 112 條　擅入軍事處所罪**

意圖刺探或收集第一百零九條第一項之文書、圖畫、消息或物品，未受允准而入要塞、軍港、軍艦及其他軍用處所建築物，或留滯其內者，處一年以下有期徒刑。

---

　　洩漏是指使不應知悉秘密的第三人得知內容，交付是指將秘密移交給第三人而使之持有秘密。刺探是指以各種手段偵探獲知或取得，收集是指以各種方法取得而持有。未受允准而入要塞是指積極的侵入行為，滯留其內是指受允准後進入，而應退出時卻不退出。國防應秘密是指國防觀點下應保守的秘密，有關於國家整體戰備安全的一切秘密。

只要一洩漏或交付即構成本罪，他人是否知悉該秘密應非所問。如著手實行洩漏或交付，但國防機密尚未洩漏於外或尚未交付於他人，為第 109 條的未遂犯。第 109 條有處罰陰謀犯，亦處罰預備犯，而行為人的準備行為如果是為了刺探或收集國防秘密，亦該當第 111 條第 1 項，毋庸論以第 109 條的預備犯。

第 110 條規定行為主體為公務員時，有過失犯之處罰，並適用第 134 條。加重其刑二分之一。

---

**第 113 條　私與外國訂約罪**

應經政府授權之事項，未獲授權，私與外國政府或其派遣之人為約定，處五年以下有期徒刑、拘役或科或併科五十萬元以下罰金；足以生損害於中華民國者，處無期徒刑或七年以上有期徒刑。

**第 114 條　違背對外事務委任罪**

受政府之委任，處理對於外國政府之事務，而違背其委任，致生損害於中華民國者，處無期徒刑或七年以上有期徒刑。

**第 115 條　偽造、毀匿國權證據罪**

偽造、變造、毀棄或隱匿可以證明中華民國對於外國所享權利之文書、圖畫或其他證據者，處五年以上十二年以下有期徒刑。

**第 115-1 條　本章適用地區之規定**

本章之罪，亦適用於地域或對象為大陸地區、香港、澳門、境外敵對勢力或其派遣之人，行為人違反各條規定者，依各該條規定處斷之。

---

第 113 條之行為是私自與外國政府或其派遣之人約定，但條文無具體說明約定何等事項。本書認為，由於本罪是處罰「應」獲得政府授權的事項，而在沒有獲得授權下私自與外國政府約定，對於國家公權利尊嚴、國家利益或國家安全有所影響的情況始有可罰性。第 113 條前段的性質為行為犯，第 113 條後段如果有發生足生損害於中華民國者，加重法定刑，屬於危險結果犯。

第 114 條之行為人為受政府委任而處理對於外國政府事務之人，為身分犯。第 114 條必須發生損害於本國的結果始成立本罪。而該結果包含我國主權

與我國國際政治地位、信用、名譽受到損害。第 115 條,只要行為人有四種行為態樣之一,即足夠成本罪,而本罪客體為國權證書,即可證明本國對於外國所享權利的文書、圖畫或其他證據,如條約、議定書。

第 115 條之 1 為民國 108 年 5 月修正通過,因過去若與大陸地區、香港、澳門、境外敵對勢力或其派遣之人為本罪章之行為,無從適用本罪章,而有法律漏洞。為了確保臺灣安全、民眾福祉既維護自由民主之憲政秩序,故增訂本條。

# 第三節　妨害國交罪

本罪章保護法益為國家於國際政治社會的地位,即國家在國際政治社會中受到他國的承認與尊重,為國家存立不可或缺的條件,因而與外國交往的外交關係,為國家重要利益。

## 第 116 條　侵害友邦元首或外國代表罪

對於友邦元首或派至中華民國之外國代表,犯故意傷害罪、妨害自由罪或妨害名譽罪者,得加重其刑至三分之一。

友邦元首是指與我國具有外交關係的國家之現任政治領袖,例如總統、總理。至於派至中華民國之外國代表,不以常駐的外交使節為限,負有任務而前往本國者亦屬之,且該代表不限於友邦,即使為交戰國或敵國的代表亦屬於本罪客體。而行為人為本罪行為時,不以行為客體停留在我國時對其為之者為限。

## 第 117 條　戰時違背局外中立命令罪

於外國交戰之際,違背政府局外中立之命令者,處一年以下有期徒刑、拘役或九萬元以下罰金。

違背政府頒布的中立命令,至於何種行為屬於中立命令須視政府頒布的內容而定,屬於空白刑法。行為情狀須於外國交戰之時,即外國與外國正在戰爭之時。

---

### 第 118 條　侮辱外國國旗國章罪

意圖侮辱外國，而公然損壞除去或污辱外國之國旗、國章者，處一年以下有期徒刑、拘役或九千元以下罰金。

---

損壞是指毀損破壞，例如燒毀。除去是指將外國國旗或國章自其原來使用位置上加以除去，例如將懸掛於旗桿上的國旗拿走。污辱是指使國旗或國章之外觀受汙而失其尊嚴，例如於伊朗的國旗上淋上豬血、於印度國旗上畫上用左手吃飯的圖案。

---

### 第 119 條　外國政府請求乃論

第一百一十六條之妨害名譽罪及第一百一十八條之罪，須外國政府之請求乃論。

---

## 第四節　瀆職罪

瀆職罪章是在於確保公務員必須依法律或命令，廉潔、公正而忠誠地執行公務，若違背廉潔、不公正且濫用職權、不忠誠地執行公務，有損國家利益、影響政府威信，且同時侵害人民合法權益。一般而言，可區分為純正瀆職罪與不純正瀆職罪，第 134 條「公務員假借職務上之權力、機會或方法，以故意犯本章以外各罪者，加重其刑至二分之一。但因公務員之身分已特別規定其刑者，不在此限。」為不純正瀆職罪之規定，該公務員身分為加減身分，應適用第 31 條第 2 項，無身分之公務員論以原本罪名即可，而該職務不以合法職務為必要，只以假借職務上之權力、機會或方法而故意犯瀆職罪章以外各罪為已足 [2]。本章以外各罪例如 A 公務員假借職務上機會犯傷害罪（§277）、妨礙行

---

[2]　最高法院 24 年上字第 1344 號判例。臺灣高等法院 101 年度侵上訴字第 317 號刑事判決。臺灣高等法院臺中分院 102 年度侵上訴字第 19 號刑事判決。臺灣高等法院花蓮分院 106 年度重上更（一）字第 17 號刑事判決。

動自由罪（§302）、竊盜罪（§320）等，A 須加重其刑二分之一。如權勢性交罪（§228）、公務侵占罪（§336）中的公務已經考量到公務員的身分而加重處罰，無須再依第 134 條加重二分之一。

```
┌─ 純正瀆職罪
│    ┌─ 違背廉潔義務：職務行為賄賂罪（§121）、
│    │              違背職務賄賂罪（§122）、準受賄罪（§123）、
│    │              公務員圖利罪（§131）
│    ├─ 違背公正義務：枉法裁判或仲裁罪（§124）、
│    │  （濫用職權）  濫權追訴處罰罪（§125）、凌虐人犯罪（§126）
│    │              違法執行刑罰罪（§127）、
│    │              越權受理訴訟罪（§128）、
│    │              違法徵收稅款與抑留剋扣罪（§129）
│    └─ 違背忠誠義務：委棄守地罪（§120）、
│                   廢弛職務釀成災害罪（§130）
│                   公務員洩漏或交付國防以外秘密罪（§132）
│                   郵電人員妨害郵電秘密罪（§133）
└─ 不純正瀆職罪：§134
```

　　學說上認為本章屬於公務員對忠誠關係的破壞而危及人民對政府機關信賴的犯罪[3]。實務上認為賄賂罪之不法核心在於公務員以其職務上或違背職務行為作為圖謀不法利益的工具，此類要求、期約、收受賄賂或不正利益犯行，因公務員實施或允諾實施特定職務上或違背職務行為，係作為相對人現在或未來交付財物或利益之報償，其間之不法對價關係，提升國家體制功能遭受破壞之風險，賄賂罪是為維護國家體制功能健全無虞[4]。

　　而因為貪污治罪條例屬於本罪章之特別法而優先適用，以至於本罪章的一些罪名在實務上幾乎無適用餘地。

---

[3]　林山田，刑法各論（下），修訂 5 版，2005 年 9 月，頁 69-70。
[4]　最高法院 107 年度台上字第 4477 號刑事判決。

# 第一項　違背廉潔義務

---

**第 121 條　普通賄賂罪**

公務員或仲裁人對於職務上之行為，要求、期約或收受賄賂或其他不正利益者，處七年以下有期徒刑，得併科七十萬元以下罰金。

**第 122 條　違背職務之賄賂罪**

I 公務員或仲裁人對於違背職務之行為，要求、期約或收受賄賂，或其他不正利益者，處三年以上十年以下有期徒刑，得併科二百萬元以下罰金。

II 因而為違背職務之行為者，處無期徒刑或五年以上有期徒刑，得併科四百萬元以下罰金。

III 對於公務員或仲裁人關於違背職務之行為，行求、期約或交付賄賂或其他不正利益者，處三年以下有期徒刑，得併科三十萬元以下罰金。但自首者減輕或免除其刑。在偵查或審判中自白者，得減輕其刑。

**第 123 條　準受賄罪**

於未為公務員或仲裁人時，預以職務上之行為，要求期約或收受賄賂或其他不正利益，而於為公務員或仲裁人後履行者，以公務員或仲裁人要求期約或收受賄賂或其他不正利益論。

---

## 一、客觀要件

### （一）行為主體

公務員（§10II）或仲裁人，一般認為屬於純正身分犯。而一般所稱公務員之「白手套」是指無公務員身分之人，實務認為，其與公務員共同為本罪之犯罪行為，無身分之人可依據第 31 條第 1 項擬制共同正犯。向來實務上皆依據貪污治罪條例第 3 條規定「與公務人員犯本條例之罪者，亦依本條例處斷」，以有犯意聯絡及行為分擔，為共同正犯論[5]。

---

[5] 最高法院 107 年度台上字第 4189 號刑事判決。

## （二）行為情狀

### 1. 職務上的行為（§121）

　　以法定職務權限說是指，公務員在其職權範圍內所應為或得為，而不違背其職責義務者而言。倘於其職權範圍內「得為裁量」之事項，除有故意濫用裁量權之情形外，則屬其職務上之行為，而非屬違背職務之行為[6]。亦即，公務員在其職務範圍內所得為的行為中，給予相對人「便利」，例如 A 為監督某工程的主管公務員，B 希望 A 可以「審查寬鬆一點」，故請 A 喝花酒。又如道路交通管理處罰條例第 44 條規定「汽車駕駛人，駕駛汽車行近行人穿越道遇有攜帶白手杖或導盲犬之視覺功能障礙者時，不暫停讓視覺功能障礙者先行通過者，處新臺幣二千四百元以上七千兩百元以下罰鍰。」A 警察見到 B 駕駛汽車穿越人行道且不讓視障功能障礙 C 先通行，更故意對 C 叫囂與辱罵，A 發現 B 如此行為欲對之開罰，B 見狀對 A 說我可以給你限量公仔，A 默默收下公仔後，A 面臨如此嚴重的情況，一般警員皆應開罰 7,200 元，而然 A 卻開罰 2,400 元，A 為職務上應為而得為，然而濫用其裁量權。

　　如預以職務上行為，要求期約或收受賄賂或其他不正利益，而於為公務員或仲裁人後履行者，屬於第 123 條之態樣。例如 A 議員於選議長前，給予議會的議員 B、C、D 每人 500 萬，要求議長選舉之日投 A 一票，選舉日 B、C、D 果真履行。

## 【職務上行為之界定】

　　職務上行為具有模糊的界線，此時必須界定何為職務上行為。

（一）法定職務權限說[7]：公務員在其職權範圍內所應為或得為，而不違背其職責義務者而言。例如 A 公務員的法定職務權限應僅有負責轄區醫事機構醫

---

[6]　最高法院 108 年度台上字第 3420 號刑事判決。

[7]　最高法院 103 年度台上字第 904 號刑事判決。最高法院 104 年度台上字第 707 號刑事判決。最高法院 108 年度台上字第 3420 號刑事判決。

事人員執業、歇業、變更執業執照之申請等職務，而不包含逾期換照之違規處分。A 向人民 B 詐稱罰鍰 2 萬元的行為，應非屬利用法定職務權限範圍內之事項詐取財物。

（二）與固有職務密切關聯之附隨職務說[8]：職務上之行為是指公務員在其職務權責範圍內所應為或得為之行為而言。而其職務範圍，除公務員之具體職務權限及一般職務權限外，即使非法律所明定，但與其固有職務權限具有密切關聯之行為，亦應認屬其職務行為之範疇，包括由行政慣例所形成，以及習慣上所公認為其所擁有之職權或事實上所掌管之職務，與其附隨之準備工作與輔助事務均屬之。

（三）實質影響力說[9]：只要是與其職務有關聯性，或實質上對該職務具有影響力，即為職務上行為。

（四）賄賂罪職務行為理論[10]：判斷職務行為時必須實質考量行為人在法規上（制度上）參與可能性與事實上參與的可能性，前者判斷重心在於實質上檢驗制度上行為人有無根據參與該事務的形成、決定過程。例如依據法律規定縣議員的職務內容為 1. 提案事項議決權；2. 接受人民請願權；3.「其他依法律或上級法規賦予之職權」，某 A 縣議員簽發申請書請某單位簽發補助款，此時最符合 3. 之類型，就必須實質去考量 A 有無參與該事務的形成、決定過程。

（五）本書：實質上影響力的見解不當擴張了職務的範圍，亦有實務同此見解[11]，所謂關聯性或影響力所及的判斷標準何在？例如某位高權重的 A 政府官員要去買知名的大腸麵線，但排隊人龍布滿三條街，A 就對老闆 B 說：「你知道我是誰嗎？給你 500 元 5 秒內給我一碗大腸麵線」，路人 C 心想：「這人是失憶症嗎，自己是誰都不知道」，但 B 老闆立刻認出了 A 官員，急忙拿了兩碗大腸麵線給 A，此是否亦屬於實質上影響力所及，不無疑問。而法定

---

[8] 最高法院 108 年度台上字第 2890 號刑事判決。

[9] 最高法院 107 年度台上字第 1829 號刑事判決。最高法院 107 年度台上字第 2076 號刑事判決。

[10] 最高法院 108 年度台上字第 336 號刑事判決。

黃士軒，公務員賄賂罪的職務行為判斷——以縣議員的地方建設補助款建議權為例，月旦法學教室，第 205 期，2019 年 11 月，頁 21-23。

[11] 最高法院 106 年度台上字第 89 號刑事判決。

職務權限說又太過限縮,如法律無規定即非職務上行為,無異形成法律漏洞,對法益保護不周全。而密切關聯說認為即使無法律規定,只要是與固有職務密切關聯亦可能成立本罪,有違反罪刑法定主義之嫌。故而支持賄賂罪職務行為理論。

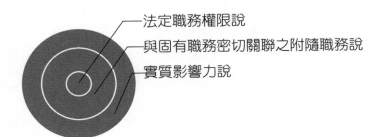

- 法定職務權限說
- 與固有職務密切關聯之附隨職務說
- 實質影響力說

## 最高法院刑事大法庭 110 年度台上大字第 5217 號裁定

(一)貪污治罪條例第 5 條第 1 項第 3 款公務員職務受賄罪(下稱受賄罪)規定「職務上之行為」之意涵,本院早期判決先例見解,多採「具體職務權限說」,嗣本院 103 年度第 8 次刑事庭會議變更先前見解,闡述擴張及於公務員之「一般職務權限」。又本院基於法之續造,於相關案例,將「實質影響力之職務密切關連行為」概念涵攝於「職務上之行為」文義範圍。因此,公務員「職務上之行為」範圍,不以法令所列舉之事項為限,包括具體職務權限、一般職務權限及實質上與其職務具有密切關連之行為。

(二)民意代表職務上之行為之意涵及判斷基準

1. 民意代表倘對其職務上行為收受賄賂,已侵害其執行職務之公正性及國民對該職務公正之信賴,可罰性與一般公務員並無不同,本院相關案例,已參採上揭實務見解,肯認民意代表職務上之行為包括「職務密切關連行為」。至於其內涵及判斷基準,考量受賄罪之規範目的及保護法益,既重在保護職務執行公正性,要求不受經濟利益介入之破壞或妨害,因此,「職務密切關連行為」之內涵著重在行為人是否實質上有運用其職務或身分地位對相對人發揮影響力,即對相對人職務執行之公正有無實質影響,或於後續執行相關職務時

有無因此受拘束等項為審查，亦即從該行為實質上有無對相對人職務之執行形成影響力加以判斷。此影響力行為之態樣，包括為妥適行使職務事項而附隨之準備工作與輔助事務行為，以及因職務或身分地位關係對第三人所生事實上影響力之行為。再本於「構成要件明確性原則、避免不當擴大受賄罪處罰範圍」要求，必須形式上又具有公務活動之性質者始屬該當，如具備上述條件，即認屬職務密切關連行為。至於與職務完全無關之私人活動，則不能肯認具職務性。

2. 又向同一人或多數人為多次關說、請託或施壓等情形，應就前後整體行為觀察，如該行為與其職務同具形式上公務活動性質，或相類之客觀公務活動，或與公務活動有關及其延伸之行為，不論是否在公務時間或公務場所均屬之。

（三）綜上，民意代表「職務上之行為」，本不以法令所列舉之事項為限，其他與其職務有密切關連之行為，亦應屬之。民意代表受託於議場外對行政機關或公營事業機構人員為關說、請託或施壓等行為，如實質上係運用其職務或身分地位之影響力，使該管承辦人員為積極之行為或消極不為行為，形式上又具公務活動之性質者，即與其職務具有密切關連，該當於受賄罪之職務上之行為。

此外，賄賂罪的成立是否因為警察機關沒有管轄而不成立賄賂罪，例如某市政府警察局之警員 A 發覺轄區外之他市有大型職業賭場，惟因收受賭場經營者給付之金錢而不予調查或通報。該警員應否成立對於違背職務之行為收受賄賂罪？最高法院 103 年度第 8 次刑事庭會議決議採取肯定說，認為警察機關雖然具有轄區的區分，非僅能於自己所屬管轄區域內協助偵查犯罪，如發現他人管轄之轄區有犯罪，仍應盡調查或通報等協助偵查之職務上行為，如違背該職務進而收受賄賂而具有對價關係，應成立對於違背職務之行為收受賄賂罪。

2. 違背職務上的行為（§122）

如公務員就其職務上所應為之事項，故意消極不作為，或積極以不正當方法為之，以及對於職務上不應為之事項故意積極為之者，均屬違背職務之行

為[12]。例如 A 為主管違章建築的公務員，A 向人民 B 表示：給我 1 萬元我就不拆違建，此時 A 屬於違背職務行為，又如 C 法官向人民說：跟我性交我就判你無罪，此時 C 屬於違背職務的行為。又如道路交通管理處罰條例第 44 條規定「汽車駕駛人，駕駛汽車行近行人穿越道遇有攜帶白手杖或導盲犬之視覺功能障礙者時，不暫停讓視覺功能障礙者先行通過者，處新臺幣二千四百元以上七千兩百元以下罰鍰。」A 警察見到 B 違反上述規定，B 表示要送 A 限量公仔，A 默默收下後，將 B 放行，A 之行為屬於職務上應為而不為。

## （三）行為

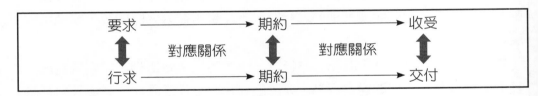

### 1. 要求（§121、§122I、II）／行求（§122III）

要求是指受賄者（公務員）單方去請求給付賄賂或不正利益，只要一有請求即既遂，不以相對人允諾為必要。行求是指行賄者對受賄者為交付賄賂或不正利益之意思表示。一方表示已足，不以對方允許為必要。但要達到對方可得了解狀態。

### 2. 期約

行賄者與受賄者關於約定收賄賂不正利益之合意，只要合意就既遂，不以金額數量或內容確定為必要。然行為人必須有允諾行賄真意，而公務員也必須有受賄的真意，若公務員只是表現上收受賄賂，其實是為了將收受的賄賂當成證據，以讓行賄者入罪，公務員在主觀上非出於受賄的意思，不會成立本罪。

---

[12] 最高法院 108 年度台上字第 3420 號刑事判決。

## 3. 收受（§121、§122I、II）／交付（§122III）

收取或接受賄賂或不正利益之行為，不論直接或間接均包含在內。有形財物以占有取得時既遂；無形利益以現實享受時既遂。交付與收受是對應的行為，即行賄者交付賄賂或不正利益，而相對人（公務員）收受。若是行賄者強塞或強送賄賂，因為公務員無期約、收賄意思，仍不成立「交付」，只能成立「行求」賄賂罪。

## 4. 三行為的完成與公務員是否有踐行職務範圍內的職務行為或踐行違背職務的行為無關[13]，亦即本罪屬於抽象危險犯，為了排除國家公務與賄賂的連結，不論公務員是否在職務的執行上受到賄賂影響的決定[14]。又本罪屬於對向犯，行為人各有目的，各就其負責，故行賄者與受賄不可成立共同正犯。

## （四）對價關係

為人所要求、期約或收受賄賂或不正利益，必須是對於公務員之特定職務行為之相對給付，也就是現今通說、實務所說的「必須與職務行為有對價或對等關係」。不正利益與公務員之職務行為，是否具有相當對價關係，應就職務行為之內容、交付者與收受者之關係、賄賂之種類、價額、贈與之時間等客觀情形加以審酌，由法院依具體個案事實為判斷認定，只要依社會通念，已足認受（按：接受）、授（按：授予）雙方主觀上均有各以所冀求者為對價關係之默示合致即足[15]。又公務員收受利益必須是其特定職務行為的相對給付，但不以對職務行為之種類與具體內容詳加指定為必要，只要有「概括對應」關係已足[16]。

---

[13] 最高法院 106 年度台上字第 3674 號刑事判決。

[14] 許澤天，刑法分則（下）人格與公共法益篇，新學林，2019 年 8 月，頁 469。

[15] 最高法院 108 年度台上字第 3595 號刑事判決。

[16] 最高法院 105 年度台上字第 1872 號刑事判決。許澤天，刑法分則（下）人格與公共法益篇，新學林，2019 年 8 月，頁 488-489。

> **最高法院 108 年度台上字第 4053 號刑事判決**
>
> 　　公務員對於職務上行為收受之財物或其他不正利益，與公務員職務範圍內踐履賄求之特定行為違背其職務或為其職務上之行為）有對價關係，亦即交付財物或其他不正利益之人，其目的係以公務員踐履或消極不執行某特定職務上之行為以為回報，而公務員主觀上亦有收受該財物或其他不正利益後踐履或消極不執行某特定職務上行為以資報償之意思，實乃對於職務上或違背其職務之行為收受賄賂……。

## （五）行為客體

### 1. 賄賂

　　對於公務員關於職務或違背職務行為，所給付具有一定對價關係之金錢或可以金錢計算之財物等不法報酬而言，其範圍包括金錢或其他有形且具客觀交易價值物品之積極財產上給付[17]。

### 2. 不正利益

　　賄賂以外足以滿足人類欲望或供人需要的一切利益，包含有形、無形利益，例如提供性服務、提供職務、免除債務（即欠錢不用還）。

## 二、其他問題

### （一）A 公務員同時向數人收賄？

　　要求期約或收受賄賂所侵害的法益為國家公務執行之公正，雖同時向數人為之，法益只有一個，故論以單純一罪[18]。

---

[17] 最高法院 108 年度台上字第 4053 號刑事判決。
[18] 最高法院 69 年度台上字第 1414 號刑事判決。

## （二）A 先要求，再期約進而收受賄賂？

收受吸收要求、期約[19]，論以收受賄賂罪即可。

> **第 131 條　公務員圖利罪**
>
> 公務員對於主管或監督之事務，明知違背法令，直接或間接圖自己或其他私人不法利益，因而獲得利益者，處一年以上七年以下有期徒刑，得併科一百萬元以下罰金。

## 一、性質

本罪為公務員職務上圖利之概括規定[20]，不符合刑法各條特別規定時，始能適用本條。

## 二、客觀構成要件

### （一）行為主體：公務員，此罪為身分犯

1. 無身分之人與有身分之人共同圖利他人，無身分者可否適用第 31 條第 1 項而與身分者成立共同正犯？

實務認為[21]，貪污治罪條例第 6 條第 1 項第 4 款主管事務圖利罪（即§131）、第 6 條第 1 項第 5 款非主管事務圖利罪，應適用刑法第 28 條與貪污治罪條例第 3 條規定，論共同正犯。

2. 圖利罪為必要共犯的對向犯嗎？

例如公務員甲與無公務員身分之乙合意，於甲辦理其職務上所掌管之工程發包業務時，為圖利乙，由乙以圍標之方式得標承作該項工程，而獲得不法利

---

[19] 最高法院 46 年台上字第 812 號判例。

[20] 最高法院 102 年度台上字第 3839 號刑事判決。

[21] 最高法院 91 年度台上字第 1907 號刑事判決。

益。就甲所犯圖利罪部分，乙得否論以共同正犯？

　　實務採肯定說，貪污治罪條例第 6 條第 1 項第 4 款之圖利罪，因公務員不待他人意思之合致或行為之參與，其單獨一人亦得完成犯罪，故非屬學理上所謂具有必要共犯性質之「對向犯」，自不得引用「對向犯」之理論而排除共同正犯之成立。上例所示甲、乙二人具有犯意聯絡及行為分擔，共同對於甲主管之事務，圖乙之不法利益並因而使乙獲得利益，依貪污治罪條例第 3 條及刑法第 28 條、第 31 條第 1 項前段之規定，自得成立圖利罪之共同正犯[22]。

## （二）行為：對於主管或監督之事務，違背法令直接或間接圖自己或其他私人不法利益

　　主管或監督事務，是指依法令於職務上對於該事務有主持、執行或監督之權責，或者雖無主導權限，但有監督考核之權限。實務[23]認為廠商取得公共工程之工程款，必須是無償取得的不法利益，才是圖利罪的不法利益。如果廠商收回成本、稅捐及費用的部分，為期原本所支出者，非無償取得之不法利益，非圖利罪的範圍。又實務認為[24]公務員與他人勾結而犧牲第三人利益，而由該他人以內部協議而對第三人支付利益，非本罪的不法利益。

　　應注意者為，必須是圖自己或其他私人的不法利益，如果是圖利於國庫，則不成立圖利罪。

## （三）結果：因而獲得利益

　　本罪為結果犯，並無處罰未遂犯之規定，自以圖利結果實際發生、圖利對象因而實際獲有利益為必要，否則即無從構成圖利罪[25]。例如警察不舉發親友酒駕，親友因而獲得不被處罰的利益。

---

[22] 最高法院 103 年度第 4 次刑事庭會議決議。
[23] 最高法院 107 年度台上字第 615 號刑事判決。
[24] 最高法院 100 年度台上字第 5796 號刑事判決。
[25] 最高法院 110 年度台上字第 3452 號刑事判決。

## 三、主觀要件

限於直接故意，故條文規定「明知」。

## 案例

甲男為某市政府負責新建焚化爐工程招標案之公務員，A 廠商負責人乙為了得標，遂找機會認識甲，並帶甲前往酒店接受性招待。性招待完畢後，乙提出將給付甲新臺幣 30 萬元，以事先得知工程底價、評選委員名單與其他廠商的競價企劃內容。甲男心動，告知女友丙此情，並請求丙代為聯繫乙，且透過丙收受現金 30 萬元，再由丙將裝有底價、評選委員名單與其他競價廠商企劃內容之信封交給乙。試問甲、丙之行為應如何論罪？

## 擬答

（一）甲接受性招待之行為，不成立違背職務行為罪

實務認為公務員對於違背職務或職務上之行為，被他人賄賂買通，前者為後者踐履賄求之對象，其間有對價關係且為雙方所認知，而為財物之行求與要求、期約、交付與收受者，罪即成立[26]。惟甲接受性招待時，若僅是基於與乙相互認識，而不具備收受賄賂之故意時，則不構成違背職務行為罪

（二）甲收受 30 萬現金而將底價、評選委員等資訊交給乙之行為，成立違背職務行為罪（第 122 條第 2 項）

客觀上，甲為市政府負責新建焚化爐工程招標案之公務員（第 10 條第 2 項），竟收受乙 30 萬現金，將之作為洩漏底價、評選委員予乙之對價，而為洩漏底價、評選委員資訊之行為，對於職務上規定職責有所違反，亦即其行為對職務而言，不應為而為之違法情形[27]；主觀上，亦具有故意。甲成立本罪。

---

[26] 最高法院 108 年度台上字第 565 號刑事判決。

[27] 臺灣高等法院 110 年度上更一字第 46 號刑事判決。

（三）甲將底價、評選委員之秘密資訊交給乙的行為，成立洩漏國防以外秘密罪（第 131 條第 1 項）

（四）丙與甲之上開罪名成立幫助犯

1. 甲為具有公務員身分之人而成立上開罪名，而丙並不具備上開公務員身分，丙是否成立甲上開罪名之共同正犯？

(1) 肯定說：公務員違背職務賄賂罪、洩漏國防以外秘密罪，係身分犯，若無職務上行為身分者與有此身分之公務員，彼此之間有共同違背職務之犯意聯絡及行為分擔，揆諸刑法第 28 條、第 31 條第 1 項，應論以違背職務收受賄賂罪洩漏國防以外秘密罪之共同正犯，且得依刑法第 31 條第 1 項但書之規定減輕其刑[28]。

(2) 否定說：具備身分資格、特別關係、條件者使得成立共同正犯，若無該等身分則無成立共同正犯之餘地。實務將第 31 條第 1 項解釋為擬制共同正犯，為錯誤之理解[29]。

2. 本文以為身分犯必須具有特定身分為必要，乙既不具公務員身分，至多僅能成立甲之罪名之幫助犯。

（五）競合代結論

甲成立違背職務行為罪，不罰違背職務收賄罪之前行為，與洩漏國防以外秘密罪依想像競合從一重處斷[30]。乙則依甲所犯罪名之幫助犯處斷。

# 第二項　違背公正義務（濫用職權）

**第 124 條　枉法裁判或仲裁罪**

有審判職務之公務員或仲裁人，為枉法之裁判或仲裁者，處一年以上七年以下有期徒刑。

---

[28] 最高法院 108 年度台上字第 29 號刑事判決。臺灣高等法院臺中分院 106 年度重上更（一）字第 4 號刑事判決。

[29] 盧映潔、李鳳翔，刑法總則，五南，2020 年 9 月，頁 274-276。

[30] 最高法院 106 年度台上字第 1733 號刑事判決。

　　行為主體為有審判職務的公務員或仲裁人，例如公務員懲戒委員會委員[31]、法官。本罪為純正身分犯。

　　法官或仲裁人不會因為裁判錯誤而論以本罪，法官只有在背離所應遵從的法律時，其裁判行為才能懲處罰對象。故所謂枉法之裁判或仲裁是指違背法律的適用或曲解法律的適用，行為人不正確適用法律而為裁判或仲裁，或假造事實或濫用其裁量權而裁判或仲裁等，即「明知法律而故為出入」。

---

**第 125 條　濫權追訴處罰罪**

I 有追訴或處罰犯罪職務之公務員，為左列行為之一者，處一年以上七年以下有期徒刑：

一、濫用職權為逮捕或羈押者。

二、意圖取供而施強暴脅迫者。

三、明知為無罪之人，而使其受追訴或處罰，或明知為有罪之人，而無故不使其受追訴或處罰者。

II 因而致人於死者，處無期徒刑或七年以上有期徒刑。致重傷者，處三年以上十年以下有期徒刑。

---

　　有權追訴或處罰犯罪職務之公務員，例如檢察官、法官。本罪行為主體是否包含警察？例如 A 警察意圖取得 B 的供述而對 B 施強暴刑求（§125I ②），或 A 警察隨便逮捕自己的情敵 B（§125I ①），A 觸犯何罪？

　　有學者[32]採肯定說，立於保障人權的觀點下，實際參與偵查而執行拘提、逮捕、詢問、搜索、扣押等之人為警察，此時方為最容易發生濫權的情況，故警察為本罪之主體。然實務[33]採否定說，因警察無追訴處罰之決定權，警察僅是協助偵查，發生濫權逮捕或刑求取供的情況固非無理，然法條文義上並不包含之，欲將警察納為行為主體，則必須修法。因而上例 A 不得成立本罪，而是

---

[31] 大法官釋字第 162 號解釋。

[32] 林山田，刑法各罪論（下），修訂 5 版，2005 年 9 月，頁 104。

[33] 最高法院 28 年非字第 61 號判例。臺灣臺中地方法院 106 年度易字第 559 號刑事判決。

觸犯傷害罪（§277I）、剝奪行動自由罪（§302），且必須依照第 134 條加重其刑二分之一。

> **第 126 條　凌虐人犯罪**
> I 有管收、解送或拘禁人犯職務之公務員，對於人犯施以凌虐者，處一年以上七年以下有期徒刑。
> II 因而致人於死者，處無期徒刑或七年以上有期徒刑。致重傷者，處三年以上十年以下有期徒刑。

　　管收是指依照管收條例對民事被告管收，或依行政執行法對於行政義務人管收（例如為了使欠稅大戶繳稅而限制其人身自由）。解送是指依法逮捕或拘提之人送交法定機關，或將受羈押被告送往羈押場所。拘禁是指判決確定前對犯罪嫌疑人或刑事被告限制人身自由。故本罪行為主體為法警、司法警察、監獄、看守所人員，但不包含法官。

　　必須於「執行管收、解送或拘禁之際」，為凌虐行為，方為本罪[34]。凌虐是指第 10 條第 7 項，即強暴、脅迫或以其他行為，使人犯在肉體或精神上受非人道虐待，然不以確實成傷為要件。

> **第 127 條　違法執行刑罰罪**
> I 有執行刑罰職務之公務員，違法執行或不執行刑罰者，處五年以下有期徒刑。
> II 因過失而執行不應執行之刑罰者，處一年以下有期徒刑、拘役或九千元以下罰金。

　　有執行刑罰職務的公務員（如檢察官、法官、典獄長），不包括執行羈押的人員（如看守所人員），也不包含執行行政秩序之人員（如警察機關）。

---

[34] 最高法院 31 年上字第 2204 號判例。臺灣高等法院臺中分院 95 年度重上更（五）字第 186 號刑事判決。

**第 128 條　越權受理訴訟罪**

公務員對於訴訟事件，明知不應受理而受理者，處三年以下有期徒刑。

　　例如行政官越權受理司法案件，即屬本罪適例。應注意者，本罪主觀要件限於直接故意。

**第 129 條　違法徵收罪與抑留剋扣罪**

I 公務員對於租稅或其他入款，明知不應徵收而徵收者，處一年以上、七年以下有期徒刑，得併科二十一萬元以下罰金。

II 公務員對於職務上發給之款項、物品，明知應發給而抑留不發或剋扣者，亦同。

III 前二項之未遂犯罰之。

　　不應徵收而徵收是指不依法令而徵收，例如超出稅率而浮收，其他入款是指租稅以外之稅捐、規費等一切手法收入款項，如證書費、公證費、裁判費。巧立名目進而故意違法徵收，即使目的為公，亦屬本罪。

　　抑留是指不依法發放，而剋扣是指應依法發放而發放不足正常的額度。例如鄉公所課員 A 承辦低收入戶項目，於取得款項時依法需發放 1 萬元給與低收入戶 B，但僅發放 5,000 元。

# 第三項　違背忠誠義務

**第 120 條　委棄守地罪**

公務員不盡其應盡之責，而委棄守地者，處死刑、無期徒刑或十年以上有期徒刑。

　　本罪主體以具有守地職責的公務員為限，行為則是不盡其應盡之責而委棄守地，亦即擅自棄守職務上應防守之地，且該地有無被敵人攻占，與本罪成立無關。

## 第 130 條　廢弛職務釀成災害罪
公務員廢弛職務釀成災害者，處三年以上十年以下有期徒刑。

　　廢弛職務必須依法定職務內容對照其實際行為與職務目的而個案判斷，屬於基礎行為。所謂釀成災害必須是「多數公眾」之生命、財產、身體受到損害，屬於構成要件的結果要素，非客觀處罰條件。又本罪為純正不作為犯，即必須以不作為方式完成該行為，例如 A 為公務員具有看管水壩之職務，卻怠忽職守跑去睡覺，此時水漲卻未適時關閉水壩而造成下游人民生命、財產與身體受損即為本罪。又例如 A 為公務員具有看管城牆的職務，卻怠忽職守跑去喝酒、賭博，使城牆外的野獸闖進城內，造成多數人民的生命、財產、身體受損害。

　　然公務員主觀上必須認識到具有釀成災害的可能始有本罪故意。例如 A 公務員認為近一百年來都沒有野獸闖進城內而釀成災害，故 A 確定不會有該情形發生，此時則不具備本罪故意而不構成本罪。

## 第 132 條　洩漏國防以外之秘密罪
I 公務員洩漏或交付關於中華民國國防以外應秘密之文書、圖畫、消息或物品者，處三年以下有期徒刑。
II 因過失犯前項之罪者，處一年以下有期徒刑、拘役或九千元以下罰金。
III 非公務員因職務或業務知悉或持有第一項之文書、圖畫、消息或物品，而洩漏或交付之者，處一年以下有期徒刑、拘役或九千元以下罰金。

　　本罪之應秘密者是指，國防以外而與國家政務或事務有重要利害關係，而由國家所保有不得洩漏之公務秘密[35]。至於個人的戶籍、車籍、前科、出入境紀錄則非本罪之應秘密[36]。又有實務見解認為，民意代表於票選議長時將自己

---

[35] 最高法院 101 年度台上字第 2112 號刑事判決：「刑法第 132 條第 1 項所謂『應秘密』者，係指文書、圖畫、消息或物品等與國家政務或事務上具有利害關係而應保守之秘密者而言，自非以有明文規定為唯一標準，查攸關國家之政務或事務，均屬應秘密之資料，公務員自有保守秘密之義務。惟是否應秘密事項，仍應審酌相關法規及對國家政務或事務有無利害關係，綜合判斷之。」

[36] 最高法院 91 年度台上字第 3388 號刑事判決。

的選票亮票給媒體看時，該圈選內容也非本罪之秘密，因該票的圈選內容非國家基於政務或事務所形成之秘密。且議員投票時究竟圈選何人擔任議長、副議長，或故意投廢票，僅涉及議員個人政治意向與理念，屬於議員自由行使其投票權之內涵[37]。

# 第五節　妨害公務罪

　　妨害公務罪本質在於禁止人民不法對抗國家公權力，破壞的法益為國家公權力的合法行使，亦即使公權力的合法行使無法順利進行。

---

**第 135 條　妨害公務罪**

I 對於公務員依法執行職務時，施強暴脅迫者，處三年以下有期徒刑、拘役或三十萬元以下罰金。（妨害公務員執行職務罪）

II 意圖使公務員執行一定之職務或妨害其依法執行一定之職務或使公務員辭職，而施強暴脅迫者，亦同。（意圖使公務員執行職務或辭職罪）

III 犯前二項之罪而有下列情形之一者，處六月以上五年以下有期徒刑：

一、以駕駛動力交通工具犯之。

二、意圖供行使之用而攜帶兇器或其他危險物品犯之。（加重妨害公務罪）

IV 犯前三項之罪，因而致公務員於死者，處無期徒刑或七年以上有期徒刑；致重傷者，處三年以上十年以下有期徒刑。

---

## 一、客觀要件

### （一）行為

1.強暴：施用有形力量。強暴行為不以對公務員之身體直接施暴為限，對物或對他人施暴力，而結果影響及於公務員之執行職務亦屬之，例如 A 被警察 B

---

[37] 參照最高法院 104 年度第 14 次刑事庭會議決議。

逮捕留置於警察局，製作筆錄時踢倒偵訊室的座椅。另外，強暴須積極施用強暴，如果是單純不作為（如靜坐或任由抬離）、逃跑或阻礙公務員進入的鎖門，尚非本罪的強暴手段[38]。

2. 脅迫：以使人心生畏懼的手段為內容進行加害通知。

3. 強暴脅迫的程度不必如強盜罪般而使人無法抗拒，只要可使公務員在執行職務上受影響已足。又實務認為本罪為舉動犯，非結果犯，只要對公務員施以強暴或脅迫行為即該當本罪，不以公務員所執行的職務確實遭到妨害為必要[39]。

4. 以駕駛動力交通工具犯之、意圖供行使之用而攜帶兇器或其他危險物品犯之：立法理由稱，參酌我國常見妨害公務之危險行為態樣，如駕駛動力交通工具為衝撞，或意圖供行使之用而攜帶兇器或其他危險物品（例如易燃性、腐蝕性液體）犯之，該等行為態樣對公務員之生命、身體、健康構成嚴重危害，有加重處罰之必要，增加刑度以保障公務員依法執行職務之安全。

## （二）行為情狀與時點

### 1. 行為情狀：公務員依法執行職務

必須在公務員依法執行職務時為之，如對象非公務員則非本罪，例如 A 被台鐵列車長 B 要求補票時，推了 B 一把後逃走，非本罪，因 B 的職務僅私經濟行為，非涉公權力的合法行使，B 非公務員。

限於合法的執行職務，是否合法以「形式判斷」，非實質判斷，執行公務員往往要立即作出判斷，無法對所有情狀都考量，下級公務員往往僅是依令而為，而無法獲取相關事實資訊，所以無法全面檢驗，若要求全盤檢驗實質違法性，將有害於職務的有效進行。例如偵查機關依據法官所開具的搜索票而搜索，該搜索符合令狀原則且形式上無違法，即屬合法執行職務。

---

[38] 許澤天，刑法分則（下）人格與公共法益篇，新學林，2019 年 9 月，頁 580。
[39] 最高法院 107 年度台上字第 4249 號刑事判決。

2. 執行職務的時點

(1) 妨害公務員執行職務罪（§135I）：於公務員執行職務之時，故又稱事中妨害公務罪。

(2) 意圖使公務員執行或不執行職務或辭職罪（§135II）：於公務員執行職務之前，故又稱事前妨害公務罪。

　　有學說認為本罪與妨礙國家公務之本質不符，反而強調公務員的個人自由，應可依據強制罪處罰即可，故應刪除本罪[40]。然本書認為本罪目的是在保護公務員職務的順利進行，應將事前妨害公務罪納入保護範圍。

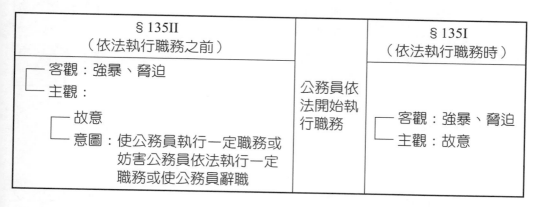

| §135II<br>（依法執行職務之前） | | §135I<br>（依法執行職務時） |
|---|---|---|
| ┌ 客觀：強暴、脅迫<br>└ 主觀：<br>　　┌ 故意<br>　　└ 意圖：使公務員執行一定職務或<br>　　　　　　妨害公務員依法執行一定<br>　　　　　　職務或使公務員辭職 | 公務員依法開始執行職務 | ┌ 客觀：強暴、脅迫<br>└ 主觀：故意 |

## 二、主觀要件

　　第 135 條第 2 項須具備使公務員執行一定之職務或妨害其依法執行一定之職務或使公務員辭職之意圖。

## 三、其他問題

### （一）妨害公務罪與殺人罪

　　A 對公務員 B 出於殺人故意而殺之，同時妨害公務，A 依行為觸犯第 135 條第 3 項與第 271 條第 1 項，應以想像競合從一重處斷。

---

[40] 許澤天，刑法分則（下）人格與公共法益篇，新學林，2019 年 9 月，頁 579。

## （二）行為數

A 喝酒，回家被警察 B 盤查要求吹氣，A 怒推 B 且對錄影警察 C 揮拳，C 一個閃避下未被擊中，A 觸犯幾個妨害公務罪？

因保護法益為公務之正常執行，故一個公務由數公務員共同執行，施暴對象如為數人（A 推 B 的行為，A 對 C 揮拳的行為），亦僅成立一個妨礙公務罪。

> **第 136 條　公然聚眾妨害公務**
>
> I 在公共場所或公眾得出入之場所，聚集三人以上犯前條之罪者，在場助勢之人，處一年以下有期徒刑、拘役或十萬元以下罰金；首謀及下手實施強暴、脅迫者，處一年以上七年以下有期徒刑。
>
> II 因而致公務員於死或重傷者，首謀及下手實施強暴脅迫之人，依前條第四項之規定處斷。

## 一、行為主體

### （一）首謀

首倡謀議而為精神上或物理上的領導者，進而公然聚集群眾以妨害公務之人，是否親自下手實施強暴、脅迫，不是重點。

### （二）下手實施強暴脅迫者

無論一開始就參加或中途加入都是下手實施脅迫者。

### （三）在場助勢之人

非首謀、也非下手強暴脅迫的人，而是於他人強暴脅迫之際在場吶喊而助長聲勢之人。

## 二、行為與行為情狀

### （一）聚眾

不特定多數人的結合，實務認為必須處於人數隨時可以增加的狀態[41]。聚眾的人數應個案判斷，關鍵在於「人數是否足以妨害公務執行」。

### （二）公然

公開的聚集特定或不特定多數人於一定地點。然而聚眾的狀態下必然亦屬於公然，故判斷重點在於「聚眾」。

---

**第 137 條　妨害考試罪**

I 對於依考試法舉行之考試，以詐術或其他非法之方法，使其發生不正確之結果者，處一年以下有期徒刑、拘役或九千元以下罰金。

II 前項之未遂犯罰之。

---

詐術或其他非法之方法，足以使考試發生不正確結果的行為。例如找槍手代寫考卷。行為客體為依考試法舉行的考試，例如高普考。但如果是機關為了招考員工或為了員工升等舉行的考試，或學校大考中心舉辦的考試，如基測、學測，則非本罪客體。

例如 A 在普考的刑法概要中把小抄寫在橡皮擦上是否成立本罪？判斷重點在於是否足以使考試發生不正確結果，該不正確的結果包含使應錄取者因而落選或應落選因而錄取。

---

**第 138 條　毀損公物上掌管之文書物品罪**

毀棄、損壞或隱匿公務員職務上掌管或委託第三人掌管之文書、圖畫、物品，或致令不堪用者，處五年以下有期徒刑。

---

[41] 最高法院 96 年度台上字第 206 號刑事判決。

本罪保護公務員職務上保管物品的管領狀態及國民對於物品受到公務員保管的信任。

毀棄是指使整個客體滅失。損壞是指損害破壞本罪客體的外形而喪失效用。隱匿是指使人不能或難於發現。致令不堪用是指足以使行為客體喪失效用的行為。本罪是毀損罪的特別規定，因毀損罪要足以生損害於公眾或他人的結果。

本罪之客體為公務員職務上職掌之物，該物「必須與執行職務有直接關係」，例如警察辦公桌上的筆錄、巡邏警車[42]、警用無線電[43]。但辦公桌上之玻璃杯、公仔、警察制服（所有權歸警員）、電視機[44]，因非職務上持有掌管關係，非本罪之物。例如 A 被警察 B 逮捕留置於警察局，製作筆錄時撕毀製作到一半的筆錄。又例如 A（人稱香腸哥），喜歡到警察局胡言亂語且亂砸香腸，有日 A 將香腸砸向警局外供人民休息的座椅，使座椅沾黏了烤肉醬與油漬，則非本罪之適用。

> **第 139 條　妨害封印、查封標示或違背扣押命令效力罪**
> I 損壞、除去或污穢公務員依法所施之封印或查封之標示，或為違背其效力之行為者，處二年以下有期徒刑、拘役或二十萬元以下罰金。（妨害封印或查封之標示罪）
> II 為違背公務員依法所發具扣押效力命令之行為者，亦同。（違背扣押命令效力罪）

損壞、除去或污穢請參考第 118 條。民國 108 年 5 月新增本條第 2 項，修法理由稱：原來本罪僅以公務員依法施以封印或查封標示為客體，而施以封印或查封對於動產或不動產之保全措施。若保全之標的是債權或物權時，其執行方式係以發扣押命令為禁止收取、清償、移轉或處分等，如有違反此類扣押命令禁止處分效力時，同屬侵害國家公務行使，與違背封印或查封標示效力情形無不同，故納入處罰。

---

[42] 最高法院 103 年度台上字第 3610 號刑事判決。
[43] 臺灣苗栗地方法院 107 年度訴字第 273 號刑事判決。
[44] 臺灣桃園地方法院 108 年度桃簡字第 2148 號刑事判決。

> **第 140 條　侮辱公務員罪**
> 於公務員依法執行職務時，當場侮辱或對於其依法執行之職務公然侮辱者，處六月以下有期徒刑、拘役或三千元以下罰金。

## 一、客觀要件

### （一）行為、與行為情狀與客體

　　本罪的行為是侮辱行為，所謂侮辱行為，是否應與公然侮辱罪（§309）在113年度憲判字第3號判決後的侮辱概念作應理解相同，也就是只包括對公務員的名譽人格與社會名譽造成損害的情形，尚待觀察。

　　本罪的行為情狀是於公務執行時為當場侮辱，亦即對於正在執行職務的公務員加以侮辱，而侮辱公務員的行為只須當場侮辱即為已足，是否已達公然程度，則非所問。若公務員於執行職務之時，雖無他人在場或屬封閉空間，而行為人當場對公務員加以侮辱者，仍可構成本罪。其次，依113年度憲判字第5號判決之意旨，行為人須基於妨害公務之主觀目的，其侮辱行為足以影響公務員執行公務者，始與憲法第11條保障言論自由之意旨無違。

　　本罪的客體是公務員，本罪公務員的定義應依刑法第10條第2項的規定認定之。行為人對公務員當場侮辱，足以影響公務員執行公務即成立本罪，故本罪是一種特殊型態的妨害公務罪。至於本條後段「對於其依法執行之職務公然侮辱」，即所謂侮辱職務罪部分，經113年憲判字第5號認為與憲法第11條保障言論自由之意旨有違，自憲法判決宣示之日起，已失其效力。

## 二、本罪（§140）與公然侮辱罪（§309）競合

　　多數實務認為第140條侵害國家法益、第309條侵害個人法益，故成立想像競合[45]。

---

[45] 最高法院85年度台非字第238號刑事判決。

### 三、本罪是否可適用第 311 條善意發表言論不罰

本罪未如同妨害名譽罪章有第 311 條的「善意發表言論不罰」，但本質上同為限制人民言論自由，故於本罪應可適用第 311 條的「善意發表言論不罰」的規定。對於可受公評事由，尤其是對政府施政與公務員執行公務的內容，也受言論自由保障，除明顯逾越適當合理界線外，否則仍不成立第 140 條。例如某直播主 Retina 對於總統的兩岸政策甚為不滿，進而在網路上開直播說：「香菜英文，不懂我國對岸災胞們的期盼，真是頭腦有問題、羞羞臉阿」。如不明顯逾越合理的界線，仍受言論自由保障。

### 四、附論

在過去極權的政治氛圍下，常以本罪當成打壓異己的政治工具，然在當今民主國家中，國家的權力不是不能夠被挑戰、反抗，本罪存在當今社會乃不合時宜。此外，公民與政治權利國際公約第 19 條強調人民有意見不被干涉權、人民有發表言論之權。本罪表面上是保護公權力的行使，但實質上是把一個政府機關當成具有人格的自然人保護，逸脫了本章節所要保護的法益範圍。舉例而言，某 A 在日正當中對著派出所大罵派出所是垃圾且對著派出所丟沾滿蜂蜜芥末醬的熱狗，該情況難以想像妨礙了何種公務的執行，故建議將本罪刪除。

> **第 141 條　毀損公告罪**
> 意圖侮辱公務員或公署，而損壞、除去或污穢實貼公眾場所之文告者，處拘役或三千元以下罰金。

本罪須出於侮辱的意圖。損壞、除去或污穢請參考第 118 條。

# 第六節　妨害投票罪

　　本罪章主要保護法益為人民參政權的正常行使，因人民參政權的行使為民主憲政的基礎。但自從公職人員選舉罷免法增訂後，其中一些規定取代了本章一些規定。

---

**第 142 條　妨害自由投票罪**

Ⅰ 以強暴脅迫或其他非法之方法，妨害他人自由行使法定之政治上選舉或其他投票權者，處五年以下有期徒刑。

Ⅱ 前項之未遂犯罰之。

---

　　強暴脅迫的程度不用如強盜罪般到達無法抗拒的程度，只要達到使被害人無法自由行使選舉權或投票權的程度已足。須達到妨害他人自由行使法定政治選舉權（即憲法與法律規定的中央與地方有關的政治選舉）或其他投票權（前者以外的其他投票，例如罷免、創制、複決）的結果。既未遂的判斷以他人行使投票的自由意志是否受到行為人阻礙。

---

**第 143 條　投票受賄罪**

有投票權之人，要求、期約或收受賄賂或其他不正利益，而許以不行使其投票權或為一定之行使者，處三年以下有期徒刑，得併科三十萬元以下罰金。

**第 144 條　投票行賄罪**

對於有投票權之人，行求、期約或交付賄賂或其他不正利益，而約其不行使投票權或為一定之行使者，處五年以下有期徒刑，得併科二十一萬元以下罰金。

---

一、客觀要件

（一）行為主體

1. 投票受賄罪（§143）：有投票權之人，即年滿 20 歲之人，但未受褫奪公權之宣告者，故為純正身分犯。然於縣市議會的正副議長選舉中，應以何時點認定為有投票權人？實務認為關於議會議長選舉中「有投票權之人」的認定，行

為人於受賄時雖未當選議員，雖然並非現實上「有投票權之人」，惟仍可認為已著手實行投票行賄行為。倘若日後當選議員而取得投票權，成為「有投票權之人」，犯罪構成要件即屬成就，並不以其受賄在先、當選在後，而影響其犯罪的成立[46]。然本書認為行為人行為時確實無有投票權人的身分，實務該解釋方法將會違反罪刑法定主義。

2. 投票行賄罪（§144）：有投票權人，與上述相同解釋。

### （二）行為

第 143 條要求、期約或收受；第 144 條行求、期約或交付，請參照賄賂罪之論述。

### （三）結果：約定不行使投票權或為一定之行使

投票權人最後是否果真因行為人之行賄而不行使投票權或為一定之行使，並非所問。然應注意者是，行賄、受賄的行為必須屬於約定不行使投票或為一定行使的原因，且兩者間必須具有對價關係。

### 【政見賄選的問題】

選舉中，某候選人 A 的競選政見為：「只要投給我，當選後一個月每人發 6,000 元消費券」，A 是否成立投票行賄罪？

本書認為競選政見僅是候選人的遠景，政見的實踐必須受行政程序制約，非僅單一行政官員可支配，尚須受到整個體系的制約與監督，且賄賂必須具備如立即獲得利益下，而不受體制制約始屬之。故 A 的行為非賄賂，實務亦同此見解[47]。

---

[46] 最高法院 90 年度第 6 次刑事庭會議決議。

[47] 最高法院 106 年度台上字第 1395 號刑事判決：「按公職人員選舉罷免法第一百條第一項投票行賄罪所指『其他不正利益』，係指賄賂以外足以供人需要或滿足人慾望之一切有形、或無形之利益而言，且不以經濟上之利益為限。是否成立該罪，除行為人主觀上需具有行賄之犯意，

> **第 145 條　誘惑投票罪**
> 以生計上之利害，誘惑投票人不行使其投票權或為一定之行使者，處三年以下有期徒刑。

　　行為人以生計上之利害的誘惑行為本罪就成立，例如某財團負責人以工作獎金或業績獎金為名，使員工投票給與該財團關係良好的某候選人。

> **第 146 條　妨害投票結果正確罪**
> I 以詐術或其他非法之方法，使投票發生不正確之結果或變造投票之結果者，處五年以下有期徒刑。
> II 意圖使特定候選人當選，以虛偽遷徙戶籍取得投票權而為投票者，亦同。
> III 前二項之未遂犯罰之。

## 一、第 1 項妨害投票結果正確罪

　　第 1 項的行為是詐術或非法方法，造成不正確票結果或者造成投票結果遭變造。詐術即傳遞不實訊息，例如詐領選票投票、冒用他人名義投票、變更投票人年齡或住所等。其他非法的方法是，造成任何使投票發生不正確結果或變造投票結果的方法，例如偽造開票時的計算數字、重複計票、使有效票變成廢票。

## 二、第 2 項虛偽遷徙戶籍投票罪

　　第 2 項的行為是虛偽遷徙戶籍取得投票權而投票。因過去實務常發生幽靈

---

而約使有投票權人為投票權一定之行使或不行使外，客觀上行為人所行求、期約或交付之不正利益，可認係約使投票權人為投票權之一定行使或不行使之對價，始足當之。至候選人於競選期間，為贏得勝選，就選民所關切之公共政策、福利政策等公共事務提出其主張或藍圖願景，以作為當選後施政方針之『競選政見』，其與行求、期約賄選之分野，除以此標準加以辨別外，應審酌候選人所提利益之應允或給與，如尚須受行政程序之制約或其他機關之監督，依法為授益之處分或形成政策予以實施，無論所圖得利益人數多寡，應屬政見之提出。反之，如利益之給與或應允具立即性，無需任何法律程序制約或其他機關之監督，而具有對價關係，即為不法利益之行求、期約。」

投票部隊，亦即非實際居住於該地區，卻將戶籍遷往該地區以取得投票權，故增訂本項。然而，若是籍在人不在或人籍分離的情形，是否足以認定為第146條第2項，實務上認為因求學、就業等因素，致「籍在人不在」者，與意圖使特定候選人當選而「虛偽遷徙戶籍」者，不能同視。再者，法律為顧及配偶、親子間之特殊親情，本於謙抑原則在特定事項猶為適度之限縮，例如實體法上關於特定犯罪，須告訴乃論、得（或應）減輕或免除其刑；在訴訟法上得拒絕證言、對於直系尊親屬或配偶，不得提起自訴等，以兼顧倫理。本此原則，因求學、就業等因素，未實際居住於戶籍地者，原本即欠缺違法性，縱曾將戶籍遷出，但為支持其配偶、父母競選，復將戶籍遷回原生家庭者，亦僅恢復到遷出前（即前述籍在人不在）之狀態而已，於情、於理、於法應為社會通念所容許，且非法律責難之對象。此種情形，與非家庭成員，意圖使特定候選人當選而「虛偽遷徙戶籍」者，迥然有別[48]。

## 三、未遂犯

本條第3項設有未遂犯處罰。第1項之既、未遂判斷，有實務認為若有影響得票數量即為本罪之既遂[49]，但另有實務認為須達到影響當選始為本罪之既遂[50]。因而如果行為人的詐術沒有達成不正確的選舉結果，應屬未遂。

第2項之既未遂的判斷，實務[51]分成三個的階段：1.虛偽遷戶籍；2.取得投票權（客觀之戶籍資料，製造選舉名冊，經公告無異議而生效）；3.投票。

---

[48] 最高法院97年度台上字第6856號刑事判決。

[49] 最高法院88年度台上字第6728號刑事判決。最高法院102年度台上字第4546號刑事判決：「因虛偽遷徙戶籍，就該選舉區之整體投票結果而言，其計算得票比率基礎之選舉人數額，及實際投票數額等項，當然導致不正確發生。」

[50] 最高法院92年度台上字第5229號刑事判決。

[51] 最高法院101年度台上字第4041號刑事判決：「客觀構成要件，計有三部分，一為虛偽遷徙戶籍，二為取得投票權，三為投票。其中第二部分，係由選務機關依據客觀之戶籍資料，造選舉人名冊，經公告無異議而生效，行為人根本不必有所作為；亦即實際上祇有第一部分及第三部分，始屬於行為人之積極作為。而第一部分之虛偽遷徙戶籍，就該選舉區之整體投票結果以言，其計算得票比率基礎之選舉人數額，及實際投票數額等各項，當然導致不正確發生，自毋庸如同第一項，特將其『使投票發生不正確之結果』，再列為犯罪之構成要件，故一旦基於

在第 2 階段的情況，行為人不用為任何行為，僅國家形式認定行為人有無符合資格，故實際上行為人的行為是跟第 1、第 3 階段有關，故為第 1 階段之行為即為著手，而第 3 階段尚要細分成領票、圈選候選人、投入票匭，因該三動作客觀上於同一時地且於短暫時間內完成，故要一同評價，故領票即為既遂。

然而有學說認為[52]，完成投票時（即投入票匭時）始屬既遂，如果是在圈選某個候選人到投入票匭前的這段時間，為未遂階段。本書肯認學說見解，因遷戶籍到取得投票權時至少需經歷四個月，實務將遷戶籍當成著手時點，過早將行為人的行為入罪化。

## 四、本條之合憲性

憲法法庭 112 年憲判字第 11 號判決審查本條之合憲性，認為本條第 1 項規定：「以詐術或其他非法之方法，使投票發生不正確之結果……者」尚未違反刑罰明確性原則。第 2 項規定：「意圖使特定候選人當選，以虛偽遷徙戶籍取得投票權而為投票者，亦同」未違反憲法第 23 條比例原則及刑罰明確性原則，亦未構成憲法所不容許之差別待遇，與憲法第 17 條保障選舉權及第 7 條保障平等權之意旨，均尚無牴觸。第 3 項關於第 2 項部分規定：「……之未遂犯罰之」與憲法比例原則及罪刑相當原則亦尚屬無違。

---

支持某特定候選人之意圖，而虛偽遷徙戶籍，當以其遷籍之行為，作為本罪之著手。第三部分則應綜合選舉法規、作業實務及社會通念予以理解，詳言之，投票雖可分為領票、圈選及投入票匭等三個動作，但既在同一投票所之內，通常祇需短短數分鐘時間，即可逐步完成，客觀上符合於密接之同一時、地內行為概念，自不能分割，是應合一而為評價，一旦領票，犯罪即達既遂，此後之圈選或投入票匭，仍在同一之投票行為概念之內（選票依法不得任意撕毀或攜出）。至於領票之前，倘因遭犯罪調、偵查機關查辦，不敢前往投票，屬障礙未遂（非僅止於預備犯）；若純因自己心理障礙（例如良心自責或害怕被發覺），未去領票，故未實際投票者，屬中止未遂；如已領票，卻因上揭心理障礙，當場求助選務人員妥處者，堪認具有自首之意。再公職人員選舉罷免法第 20 條第 1 項後段規定：『投票日前二十日以後遷出之選舉人，仍應在原選舉區行使選舉權』，是縱然在該『投票日前二十日以後』遷回原籍，無論係出於良心自責或究辦彌縫，既未喪失原虛偽取得之選舉區投票權，自於犯罪之成立，不生影響；且領票後，縱然未投票給其原欲支持之候選人，暨該候選人是否如願當選，亦同無影響。」

52 薛智仁，虛遷戶籍投票罪之既未遂──評最高法院 101 年度台上字第 4041 號刑事判決，月旦裁判時報，第 20 期，2013 年 4 月，頁 76-77。

> **第 147 條　妨害投票秩序罪**
> 妨害或擾亂投票者，處二年以下有期徒刑、拘役或一萬五千元以下罰金。
> **第 148 條　妨害投票秘密罪**
> 於無記名之投票，刺探票載之內容者，處九千元以下罰金。

第 147 條，妨害或擾亂投票的行為，不以投票當時為限，投票時間如果過了，於開櫃計票時，仍可構成本罪。第 148 條，如於無記名進行的法定投票中，刺探票載的內容，成立本罪。

# 第七節　妨害秩序罪

妨害秩序罪章保護法益在於社會的公共秩序與和平。

> **第 149 條　公然聚眾不遵令解散罪**
> 在公共場所或公眾得出入之場所聚集三人以上，意圖為強暴脅迫，已受該管公務員解散命令三次以上而不解散者，在場助勢之人處六月以下有期徒刑、拘役或八萬元以下罰金；首謀者，處三年以下有期徒刑。

## 一、行為主體

首謀與在場助勢之人，請參照第 136 條。

## 二、行為與行為情狀

### （一）行為

1. 聚集三人以上：指集合三個人以上的行為。因聚集三人以上，就人民安寧之影響以及對公共秩序有顯著危害，是將聚集之人數明定為三人以上，包括自動與被動聚集之情形，亦不論是否係事前約定或隨時可增加均屬之。
2. 不解散：以不作為的方式完成該行為，本罪為純正不作為犯。

## （二）行為情狀

1. 在公共場所或公眾得出處之場所。

2. 受該管公務員解散命令 3 次以上

　　該管公務員是指有維持治安秩序之職責而有權發布解散的公務員。如公務員發布解散命令 4 次或 5 次以上後行為人才解散，行為人是否成立本罪？學說、實務認為本罪目的在於維持秩序，條文中的 3 次以上只不過是最低限制，如受 4 次或 5 次以上後才解散，社會秩序既然因解散而恢復，毋庸論以本罪 [53]。

---

**第 150 條　聚眾施強暴脅迫罪**

I 在公共場所或公眾得出入之場所聚集三人以上，施強暴脅迫者，在場助勢之人，處一年以下有期徒刑、拘役或十萬元以下罰金；首謀及下手實施者，處六月以上五年以下有期徒刑。

II 犯前項之罪，而有下列情形之一者，得加重其刑至二分之一：

一、意圖供行使之用而攜帶兇器或其他危險物品犯之。

二、因而致生公眾或交通往來之危險。

---

　　本罪行為為聚集三人施強暴脅迫，行為情狀是在公共場所或公眾得出處之場所。由於本罪目的在於保護公共秩序，實施強暴脅迫的對象是對人或對物均可，例如放火燒車或破壞建物。修法理由提及，對特定人或不特定人為之，都會造成公眾或他人之危害或恐懼不安，皆有本罪適用，然本書基於保護公共秩序的立場認為對於人為之時，限於對不特定人。

　　此外，有實務見解認為本罪須達到危害社會安寧秩序的結果 [54]，亦即強暴脅迫必須其憑藉群眾形成的暴力威脅情緒或氛圍所營造之攻擊狀態，已有可能因被煽起之集體情緒失控及所生之加乘效果，而波及蔓延至周邊不特定、多數、隨機之人或物，以致此外溢作用產生危害於公眾安寧、社會安全，而使公

---

[53] 林山田，刑法各罪論（下），修訂 5 版，2005 年 9 月，頁 185。司法院（76）廳刑一字第 1669 號法律問題。

[54] 最高法院 90 年度台上字第 3963 號刑事判決。

眾或不特定之他人產生危害、恐懼不安之感受，始認符合本罪所規範之立法意旨。但另有實務見解認為本罪是適性犯，也就是本罪要有「足以生危險於保護法益」之不成文構成要件要素，亦即行為須發生侵害法益危險之可能性，但不須致生對保護法益具體危險之程度。

第 2 項關於聚集三人施強暴脅迫危險行為態樣，是民國 109 年 1 月的修法，修法理由稱：考量行為人意圖供行使之用而攜帶兇器或者易燃性、腐蝕性液體，抑或於車輛往來之道路上追逐，對往來公眾所造成之生命、身體等危險提高，進而破壞公共秩序之危險程度升高，而加重處罰。本書認為危險物品的用詞過於空泛，未來本款於實務上的運用恐生爭議。

## 最高法院 112 年度台上字第 2376 號判決

　　為彌補具體及抽象危險犯之缺失，晚近學說與立法方式因而發展出「適性犯」（或稱「適格犯」、「潛在危險犯」）之犯罪類型予以緩和。亦即為避免抽象危險犯之規定，可能羅織犯罪過廣，及具體危險犯之危險結果難以證明之窘境，因而有「適性犯」犯罪類型之產生。而行為人所為之危險行為是否該當「足以」發生侵害之適合性要件，在構成要件該當判斷上，係基於與行為人相當之理性第三人之標準為斷，以評價行為人之行為強度，是否已具備法條所描述之危險特徵，或有無侵害所欲保護客體或法益之可能性，至於行為是否導致實害結果之發生，即非所問。是「適性犯」之評價著重在行為屬性，縱使客觀上尚未產生具體之危險狀態，但只要行為人之行為本身具有法條中所要求的特定危險性質，即屬該當，此與具體危險犯必須客觀上已致生危險結果，始得論以既遂，明顯有別；亦與抽象危險犯，不論是否具備危險可能性，只要實行構成要件之行為時，即論以既遂有異。……倘犯罪構成要件未予明白規定，但立法擬制之危險概念，將使對法益侵害極其輕微之行為，亦予以處罰，而有違反罪責原則之虞時，即應將該罪視為實質適性犯，在解釋上應透過「足以生危險於保護法益」之不成文構成要件要素予以審查，亦即行為仍須發生侵害法益危險之可能性，但不須致生對保護法益具體危險之程度，藉以判斷個案犯罪成立與否，庶免悖離憲法罪責原則之誡命。……修正後刑

法第 150 條第 1 項之聚集施強暴脅迫罪，以在公共場所或公眾得出入之場所聚集 3 人以上，施強暴脅迫，為其要件，且依個人參與犯罪態樣之不同，分為首謀、下手實施或在場助勢之人……。考諸此次修正之立法理由所載敘：本罪重在安寧秩序之維持，若其聚眾施強暴脅迫之目的在犯他罪，固得依他罪處罰，若行為人就本罪之構成要件行為有所認識而仍為本罪構成要件之行為，自仍應構成本罪，予以處罰等旨，參以本罪係列於妨害秩序罪章之體例，可見該罪之立法目的乃在維持社會安寧秩序，所保護之法益側重保障公眾安全之社會法益，有別於個人法益之保護。又稽諸該條修法理由雖說明：倘 3 人以上，在公共場所或公眾得出入之場所聚集，進而實行強暴脅迫（例如：鬥毆、毀損或恐嚇等行為）者，不論是對於特定人或不特定人為之，已造成公眾或他人之危害、恐懼不安，應即該當犯罪成立之構成要件，以符保護社會治安之刑法功能等旨，依此立法說明，行為人施用強暴或脅迫行為之對象，當包括對特定個人或不特定公眾為之，且擬制為有該行為即會發生立法者所預設之危險。然該罪保護之法益既在保障公眾安全，使社會安寧秩序不受侵擾破壞，尤在對象為特定人，進而實行鬥毆、毀損或恐嚇等情形，是否成立本罪，仍須視個案情形判斷有無造成公眾之危害、恐懼不安，否則將造成不罰之毀損、傷害或恐嚇未遂之行為，仍以本罪處罰，不啻使本罪規範成為保護個人法益之前置化規定，致生刑罰過度前置之不合理現象，有違憲法罪責原則。是以該罪雖非立法明文之適性犯，惟為避免違反罪責原則，仍應將對特定人施強暴脅迫之本罪視為實質適性犯，亦即，3 人以上在公共場所或公眾得出入之場所聚集，倘施強暴脅迫之對象為不特定人，即屬造成公眾或他人之危害、恐懼不安，而成立本罪；若其對象為特定人，基於本罪著重公眾安全法益之保護，依目的解釋及合憲性解釋，其所施用之強暴或脅迫行為，仍須足以引發公眾或不特定人之危害、恐嚇不安之感受，而有侵害公眾安全之可能性，始該當本罪，俾符前述本罪修正之立法目的及所保護社會法益，且與罪責原則無違。

> **第 151 條　恐嚇公眾罪**
> 以加害生命、身體、財產之事恐嚇公眾，致生危害於公安者，處二年以下有期徒刑。

## 一、行為

本罪行為與第 305 條大致相同，僅對象不同。恐嚇公眾罪的加害內容是以加害生命、身體、自由、名譽、財產為內容，但對象是個人。然本罪的加害內容只有以加害生命、身體、財產為內容，但對象是公眾。

## 二、行為客體

公眾，是指不特定人或特定之多數人。

## 三、結果

致生危害於公安，是指使公眾心生恐懼而對於公共之安寧秩序產生不安全、不信賴感，故本罪為危險犯。

> **第 152 條　妨害合法集會罪**
> 以強暴脅迫或詐術，阻止或擾亂合法之集會者，處二年以下有期徒刑。

## 一、行為

強暴脅迫不用如強盜罪般的程度，只要讓人無法自由進行集會的程度已足。而詐術是指傳達虛偽不實的內容訊息，使他人誤信而未能進行集會。

## 二、客體

合法集會，是指依據法令或法所不禁止的集會，若為非法集會則非本罪之客體。集會內容不限於關於公共事務之集會，私人集會亦包含在內，且不限於不特定人參加之集會，即使是特定人之集會亦包含在內。

## 三、結果：達到阻止或擾亂集會的結果

　　因為集會自由為人民的基本權，故該妨害行為往往亦足以妨害公共秩序，故將本罪規定於妨害秩序罪中。而阻止是指使集會不能開始或使已經開始的集會中斷，擾亂是指騷擾或紊亂合法集會場所的秩序而使之無法順利進行。

---

**第 153 條　煽惑犯罪或違背法令罪**

以文字、圖畫、演說或他法，公然為左列行為之一者，處二年以下有期徒刑、拘役或三萬元以下罰金：

一、煽惑他人犯罪者。

二、煽惑他人違背法令，或抗拒合法之命令者。

---

　　煽惑是指煽動或蠱惑他人，實務強調煽惑之對象限於不特定人且具有公然性質者，而若針對特定人時，則為教唆[55]。又煽惑包含勸誘他人使生某種行為決意或對已經有某種行為決意者加以慫恿鼓勵；而教唆僅是使他人生某種行為決意。煽惑不需指定特定犯罪與內容，而教唆需指定特定犯罪與內容。另外，只要煽惑他人為抗法令或抗拒合法命令即成立本罪，他人是否真的為該行為，在所不問。例如 A 於報紙刊登六合彩廣告、A 於演講時鼓勵大家無差別犯罪，均屬煽惑。

　　有學者認為[56] 本罪最終目的是維護公眾的積極行動自由。在此規範目的之下，本罪煽惑要件之文義顯有牽連過廣，而有限縮解釋的必要。只有那些真的會影響公眾對規範效力之信賴的鼓動行為，才是本罪的煽惑。於此必須考慮到行為時的整體社會環境背景條件，以及鼓動他人違反之規範的性質及內容。

---

[55] 最高法院 46 年台上字第 1532 號判例。最高法院 92 年度台上字第 6673 號刑事判決。臺灣高等法院 106 年度矚上訴字第 3 號刑事判決（太陽花學運案）。盧映潔，煽惑與教唆，台灣法學雜誌，2014 年 6 月，頁 142-144。

[56] 周漾沂，論「煽惑他人犯罪或違背法令」之處罰理由，國立臺灣大學法學論叢，第 37 卷第 4 期，2008 年 12 月，頁 382。

> **第 154 條　參與犯罪結社罪**
> I 參與以犯罪為宗旨之結社者，處三年以下有期徒刑、拘役或一萬五千元以下罰金；首謀者，處一年以上七年以下有期徒刑。
> II 犯前項之罪而自首者，減輕或免除其刑。

　　結社是指多數人出於共同目的，結合組織而成為一定持續性的社團，如果僅短暫合作的團體非結社，例如 A、B、C 共謀計畫去 D 家偷東西，僅是共同正犯，而非結社。所謂「犯罪為宗旨」，不論特定犯罪或不特定犯罪皆屬之。

　　此外，本罪自首者，必減輕或免除其刑。

> **第 155 條　煽惑軍人背叛罪**
> 煽惑軍人不執行職務，或不守紀律，或逃叛者，處六月以上五年以下有期徒刑。

　　本罪不限於公然。客體限於軍人，若於與外國開戰或將開戰期內為煽惑叛逃，應優先適用第 107 條第 1 項第 3 款加重助敵罪。

> **第 156 條　私招軍隊罪**
> 未受允准，招集軍隊，發給軍需或率帶軍隊者，處五年以下有期徒刑。

　　未受國家允許而招募有常規戰鬥力的軍隊的行為，將擾亂國家治安，故而處罰之。

> **第 157 條　挑唆包攬訴訟罪**
> 意圖漁利，挑唆或包攬他人訴訟者，處一年以下有期徒刑、拘役或五萬元以下罰金。

## 一、行為主體

　　任何人，包含律師。

## 二、行為

挑唆訴訟是指使原本無興訟之意之人，提起訴訟。如果他人沒有去興訟，為未遂，但是本罪沒有未遂的規定。包攬訴訟是指承包招攬訴訟，不一定要用不法手段。例如 A 代書參考證券交易所之拒絕往來名單，而逐戶寄送傳單 100 份，並說明可代撰自首狀以減輕票據法刑責，亦屬於包攬訴訟。

## 三、漁利意圖

意圖於本罪行為中牟取利益，該利益不限於有形的利益，亦包含無形的利益。

---

**第 158 條　僭行公務員職權罪**

I 冒充公務員而行使其職權者，處三年以下有期徒刑、拘役或一萬五千元以下罰金。

II 冒充外國公務員而行使其職權者，亦同。

---

本罪保護一般社會大眾對於高權行為與其機關之威信，故為抽象危險犯且不以行使職權發生結果為必要 [57]。

## 一、行為主體

必須有冒充公務員又行使公務員職權的行為，例如 A 商人（非公務員）冒充交通警察取締違規、B 消防員（公務員）冒充交通警察取締違規。然而若冒充公務員，而行使的並非該被冒充公務員職務上的事項，即不構成本罪，例如 C 冒充法官向人收取關說費，構成第 339 條之 4 的加重詐欺罪，而非本罪。

---

[57] 黃惠婷，僭行公務員職權罪，月旦法學教室，第 85 期，2009 年 12 月，頁 20-21。

　　而所冒充之公務員，是否必須真的有此公務員的官職為必要？實務[58]認為其所冒充之公務員，並不以有所冒充之官職為要件，只須客觀上足使普通人民信其所冒充者為公務員，有此官職，其罪即可成立。例如 A 冒充自己是地檢署「洗錢科」的科員，而使人民信以為真，損害國家機關威信，亦可成立本罪。

## 二、客體

　　本國公務員，請參照第 10 條第 2 項。亦包含外國公務員。

---

**第 159 條　冒用公務員服章官銜罪**
公然冒用公務員服飾、徽章或官銜者，處一萬五千元以下罰金。

---

## 一、行為主體

　　無權穿著特定公務員之服飾或配戴特定公務員之徽章或使用特定公務員之官銜之人，該無權之人包含公務員與非公務員。

## 二、行為與行為情狀

　　冒用行為必須於公然狀態，即不特定人或多數人得共見共聞下。

---

[58] 臺灣高等法院 108 年度金上訴字第 20 號刑事判決。臺灣高等法院 108 年度上訴字第 928 號刑事判決。臺灣高等法院 108 年度上訴字第 1164 號刑事判決。臺灣高等法院臺中分院 109 年度上訴字第 1143 號刑事判決。臺灣高等法院高雄分院 108 年度上訴字第 5 號刑事判決：「冒充公務員而行使其職權者，為刑法第 158 條第 1 項所定之僭行公務員職權罪。該條之保護法益，在於社會公共秩序之維護及信賴之風險，是該條第 2 項亦併同規定『冒充外國公務員而行使其職權者，亦同』，同此意旨。是刑法第 158 條第 1 項僭行公務員職權罪，其所冒充之公務員，並不以有所冒充之官職為要件，祇須客觀上足使普通人民信其所冒充者為公務員，有此官職，其罪即可成立；又所謂行使其職權者，係指行為人執行所冒充之公務員職務上之權力。故本罪行為人所冒充之公務員及所行使之職權是否確屬法制上規定之公務員法定職權，因本罪重在行為人冒充公務員身分並以該冒充身分行使公權力外觀之行為，是僅須行為人符合冒充公務員並據此行使公權力外觀之行為，即構成本罪。準此，行為人以一定行為對外表示為公務員行使職權者，已足紊亂社會公共安全秩序及信賴風險者，即足當之。縱所行使之文件或一定行為非法律上固有權限，仍有該條之適用。」

## 三、客體：公務員之服飾、徽章或官銜

公務員服飾是指依法令規定之制服，例如警察制服、軍服。徽章是指表示公務員身分的標記，例如軍人徽章，該徽章不以現在尚有效為限，只要足使人誤信即可。官銜是指公務員專用的官階或職銜，例如調查局的調查員。而該官銜只要一般人足生誤認即可。換言之，該官銜不以現行公務機關的編制尚有該種職位者為限。

## 四、競合

第 158 條、第 159 條，若同時構成，兩者處於法條競合關係，若又有詐欺行為，則與詐欺罪成立想像競合。

### 案例

A 買警察制服，自製服務證且偽刻公印在其上，A 於路口假裝臨檢而隨機攔下路人 B，要求搜身，並趁機摸走皮夾，但要用同手法對路人 C 時，C 發現皮夾不見了，立刻壓制 A，A 觸犯何罪？

### 擬答

A 自製警察服務證可成立第 212 條，偽刻公印可成立第 218 條，A 穿警察制服且攜帶證件裝成警察成立第 159 條，A 於路口臨檢成立第 158 條第 1 項、A 對 B 搜身行為可成立第 307 條，A 偷走 B 皮夾可成立第 320 條第 1 項。

### 案例

A 制伏搶匪 B 後，自稱為便衣刑警，並請民眾報案，但事實上 A 不是警察，A 觸犯何罪？

## 擬答

　　A 將 B 制伏，不構成第 302 條第 1 項妨害行動自由罪，因客觀上，A 制伏 B 而剝奪行動自由，主觀亦具有故意，然而違法性上 A 可依據第 21 條第 1 項依法令的行為，即刑事訴訟法第 88 條第 2 項對現行犯逮捕之規定，而阻卻違法。A 制伏 B，不構成第 158 條第 1 項，因為 A 沒有行使公務員職權，而是以現行犯任何人都可逮捕之理由為之。A 不構成第 159 條，構成要件層次上，A 公然冒用便衣警察官銜，只要使一般人足以誤信 A 為便衣警察即可成立本罪，然而實務認為冒用官銜如不是從事不法行為，其侵害法益與行為逸脫輕微，不違反社會公共生活之法律秩序，視為無實質違法性，阻卻違法 [59]。

---

**第 160 條　侮辱國旗、國徽及國父遺像罪**

I 意圖侮辱中華民國，而公然損壞、除去或污辱中華民國之國徽、國旗者，處一年以下有期徒刑、拘役或九千元以下罰金。

II 意圖侮辱創立中華民國之孫先生，而公然損壞、除去或污辱其遺像者亦同。

---

　　本罪之行為，例如將我國國旗從升旗臺拿走、在國父孫先生的畫像上畫上鬍子或寫上「只會嘴砲，都別人去犧牲而已」，皆屬之，然而本罪因涉及人民言論自由，本罪之存立有討論空間。

## 選擇題應注意事項

### 一、瀆職罪

（一）公務員收賄罪為身分犯、對向犯（行賄人與收賄人間不能論以共同正犯）。

---

[59] 最高法院 74 年台上字第 4225 號判例。

（二）不違背職務收賄罪的不違背職務是指職務範圍內應為而得為，也就是公務員具有裁量權時而給予相對人便利或利益的行為；違背職務收賄罪的違背職務是指職務範圍內不應為而為或應為而不為。

（三）違背職務收賄罪，只要有違背職務而收賄的行為即成立第 122 條第 1 項，而又真的為違背職務的行為則成立第 122 條第 2 項，而加重處罰。

（四）無公務員身分者與有公務員身分者一同收賄，有公務員身分者可成立違背職務收賄罪，而無公務員身分者可依照第 31 條第 1 項、第 28 條而擬制為共同正犯。

（五）準收賄罪是指行為人 A 於 B 未成為有身分公務員時而行賄，B 亦收受賄賂，而之後 B 真的成為具有公務員身分之人時方可成立本罪。

（六）公務員圖利罪限於公務員「明知」違背法令而圖他人私益，亦即公務員的主觀要件限於直接故意。然如是圖利於國庫或國家，則非私益，非本罪。本罪為公務員職務上圖利之概括規定，不符合刑法各條特別規定時才適用本條，故一般來說不會與瀆職罪章產生想像競合或數罪併罰的情況。

## 二、公務員洩漏國防以外秘密罪

例如於稅務機關服務的公務員 A 洩漏某個納稅人的資料、承辦工程招標的公務員 B 洩漏底標給某廠商。又本罪有處罰過失犯。

## 三、公務員不純正瀆職罪

第 134 條「公務員假借職務上之權力、機會或方法，以故意犯本章以外各罪者，加重其刑至二分之一。但因公務員之身分已特別規定其刑者，不在此限。」例如 A 公務員假借職務上機會犯傷害罪（§277）、妨礙行動自由罪（§302）、竊盜罪（§320）等，A 須加重其刑二分之一。

## 四、妨害公務罪

### （一）妨害公務罪的成立前提

妨害公務罪的成立前提在於公務員必須是依法執行職務時，若公務員未依照法定程序而行為人抵抗之，行為人不構成妨害公務罪。

### （二）第 138 條的客體

第 138 條的客體必須是公務員職務上所掌管之物，如只是公務員私人之物或者公務員（警察）已經將罰單交付給行為人時，該罰單的所有權屬於行為人，則非本罪客體。若未交付前，趁公務員製作罰單過程中而弄壞該罰單，此時仍為公務員所職掌，故行為人會成立第 138 條。

### （三）第 140 條侮辱公務員罪

公務員依法執行職務時，當場侮辱或對於其依法執行之職務公然侮辱者，或對公署公然侮辱為本罪的構成要件。例如 A 在公務員依法執行職務時對公務員說：妳是肥滋滋的大母豬，A 成立本罪，也同時成立第 309 條公然侮辱罪，兩者想像競合，僅成立侮辱公務員罪。

## 五、妨害投票罪

實務認為遷戶籍即為本罪之著手。

# 第八節　脫逃罪

脫逃罪是對於國家司法權正當行使妨礙，即妨害國家依法行使逮捕權與拘禁權。該法益的侵害可能由受合法逮捕或拘禁之人犯之（§161），但也可能由第三人犯之（§162），也可能由執行合法逮捕或拘禁職務的公務員犯之（§163）。

---

**第 161 條　脫逃罪**

I 依法逮捕、拘禁之人脫逃者，處一年以下有期徒刑。（普通脫逃罪）

II 損壞拘禁處所械具或以強暴脅迫犯前項之罪者，處五年以下有期徒刑。（加重脫逃罪）

III 聚眾以強暴脅迫犯第一項之罪者，在場助勢之人，處三年以上十年以下有期徒刑。首謀及下手實施強暴脅迫者，處五年以上有期徒刑。（聚眾強暴脫逃罪）

IV 前三項之未遂犯，罰之。

---

## 一、客觀要件

### （一）主體：依法逮捕或拘禁之人

本罪為己手犯，亦即僅有自己始能觸犯本罪，故本罪無共同正犯的問題。

1. 逮捕：身體自由受到他人依法而短暫拘束，例如刑訴第 75 條以下，包括拘提與逮捕。

2. 拘禁：依據法律而被拘禁於一定處所，通說[60]認為要廣義解釋，不以刑事司法權的行使為限，只要「合法公權力拘束或監督」之人皆為本罪主體，例如：(1) 監獄中服刑的人；(2) 受拘束人身自由之保安處分的人；(3) 被羈押中的人；(4) 行政執行法中的管束；(5) 被管收的民事債務人。

如逾期停留待遣返之暫予收容之人，例如 A 外國人偷偷來臺灣或來臺灣的期間過了而仍在臺灣的情形，通常發生於外籍人士非法來臺打工。實務認為非因法律而受拘禁，非本罪主體[61]。

3. 逮捕、拘禁的認定

(1) 拘禁的時間：實務認為必須依法律拘束其身體行動自由，而置於公權力監督之下且持續相當期間[62]，反面來說，如僅有「瞬間」拘束，難說為拘禁。

---

[60] 林山田，刑法各罪論（下），修訂 5 版，2005 年 9 月，頁 210。

[61] 最高法院 86 年度台上字第 1973 號刑事判決。

[62] 司法院 36 年院解字第 3325 號解釋文（乙）（九）。

(2) 逮捕：應以是否置於國家公權力的實力支配之下為斷，例如 A 警察追捕 B 現行犯，A 向前撲倒而抓到 B 的腳踝，B 踢了 A 的手後逃跑，此時 A 尚未置於國家實力支配之下，A 尚非依法逮捕之人。

## （二）行為

### 1. 脫逃（§163I）

是指行為人未受允許而擅自脫離合法逮捕或拘禁的公權力或監督，或以非法的方法自力排除公權力拘束而逃逸。如果 A 交保後，於覓得保證金前，從候保室脫逃，因已經非屬公權力拘束的狀態，非本罪的脫逃行為。

### 2. 損壞拘禁處所械具或以強暴脅迫而脫逃（§163II）

(1) 依法拘禁處所，例如看守所、監獄、易服勞役場所，械具是指該處所的安全措施，用來拘束犯人或防止脫逃、自殺等，如手銬、腳鐐。

(2) 損壞是指使該物失去原來的效用。而強暴脅迫的對象不以執行逮捕的公務員為限，即使對於該公務員以外的第三人亦屬之。

### 3. 聚眾強暴脅迫而脫逃（§163III）

聚眾是指多數人聚集，若只有一、兩人非聚眾。強暴是指施以有形的力量。脅迫是指使人心生畏懼的加害通知。而因聚眾為多數人的聚集，故可分成首謀、下手實施與在場助勢之人。

另外實務認為[63] 聚眾限於人數有隨時可增加狀況。亦即聚眾是一種開放狀態，如果特定數人集體協議脫逃，非本罪之聚眾。例如 A 為監獄犯人的老大，

---

[63] 臺灣臺中地方法院 96 年度訴字第 4028 號刑事判決：「刑法上之囚人聚眾脫逃，係指聚集多眾以合同之意思互相利用而為脫逃行為，且其多眾有隨時增加之狀況者而言，若僅結夥脫逃，其所結合之人，並無隨時增加之狀況者，尚不得謂為聚眾脫逃。」臺灣高等法院花蓮分院 108 年度原上訴字第 31 號刑事判決：「按刑法第 283 條業於 108 年 5 月 29 日經修正公布，無論修正前、後，該條之罪均以聚眾鬥毆致人於死或重傷，在場助勢為其要件。所謂聚眾鬥毆，係指參與鬥毆之多數人，有隨時可以增加之狀況者而言。本案在場參與之被告均係事前邀約而來，係聚集特定人之上開 17 人在○○路攜帶武器，並往○○公園出發，其等相約到場後，並非處於隨時可以增加之狀況，檢察官復未舉證有何無隨時可以增加人數之情，自與聚眾鬥毆『得隨時增加』不特定多數人之狀況有間。」

鼓吹特定一群人放火燒監獄，且將監獄的門一一打開，縱使形成監獄大型暴動，也非本罪之聚眾。

## 二、既未遂

如已經完全脫離公權力拘束或監督即為既遂。

---

**第 162 條　縱放或便利脫逃罪**

I 縱放依法逮捕拘禁之人或便利其脫逃者，處三年以下有期徒刑。（普通縱放或便利脫逃罪）

II 損壞拘禁處所械具或以強暴脅迫犯前項之罪者，處六月以上五年以下有期徒刑。（加重縱放或便利脫逃罪）

III 聚眾以強暴脅迫犯第一項之罪者，在場助勢之人，處五年以上十二年以下有期徒刑；首謀及下手實施強暴脅迫者，處無期徒刑或七年以上有期徒刑。（聚眾縱放或便利脫逃罪）

IV 前三項之未遂犯罰之。

V 配偶、五親等內之血親或三親等內之姻親，犯第一項之便利脫逃罪者，得減輕其刑。

**第 163 條　公務員縱放或便利脫逃罪**

I 公務員縱放職務上依法逮捕拘禁之人或便利其脫逃者，處一年以上七年以下有期徒刑。

II 因過失致前項之人脫逃者，處六月以下有期徒刑、拘役或九千元以下罰金。（公務員過失脫逃罪）

III 第一項之未遂犯罰之。

---

## 一、行為主體

### （一）縱放或便利脫逃罪

任何人都是本罪主體。

## （二）公務員縱放或便利脫逃罪

　　僅公務員始可為該罪（§163）的主體，該公務員是指依據法律擁有逮捕或拘禁職務或依授權執行逮捕或拘禁職務之公務員。

## 二、行為

### （一）縱放

　　縱逸釋放，以排除公權力拘束方式放出依法逮捕或拘禁之人。

### （二）便利脫逃

　　給予方便與助力，使其得脫離公權力拘束或監督而阻礙公務員對脫逃人的追蹤或緝捕，包含給予工具或地圖、指引方向，例如 A 獄卒給 B 犯人一本聖經與一根湯匙，使 B 便於將聖經挖空而在裡面放湯匙，夜晚時拿起湯匙挖地洞，二十年後 B 終於挖了地洞可以逃脫。

　　而如是教唆依法逮捕拘禁之人脫逃，應成立脫逃罪的教唆犯（§161、§29），而非本罪。

## 三、過失犯

　　僅第 163 條第 2 項處罰過失犯，公務員如過失使依法逮捕或拘禁之人脫逃，例如戒護外醫情形下，公務員因疏失而使受刑人脫逃。

## 【被私人逮捕之現行犯（刑事訴訟法§88II）是否屬於「依法逮捕、拘禁之人」？】

---

　　A（私人）用以刑事訴訟法之現行犯逮捕規定逮捕 B，A 於尚未送交司法警察官、司法警察或檢察官前時，將 B 釋放，B 是否屬於「依法逮捕之人」？A（私人）若釋放，是否構成縱放人犯罪？

---

## （一）否定說

依法逮捕拘禁之人以現受公權力拘束為要件，例如刑訴 §75～§83、§87、§88-1、§91～§92。若無偵查犯罪權限者逮捕通緝犯或現行犯，在送交有權逮捕機關前，仍非本罪之行為客體。又脫逃罪章是保護國家依法行使逮捕權與拘禁權，若有脫逃行為，未對於國家的拘禁權造成破壞，故非本罪，此為多數學說、實務所採[64]。

## （二）肯定說

「依法」逮捕是指刑事訴訟法第88條第1項，現行犯人人皆可逮捕[65]，故逮捕行為同屬國家權力行使，不因是該管公務員或私人有不同。本案中，雖然刑事訴訟法規定逮捕後須立即送交檢警，但此為逮捕後如何處置之問題，因此仍不能否認為 B 為依法被逮捕之人。

# 第九節　藏匿人犯及湮滅證據罪

藏匿人犯及湮滅證據罪與脫逃罪相同，皆是針對行為人對於國家司法權行使的妨礙，而藏匿人犯及湮滅證據罪更著重於國家的刑事追訴審判權的順利進行。

---

**第164條　藏匿犯人或頂替罪**

I 藏匿犯人或依法逮捕拘禁之脫逃人或使之隱避者，處二年以下有期徒刑、拘役或一萬五千元以下罰金。（藏匿犯人罪）

II 意圖犯前項之罪而頂替者，亦同。（頂替罪）

---

[64] 林山田，刑法各罪論（下），修訂 5 版，2005 年 9 月，頁 210。
[65] 黃惠婷，自行逃脫罪之探討，輔仁法學，2010 年 12 月，頁 7。

## 一、客觀要件

### （一）行為主體

　　文義上沒有限制，然必須是犯人或脫逃人「以外」之人，始能為本罪之主體，犯人自己藏匿自己不能依照本罪論處。

## 【共犯之問題】

---

（一）犯人 A 教唆朋友（第三人）B 將 A 藏起來或頂替 A 受刑事追訴，A、B 分別成立何罪

1. 正犯：B 成立藏匿犯人罪、頂替罪。

2. 共犯：A 是否成立藏匿犯人罪、頂替罪的教唆犯？

多數學說、實務[66]採否定說，因犯人 A 自己藏匿自己為人之常情，不可能期待犯人不將自己藏匿起來，亦即 A 欠缺罪責。

（二）朋友（第三人）B 教唆犯人 A 將 A 自己藏起來，A、B 分別成立何罪

頂替為冒用他人名義而替他人承受刑事追訴，故 A 不可能自己頂替自己，故本案中 A 不可能有頂替行為。在此僅討論藏匿犯人罪：

1. 正犯：A 自己藏匿自己，屬於不處罰的行為。

2. 共犯

(1) 有學說（否定說）[67]：因為共犯從屬說下，A 為不處罰的行為，B 自然無故意不法主行為可供從屬，故 B 不成立犯罪。

(2) 有學者（基於立法目的下解釋）：藏匿犯人罪就是針對第三人對於犯人的事後協助的行為而處罰。如果採否定說，將違反立法者設立本罪意旨。而且

---

[66] 最高法院 24 年上字第 4974 號判例。最高法院 97 年度台上字第 2162 號刑事判決。臺灣高等法院 109 年度上易字第 595 號刑事判決。

[67] 林山田，刑法通論（下冊），2005 年 9 月，頁 92。

採否定說，只有在極為例外的情形才可能成立本罪，例如 B 逼迫 A 而使 A 失去選擇自由時而藏匿 A 自己。

本罪之處罰是因為對他人犯罪後提供助力的行為，而使原本不罰的共犯提升為可罰的正犯，故應對不罰的教唆犯或幫助犯加以適當限縮。故如果僅是對他人的藏匿或隱匿的單純建議為不罰的教唆，如果僅是對他人的自我庇護意願的強化為不罰的幫助。而其他超出該範圍的唆使或協助（如提供藏身地點、偽造證件或金錢），都要成為本罪正犯 [68]。

## （二）行為

1. 藏匿（§164I）：是指收容隱藏，使偵查機關不易發覺的行為，例如提供藏身處所。

2. 使之隱蔽（§164I）：藏匿以外的方法，凡可以使客體躲避偵查機關搜查追捕的行為，例如提供逃亡的費用、安排偷渡、幫忙偽造證件。但如果只是於偵查機關詢問時單純沉默，則非本罪之行為。

3. 頂替（§164II）：頂替是指冒充本罪客體，代其接受刑事追訴審判或刑罰執行。本罪為己手犯，僅有做出頂替行為之人始可成立頂替罪。

## （三）客體：犯人或依法逮捕拘禁之人

1. 犯人：犯人是指犯罪之人，犯人不以起訴後之人為限，又所犯之罪不問與否發覺或起訴或判處罪刑，只須是實行犯罪之人。凡被偵查機關指為犯罪嫌疑人，該人即為國家行使追訴權對象 [69]。但是違反社會秩序維護法或其他行政罰的規定，非本罪的犯人。

本罪保護法益是刑事追訴審判權的順利進行，故人犯不用是真正的犯罪人，即使之後法官判決該人無罪，也屬本罪客體。

---

[68] 許澤天，刑法分則（下）人格與公共法益篇，新學林，2019 年 9 月，頁 522。
[69] 最高法院 87 年度台上字第 757 號刑事判決。許澤天，刑法分則（下）人格與公共法益篇，新學林，2019 年 9 月，頁 516。

2. 依法逮捕拘禁之人：請參照脫逃罪。

---

**第 165 條　湮滅他人刑事被告案件證據罪**

偽造、變造、湮滅或隱匿關係他人刑事被告案件之證據，或使用偽造、變造之
證據者，處二年以下有期徒刑、拘役或一萬五千元以下罰金。

---

## 一、行為人

　　行為主體為任何人，但因本罪規定必須是「他人」刑事被告案件證據，而必須排除犯罪人本人。

　　如果他人刑事被告案件之證據同時亦屬於自己的刑事被告案件證據時，例如 A、B 同時殺 C，A 將地上的血跡清除，一般認為，若該他人的刑事被告案件證據與自己有利害關係時，亦屬於自己的刑事案件證據[70]，故 A 不成立本罪。有學說、實務亦指出，若同時涉及他人刑事被告案件證據，但因欠缺期待可能性，而不成立本罪[71]。

　　然而如該刑事證據非行為人共同犯之者，如何處理，參考以下說明。

## 【共犯之問題】

---

（一）犯人 A 教唆朋友（第三人）B 藏匿、湮滅 A 的刑事犯罪證據，A、B 分別成立何罪

1. 正犯：B 成立湮滅他人刑事被告案件證據罪。

2. 共犯：A 是否為本罪之教唆犯？

多數學說、實務：行為人自己不構成犯罪，教唆他人代為藏匿反而處罰的話，實屬不公，故應依法律精神認為不成罪。A 教唆朋友 B 湮滅自己所為犯

---

[70] 林山田，刑法各罪論（下），修訂 5 版，2005 年 9 月，頁 235-236。

[71] 黃榮堅，圖利罪共犯與身分，台灣法學雜誌，第 3 期，1999 年 8 月，頁 191。最高法院 94 年度台上字第 2721 號刑事判決。

刑事案件之證據，可說是自己湮滅自己刑事證據的態樣，因此不可期待犯人A不教唆他人湮滅自己刑事證據[72]，故A不處罰。

（二）朋友B教唆犯人A藏匿、湮滅A自己的刑事犯罪證據，A、B分別成立何罪？或律師B教唆犯人A湮滅犯人A觸犯妨礙秘密罪的竊錄影片，A、B分別成立何罪

1. 正犯：A不成立本罪，因A非構成要件中的「他人」。

2. 共犯：B是否成為本罪教唆犯，涉及「他人」此一要件的定位解釋：

(1) 罪責要素

　　若他人為罪責要素，A湮滅、藏匿刑事證據具有為故意不法的主行為，然A因為是自己藏匿自己的刑事證據，故不罰。而B的教唆行為可依據限制從屬性說從屬於A的故意不法主行為，然而B具有罪責要素「他人」，故B仍應成立本罪。

(2) 構成要件要素

　　因為無法期待自己不隱匿自己的刑事證據，故有「他人」之罪責要素，但立法者其規定為構成要件要素，故B教唆A湮滅A自己的犯罪證據，因被教唆人A所為不該當妨害刑事證據罪之構成要件，B之教唆行為無所依附，故A的行為不罰。

## 二、行為

### （一）偽造、變造

　　與偽造文書罪章不同，於此不著重於有無製作或改變權限，或是否用他人名義為之。

---

[72] 司法院第2期、第4期司法業務研究會法律問題結論。臺灣高雄地方法院90年度訴字第3076號刑事判決。

1. 偽造：製造原本不存在的刑事證據。例如用高科技手法，製造了不在場證明。

2. 變造：就真實的證據加以改變，讓它失去原有的型態或內容。例如用漂白水洗掉血跡，如此一來即不會驗出 DNA。

## （二）湮滅

根本地銷毀、毀滅。例如燒毀書證。

## （三）隱匿

藏起來，讓人不易發現。

## （四）使用

刑事程序中提出該證據供偵審機關審酌。只要一提出即構成該罪。

## 三、行為客體：關係他人刑事被告案件

刑事被告案件，是否限於開始偵查後？偵查機關未開始偵查時，是否為關係他人刑事被告案件？例如 A 有改造手槍，B 警察於鄰居報案後而前往調查，C 發現警察來了趕緊把 A 的手槍藏起來，C 是否觸犯本罪？又例如偵查機關接獲線報而知悉 A 可能涉及貪污治罪條例而前往 A 宅調查，A 的媽媽 C 發現警察前來，趕緊把 A 貪污來的 300 萬丟進家裡的化糞池中藏起來，C 是否觸犯本罪？

## （一）實務

文義解釋下，限於因告訴、告發、自首等情事而偵查機關開始偵查始為本罪之客體，且刑事訴訟法第 228 條第 1 項、第 231 條第 1 項明確規定知有犯嫌即開始調查[73]。偵查機關尚未開始偵查，C 不成立本罪。

---

[73] 最高法院 94 年度台非字第 53 號刑事判決。

（二）學說

　　基於本罪的立法意旨，本罪之規定是為了確保刑事證據的真實性，以確保司法權行使的順利進行，故凡是將來可作為刑事被告案件之證據均屬之[74]。本案中 C 成立本罪。

> **第 166 條　湮滅刑事證據自白之減免**
> 犯前條之罪，於他人刑事被告案件裁判確定前自白者，減輕或免除其刑。
> **第 167 條　親屬關係之減免**
> 配偶、五親等內之血親或三親等內之姻親圖利犯人或依法逮捕拘禁之脫逃人，而犯第一百六十四條或第一百六十五條之罪者，減輕或免除其刑。

　　減輕或免除的理由是基於人情考量而難以拒絕。

# 第十節　偽證及誣告罪

　　偽造罪及誣告罪侵害的法益是國家司法權的正確行使。

> **第 168 條　偽證罪**
> 於執行審判職務之公署審判時或於檢察官偵查時，證人、鑑定人、通譯於案情有重要關係之事項，供前或供後具結，而為虛偽陳述者，處七年以下有期徒刑。

---

[74] 林山田，刑法各罪論（下），修訂 5 版，2005 年 9 月，頁 236-237。甘添貴，刑法各論（下），修訂 4 版 2 刷，2016 年 10 月，頁 499-500。蔡聖偉，湮滅刑事證據—最高法院 94 年度台非字第 53 號刑事判決，月旦裁判時報，第 20 期，2013 年 4 月，頁 111-112。

## 一、行為主體：證人、鑑定人、通譯

　　證人是指訴訟案件到案作證而據實陳述其曾經目睹或經歷事實之人。鑑定人是指受檢察官或法院之選任，以其專業知識或特別技術，對於特定事務從事鑑定而提出鑑定結果報告之人。通譯是指於訴訟程序中擔任外語或方言傳譯工作之人。故本罪屬於身分犯，為上述之人始可成立本罪。又本罪為己手犯，必須親自實行構成要件行為方可成立本罪，故可能成立共犯，但不可能成立共同正犯[75]。

　　不過本罪處罰不到「使人虛偽陳述」，故應修法增訂該罪，因為該行為有比較高的不法內涵，故有學者認為在有人用強暴、脅迫或詐術使人虛偽陳述時，應成立「使人虛偽陳述罪」[76]。

　　如證人可能為潛在的被告時，實務上認為如果要求證人具結下為自己犯罪事實作證，無異強迫被告在自己案件中作證，不但違反不自證己罪原則，且讓被告陷於程序混亂，使其不知道自己為被告（可行使緘默權）或證人（有據實陳述義務），故不可論偽證罪[77]。

　　如果證人非被告或潛在被告時，有以下之討論：

## 【共犯問題】

> （一）被告（A）教唆第三人（B）作偽證，A、B觸犯何罪？
>
> 　　例如 A 持有毒品被起訴，而要 B 作偽證說毒品是 B 自己購買的。
>
> 1. 正犯：B 要罰。
>
> 2. 共犯：A 是否成立偽證罪的教唆犯？

---

[75] 最高法院 107 年度台上字第 4227 號刑事判決。

[76] 黃惠婷，現行偽證罪規範之缺失與建議，軍法專刊，第 63 卷第 6 期，2017 年 12 月。

[77] 最高法院 105 年度台上字第 1640 號刑事判決。

(1) 實務[78]：A 不處罰，因出於防禦本能下為自己脫罪乃人之常情，A 欠缺期待可能性。

(2) 實務[79]：A 必須罰。被告在訴訟上有緘默權，且受無推定保障，不須舉證證明自己無罪，但此均為消極不作為，如被告積極教唆他人偽證，為自己有利之供述，已經逾越法律對被告保障（法律保留）範圍。

（二）第三人（律師）B 教唆證人 C 作偽證，B、C 觸犯何罪？

　　C 觸犯偽證罪，律師 B 教唆 C 構成教唆偽證罪。

## 二、行為情狀：具結

　　具結是指以文字保證據實陳述或公正誠實之鑑定或通譯之程序。簡單來說就是以文字方式而具有司法效力的「發誓」，發誓自己不會說謊。

　　具結必須經過合法具結方符合本罪要件，亦即必須告知證人有拒絕證言權、偽證罪的處罰、應據實陳述而不得匿、飾、增、減等。另外刑事訴訟法規定未滿 16 歲者、因精神障礙，不解具結意義及效果者不得令其具結。

---

[78] 司法院（81）聽刑一字第 13529 號法律問題結論。

[79] 最高法院 96 年度台上字第 1495 號刑事判決：「又被告在訴訟上固有緘默權，且受無罪推定之保障，不須舉證證明自己無罪，惟此均屬消極之不作為，如被告積極教唆他人偽證，為自己有利之供述，已逾越上揭法律對被告保障範圍，甲○○既教唆蔡華文於上開案件中為偽證行為，其行為已與教唆偽證之構成要件該當。至本院二十四年上字第四九七四號判例謂『犯人自行隱避，在刑法上既非處罰之行為，則教唆他人頂替自己，以便隱避，當然亦在不罰之列』，乃針對刑法第一百六十四條第二項頂替罪所作之解釋，尚不得比附援引，藉為教唆偽證罪之免責事由。原判決比附援引上開判例意旨，認甲○○所為，不成立教唆偽證罪，顯有適用法則不當之違誤。」最高法院 103 年度台上字第 1625 號刑事判決。臺灣高等法院 109 年度上訴字第 1264 號刑事判決。臺灣高等法院 109 年度上易字第 595 號刑事判決。

## 三、行為：對於案情有重要關係之事項虛偽陳述

### （一）對於案情有重要關係事項

　　對案情有重要關係事項是指足以影響司法機關對於案件偵查或審判之結果[80]。例如 A 陳述 109 年 4 月 6 日傍晚看到 B 女童的阿公脫褲子對 B 為性交行為，但實際上 A 僅看到 B 女童的阿公幫 B 女童洗澡，此時 A 的陳述是對於 B 的阿公是否有性交女童而構成犯罪有重大影響，故為與案情有重要關係的事項。又例如 A 陳述 109 年 4 月 6 日傍晚看到 B 女童的「白髮蒼蒼的」阿公用「洗髮精」與「其粗壯的右手」幫 B 女童洗澡，而且「浴室很髒亂，還飄出尿騷味」，此時引號裡面之內容則非與案情有重要關係之事項。

### 最高法院 109 年度台上字第 1852 號刑事判決

　　本院 69 年台上字第 2427 號判決先例謂：「偽證罪之構成，以於執行審判職務之公署或於檢察官偵查時對於案情有重要關係之事項，供前或供後具結，而為虛偽之陳述為要件，所謂虛偽之陳述，係指與案件之真正事實相悖，而足以陷偵查或審判於錯誤之危險者而言，若在此案之供證為屬真實，縱其後於其他案件所供與前此之供述不符，除在後案件所供述合於偽證罪之要件得另行依法辦理外，究不得遽指在前與實情相符之供證為偽證。」71 年台上字第 8127 號判決先例則謂：「按刑法上之偽證罪，不以結果之發生為要件，一有偽證行為，無論當事人是否因而受有利或不利之判決，均不影響其犯罪之成立。而該罪所謂於案情有重要關係之事項，則指該事項之有無，足以影響於裁判之結果者而言。」而原判決係認被告上開證述固屬虛偽，惟本件尚乏積極證據足資證明被告所為虛偽之證述，屬「於案情有重要關係之事項」，足以影響許○○所涉背信或侵占罪嫌案件之認定或判斷，自不成立偽證罪，核無上訴意旨所指違背上開判決先例見解之情形。

---

[80] 最高法院 107 年度台上字第 1236 號刑事判決。最高法院 108 年度台上字第 4094 號刑事判決。

## （二）虛偽陳述

1. 虛偽陳述：指與實際內容不相符的陳述。然而何為虛偽？

A 陳述 B 將 C 的手指砍斷，然實際上是 D 將 C 的手指砍斷，A 是否為虛偽陳述？

(1) 客觀陳述理論：陳述內容與客觀事實相符，就是真實的陳述。若與案件真事實不符，足以陷偵查或審判於錯誤之危險者，則為虛偽陳述[81]。

(2) 主觀陳述理論：陳述內容是否虛偽，取決於陳述者是否將其主觀上所知悉的事實正確的陳述。司法機關係依據證人的據實陳述或鑑定人的公正誠實，並輔以其他證據的整體評估發現真實，而非要求證人或鑑定人的陳述內容符合客觀事實，陳述內容是否與客觀事實不相符合，根據不足以影響司法程序[82]。

---

**最高法院 108 年度台上字第 3231 號刑事判決**

所謂「虛偽之陳述」，必須行為人以明知不實之事項，故為虛偽之陳述，始為相當；質言之，必須行為人主觀上明知反於其所見所聞之事項，故意為不實之陳述而言。

---

2. 實務認為一有虛偽陳述行為，無論當事人最終受到有利或不利的判決，均不影響本罪的成立，故為抽象危險犯[83]，亦即不以發生結果為要件[84]。

## 四、主觀要件：故意

本罪必須是出於故意，若對於案情記憶不清而陳述，則是缺乏本罪之故意，而不構成本罪。

---

[81] 最高法院 102 年度台上字第 930 號刑事判決。最高法院 103 年度台上字第 2956 號刑事判決。最高法院 107 年度台上字第 1236 號刑事判決。

[82] 許澤天，刑法分則（下）人格與公共法益篇，新學林，2019 年 9 月，頁 541-542。最高法院 108 年度台上字第 3231 號刑事判決。

[83] 最高法院 107 年度台上字第 888 號刑事判決。

[84] 最高法院 108 年度台上字第 4094 號刑事判決。

## 五、偽證罪人數計算

A 同時偽證甲、乙放火，侵害國家審判權的正確行使，僅成立一個偽證罪[85]。

## 六、在不同審判期日，先後偽證

（一）實務[86]：被告於同一訴訟之同一審級或不同審級先後數度偽證，因僅一件訴訟，只侵害一個國家審判權之法益，應論以單純一罪。如果對同一事實，但涉及不同案件，構成兩個以上偽證罪。

（二）有學說[87]：證人對於同一案件，在偵查、一審及二審，先後多次具結而虛偽陳述，因是誤導檢察官、一審及二審法官判斷，是多次扭曲刑事司法權的運作，不應只評價為一個偽證罪。

---

**第 169 條　誣告罪**

I 意圖他人受刑事或懲戒處分，向該管公務員誣告者，處七年以下有期徒刑。（誣告罪）

II 意圖他人受刑事或懲戒處分，而偽造、變造證據，或使用偽造、變造之證據者，亦同。（準誣告罪）

---

## 一、行為：向該管公務員誣告

### （一）誣告與準誣告

1. 誣告：是指以反於真實的事實而為向該管公務員申告的行為。誣告不以全部虛偽為必要，即使部分虛偽亦可成立誣告[88]。申告之方式不限於口頭，也不論以告訴、告發、自訴、報告之方式為之，但限於「積極」揭發一定事實為必要，

---

85 最高法院 31 年度台上字第 1807 號刑事判決。
86 最高法院 102 年度台上字第 3418 號刑事判決。
87 林東茂，2001 年學界回顧——刑法，月旦法學雜誌，第 81 期特刊，2002 年 2 月，頁 70。
88 最高法院 108 年度台上字第 156 號刑事判決。最高法院 108 年度台上字第 2287 號刑事判決。

若僅旁人申告時而作證,非申告[89]。然多數學者認為[90]不以積極揭發一定事實為必要。

2.準誣告:準誣告的行為為偽造、變造證據,或使用偽造、變造的證據,與第165條相同理解。而使用是指偵查中或審判中將之當作證據提出。而如行為人為準誣告行為且又反於真實向該管公務員申告,此時同時成立誣告與準誣告行為,學說[91]認為準誣告罪為誣告罪的實質預備犯,兩者保護法益具有同一性,故為法條競合的補充關係,論以誣告罪。實務具有類似看法而以吸收關係處理[92]。

(二)該管公務員是指有權接受申告而開始刑事程序或行政懲戒程序的公務員,包含法官、檢察官、警察、行政懲戒程序中的行政主管長官,然不包含政風人員。

## 二、結果

本條文雖然沒有結果的規定,但實務上認為本罪之行為必須使被誣告者有受刑事或懲戒處分的危險[93],也就是說實務將本罪當成危險犯。

## 三、主觀要件

實務認為本罪必須限於明知,即直接故意,若對誣告者誤信有該事實或心中存有懷疑時則非本罪之故意[94]。

---

89 最高法院 53 年度台上字第 574 號刑事判決。最高法院 101 年度台上字第 1486 號刑事判決:「被告係因公務員之推問而為陳述,縱其陳述涉於虛偽,既無申告他人使其受刑事或懲戒處分之意思,亦與誣告之要件不符。」臺灣高等法院 108 年度上訴字第 3580 號刑事判決。臺灣高等法院 109 年度上訴字第 680 號刑事判決。
90 林山田,刑法各罪論(下),修訂 5 版,2005 年 9 月,頁 254。
91 林山田,刑法各罪論(下),修訂 5 版,2005 年 9 月,頁 263。
92 最高法院 30 年上字第 194 號判例。
93 最高法院 94 年度台上字第 6167 號刑事判決。
94 最高法院 105 年度台上字第 66 號刑事判決。

## 四、其他問題

　　實務上認為誣告罪為妨害國家審判權之罪，其保護法益，重在國家法益之維護，其罪數之計算，自應以國家法益為準。因此，以一狀誣告數人固僅成立一罪；而一狀誣告數人數罪時，因亦僅妨害國家一個審判權，亦應認成立一罪，而無刑法第 55 條想像競合犯規定之適用[95]。近期多數學說認為，除了國家司法權的侵害外，事實上亦侵害了個人法益，故而一狀誣告數人，非僅論一罪，而應論以想像競合[96]。

---

**第 170 條　加重誣告罪**

意圖陷害直系血親尊親屬，而犯前條之罪者，加重其刑至二分之一。

---

**第 171 條　未指定犯人之誣告罪**

I 未指定犯人，而向該管公務員誣告犯罪者，處一年以下有期徒刑、拘役或九千元以下罰金。（未指定犯人之誣告罪）

II 未指定犯人，而偽造、變造犯罪證據，或使用偽造、變造之犯罪證據，致開始刑事訴訟程序者，亦同。（未指定犯人之準誣告罪）

---

　　未指定是指行為人對於申告的內容未具體指定何人為犯罪人，或者雖然有指定特定人，但是虛構之人。例如 A 對警察說，阿狗去偷東西，但阿狗只是 A 虛構的人。

　　另外，未指定犯人之準誣告罪必須「致開始刑事訴訟程序」時始成立犯罪，即偵查機關開始偵查程序時方成立犯罪。

---

**第 172 條　偽證或誣告自白之減免**

犯第一百六十八條至第一百七十一條之罪，於所虛偽陳述或所誣告之案件，裁判或懲戒處分確定前自白者，減輕或免除其刑。

---

[95] 最高法院 102 年度台上字第 815 號刑事判決。最高法院 108 年度台上字第 1262 號刑事判決。

[96] 古承宗，誣告罪之保護法益與構成要件解釋，月旦法學教室，第 163 期，2016 年 5 月，頁 38。

自白為減刑的特別規定，而自白必須在裁判或懲戒程序確定前為之。而於檢察官之不起訴處分確定後，仍有本條之適用[97]。又必須是與案情有重要關係始屬於自白。

## 案例

　　甲與 A 互罵，甲想告 A 公然侮辱但找不到願意出庭作證的人，甲就勸誘乙在偵查庭說親眼見聞 A 公然侮辱甲，後檢察官提起公訴，乙偵查中具結而說親自見到 A 公然侮辱甲，但審判中乙心理不安而向法院說其實沒有親見聞，甲、乙如何論罪？

## 擬答

　　乙偵查中具結而虛偽陳述，虛偽陳述為與事實相悖之陳述，足以陷偵查或審判於錯誤之危險，影響刑事司法權的順利進行，構成偽證罪，但可依照第172條自白減免其刑。甲教唆乙作偽證，成立偽證罪的教唆犯。

---

[97] 最高法院 105 年度台上字第 2450 號刑事判決。

國家圖書館出版品預行編目 (CIP) 資料

刑法概要：刑法分則 / 盧映潔, 李鳳翔著.
--五版. -- 臺北市：五南圖書出版股份有限公司,
　2024.09
　　面；　公分.
ISBN 978-626-393-650-8 (平裝)
1.CST: 刑法分則
585.2　　　　　　　　　　　113011573

1T99

# 刑法概要 —— 刑法分則

作　　　者 — 盧映潔 (481.1)、李鳳翔

企劃主編 — 劉靜芬

責任編輯 — 林佳瑩

文字校對 — 徐鈺涵

封面設計 — 姚孝慈

出　版　者 — 五南圖書出版股份有限公司

發　行　人 — 楊榮川

總　經　理 — 楊士清

總　編　輯 — 楊秀麗

地　　　址：106 台北市大安區和平東路二段339號4樓

電　　　話：(02)2705-5066

網　　　址：https://www.wunan.com.tw

電子郵件：wunan@wunan.com.tw

劃撥帳號：01068953

戶　　　名：五南圖書出版股份有限公司

法律顧問　林勝安律師

出版日期　2020 年 9 月初版一刷
　　　　　2021 年 9 月二版一刷
　　　　　2022 年 7 月三版一刷
　　　　　2023 年 8 月四版一刷
　　　　　2024 年 9 月五版一刷

定　　　價　新臺幣 500 元

# 經典永恆·名著常在

## 五十週年的獻禮──經典名著文庫

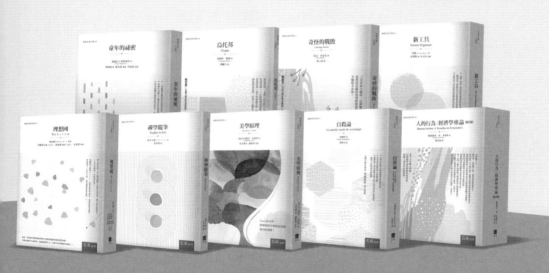

五南，五十年了，半個世紀，人生旅程的一大半，走過來了。

思索著，邁向百年的未來歷程，能為知識界、文化學術界作些什麼？

在速食文化的生態下，有什麼值得讓人雋永品味的？

歷代經典·當今名著，經過時間的洗禮，千錘百鍊，流傳至今，光芒耀人；

不僅使我們能領悟前人的智慧，同時也增深加廣我們思考的深度與視野。

我們決心投入巨資，有計畫的系統梳選，成立「經典名著文庫」，

希望收入古今中外思想性的、充滿睿智與獨見的經典、名著。

這是一項理想性的、永續性的巨大出版工程。

不在意讀者的眾寡，只考慮它的學術價值，力求完整展現先哲思想的軌跡；

為知識界開啟一片智慧之窗，營造一座百花綻放的世界文明公園，

任君遨遊、取菁吸蜜、嘉惠學子！